序

一个人的语文素养根基在于阅读,儿时阅读兴趣的激发和习惯的养成至关重要。孩子是天生的学习者。脑科学研究成果表明,幼儿正处于语言学习的敏感期,充分利用汉字图形表意的优势,在儿童生活和游戏过程中,开展"随风潜入夜"式的认读活动,既能激发孩子的阅读兴趣,又有利于培养孩子的阅读习惯。

为此,我们曾组织几十所幼儿园和小学,以"科学认读"为课题进行早期阅读的实验研究。十数年的坚持,改变了我们汉字难学的认知。其实汉字存有认读和书写的相位差,可先认读不书写,或者后书写。阅读的入门并不难。据此,我们在幼儿园开展科学认读汉字词的活动,这激发了孩子们认读汉字词的热情。做得好的幼儿园,大班的孩子普遍可以认读近千个汉字。有些小学主动对接幼儿园继续实验,到二年级学年末,学生认读可超两千字,从而实现自主阅读。这项研究结题时,教育部原副总督学郭振有说,此项研究切口小、意义大。

结题之后,由于环境的影响,继续参与研究的很少。但是徐天中校长凭借他丰富的教育经历和学识,充分认定这项研究的价值,抓住小切口,依靠教育集团的优势,设计出小幼衔接的大文章,坚持做了十多年。他主持开展的江苏省教育科学"十二五"规划重点课题"儿童语言发展小幼衔接的实验研究",抓住儿童口头语言发展的关键期,在不增加儿童学习负担的前提下,建立了一套符合儿童身心发展特征、小幼间无缝对接的科学认读目标、内容、方法、评价体系，让3—6岁儿童语言教学与小学语文教学在展示自身特色基础上实现无缝衔接，建立小幼衔接语言教学共同体，开发儿童语言思维等潜能，促进儿童全面可持续发展，为终身学习打下坚实的基础。

徐大中校长从“字”“人”“环境”这三个方面着手研究，创造性地在3—6岁阶段科学认读研究中提出了“生活认读”“环境认读”“游戏认读”“三步认读”四种模块的学习方式。在这些学习方式的互通与互补过程中，6岁幼儿轻松而高效地达到1000多个常见字的认读目标。正是通过抓住关键期，从3岁开始的有效语言教育，幼儿从3岁起就逐步开始了自主阅读绘本、报纸、书册，到6岁积累了近10万字的阅读量。这充分开发了幼儿的学习潜能，促进了其形象思维、逻辑思维等的快速发展。3—6岁的早期认读和早期阅读成果，让幼儿进入小学一、二年级后语文学习优势明显，轻松完成2500个常用字的学习，课外阅读量超100万字，这也很好地推进和提高了学生学习其他学科的兴趣、速度和质量，从而进一步全面提升了学生的综合素养。

徐天中校长领衔的这项课题成果丰硕，课题组编撰了《小幼衔接语言发展之科学认读》《小幼衔接语言发展之绘本阅读》《小幼衔接语言发展之口语讲述》等共计18册的系列丛书，制作了与之配套的电子课件、挂图卡片、音频视频、游戏盒子等学习辅助材料。这些课题研究成果集聚了严谨规范的教学流程、系统高效的教学方式、生动有趣的教学材料、多元灵活的教学评价，具有极大的实操性和可推广性。我希望这项课题研究能长期进行下去，它的探索和深化必将对基础教育体系改革产生重大意义！

周德藩

（原江苏省教委副主任）

儿童语言发展
小幼衔接的实验研究丛书

口语讲述

5—6岁

徐天中 总主编
本书编委会 编

浙江工商大学出版社
ZHEJIANG GONGSHANG UNIVERSITY PRESS
·杭州·

图书在版编目(CIP)数据

儿童语言发展小幼衔接的实验研究丛书. 5—6岁 5 口语讲述 / 徐天中总主编;本书编委会编. -- 杭州: 浙江工商大学出版社,2024. 10. -- ISBN 978-7-5178-6121-8

Ⅰ. G613.2

中国国家版本馆CIP数据核字第202430DT35号

儿童语言发展小幼衔接的实验研究丛书
口语讲述(5—6岁)
KOUYU JIANGSHU (5—6 SUI)
徐天中 总主编　本书编委会 编

策划编辑 周敏燕
责任编辑 周敏燕
责任校对 胡辰怡
封面设计 蔡思婕
责任印制 祝希茜
出版发行 浙江工商大学出版社
(杭州市教工路198号　邮政编码310012)
(E-mail:zjgsupress@163.com)
(网址:http://www.zjgsupress.com)
电话:0571-88904980,88831806(传真)
排　　版 杭州朝曦图文设计有限公司
印　　刷 杭州捷派印务有限公司
开　　本 787mm×1092mm　1/16
总 印 张 66.5
总 字 数 913千
版 印 次 2024年10月第1版　2024年10月第1次印刷
书　　号 ISBN 978-7-5178-6121-8
总 定 价 240.00元(共六册)

目 录

5—6岁(上)

5—6岁(下)

5—6岁(上)

一

口语讲述活动设计

1 我升大班了

教学目标

1. 能围绕自己升大班了，用连贯的语句表达自己的想法，丰富词汇量。

2. 根据提示卡用“我是……，我会……，还会……”的句式讲述。

教学准备

课件、“我升大班了”调查表

教学过程

一、谈话导入（5分钟）

师：现在你是哪个班的小朋友？

师：升入大班，你觉得和中班有什么不一样？

——教师先请幼儿回答，然后再出示图片。（新教室的环境、门口、游戏区、午睡房、新的作息表等）

——教师引导幼儿根据图片的内容，再来说一说和中班不一样的地方。

师：升入大班你们的心情是什么样的，有什么感受？

二、学习句式（8分钟）

1. 引导幼儿回忆自己刚上幼儿园的情景并大胆讲述。

师：还记得刚上幼儿园的时候吗？刚上幼儿园的你做了什么？

师：你觉得幼儿园怎么样？

2. 引导幼儿讨论现在的自己和中班时的自己比，在本领和能力上有什么变化。

师:现在你们是大班的哥哥姐姐了,你们在幼儿园要做些什么事情呢?【出示提示卡"?"】

——教师分别出示幼儿做值日生、生活自理、绘画手工、上课听讲、早上打招呼、与同伴之间共同游戏的照片。

师:我是值日生,我会拿勺子,还会分饭菜。【出示提示卡"手"】

——教师引导幼儿用"我是……,我会……,还会……"的句式讲述一段话。

师:你们在幼儿园还会做些什么事情呢?【出示提示卡"?"】

师:我是讲文明的大班小朋友,我会礼貌问好,还会友好游戏。【出示提示卡"手"】

——教师根据图片中的情景引导幼儿用词语描述:讲文明、懂礼貌、小小值日生、上课认真听讲、写字姿势正确、自己的事情自己做、与同伴友好相处。

——教师引导幼儿用"我是……,我会……,还会……"的句式讲述一段话。

三、巩固句式(7分钟)

1. 教师引导幼儿根据已有经验讲述自己升大班后会做的事情。

2. 教师引导幼儿结合表述的事情,用"我是……,我会……,还会……"的句式讲述。

四、扩展练习(5分钟)

师:升入大班以后,小朋友在生活上要完全自理,在学习方面,上课要专心,要学会与朋友交往,养成良好的行为习惯和规则意识。你可以和同伴来说一说你有哪些新本领?

——教师引导幼儿用"我是……,我会……,还会……"的句式进行小组讨论。

五、活动延伸

将"我升大班了"调查表投放进口语讲述区域,鼓励幼儿自主讲述。

2 我眼中的秋天

教学目标

1. 能用完整的语言讲述秋天的特征。

2. 能根据提示卡用“秋天到了，我在……找到了秋天，秋天是……”的句式讲述。

教学准备

课件、句式提示卡、“我眼中的秋天”调查表

教学过程

一、谈话导入（2分钟）

师：你知道现在是什么季节吗？你们喜欢秋天吗？

师：我也喜欢美丽的秋天，因为秋姑娘给我们送来了许多的礼物，让我们打开秋姑娘带来的礼物盒看一看吧。

二、学习句式（10分钟）

1. 出示图片一（草地）。

师：你在哪里寻找到了秋天？【出示提示卡“标识”，表示地方】

师：秋天是什么颜色的？【出示提示卡“调色盘”，表示颜色】

——教师引导幼儿按照提示卡顺序进行介绍。（引出词汇“金灿灿”）

师：我在草地上找到了秋天，秋天是金灿灿的。

2. 出示图片二（枫叶）。

师：秋姑娘还带来了什么礼物？（枫叶）【出示提示卡“枫叶”】

师：你会在哪里看到枫叶？

师：枫叶是什么颜色的？可以用一个好听的词说一说吗？（词汇“红彤彤”）【出示提示卡“颜色”】

师：我在枫树林找到了秋天，秋天是红彤彤的。

3. 观察秋景图。

师：你还在哪里找到了秋姑娘的礼物？你看到了什么颜色的秋天？

——教师引导幼儿根据提示卡讲述“秋天到了，我在……找到了秋天，秋天是……”。

三、巩固句式（8分钟）

1. 教师引导幼儿用完整的语句“秋天到了，我在……找到了秋天，秋天是……”进行讲述。

2. 教师组织幼儿以小组、男女、不同的形式进行巩固练习。

四、扩展练习（5分钟）

师：我知道小朋友和爸爸妈妈也去寻找了美丽的秋天，请你拿出调查表和同伴说一说“我眼中的秋天”。

——教师引导幼儿根据提示卡介绍“美丽的秋天”，练习用完整的句式“秋天到了，我在……找到了秋天，秋天是……，那里有……，秋天真美丽”。

五、活动延伸

将“我眼中的秋天”调查表投放进口语讲述区域，鼓励幼儿自主讲述。

3 我最喜欢的动物

教学目标

1. 学会看地图，并在地图上找到自己最喜欢的动物。

2. 通过图片提示，学习句式“我在动物园的地图上找到了最喜欢的……，它是……，它会……，我非常喜欢它”。

教学准备

课前了解动物的外形特征和生活习性完成记录表、课件、地图

教学过程

一、谜语导入(3分钟)

师：请大家猜个谜语“花冠头上戴，锦袍真不赖；尾巴似扇子，展开人人爱”。

师：大家猜一猜是什么小动物?(孔雀)

二、学习句式(10分钟)

1. 观察动物园地图，学说句子。

师：请小朋友在动物园的地图上找一找孔雀在动物园的哪个位置?

师：我在动物园的地图上找到了最喜欢的孔雀。【出示提示卡“笑脸”】

师：它是……(外形特征)。【出示提示卡“?”】

师:它会……(本领)。【出示提示卡“大拇指”】我非常喜欢它。

——教师引导幼儿学说句子“我在动物园的地图上找到了最喜欢的……,它是……(外形特征),它会……,我非常喜欢它”。

2. 幼儿找自己喜欢的动物,学说句子。

师:请小朋友在动物园的地图上找到自己最喜欢的动物。

师:让我们用刚才学的句子来说一说。

——教师引导幼儿学说句子“我在动物园的地图上找到了最喜欢的……,它是……(外形特征),它会……,我非常喜欢它”。

三、巩固句式(6分钟)

师:请你说说自己最喜欢的动物,我们来统计下,然后我们一起看一看大家喜欢的动物是谁?

——教师引导幼儿学说“我在动物园的地图上找了最喜欢的……,它是……(外形特征),它会……,我非常喜欢它”。

四、扩展练习(6分钟)

1. 教师引导幼儿根据自己的记录表尝试大胆讲述自己喜欢的动物特征。

——教师引导幼儿说“我在动物园的地图上找到了最喜欢的……,它是……(外形特征),它会……,我非常喜欢它”。

2. 教师总结幼儿在介绍动物时使用的好词好句,请幼儿学一学、说一说。

五、活动延伸

将动物图片投放进口语讲述区域,鼓励幼儿自主讲述。

4 快乐过新年

教学目标

1. 引导幼儿按照时间、人物、地点及事件经过的线索,完整地讲述过新年的情景,表达自己的感受。

2. 通过图片提示,学习句式“过新年啦! ……着红红的……”。

教学准备

幼儿“新年回忆”调查表、课件

教学过程

一、情境导入(2分钟)

师:天气寒冷节日暖,压岁红包送祝福,欢天喜地贴对联,敲锣打鼓笑开颜。

师:猜猜看,这是什么节日?(新年)

师:新年是什么颜色的?(红色)

二、学习句式(10分钟)

1. 课件出示新年图片。

师:图片上哪些东西让你觉得新年是红色的?

2. 出示图片一(红窗花)练习句式:过新年啦! ……着红红的……。

师:这是什么?(窗花)【出示提示卡“盒子”,表示窗花】

师:你会把窗花装饰在哪里?【出示提示卡“标识”,表示地点】

师:怎样把窗花装饰到窗户上?【出示提示卡“手”,表示动作】

——教师引导幼儿按照提示卡用“过新年啦！窗上贴着红红的窗花”的句式讲述。

3. 出示图片二(红灯笼)练习句式:过新年啦！……着红红的……。

师:这是什么?(灯笼)【出示提示卡“盒子”,表示灯笼】

师:你会把灯笼装饰在哪里?【出示提示卡“标识”,表示地点】

师:怎样把灯笼装饰到门上?【出示提示卡“手”,表示动作】

——教师引导幼儿按照提示卡用“过新年啦！门口挂着红红的灯笼”的句式讲述。

4. 出示图片三(红对联)练习句式:过新年啦！……着红红的……。

师:这是什么?(对联)【出示提示卡“盒子”,表示对联】

师:你会把对联装饰在哪里?【出示提示卡“标识”,表示地点】

师:怎样把对联装饰到门上?【出示提示卡“手”,表示动作】

——教师引导幼儿按照提示卡用“过新年啦！门上贴着红红的对联”的句式讲述。

三、巩固句式(8分钟)

师:我们把这些红红的东西连起来说一说:“过新年啦！窗上贴着红红的窗花,门口挂着红红的灯笼,门上贴着红红的对联。”

师:除了这些,还有什么东西也让你觉得新年是红红的?你也用刚才的话来说一说。

——教师引导幼儿用句式“过新年啦！……着红红的……”讲述。

四、扩展练习(5分钟)

师:新年是红红火火的,新年是快快乐乐的,每年我们都要过新年。那么,你是怎么过新年的呢?

师:请你拿着自己的调查表跟身边的好朋友说一说。要把一件事情说清楚,我们就需要说清时间、人物、地点、事情的经过和最后的心情。

五、活动延伸

将新年图片投放进口语讲述区域,鼓励幼儿自主讲述。

5—6岁（上）

二 口语讲述环境设计

1 我升大班了

设计意图

“我升大班了”的主题讲述，能帮助幼儿尽快适应大班的学习生活，知道自己能独立完成很多事情，获得升大班的自豪感。用图片和句式提示板来设计口语讲述环境富有可操作性。引导幼儿说一说长大了的自己会做什么，还会做什么。让幼儿通过练习句式了解自己进步的方面，也提高口语表达能力。

材料准备

图片、背景板、句式提示卡

参考照片

2 我眼中的秋天

设计意图

进入秋季，幼儿用眼睛去观察周围的变化，了解到秋天是一个多彩与丰收的季节。布置出“我眼中的秋天”环境场景，引导幼儿用连贯的语言清楚地表达秋天的主要颜色特征，加深对秋天的认识，产生热爱大自然的情感。同时鼓励幼儿大胆地说，用丰富的词汇进行描述，从而提高幼儿的表达能力。

材料准备

图片、背景板、句式提示卡

参考照片

3 我最喜欢的动物

设计意图

喜欢动物是每一个幼儿的天性，幼儿有着丰富的与动物相关的常识，便于开展讲述活动。设计“我最喜欢的动物”的讲述展板，让幼儿拥有想说、敢说、能说的环境。引导幼儿在了解动物的外形、神奇本领后，用完整的句式、较长的段落来描述自己最喜欢的动物，从而提升幼儿的口语能力。

材料准备

图片、背景板、句式提示卡

参考照片

4 快乐过新年

设计意图

过新年是幼儿最开心的事情，在新年里幼儿应该做些什么？可以怎样装饰家里呢？这些都是幼儿感兴趣的话题。创设“快乐过新年”的口语讲述环境，一方面让幼儿了解新年的装饰物品有哪些，它们分别是挂在什么地方的；另一方面，让幼儿在讲述过程中感受新年的喜庆氛围，提高语言表达能力。

材料准备

图片、背景板、句式提示卡

参考照片

5—6岁(上)

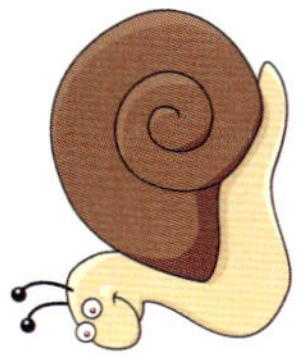

三

亲子讲述活动设计

1 九月故事续编：小猪过生日

小猪即将过生日了，它非常期待这一天的到来。它邀请好朋友们来家里参加生日派对。

小猪对小兔说："小兔小兔，明天是我的生日，请你到我家来吃蛋糕，我家的屋顶是红色的。"小兔回答说："谢谢邀请，我明天一定来参加你的生日派对！"

小猪对小猫说："小猫小猫，明天是我的生日，请你到我家来吃蛋糕，我家的窗户是黄色的。"小猫回答说："谢谢邀请，我明天一定来参加你的生日派对！"

小猪对小狗说："小狗小狗，明天是我的生日，请你到我家来吃蛋糕，我家的门是绿色的。"小狗回答说："谢谢邀请，我明天一定来参加你的生日派对！"

第二天，小猪就为好朋友们准备了很多食物，有新鲜的萝卜、美味的小鱼、香香的肉骨头和甜甜的蛋糕等。

可是，从早上等到中午，从中午等到下午，好朋友们都没有来。小猪又纳闷又焦急。它等呀等，等呀等……

小朋友，接下来请你想一想，小猪最终等到它的好朋友们了吗？

续编要求

1. 能根据故事提供的线索，创造性地、合理地续编出故事的结尾。

2. 能大胆说出自己的观点，积极参与创编故事。

续编思路

1.小动物们最后有没有参加小猪的生日派对？

2.小动物们是怎么找到小猪的家的？

2 十月故事续编：小螃蟹历险记

小螃蟹的钳子断了，它非常伤心，决定去找小动物们借钳子。

小螃蟹游到了海底，看见了一个美丽的珊瑚礁，在珊瑚礁中住着一只海螺。小螃蟹游过去，向海螺借钳子。海螺说：“很抱歉，小螃蟹，我只有厚厚的壳，而且我的壳是用来保护我自己的。”

小螃蟹有点失望，但它并没有放弃，又继续向前游。没游多远，它看见了一只可爱的小丑鱼。小螃蟹兴奋地问小丑鱼：“小丑鱼，你有钳子吗？”小丑鱼摇摇头说：“对不起，我没有钳子，我只有鱼鳍，我的鱼鳍是用来游泳的。”

小螃蟹很失望，它在路边哭了起来，突然，它隐隐约约看到远处有一个像钳子一样的东西。

于是它决定一探究竟……

小朋友，小螃蟹究竟发现了什么呢？请你说一说接下去的故事吧。

续编要求

1. 能根据故事提供的线索，创造性地、合理地续编出故事的结尾。
2. 能大胆说出自己的观点，积极参与创编故事。

续编思路

1. 小螃蟹发现的像钳子一样的东西会是什么？
2. 小螃蟹最后有没有借到钳子？
3. 海洋里还有哪些动物也有钳子？

3 十一月故事续编：梦里的魔法森林

夜晚，我进入梦乡，来到了奇幻的魔法城堡。

城堡里面绚丽多彩，顶上悬挂着晶莹剔透的水晶灯，墙壁上挂满了精美的画作。正当我被这奇幻世界所吸引时，一位闪闪发光的小精灵向我飞来，带我飞向窗外。只见一道耀眼的光芒闪过，我发现自己又来到了魔法森林。

在魔法森林的草坪上，一匹神奇的飞马翩翩起舞，华丽的翅膀散发着炫彩的光芒。小精灵优雅地挥动着手中的魔法棒，瞬间，一座壮丽的彩虹桥出现在眼前。小精灵微笑着走上彩虹桥，脚下留下一串闪烁的光点。彩虹桥通向一个神秘的世界……

小朋友，彩虹桥通往的神秘世界里会有什么呢？请你想一想，说一说接下去的故事吧。

续编要求

1. 引导幼儿围绕故事情节，大胆表述自己的想法。
2. 能连贯完整地进行故事讲述，自由创想并进行故事续编。

续编思路

1. 你觉得小精灵还会带你去哪里呢？
2. 小精灵还有哪些特殊的本领呢？
3. 如果你有这些特殊的功能，你想做哪些事情呢？

4 十二月故事续编：过新年

冬天来了，北风呼呼，雪花飘飘，森林里的小树屋亮起了暖暖的灯光，胖乎乎的牛爷爷在厨房里热火朝天地忙碌起来。

咚咚咚，一阵敲门声打断了牛爷爷的动作。这是谁来了呢？"喵喵喵"，原来是小猫花花来了！"牛爷爷，新年快乐！我们一起过新年吧！"小猫来到了厨房，拿出了面粉。

咚咚咚，又是谁来了呢？一对长长的耳朵先挤进门来，是小兔菲菲！"牛爷爷，我来和大家一起过新年啦！"小兔菲菲带了胡萝卜，也走进了厨房。

"汪汪汪，牛爷爷好，我来啦！"小狗奇奇一进门就跳了跳，抖了抖身上的雪。它拿出一袋肉骨头，走进了厨房。

牛爷爷赶紧去厨房里烧水。大家都争着在厨房里忙碌着，小狗奇奇说着今天发生的开心事，小猫花花笑得合不拢嘴。

大家一边聊天一边为新年忙碌着！

咚咚咚……

小朋友，猜猜看又是谁来了？你知道小动物一起为新年忙什么吗？请你们想一想，把故事编完整吧。

续编要求

1. 能按故事发展线索用分析、补充的方法合理地续编故事。
2. 能大胆想象，并用连贯的语言进行讲述。

续编思路

1. 还有谁会来到牛爷爷家里？
2. 猜一猜小动物们一起忙碌着制作什么美食？

5—6岁(上)

四

字宝宝图文讲述

1 九月字宝宝图文讲述：知错就改

生龙活虎的许言、古灵精怪的吴李姜和一群小伙伴准备过马路。许言跟大家说："过马路要遵守交通规则，必须注意信号灯，不能乱窜。"

这时，吴李姜看见一个小女孩在马路边乱丢垃圾，吴李姜大声地说："不能乱丢垃圾，要保护环境哦！"

小女孩听到批评的声音，马上知道自己做错了，立刻捡起垃圾扔进垃圾桶。这时候，大家都表扬她："知错就改，就是好样的！"

2 十月字宝宝图文讲述：赶集奇事

今天双桥村有集市，村里好多人都去赶集。顾语安对习似波说：“今天赶集的人多，我们要牢牢记住路线，别迷路了。”

集市真的很热闹，有人在抓娃娃，有人在打电动，还有人在玩桌游。他们逛了好久，买了整整一大包燕麦片，还买了两条可以保护腰部的腰带。

突然间，一位路人拍拍顾语安的肩告诉他：“你的袋子破了，可以拿一根粗细合适的绳子简单系一下。”他礼貌地说：“谢谢您！”路人说：“不客气，互相帮助是应该的。”

午饭时间到了，他们在商场旁找到了一家店名叫“功劳饭店”的餐馆。服务员端来了一盘宫保鸡丁和两碗拉面，他们开开心心地吃完后就回家了。

3 十一月字宝宝图文讲述：感恩生活

今天是休息日，弟弟和妹妹早早地起床。弟弟来到院子里，挖了坑，栽了树苗，培了土，浇了水，将迷你花园里种植的花草都打理了一遍。妹妹则将家里内外的卫生都打扫了好几遍。

下午，兄妹俩兴高采烈地出门了，他们一起去参观革命烈士纪念馆。他们坐上升降电梯来到安静的展览厅。讲解员说："我们今天的美好生活，是革命烈士用生命换来的。打仗时，他们隐藏在光秃秃的山沟里，差不多和大山融为一体。他们为了祖国人民，始终团结在一起。我们要懂得感恩，永远不能忘记这些革命烈士，并珍惜现在的美好生活！"

兄妹俩点点头，心里感恩着这些烈士。

4 十二月字宝宝图文讲述：报效祖国

徐灵格的父母是桥梁设计师，他们工作的地方在一座小岛上。岛上的风景新奇而美妙，四处都挂着鲜艳的彩旗，迎风招展。

静悄悄的夜晚，家里的灯亮着，徐灵格的父母还没有休息。他们还在画建筑设计图，他们要为岛民们打造一座可以连接两岸的巨型桥。突然门外一阵响声吵醒了徐灵格，随后母亲套上了衣服把她抱在怀里，轻轻地安慰她。徐灵格看着父母工作到半夜，爸爸的胡子都白了。这时候，那颗发奋图强的种子在她心里慢慢发芽。

5—6岁（下）

一 口语讲述活动设计

1 春天的调色盘

教学目标

1. 了解春天的季节特征，能用完整的语言表达自己眼中的春天。

2. 学习使用“春天是……色的，春天……着……，……”的句式描述图片中的春天。

教学准备

课件、春天各种景色的图片

教学过程

一、引出主题(2分钟)

师：燕子飞来了，什么季节到了？(春天)

师：春天是什么样子的？我们跟着燕子一起去找一找吧。

二、学习句式(12分钟)

1. 出示第一幅图片，请幼儿观察图片。

师：它是谁呀？(燕子)【出示提示卡“？”】

师：小燕子看到的春天是什么样子的？它是怎么说的？

——教师鼓励幼儿大胆想象并描述。

师：小燕子说春天是红色的。【出示提示卡“调色盘”，表示红色】

师：小燕子为什么说春天是红色的？

师：小燕子说春天是红色的，春天吻着桃树，桃花红了。【出示提示卡“手”，

表示吻；出示提示卡“盒子”，表示桃树；出示提示卡“调色盘”，表示桃花红了】

——教师引导幼儿学说句子：“燕子说，春天是红色的，春天吻着桃树，桃花红了”。

2. 出示第二幅图片，请幼儿观察图片。

师：小黄莺飞来了，说春天是什么样子的？它是怎样说的？【出示提示卡“手”，表示吹；出示提示卡“盒子”，表示油菜；出示提示卡“调色盘”，表示油菜花黄了】

——教师引导幼儿学说句子“黄莺说，春天是黄色的，春天吹着油菜，油菜花黄了。”

3. 出示第三幅图，请幼儿观察图片。

师：小麻雀飞来了，说春天是什么样子的？它是怎样说的？【出示提示卡“手”，表示摇；出示提示卡“盒子”，表示柳树；出示提示卡“调色盘”，表示柳条绿了】

——幼儿学说句子：“麻雀说，春天是绿色的，春天摇着柳树，柳条绿了。”

三、巩固句式(6分钟)

1. 教师引导幼儿用完整的语句“春天是……色的，春天……着……，……”进行讲述。

2. 教师组织幼儿以小组、男女、不同的形式进行巩固练习。

四、扩展练习(5分钟)

师：春天是一个热闹的季节，因为小动物们都出来了；春天是一个美丽的季节，因为五颜六色的花都开了。现在让我们一起去幼儿园里看一看、找一找春天还发生了什么有趣的事吧。

——教师引导幼儿用完整的语句“春天是……色的，春天……着……，……”进行讲述。

五、活动延伸

将春天图片投放进口语讲述区域，鼓励幼儿自主讲述。

2 美丽的家乡

教学目标

1. 会用“我的家乡在吴江，这里有美丽的……，在这里我们可以……和……”的句式进行讲述。

2. 能大胆地在集体面前进行自由讲述，培养热爱家乡的情感。

教学准备

课件、“我的家乡”调查表

教学过程

一、谈话导入(3分钟)

师：小朋友，你生活在哪个城市？看，这是吴江地图，它像什么？我们幼儿园在什么地方？你认识吴江哪些好玩又美丽的地方呢？

二、学习句式(10分钟)

1. 出示图片一(东太湖)。

师：我的家乡在吴江，这里有美丽的东太湖【出示提示卡“标识”】

师：在这里我们可以做什么？(可以野餐、放风筝、看喷泉)【出示提示卡“？”】

——教师引导幼儿学用句式“我的家乡在……，这里有美丽的……，在这里我们可以……和……”进行讲述。

2.出示图片二(吴江公园)。

师:这是吴江的哪里?在这里我们可以干什么?

——教师引导幼儿学用句式"我的家乡在……,这里有美丽的……,在这里我们可以……和……"讲述。

3. 出示图片三(退思园)。

师:这是吴江的哪里?在这里我们可以干什么?

——教师引导幼儿学用句式"我的家乡在……,这里有美丽的……,在这里我们可以……和……"讲述。

三、巩固句式(5分钟)

师:我们生活的吴江有很多美丽漂亮的地方,你还去过哪里玩呢?请你来给大家介绍一下吧。(结合幼儿讲述出示课件中的垂虹塔、湿地公园、吴江明珠城等)

——教师引导幼儿学用句式"我的家乡在……,这里有美丽的……,在这里我们可以……和……"进行讲述。

四、扩展练习(7分钟)

师:请你在小组内,用自己制作的"我的家乡"调查表来介绍美丽的家乡。

——教师引导幼儿用句式"我的家乡在……,这里有美丽的……,在这里我们可以……和……"来说一说。

五、活动延伸

将"我的家乡"调查表投放进口语讲述区域,鼓励幼儿自主讲述。

3 身边的科学

活动目标

1. 通过讲述活动了解食物中的科学,对食物有进一步的认识。

2. 能根据提示用“我看到了……色的……,……色的……能……”的句式讲述。

活动准备

课件、句式提示卡

活动过程

一、谈话导入(3分钟)

师:我们每天都需要吃很多食物让我们的身体长高长大,谁来说一说你最喜欢的食物是什么?理由是什么?

师:每个人喜欢的食物不同,理由也不一样,有的喜欢它的颜色,有的喜欢它的味道,有的喜欢它的形状,有的喜欢它的营养价值。

二、学习句式(10分钟)

1. 幼儿观察图片。

师:今天我准备了很多不同颜色的食物,请你们来讨论一下你的发现。

师:我看到了红色的辣椒。【出示提示卡“调色盘”表示红色,出示提示卡“盒子”表示辣椒】

师:我看到了橙色的胡萝卜。【出示提示卡“调色盘”表示橙色,出示提示卡

“盒子”表示胡萝卜】

师:我看到了紫色的洋葱。【出示提示卡“调色盘”表示紫色,出示提示卡“盒子”表示洋葱】

师:现在请小朋友将这几句话连在一起,完整地说一说。

——教师鼓励幼儿用“我看到了……色的……,……色的……能……”的句式描述图片。

2. 教师引导幼儿讨论食物颜色的秘密。

师:你们知道食物中颜色的秘密吗?

——教师请幼儿说一说自己关于食物颜色的生活经验。

3. 教师示范讲述红色食物,请幼儿倾听、观察图片。

师:生活中红色的食物有很多,有番茄、红枣、山楂、草莓,吃了红色的食物能够减轻疲劳和预防感冒。

——教师引导幼儿学说句子:“我看到了红色的番茄,红色的番茄能预防感冒。”

三、巩固句式(6分钟)

1. 教师引导幼儿用完整的语句“我看到了……色的……,……色的……能……”进行讲述。

2. 教师组织幼儿以小组、男女、不同的形式进行巩固练习。

四、扩展练习(6分钟)

师:生活中有各种各样的食物,每一种食物都有自己的颜色、形状、味道和营养价值,你喜欢哪种食物呢? 请你来说一说。

——教师引导幼儿尝试练习句式“我看到了……色的……,……色的……能……”。

五、活动延伸

将各种食物图片投放进口语讲述区域,鼓励幼儿自主讲述。

4 我要上小学

教学目标

1. 能根据提示卡用“我喜欢小学,因为……”的句式讲述。

2. 激发对小学生活的向往。

教学准备

课件、句式提示卡

教学过程

一、谈话导入(3分钟)

1. 师:这是什么地方? 这两个地方有什么不同之处?【出示小学和幼儿园的照片】

2. 幼儿自由讲述。

——教师根据幼儿的回答引导他们观察对应的照片,巩固了解两个地方的不同处。

二、学习句式(10分钟)

1. 出示图片一(操场)。

师:照片上是哪里?(学校操场)【出示提示卡“?”】

师:我们在操场上可以做什么运动?

——教师引导幼儿一起练习说句子:“我喜欢小学,因为有大操场,能跳绳、跑步、踢足球。”

2. 出示图片二(音乐活动室)。

师:照片上又是哪里?(学校音乐活动室)【出示提示卡“?”】

师:音乐活动室是做什么的呀?

——教师引导幼儿一起练习说句子:“我喜欢小学,因为有音乐活动室,可以一起学唱歌。”

3. 出示图片三(科学实验室)。

师:照片上又是哪个教室?(科学实验室)【出示提示卡“?”】

师:科学实验室又是做什么的呀?

——教师引导幼儿一起练习说句子:“我喜欢小学,因为有科学实验室,可以做实验。”

三、巩固句式(6分钟)

师:除了刚才小朋友讲到的这些,你还因为什么喜欢小学呢?

——教师引导幼儿看图用“我喜欢小学,因为……”的句式进行表达。如:带上红领巾参加升旗仪式、做值日生等。

四、扩展练习(6分钟)

师:刚才小朋友说了很多喜欢小学的原因,那我们来试着用多句话来畅想下自己的小学生活。

——教师引导幼儿练习用句式“我喜欢小学,因为……;我喜欢小学,因为……;我喜欢小学,因为……”自由畅想。

五、活动延伸

将小学场景的各类照片投放进口语讲述区域,鼓励幼儿自主讲述。

5—6岁（下）

二 口语讲述环境设计

1 春天的调色盘

设计意图

春天是大地复苏的季节，幼儿对周围的事物充满了好奇，能积极地去探索和发现春天的秘密。结合主题“春天的调色盘”设计口语讲述的环境，鼓励幼儿找一找春天是什么颜色的，借助春天的风景图进行完整讲述，让幼儿能够在说一说、讲一讲中锻炼自己的语言能力。

材料准备

图片、背景板、句式提示卡

参考照片

2 美丽的家乡

设计意图

幼儿从小生活在家乡，对家乡的环境非常熟悉，有着丰富的生活经验。开展“美丽的家乡”口语讲述活动，引导幼儿了解家乡的人文环境、家乡的不同建筑、家乡的著名景点等，培养幼儿热爱家乡的情感。同时口语讲述环境的创设，让幼儿观察图片后大胆地讲述家乡的不同特色，提高了口语表达能力。

材料准备

图片、背景板、句式提示卡

参考照片

3 身边的科学

设计意图

幼儿通常根据个人口味、喜好来选择食物，容易造成营养摄入的不均衡。为了让幼儿逐渐形成科学合理的饮食习惯，提高选择营养食品的能力，我们设计了“身边的科学”的口语讲述环境。一方面让幼儿了解食物的结构，认识人体所需要的不同颜色种类的食物；另一方面让幼儿在讲述过程中丰富词汇量，提高语言表达能力。

材料准备

图片、背景板、句式提示卡

参考照片

4 我要上小学

设计意图

临近毕业，幼儿即将成为小学生。对于小学的生活，幼儿有很多的期待和向往。创设“我要上小学”的讲述环境，以幼儿表达情感为切入点，引导幼儿表达自己对小学生活的理解和对成为小学生的期待，让幼儿发挥想象、畅所欲言，鼓励幼儿完整讲述内容；同时发展幼儿完整表述的能力，让幼儿学会说，敢于说。

材料准备

图片、背景板、句式提示卡

参考照片

5—6岁（下）

三 亲子讲述活动设计

1 三月故事续编：小兔寻食记

在茂密的森林里住着小兔一家。一天早上，兔妈妈让小白兔去森林里寻找一些食材做美食大餐。于是，小白兔高高兴兴地提着篮子出门了。

一路上，小白兔蹦蹦跳跳，很快来到了一片萝卜地前，萝卜地里长满了白白胖胖的大萝卜。小白兔心想：有了萝卜，妈妈不就能给我做好吃的萝卜糕了吗？于是，小白兔立刻拔起了萝卜，装进篮子里。

小兔继续往前走，看到山坡上长着很多蘑菇。想到蘑菇可以做成鲜美的蘑菇汤，小白兔口水都要流下来了，赶紧采了蘑菇装进篮子。看着装满食材的篮子，小白兔心里美滋滋的。

在回家的路上，小白兔突然看到路边有一个又大又黄的南瓜。小白兔心想：如果把这个大南瓜带回家，妈妈就可以给我做软软糯糯的南瓜饼啦！可是这个南瓜实在太大、太重了，小白兔的篮子已经装不下了，怎么才能把大南瓜运回家呢？

小白兔能把大南瓜运回家吗？请你想一想，说一说接下来的故事吧。

续编要求

1. 能用连贯、完整的语言大胆讲述。
2. 能根据故事情节，合理地续编出故事的结尾。

续编思路

1. 小白兔能把南瓜运回家吗？它会用什么方法呢？
2. 小白兔最后会尝到哪些美味的食物？

2 四月故事续编：小狐狸造房子

在森林王国里，住着一只非常聪明的小狐狸。它开了一家神奇的建筑公司，可以帮助每个小动物都住上自己满意的房子。

一天，大象伯伯走进小狐狸的建筑公司。小狐狸热情地招待大象伯伯，询问道："大象伯伯，你需要什么帮助吗？"大象伯伯说："我想要造一座新房子，你可以帮我吗？"小狐狸回答："当然可以了，你需要什么样的房子呢？"大象伯伯说："我长得太大了，我的房子也需要非常大，而且房子的门也不能小，否则我会进不去。"小狐狸说："没问题，我肯定帮你造一座满意的房子。"几个月过去了，高大壮观的城堡矗立在眼前，城堡的大门材质坚固。大象伯伯看到新房子非常满意，开心地住进了新家。

看到了大象的新房子，小鼹鼠也来到了小狐狸的建筑公司。它对小狐狸说："小狐狸，我想要一座新房子，房子要非常暗，不能有光照进来，你能帮我吗？"小狐狸得意地说："你放心，我来帮你想办法。"不久之后，小鼹鼠来看自己的新房子，发现房子造在了地下，里面果然很暗，几乎看不到一丝光线。小鼹鼠满意极了，夸奖小狐狸是最厉害的建筑师！

小朋友你们想想还有哪些小动物会去小狐狸的建筑公司，会发生什么呢？

续编要求

1. 能根据故事提供的线索，创造性地、合理地续编出故事的结尾。
2. 能大胆说出自己的观点，积极参与创编故事。

续编思路

1. 小狐狸的建筑公司又来了哪些小动物？
2. 你猜猜小动物需要什么样的房子？
3. 最后小狐狸怎么帮小动物建造好房子？

3 五月故事续编：梅花鹿的花伞

森林里有一只可爱的梅花鹿，她日思夜想想要一把漂亮的雨伞。有一天，鹿妈妈终于给小鹿买了一把红色的带有黄色小点点的花伞。小鹿高兴极了，拿着花伞蹦蹦跳跳地跑去森林里想给小伙伴们看一看。

小鹿拿着花伞一边跳一边唱，路上遇到了在晒鲜花的小猪，小猪说："小鹿小鹿，你的花伞真漂亮，能不能帮我撑一下挡挡太阳，你看我的汗滴答滴答往下流。""好呀好呀。"说完小鹿帮小猪撑起了花伞，慢慢地，小猪不再流汗了。小鹿说："小猪，我要继续往前走咯。"小猪很感激地送给小鹿一朵鲜花。

走着走着，小鹿来到了小河边，听见河里传来一阵呼喊声，小鹿拿着花伞连忙跑过去。原来小兔和小鱼聊天的时候，小兔不小心掉进了小河里。"小鹿，快点救救我。"小兔着急地向小鹿求救，小鹿灵机一动，拿出她的花伞，对小兔说："小兔，你快点拉住我的花伞，我救你上来。"小兔紧紧抓住了小鹿的花伞。小鹿费了很大的力气，终于把小兔救上了岸，小兔连忙道谢，小鹿说："不用谢不用谢，多亏了我的花伞。"

小鹿一边把鲜花插在自己的头上，一边拿着小花伞继续往前走……

小朋友，请你们想一想，小鹿在森林里还会遇见谁，她会做什么呢？

续编要求

1. 能根据故事提供的线索，创造性地、合理地续编出故事的结尾。
2. 能大胆说出自己的观点，积极参与创编故事。

续编思路

1.小鹿还会遇见哪些小动物？
2.小鹿的花伞是怎么帮助小动物的？

4 六月故事续编：小猴子历险记

在遥远的大森林里面住着快乐的小猴子一家，在大森林的对面有一个大大的果园，那里有香香甜甜的水果，小猴子很想去果园里摘果子，但是妈妈说果园里很危险，有很多凶猛的动物和可怕的陷阱。

一天早晨，小猴子趁妈妈不在家，偷偷地溜去果园摘果子。小猴子一进果园就看见了长满葡萄的葡萄架子。紫色的葡萄散发着香甜的味道，小猴子口水都要流下来了，它赶紧冲了过去。“汪汪汪……”一只大黑狗冲了出来，小猴子被吓得一机灵，赶紧逃跑。

跑了很久很久，小猴子终于摆脱了大黑狗。它定睛一看，一片西瓜地赫然出现在了眼前。小猴子看着又大又甜的西瓜，瞬间开心极了，顾不得危险跑了过去，结果“咚”的一声掉进了一个大坑里。“救命呀，救命呀……”小猴子喊了半天也没有人来，它只能朝着坑口拼命地爬，费了九牛二虎之力才爬了上来，它气喘吁吁地说：“要是妈妈在就好了。”

躺着休息了一会儿的小猴子，继续往果园走去……

小朋友，请你们想一想，小猴子在果园里还会发生什么惊险的事情？

续编要求

1. 能用连贯、完整的语言大胆讲述。
2. 能根据故事情节，合理地续编出故事的结尾。

续编思路

1. 小猴子之后还会遇到什么危险？它会用什么方法逃脱呢？
2. 小猴子最后会摘到香甜的果子吗？

5—6岁(下)

四

字宝宝图文讲述

1 三月字宝宝图文讲述：校园生活

“叮铃铃”上课了，同学们抬头挺胸，双脚放平，整齐地坐在教室里，同学们已经养成了非常认真的习惯。

课堂上，大家专心地听老师讲《司马光砸缸》的故事：有个男孩叫司马光，他的同伴不小心掉进了水缸。司马光赶紧拿起石头扔向水缸，水缸被砸出一个缺口，同伴成功被救。老师讲的《铁棒磨成针》的故事，让我们懂得，专心做好每件事。大家都被故事里的精神所感动。

课间休息，校园的操场上有的人在钻山洞，有的人在打拳，有的人在骑小车，有的人把足球踢进了球网。大家玩得很快乐。在距离操场不远的田野里，有同学提着篮子沿着田埂在捡散落的豆子和掉落的麦穗。

真是一片美好校园生活的景象！

2 四月字宝宝图文讲述：新村景象

初春时节，新村大院里的一棵柳树枝繁叶茂，村民们在树旁搭建了一个戏曲大舞台。

银色的舞台上，屏幕里正在播放戏曲节目《玲珑玉塔》和《智断奇案》；台下已经坐满了收看节目的观众。大家被情节深深吸引住了。

后台歇息处，准备表演的演员们穿着卫兵的服装，身姿挺拔，显得威猛潇洒。他们正在努力地操练着动作：踢腿、撑腰、射箭……

舞台边，等候开场的孩子们有的在捉迷藏，有的在拍球，还有的在跳绳。

3 五月字宝宝图文讲述：美好的一天

早晨，一束光绚丽地从天空照进了教学楼，美好的一天开始了。

曲文跟于良背着装满书本的背包走进学校，教室里传来了孩童们读书的声音。琅琅的读书声传遍了校园每一个角落。

下课的铃声响起，曲文跟于良来到了操场上。他们一会摆动双臂，一会踢踢小腿。练习满意后，他们玩起了体育器械。于良托起杠铃，曲文扔起沙包。过了一会儿，两个人又练起了百米冲刺。

傍晚时分，曲文跟于良玩起了影子游戏，小手动起来像小乌龟，像老鹰，也像街上献演的小猴子……

4 六月字宝宝图文讲述：动物朋友

清晨，小花背上自己喜欢的小书包向学校走去。

小花刚走进教室，就站在原地向讲台张望着。她发现桌上除了有粉笔，还有两个玻璃缸。走近一看，里面有一条变色龙和一条小蛇正歪着脑袋往她这里看，仿佛在告诉她，我们交个朋友吧。小花完全不害怕，她凑到玻璃缸边上，轻轻地跟小动物们打招呼。

其他小朋友好奇地问小花："你为什么不害怕啊？"小花说："因为它们是人类的好朋友，我们要开心地在一起生活。"

后记

苏州市实验小学校教育集团各民办校(园)在徐天中校长的带领下，自2011年起，以“语言发展”为研究点开展“儿童语言发展小幼衔接的实验研究”。该课题研究的申报单位为苏州明珠学校。课题组由苏州明珠学校、苏州明珠幼儿园等四家单位组成，苏州明珠幼儿园主要承担完成了课题中3—6岁年龄段的实验研究。

徐天中校长是教育部首届骨干校长高级研修班成员，全国29位校长带头人之一，中国教育学会全国实验学校教育科学研究专业委员会副理事长，中国教育学会小学教育专业委员会副会长，全国骨干校长工作研究会副理事长，苏州市专家咨询团成员，教育部小学校长培训中心(北京师范大学校长培训学院)兼职教授，苏州大学兼职教授、硕士生导师，苏州市实验小学校教育集团原总校长。

徐天中校长创造性地提出了“生活认读”“环境认读”“游戏认读”“三步认读”四种模块的学习方式。四种模块的学习，遵循了儿童的生理和心理发展规律，符合汉字、汉语文化的学习特征，将符号辨识和内容体验有机统一。四种模块的学习，建立了小幼衔接语言教学共同体，儿童在活生生的多元动态环境中实现高效地识字、快速地阅读、流利地表达，从而充分开发儿童语言、思维等潜能，促进儿童全面可持续发展，为终身学习打下坚实的基础。

本丛书由徐天中校长担任编委会总主编，他对本丛书的指导思想、框架结构、内容审定、文字撰写等方面做出了具体指导和详细安排。赵洪、丰新娜、丁文群、王莉、王静、过坚、朱月龙、屈雅琴、钱春玲、钱晶莹参与了本丛书各分册的编写与审校工作。谈莉莉、葛建平、宋怡、周莉、周璇、戴莉萍、沈琴、周玉婷、陆丽亚、范兰珍、顾敏娴、吴国英、程浏、杨斐、张雯婷、沈建芳、翁娟芳、潘宏参与了课题的教学研究工作。课题组全体成员在推进课题研究的过程中,展现了对孩子的认真观察、对教法的认真琢磨、对经验的认真提炼。本丛书中的每一篇活动设计、每一件游戏材料、每一个指导要求,都凝聚着教师们对课题研究的独特观点。

课题研究开展期间,课题组得到了幼儿科学认读发起人,原江苏省教育委员会副主任、江苏省教育学会原会长周德藩先生,苏州大学朱月龙教授,以及北京师范大学、中国教育科学研究院、江苏省教育科学研究院等单位有关专家的指导。他们为课题研究提供了科学认读的成果借鉴,为课题推进提供了广阔的研究思路,也在丛书编写过程中提供了许多建设性的修改意见,我们在此表示衷心的感谢!

本丛书在编写过程中得到了很多专家、学者、老师的支持和帮助,在此向各位表示诚挚的谢意!

由于编者水平和时间的限制,本丛书在理论的探索和实践的操作上还有提升的空间,不足之处敬请专家和读者不吝赐教!

编　者

2023年8月

儿童语言发展

小幼衔接的实验研究丛书

绘本阅读

5—6岁

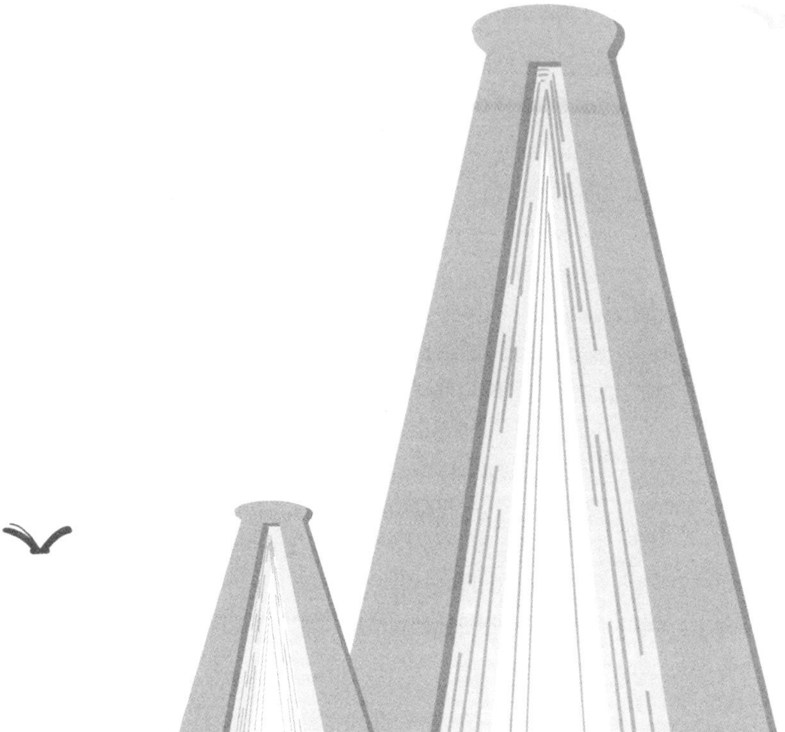

徐天中 总主编

本书编委会 编

浙江工商大学出版社

ZHEJIANG GONGSHANG UNIVERSITY PRESS

·杭州·

图书在版编目(CIP)数据

儿童语言发展小幼衔接的实验研究丛书. 5—6岁 6 绘本阅读 / 徐天中总主编;本书编委会编. -- 杭州: 浙江工商大学出版社,2024. 10. -- ISBN 978-7-5178-6121-8

Ⅰ. G613.2

中国国家版本馆CIP数据核字第2024CN0559号

儿童语言发展小幼衔接的实验研究丛书
绘本阅读(5—6岁)
HUIBEN YUEDU (5—6 SUI)
徐天中 总主编 本书编委会 编

策划编辑 周敏燕
责任编辑 周敏燕
责任校对 胡辰怡
封面设计 蔡思婕
责任印制 祝希茜
出版发行 浙江工商大学出版社
(杭州市教工路198号 邮政编码310012)
(E-mail:zjgsupress@163.com)
(网址:http://www.zjgsupress.com)
电话:0571-88904980,88831806(传真)
排　　版 杭州朝曦图文设计有限公司
印　　刷 杭州捷派印务有限公司
开　　本 787mm×1092mm 1/16
总 印 张 66.5
总 字 数 913千
版 印 次 2024年10月第1版 2024年10月第1次印刷
书　　号 ISBN 978-7-5178-6121-8
总 定 价 240.00元(共六册)

“儿童语言发展小幼衔接的实验研究丛书”编委会

本书编委会

序

一个人的语文素养根基在于阅读，儿时阅读兴趣的激发和习惯的养成至关重要。孩子是天生的学习者。脑科学研究成果表明，幼儿正处于语言学习的敏感期，充分利用汉字图形表意的优势，在儿童生活和游戏过程中，开展“随风潜入夜”式的认读活动，既能激发孩子的阅读兴趣，又有利于培养孩子的阅读习惯。

为此，我们曾组织几十所幼儿园和小学，以“科学认读”为课题进行早期阅读的实验研究。十数年的坚持，改变了我们汉字难学的认知。其实汉字存有认读和书写的相位差，可先认读不书写，或者后书写。阅读的入门并不难。据此，我们在幼儿园开展科学认读汉字词的活动，这激发了孩子们认读汉字词的热情。做得好的幼儿园，大班的孩子普遍可以认读近千个汉字。有些小学主动对接幼儿园继续实验，到二年级学年末，学生认读可超两千字，从而实现自主阅读。这项研究结题时，教育部原副总督学郭振有说，此项研究切口小、意义大。

结题之后，由于环境的影响，继续参与研究的很少。但是徐天中校长凭借他丰富的教育经历和学识，充分认定这项研究的价值，抓住小切口，依靠教育集团的优势，设计出小幼衔接的大文章，坚持做了十多年。他主持开展的江苏省教育科学“十二五”规划重点课题“儿童语言发展小幼衔接的实验研究”，抓住儿童口头语言发展的关键期，在不增加儿童学习负担的前提下，建立了一套

符合儿童身心发展特征、小幼间无缝对接的科学认读目标、内容、方法、评价体系，让3—6岁儿童语言教学与小学语文教学在展示自身特色基础上实现无缝衔接，建立小幼衔接语言教学共同体，开发儿童语言思维等潜能，促进儿童全面可持续发展，为终身学习打下坚实的基础。

徐天中校长从“字”“人”“环境”这三个方面着手研究，创造性地在3—6岁阶段科学认读研究中提出了“生活认读”“环境认读”“游戏认读”“三步认读”四种模块的学习方式。在这些学习方式的互通与互补过程中，6岁幼儿轻松而高效地达到1000多个常见字的认读目标。正是通过抓住关键期，从3岁开始的有效语言教育，幼儿从3岁起就逐步开始了自主阅读绘本、报纸、书册，到6岁积累了近10万字的阅读量。这充分开发了幼儿的学习潜能，促进了其形象思维、逻辑思维等的快速发展。3—6岁的早期认读和早期阅读成果，让幼儿进入小学一、二年级后语文学习优势明显，轻松完成2500个常用字的学习，课外阅读量超100万字，这也很好地推进和提高了学生学习其他学科的兴趣、速度和质量，从而进一步全面提升了学生的综合素养。

徐天中校长领衔的这项课题成果丰硕，课题组编撰了《小幼衔接语言发展之科学认读》《小幼衔接语言发展之绘本阅读》《小幼衔接语言发展之口语讲述》等共计18册的系列丛书，制作了与之配套的电子课件、挂图卡片、音频视频、游戏盒子等学习辅助材料。这些课题研究成果集聚了严谨规范的教学流程、系统高效的教学方式、生动有趣的教学材料、多元灵活的教学评价，具有极大的实操性和可推广性。我希望这项课题研究能长期进行下去，它的探索和深化必将对基础教育体系改革产生重大意义！

周德藩

（原江苏省教委副主任）

目 录

5—6岁(上)

一、故事阅读活动教案

二、故事阅读环境设计

三、故事阅读亲子指导

5—6岁(下)

一、故事阅读活动教案

5—6岁（上）

一

故事阅读活动教案

1 巴士到站了

活动目标

1.理解故事内容,能用句式“公交车到站了,……下车了”讲述故事。

2.观察绘本画面中不同场景中的人物,大胆想象仿编故事。

活动准备

绘本、各种长长的线、课件

活动过程

一、趣味导入(2分钟)

师:瞧,什么车开来了呀?它的名字叫“公交车”。

——出示“公交车”字卡。

师:你坐过公交车吗?说说看,你坐着公交车都去了哪些地方呢?

——引导幼儿讲述。

二、阅读绘本(8分钟)

1.整体阅读

师:这辆白色的公交车,带着许多人去了很多地方,那我们一起去看看吧。

——出示PPT,教师讲述绘本。

2.分页阅读

师:公交车来到了什么地方?谁下车了?

——引导幼儿仔细观察图片,进一步理解故事内容。

三、讲述巩固(8分钟)

师:谁来说一说你看到的内容?

——出示句式“公交车到站了,……下车了”引导幼儿完整地讲述。

师:你最喜欢绘本的哪一段?谁愿意给大家讲一讲?

——请幼儿选择绘本中喜欢的地方,用句式“公交车到站了,……下车了”进行讲述。

四、经验拓展(7分钟)

师:你经常乘坐哪辆公交车,有哪些站?谁会在那里下车?

——出示生活中的其他地方,用句式“公交车到站了,……下车了”完整地讲述。

师:你最喜欢乘坐公交车去哪里?你能用学会的句式说一说吗?

——引导幼儿联想去过的地方,用句式“公交车到站了,……下车了”完整地讲述。

2 超人兔

活动目标

1.理解故事内容,能用句式“我是超人兔,我敢……”讲述故事。

2.能结合生活经验进行联想,大胆想象,仿编故事。

活动准备

绘本、自制超人兔眼罩、课件

活动过程

一、趣味导入(2分钟)

师:今天,老师带来了一位朋友要介绍给你们认识。

——出示超人兔。

师:瞧,他的装扮多有趣。在他身上也发生了有趣的事情,让我们一起听一听。

二、绘本阅读(8分钟)

1.整体阅读

师:超人兔究竟是一只怎样的小兔呢?我们一起去看看吧。

——出示PPT,教师讲述绘本。

2.分页阅读

师:超人兔遇到了哪些危险?它的表现怎样?

——引导幼儿仔细观察图片,进一步理解故事内容。

三、讲述巩固(8分钟)

师:小兔子都做了哪些勇敢的事情?

——出示句式,引导幼儿完整地讲述“我是超人兔,我敢……”。

师:你认为绘本里的哪一件事体现出小兔子最勇敢?谁愿意给大家讲一讲?

——请幼儿选择绘本中的某一段,用句式“我是超人兔,我敢……”进行讲述。

四、经验拓展(7分钟)

1.结合生活经验,说一说自己的经历

师:生活中,你觉得自己勇敢吗?

——引导幼儿结合生活中的事例进行讲述。

2.出示超人兔眼罩

师:戴上它,我们也可以变成超人兔。你变成超人兔会做哪些勇敢的事情呢?

——引导幼儿运用句式“我是超人兔,我敢……”表达自己经历的勇敢的事情。

3 点点和多咪的信

活动目标

1.引导幼儿学会观察画面,了解故事的内容,知道一些寄信和写信的基本生活常识。

2.带领幼儿一起学习故事中的段落“……收到信后知道上面在说……”。

活动准备

PPT、写信和寄信的相关生活经验

活动过程

一、趣味导入(2分钟)

师:小狗点点和小猫多咪是非常要好的朋友。可是,每当回到各自的家,他们就会非常难过。你们知道为什么吗?

——引导幼儿大胆讲述并引出绘本的名称。

二、阅读绘本(8分钟)

1.整体阅读

师:点点和多咪分开后,都会想念对方,有什么好办法解决呢?我们一起去看看吧。

——出示PPT,教师讲述绘本。

2.分页阅读

师:点点和多咪用了一个什么好办法来解决呢?

——引导幼儿仔细观察图片,进一步理解故事内容。

三、讲述巩固(8分钟)

师:点点和多咪的信上分别写了什么内容?

——引导幼儿根据图片的内容大胆讲述,用句式"……收到信后知道上面在说……"讲述。

师:点点和多咪互相写的信中,哪一封让你印象深刻?

——请幼儿自由选择绘本中喜欢的一段,用绘本中的句式"……收到信后知道上面在说……"进行讲述。

四、经验拓展(7分钟)

师:多咪和点点是对很好的朋友,他们总是互相关心着对方。用写信的方式表达对好朋友的感情。你有好朋友吗?你会写信给他们吗?你会在信上写些什么呢?

——引导幼儿互相写信,收到信后用句式"……收到信后知道上面在说……"讲述自己的想法。

4 你最喜欢谁

活动目标

1.引导幼儿阅读故事内容,感受亲情的温馨。

2.能用句式“我喜欢……,因为……”大胆表达自己的想法。

活动准备

绘本、句式字条、课件

活动过程

一、趣味导入(2分钟)

师:有一位小朋友,和你们一样五六岁了。最近他特别爱问同一个问题,不管见到谁都要问个不停。

——出示拓拓的图片,激发幼儿阅读的兴趣。

二、阅读绘本(8分钟)

1.整体阅读

师:拓拓问了哪些人?他们都是怎么回答的呢?我们一起去绘本里找答案吧。

——出示PPT,教师讲述绘本。

2.分页阅读

师:拓拓分别问了谁?他们都是怎么回答的?

——引导幼儿仔细观察图片,进一步理解故事内容。

三、讲述巩固(8分钟)

师:拓拓听到大家的回答后,心情怎样?每个人都悄悄地在拓拓耳边说了什么呢?

——引导幼儿仔细观察图片,学习用句式"我喜欢……,因为……"进行讲述。

师:拓拓最喜欢的人是谁?为什么?

——引导幼儿根据故事情节大胆想象,练习用句式"我喜欢……,因为……。"进行讲述。

四、经验拓展(7分钟)

师:其实,生活中我们会遇到很多喜欢的人,那你有没有喜欢的人呢?你喜欢谁?

——引导幼儿自由讨论。

师:我喜欢我的妈妈,因为她很关心我。谁可以像老师这样来说一说呀?

——出示句式"我喜欢……,因为……"引导幼儿尝试用该句式大胆表述自己的想法。

师:如果你喜欢谁,就要大胆说出来,说给你喜欢的人听哦,他一定会很高兴的!

5 首先有一个苹果

活动目标

1.通过阅读,根据事物间的关系合理推理,初步感知故事所蕴含的数量关系和递进关系。

2.学习运用句式“首先……,其次……”说一句话。

活动准备

绘本、课件

活动过程

一、趣味导入(2分钟)

师:皮儿有红也有黄,身子圆圆好模样,连皮带肉一起啃,味儿甜甜有营养。小朋友,你知道老师说的是哪种水果吗?

——通过猜谜,激发幼儿阅读的兴趣。

二、阅读绘本(8分钟)

1.整体阅读

师:封面上除了红红的苹果,还有什么?它们在一起,会发生怎样有趣的故事呢?让我们一起来读一读吧。

——出示PPT,教师讲述绘本。

2.分页阅读

师:原来这是一个包含了数字的故事。大家还记得有什么形象吗?分别是几个呢?

——引导幼儿仔细观察图片,进一步理解故事内容。

三、讲述巩固(8分钟)

师:你们还记得故事里有什么形象吗?分别是多少个呢?它们出现的顺序是怎样的?

——帮助幼儿理解“首先”“其次”等顺序词的含义。

师:你们能按照它们出现的顺序一个一个说出来吗?

——逐一出示图片,学习用句式“首先……,其次……”进行讲述。

四、经验拓展(7分钟)

师:你在什么地方也发现过类似的情况?

——出示生活中的一些场景,引导幼儿用句式“首先……,其次……”完整地讲述。

6 我和我的外婆

活动目标

1.理解故事内容,找出有哪些长长的线,并尝试用句式“用长长的……线做……”进行讲述。

2.感受“我和我的外婆”之间浓浓的情感,体会亲情的温暖。

活动准备

绘本、各种长长的线、课件

活动过程

一、趣味导入(2分钟)

师:生活中有各种各样的线,你知道哪些线呢?它们有什么用呢?

——引导幼儿回忆并进行讲述,激发阅读的兴趣。

二、阅读绘本(8分钟)

1.整体阅读

师:故事中有一根长长的线,它有什么用呢?让我们一起来听一听吧。

——出示PPT,教师讲述绘本。

2.分页阅读

师:故事中长长的线,分别是什么线?

——引导幼儿仔细观察图片，进一步理解故事内容。

三、讲述巩固(8分钟)

师：故事中一共出现几种长长的线？

——引导幼儿学说短语“长长的电话线”“长长的马路线”“长长的毛线”和“长长的阳光线”。

师：这些长长的线有什么用呢？

——出示图片，引导讲述句式“沿着长长的……线做……”。

四、经验拓展(7分钟)

师：如果是你，你会对外婆说什么？

——引导幼儿进行打电话故事表演，练习句式“沿着长长的……线做……”。

师：长长的线，就是“我和我外婆”之间浓浓的爱。一条条看得见的线，把两颗心紧紧地联系在一起。

7 我妈妈

活动目标

1.理解故事内容,结合自己的经验,学习用句式“是……还是……”“像……还像……”大胆讲述。

2.理解和感受妈妈对自己的爱,说一说“这是我妈妈,她真的很棒!”,进一步引发对妈妈的关注,激发爱妈妈的情感。

活动准备

绘本、PPT课件

活动过程

一、趣味导入(2分钟)

师:你的妈妈是做什么工作的?你爱你的妈妈吗?

——引导幼儿讲述,激发幼儿阅读的兴趣。

二、阅读绘本(8分钟)

1.整体阅读

师:故事中,妈妈是什么职业的呢?我们一起去看看吧。

——出示PPT,教师讲述绘本。

2.分页阅读

师:故事中的妈妈为什么有那么多职业?

——引导幼儿仔细观察图片,进一步理解故事内容。

三、讲述巩固(8分钟)

师:为什么妈妈会是一个手艺特别好的厨师,也是一个会杂耍的特技演员?为什么是一个神奇的画家,也是世界上最强壮的女人?

——引导幼儿通过仔细观察图片寻找问题的答案,并使用句式“是……还是……”“像……还像……”。

师:妈妈真是太厉害了,故事中哪一句是夸妈妈的?

——出示并一起学说句子“这是我妈妈,她真的很棒!”。

四、经验拓展(7分钟)

师:你的妈妈是做什么职业的?你愿意来介绍一下吗?

——练习用句式“是……还是……”“像……还像……”“这是我妈妈,她真的很棒!”来介绍自己的妈妈。

8 乌鸦喝水

活动目标

1.引导幼儿学会观察和了解故事的内容,理解乌鸦喝水的相关故事情节,知道一些基本生活常识。

2.带领幼儿学用故事中的句式"它看见了……,想了想,用……,把……,终于……"进行仿编。

活动准备

PPT、音乐、幼儿的生活经验

活动过程

一、趣味导入(2分钟)

师:这里有一只乌鸦非常着急。它为什么事情着急呀?

——引导幼儿大胆想象,激发阅读的兴趣。

二、阅读绘本(8分钟)

1.整体阅读

师:原来乌鸦想要喝水,它能够成功喝到水吗?我们一起去看看吧。

——出示PPT,教师讲述绘本。

2.分页阅读

师:乌鸦喝到水了吗?它用了哪些办法喝到水的?

——引导幼儿仔细观察图片,进一步理解故事内容。

三、讲述巩固(8分钟)

师:乌鸦围着瓶子转来转去,它看到了什么呀?它是怎么做的?最终怎么样了?

——学习用句式“它看见了……,想了想,用……,把……,终于……”讲述。

师:小乌鸦真是太聪明了,能利用工具喝到水。让我们一起学习它的好办法吧。

——引导幼儿根据图片内容,用句式“它看见了……,想了想,用……,把……,终于……”进行完整讲述。

四、经验拓展(7分钟)

师:老师又带来了许多工具,如果你是乌鸦,你有没有更好的办法喝到水呢?

——引导幼儿积极思考,用句式“它看见了……,想了想,用……,把……,终于……”大胆续编。

师:我们都要学习小乌鸦积极动脑的好习惯,这样我们也会越来越聪明哦!

9 小小熊

活动目标

1. 观察绘本的画面，理解故事内容。

2. 能用句式“我真希望……，可是……”仿编故事。

活动准备

绘本、课件、字卡

活动过程

一、趣味导入(2分钟)

师：在森林里，住着一只小小熊，你想认识它吗？

——出示“小熊”字卡，激发幼儿阅读兴趣。

二、阅读绘本(8分钟)

1. 整体阅读

师：小小熊孤单地住在森林里，它没有朋友，那会发生什么样的故事呢？我们一起来读一读这个故事吧。

——出示PPT，教师讲述绘本。

2. 分页阅读

师：孤单的小小熊找到朋友了吗？怎么找到的呢？

——引导幼儿仔细观察图片,进一步理解故事内容。

三、讲述巩固(8分钟)

师:小朋友们,小小熊遇到了什么事情?它心里怎么想的?

——出示句式"我真希望……,可是……",引导幼儿进行讲述。

师:小小熊的愿望实现了吗?发生了什么?

——引导幼儿理解"可是"的含义。

师:选择绘本中喜欢的地方讲一讲。

——引导幼儿讲述句式"我真希望……,可是……"。

四、经验拓展(7分钟)

师:小朋友们,你最希望发生什么呢?谁能用我们新学会的句式来说一说?

——引导幼儿用句式"我真希望……,可是……"进行讲述。

师:小小熊找到了大大熊这样一个好朋友,那么他们还会发生什么故事?让我们想一想、说一说吧。

10 一寸虫

活动目标

1.学习词语“一寸”“量一量”并练习句子“一寸虫量了……”。

2.让幼儿懂得遇到危险,不要害怕、紧张,要多动脑子,想办法来解救自己。

活动准备

绘本、PPT课件

活动过程

一、趣味导入(2分钟)

师:小朋友们,今天老师给你们带来一个好听的故事,故事的主人公是一条小虫,它有一个特别的名字叫“一寸虫”。

——出示图片,激发幼儿阅读兴趣。

二、阅读绘本(8分钟)

1.整体阅读

师:一寸是什么意思?为什么一寸虫可以测量呢?让我们一起到故事里寻找答案吧。

——出示PPT,教师讲述绘本。

2.分页阅读

师:故事中的一寸虫,遇到了什么困难?它用什么办法给自己解围了?

——引导幼儿仔细观察图片,进一步理解故事内容。

三、讲述巩固(8分钟)

师:一寸虫测量了哪些动物?

——学习用句式“一寸虫量了……”完整讲述故事内容。

师:当一寸虫遇到夜莺的时候,发生了什么事?一寸虫是如何摆脱危险,解救自己的?

——引导幼儿用绘本中的句子讲述。

四、经验拓展(7分钟)

师:如果你是一寸虫,你还想量一量什么?

——引导幼儿学说句子“一寸虫量了……”。

师:你平时有没有遇到过危险?你是如何解救自己的?

一颗超级顽固的牙

活动目标

1.知道换牙时乳牙会自然脱落,不用刻意弄掉。

2.学习动词"咬、扭、拴、蹦、捕、粘",并学会说句式"……可是……"。

3.理解故事内容,感受故事情节的有趣和意想不到。

活动准备

绘本、课件

活动过程

一、趣味导入(2分钟)

师:你掉过牙齿吗?你还记得牙是怎么掉下来的吗?

——激发幼儿阅读兴趣。

二、阅读绘本(8分钟)

1.整体阅读

师:今天老师也带来了一本关于掉牙的图画书,你们想看吗?让我们一起读一读这本图画书吧。

——出示PPT,教师讲述绘本。

2.分页阅读

师:塔比莎和你们一样,也到了乳牙换恒牙的年龄。塔比莎的牙齿怎么啦?为什么她希望自己的牙齿快点掉下?

——引导幼儿仔细观察图片,进一步理解故事内容。

三、讲述巩固(8分钟)

师:塔比莎到了哪些地方?用了什么办法?结果怎样?

——幼儿讲述,认读字词“扭、拴、捕、粘”。

师:塔比莎用了这些方法想把牙齿弄下来,她成功了吗?

——逐一出示图片,引导幼儿用句子“……可是……”进行讲述。

四、经验拓展(7分钟)

师:塔比莎很努力地尝试了很多方法,想让牙齿快点掉下来,可是都没有成功。你有没有碰到过什么事情,自己非常努力,却没有成功?

——引导幼儿用句子“……可是……”进行讲述。

师:成长是一个自然的事情,有着自己的规律,我们不用太心急,顺其自然,一切都是最好的安排。

12 约瑟夫有件旧外套

活动目标

1.熟悉绘本故事,理解从“没用”变成“有用”的意义,并学用句式“我有一条……,已经很破旧,怎么办呀怎么办?裁裁又剪剪,……变成……”。

2.能用废旧材料尝试变化制作,体验节约的快乐。

活动准备

课件、操作用的废旧材料

活动过程

一、趣味导入(2分钟)

师:今天,我们教室请来了一个外国客人,他叫约瑟夫,你觉得他穿得怎样?

——出示图片,激发幼儿阅读兴趣。

二、阅读绘本(8分钟)

1.整体阅读

师:约瑟夫的长外套看上去怎么样?他的这件旧外套有什么特别的?

——出示PPT,教师讲述绘本。

2.分页阅读

师:布料变得越来越怎么样?最后约瑟夫又做了一件什么更有意义的事?

——引导幼儿仔细观察图片,进一步理解故事内容。

三、讲述巩固(8分钟)

师:故事中约瑟夫身上的布料变得怎么样了?他把长外套改成了什么?

——学用句式“我有一条……,已经很破旧,怎么办呀怎么办?裁裁又剪剪,……变成……”。

师:约瑟夫一共改了多少次?分别改成了什么?

——出示图片,引导幼儿用句式“我有一条……,已经很破旧,怎么办呀怎么办?裁裁又剪剪,……变成……”进行讲述。

四、经验拓展(7分钟)

师:今天,老师也准备了很多废旧的东西,你会不会像约瑟夫这样来变一变,创造一个新东西呢?谁来说说自己是怎么变的。

——引导幼儿用句式“我有一条……,已经很破旧,怎么办呀怎么办?裁裁又剪剪,……变成……”说一说自己的操作过程。

13 祝你新年快乐

活动目标

1.理解故事内容,会用连贯的语言进行简短的讲述。

2.引导幼儿根据绘本内容提炼句式“波波找了一张图画纸,在画纸上画了……送给……”并进行创编讲述。

活动准备

绘本《祝你新年快乐》课件、图片、句卡

活动过程

一、趣味导入(2分钟)

师:小朋友,你们收到过新年贺卡吗?都是谁送给你们的?

——出示图片,激发幼儿阅读兴趣。

二、阅读绘本(8分钟)

1.整体阅读

师:小老鼠波波也准备要送贺卡给它的朋友们呢,会送给谁呢?我们一起看看吧!

——出示PPT,教师讲述绘本。

2.分页阅读

师:小老鼠波波画了什么? 送给了谁?

——引导幼儿仔细观察图片,进一步理解故事内容。

三、讲述巩固(8分钟)

师:小老鼠波波一共画了几幅画? 分别画的什么? 送给谁?

——逐一出示图片,引导幼儿根据图片内容,学习用"波波找了一张图画纸,在画纸上画了……送给……"进行完整的讲述。

师:波波又画了什么? 你猜它这回是要送给谁呢?

——引导幼儿仔细观察图片,用句式"波波找了一张图画纸,在画纸上画了……送给……"进行讲述。

四、经验拓展(7分钟)

师:如果你是波波,你想画什么? 又要送给谁呢?

——幼儿自由讨论,根据讨论结果,用句式"波波找了一张图画纸,在画纸上,画了……送给……"进行完整的讲述。

师:给别人送礼物和收到礼物都是让人感到很快乐、很幸福的事呀!

14 自己的颜色

活动目标

1.理解故事内容,懂得在遇到危险的时候要用适当的办法保护自己。

2.乐意参与交流讨论,了解动物保护色的概念与作用。

3.学习使用句式“在……发现了……,它是……颜色”。

活动准备

绘本、PPT课件

活动过程

一、趣味导入(2分钟)

师:你看到了什么小动物?它们是什么颜色的?它们身上的颜色会变吗?有一种小动物的颜色会变,你知道是什么动物吗?

——出示不同动物图片,激发幼儿阅读兴趣。

二、阅读绘本(8分钟)

1.整体阅读

师:变色龙变成了什么颜色,为什么会变呢?那我们一起去看看吧。

——出示PPT,教师讲述绘本。

2.分页阅读

师:变色龙为什么敢坐在老虎的身上,你们敢吗?变色龙为什么不害怕呢?

——引导幼儿仔细观察图片,进一步理解故事内容。

三、讲述巩固(8分钟)

师:变色龙分别在什么地方,变成了什么颜色?

——逐一出示图片,引导幼儿学习用句式“在……发现了……,它是……颜色,有了和……一样的颜色”来讲述。

师:变色龙变了多少种颜色?分别在什么地方变的?

——引导幼儿回忆故事内容,用句式“在……发现了……,它是……颜色,有了和……一样的颜色”进行回答。

四、经验拓展(7分钟)

师:大自然中,还有哪些动物会用这种方法保护自己?

——逐一出示海洋、池塘、森林等图片,请幼儿用句式“在……发现了……,它是……颜色,有了和……一样的颜色”来讲述。

5—6岁（上）

二

故事阅读环境设计

1 巴士到站了

设计意图

结合5—6岁幼儿的年龄特点，为幼儿提供适宜的阅读场景，将绘本《巴士到站了》与环境创设有机整合，激发幼儿阅读兴趣，迁移阅读经验，才能更好地提高幼儿的阅读水平，使幼儿爱上阅读，在阅读中发展。

材料准备

公交车背景图、KT板、各色彩纸、记号笔、玩具公交车等

指导意见

1.制作指导

以公交车为背景，车身上写绘本名称，车站背景按序依次描述绘本前半段故事情节，适当配有文字，留一块空白车站背景，准备玩具公交车、彩纸、记号笔等材料，为幼儿提供续编故事的环境。

2.阅读指导

鼓励幼儿根据绘本环境大胆猜测故事主要内容，再指导幼儿仔细观察绘本画面，探索绘本故事的内容，结合画面了解故事主要情节，同时也鼓励幼儿认读绘本中的句式，最后尝试用流利连贯的语言完整讲述故事。

3.创编指导

引导幼儿大胆猜测故事后续情节，将自己的猜想画下来并插入车站背景中，也可操作玩具公交车在“公交车站”背景下与同伴进行互动，合作创编，丰富故事情节。

2 点点和多咪的信

设计意图

结合5—6岁幼儿的年龄特点，为幼儿提供写信的环境，将绘本《点点和多咪的信》与环境创设有机整合，激发幼儿写信兴趣，迁移写信经验，增加幼儿写信的机会，使幼儿爱上写信这种表达方式。

材料准备

火车背景图、KT板、各色彩纸、记号笔、写信纸等

指导意见

1. 制作指导

以火车为背景，车头上写绘本名称，车厢按序依次描述绘本前半段故事情节，用后面空白车厢为幼儿提供续编故事环境。

2. 阅读指导

鼓励幼儿根据绘本环境大胆猜测故事主要内容，再指导幼儿仔细观察绘本画面，探索绘本故事的内容，结合画面了解故事主要情节；同时也鼓励幼儿认读绘本中的句式，最后尝试用流利连贯的语言完整讲述故事。

3. 创编指导

引导幼儿能主动思考写信内容，将自己想的内容，以画信的方式记录下来，并插入车站背景中，结合自己的写信内容，大胆讲述创编的故事；也可操作玩具火车背景，与同伴进行互动，合作创编，丰富故事情节。

3 首先有一个苹果

设计意图

结合5—6岁幼儿的年龄特点，为幼儿提供适宜的阅读场景，将绘本《首先有一个苹果》与环境创设有机整合，激发幼儿阅读兴趣，迁移阅读经验。这样才能更好地提高幼儿的阅读水平，使幼儿爱上阅读，在阅读中发展。

材料准备

苹果树背景、KT板、各色彩纸、记号笔、苹果等

指导意见

1.制作指导

以苹果树为背景，苹果树干上写绘本名称，每颗苹果依次描述绘本前半段故事情节，用后面空白的苹果为幼儿提供续编故事环境。

2.阅读指导

幼儿操作时，鼓励幼儿根据绘本内容大胆猜测故事主要内容，再指导幼儿仔细观察绘本画面，探索绘本故事的细节，结合画面了解故事主要情节；同时也鼓励幼儿认读绘本中的句式，最后尝试用流利连贯的语言完整讲述故事。

3.创编指导

引导幼儿大胆猜测故事后续情节，将自己的猜想画下来并放入苹果树背景中，并结合猜想大胆创编故事；也可操作玩具苹果在“苹果树”背景下与同伴进行互动，合作创编，丰富故事情节。

4 一寸虫

设计意图

结合5—6岁幼儿的年龄特点，为幼儿提供适宜的阅读场景，将绘本《一寸虫》与环境创设有机整合，激发幼儿阅读兴趣，增加阅读互动的机会这样才能更好地提高幼儿的阅读水平，使幼儿爱上阅读，在阅读中培养数学素养。

材料准备

一寸虫背景图、KT板、各色彩纸、记号笔、一寸虫玩具等

指导意见

1.制作指导

以一寸虫为背景，虫子的头像上写绘本名称，虫子的身体按序依次描述绘本前半段故事情节，用后面的虫身为幼儿提供续编故事环境。

2.阅读指导

鼓励幼儿根据绘本环境中的图片大胆猜测故事主要内容，再指导幼儿仔细观察绘本的画面，可进行绘本图片排序的活动；结合画面叙述绘本主要情节，同时也鼓励幼儿使用绘本中的句式，最后尝试用流利连贯的语言完整讲述故事。

3.创编指导

引导幼儿根据故事的内容大胆想象猜测，将自己的创意画下来插入一寸虫的背景中，并能大胆地讲述绘画的内容；也可操作玩具一寸虫在"一寸虫"背景下与同伴进行互动，合作创编绘本故事，丰富故事情节。

5—6岁（上）

三

故事阅读亲子指导

肚子里有个火车站

内容简介

幼儿爱吃饭菜，是一件让家长特别开心的事，但幼儿吃得太多、太快，就容易造成消化不良、肠道不适。而《肚子里有个火车站》这个故事想象出了一群帮助食物消化的小精灵，如果吃得太多太快，精灵们就会游行示威、罢工抗议，肚子里就会乱作一团。

整个故事生动有趣、构思精巧，以带领幼儿参观肚子火车站的形式，从幼儿的视角发挥想象，看待问题，告诉他们消化是怎么回事，润物细无声地把健康饮食的概念渗透进幼儿的生活中，从而帮助幼儿养成良好的饮食习惯。

分页式阅读指导

第一页，小朋友看一看，图片上有什么？这是在什么地方？发生了什么事情？

这是一个火车站，让人奇怪的是这个火车站在一个小朋友的肚子里，想知道发生了什么事情吗？请一起和爸爸妈妈欣赏故事《肚子里的火车站》吧！

第二页，这个小姑娘叫朱莉娅。她刚刚从幼儿园出来，走在回家的路上。

听！朱莉娅的肚子里为什么会发出“咕噜噜”的声音？

第三页，朱莉娅听到的“咕噜噜”声是什么呀？你猜对了吗？

第四页，你知道肚子里精灵们的工作是什么吗？

第五页，茱莉娅吃午餐的时候，肚子里的精灵们为什么会那么生气？

第六页，朱莉娅吃的食物到肚子里以后，小精灵们是怎么做的呢？拿着什么工具？小精灵们把食物变成泥装进火车厢后，会运到哪里去？

第七页，小精灵把火车开到小肠里，又会做什么？

第八页，小精灵们在工作的时候，是不是很顺利呢？我们一起来看看又发生了什么事情？

第九页，火车站里的温度为什么会越来越低？

第十页，朱莉娅生病了，为什么肚子会疼呢？

第十一页，终于，在小精灵们快被冻僵的时候，冰雪开始融化了。一阵温暖的雨从天而降。

第十二页，原来，朱利娅正躺在床上喝热水，她的肚子上还放了一个热水袋。

第十三页，朱莉娅的肚子为什么不疼了呢？小精灵做了些什么？

第十四页，朱莉娅感觉好多了，她的肚子不疼了，她高兴地翻了许多跟头。肚子火车站里的小精灵们觉得好像坐上了过山车……他们已经分不清哪是上，哪是下了。

拓展式阅读指导

1.家长鼓励幼儿尝试自己讲述绘本内容，使孩子知道认真对待吃饭是件非常重要的事情。

2.家长可以准备一些超市的宣传单或美食杂志等，让幼儿动手剪一剪，贴一贴，制作人体的消化系统，用吸铁石模拟食物的消化过程。在游戏中认识人体的消化系统结构。

2 菲菲生气了

内容简介

这是一本关于幼儿情绪管理的绘本,从孩子们最经常遇到的问题出发,一步步展现小姑娘菲菲是如何逐步平息怒气,又回到家里,从而避免与姐姐的正面冲突。故事里有一句充满能量的话语:“是广大的世界安慰了她。”这句有魔法的话,给孩子们提供了一个解决问题和平复情绪的方法。

分页式阅读指导

第一页,封面上的小女孩叫什么名字?你们发现她怎么了?

第二页,菲菲和姐姐之间发生了什么事?

第三页,猜一猜,接下来会发生什么事?

第四页,菲菲怎么了?她生气的时候是什么样子?

第五页,菲菲做了什么事呢?

第六页,你看到发生了什么?为什么会这样?

第七页,现在的菲菲,看上去像什么?

第八页,菲菲去了哪里?大树和小松鼠看到生气的菲菲,会对她说什么呢?

第九页,大树和小松鼠都想要关心菲菲,为什么菲菲对它们都不理不睬呢?

第十页,菲菲看到了什么?

第十一页，菲菲看到了什么？这棵树是什么样的？

第十二页，菲菲坐到了哪里？

第十三页，菲菲坐在树上。你们猜一猜，她心里可能在想什么？

第十四页，猜一猜，菲菲为什么爬了下来？她可能会去哪里呢？

第十五页，菲菲还在哭吗？你们觉得她还在生气吗？

第十六页，大家看到菲菲回家，都是什么反应？

第十七页，他们在一起做什么？菲菲的家人可能会对她说什么？

第十八页，菲菲在做什么？你们觉得菲菲还生气吗？

拓展式阅读指导

1.家长鼓励幼儿用自己的话说一说故事内容，并且和长辈或自己的好朋友分享绘本《菲菲生气了》的故事。

2.家长可以让幼儿动手画一画自己生气和开心时脸上的表情。并说一说，自己生气的时候，可以用什么办法使自己的心情好起来。

3 石头底下藏着什么

内容简介

石头对于孩子们来说并不陌生,他们都非常喜欢玩石头。书中的格劳丝发现花园里有一块又硬又圆的石头时,就特别想知道这块石头下面到底有什么。因为,孩子们对于一切未知的事物都充满着好奇。于是,作者就这样带领孩子们展开自己想象的翅膀,遨游在故事之中。

分页式阅读指导

第一页,一块灰石头,躺在花园里。石头底下藏着什么呢?是不是一个天大的秘密?

第二页,格劳丝若有所思地在花园里自言自语:“这块又硬又圆的灰石头底下藏着什么呢?”你来猜一猜,下面可能会藏着什么?

第三页,格劳丝跑过去想把石头推开。她一使劲,手一下子插进了地上的泥里。她摸了摸这块大石头,又趴到石头上闻了闻,心想一定要把它挪开。这么大的一块石头,她一个人搬得动吗?你来帮她想个办法吧。

第四页,格劳丝使劲去推石头,不一会儿就累得满头大汗、气喘吁吁。不过,她觉得自己一定会喜欢石头底下藏着的小东西。格劳丝会喜欢什么呢?你来猜一猜吧。

第五页,石头底下会不会藏着一只黏糊糊的绿怪物?他会不会长着一个超级大的肚子?尽管很累,但想到这儿,格劳丝还是忍不住笑了起来。就算这个怪物是紫色的,也要抓住他!多么奇特的想法,真好玩,你觉得会是什么?

第六页，石头底下会不会藏着一个长相奇怪的白胡子小矮人？如果真是这样的话，那她一定会很喜欢他！石头底下会不会藏着一个巨人？他是不是长着满嘴的大黄牙？格劳丝觉得，很有可能是这样！不过现在，她需要一辆吊车把石头吊起来。你说谁会是吊车的司机？

第七页，也许石头底下是一座蓝色的火山，还往外喷着熔岩和火光，或者是一片粉红色的树林。到底是蓝色火山还是粉红色树林？请你来说一说。

第八页，或者是一个有着各种怪鱼的大海？哇！这些怪鱼长什么模样？

第九页，难道这块石头是世界入口的一个塞子？石头下面有一个洞，人们可以从洞里掉到另一片天空中去？她得仔细瞧一瞧。她瞧到了什么？

第十页，石头晃了晃，滚了几下，又突然停了下来。格劳丝不声不响地看着石头，然后她看到了一只……太奇怪了，她看到了什么呢？

第十一页，海蟑螂。啊？什么是海蟑螂？

第十二页，“嘿，”格劳丝问，“你是谁？”那个小东西抬头看了格劳丝一眼说：“我叫弗朗斯·阿塞尔，现在正要往屋顶上爬。”“很好，”格劳丝说，“我希望你答应我，能让我经常到你家，和你一起玩儿。”海蟑螂会怎么回答呢？

第十三页，“我觉得……”弗朗斯·阿塞尔有点儿尴尬，“我们首先考虑的是怎样把石头挪回去。”他清了清嗓子说。格劳丝会怎么做呢？

第十四页，他们很快就把石头挪了回去。他们两个都没说什么话，但是很开心。他们一起爬上了弗朗斯的屋顶，从上面往下吐唾沫。如果你是格劳丝或弗朗斯·阿塞尔，你会在屋顶做些什么？

拓展式阅读指导

1.家长先鼓励幼儿尝试自己观察和讲述绘本中的主要内容，再与幼儿一起进行角色扮演，并阅读绘本中的内容。

2.和幼儿一起说一说石头下面还可能会藏着什么。如果你是那个小女孩你会怎么做？你会和它说些什么？可以和孩子一起大胆地进行创编活动，并尝试着把创编的内容画下来。

4 我有友情要出租

内容简介

这是一本关于友情的绘本。故事讲述了一只孤独寂寞的大猩猩,他没有朋友,也不知道该怎样交朋友,于是想出了“出租友情”的点子。绘本展现大猩猩与小女孩咪咪出租友情的过程,最后大猩猩领悟到了友情的真谛,明白了友情是不能用金钱来买卖的。

分页式阅读指导

第一页,哪些物品是可以出租的?封面上有谁?这只大猩猩想出租什么?

第二页,大猩猩为什么要出租友情?它是怎么出租的?

第三页,它出租的条件是什么?

第四页,这时,大猩猩遇到了谁?它的友情出租掉了吗?(引导幼儿仔细观察图片,他们在玩什么?)

第五页,第二天咪咪又来租友情了,他们玩得开心吗?相处得怎么样?(情感挖掘)

第六页,说说他们每天在一起做些什么?大猩猩现在还会觉得孤独和寂寞吗?为什么?

第七页,大猩猩在干什么?猜猜它要把饼干给谁吃。咪咪来了吗?

第八页,咪咪为什么没来?她会去哪呢?

第九页,大猩猩失落吗?它心里是怎么想的?

第十页，看，树上的叶子写了什么？和大猩猩上次写在叶子上的有什么不同吗？什么是“免费”？

第十一页，大猩猩的这片叶子吸引到其他小动物了吗？你觉得它还会找到好朋友吗？什么才是真正的友谊呢？

第十二页，大猩猩还在等待下一个朋友，它以后都没有朋友了吗？它应该怎么做？

拓展式阅读指导

1.家长鼓励幼儿尝试自己讲述绘本内容，理解“真正的友情是不能用金钱来买卖的”“朋友是要去找寻的，而且，他们都在附近，就等你去发现”。

2.家长可以引导幼儿说一说自己有哪些朋友，分别是如何相处的。你觉得和朋友相处快乐吗？怎么样才能有真正的友谊呢？和孩子一起探讨和分享各自对故事的理解和生活中自己的友情经历，拓展幼儿的语言表达，挖掘幼儿的内心情感。

5—6岁(下)

一

故事阅读活动教案

1 只小猪和 100 只狼

活动目标

1. 欣赏绘本，理解词语“站住、救命、包围、跑走、笑嘻嘻、软乎乎”。

2. 对故事情节展开大胆的猜想，学习句式“要是……就……”。

活动准备

绘本、PPT课件

活动过程

一、趣味导入（2分钟）

师：你们觉得1只小猪能战胜100只大灰狼吗？

——激发幼儿阅读兴趣。

二、阅读绘本的开始部分（8分钟）

1. 整体阅读

师：小朋友仔细观察，故事发生在什么地方？树林里到底有什么？会发生什么事情呢？让我们一起去看看吧。

——出示PPT，教师讲述绘本。

2. 分页阅读

师：1只小猪究竟是怎么战胜100只大灰狼的呢？让我们再来仔细看

一遍。

——引导幼儿仔细观察图片,进一步理解故事内容。

三、讲述巩固(8分钟)

师:100只大灰狼觉得1只小猪不够吃,它们心里是怎么想的?

——引导幼儿观察图片,大胆推测大灰狼的想法,学习用句式“要是……就……”进行讲述。

师:大灰狼是怎么对小猪说的呢?

——引导幼儿尝试用句式“要是……就……”进行回答。

四、经验拓展(7分钟)

师:小猪最后怎么样了?有没有被吃掉?你还有什么好办法可以帮助小猪逃生?

——引导幼儿大胆猜测,用句式“要是……就……”进行讲述。

师:你觉得这是一群怎样的狼?这是一只怎样的小猪?

——引导幼儿评价角色。

师:这个故事告诉我们,遇到危险时,我们也要像小猪这样沉着冷静。

2 阿立会穿裤子

活动目标

1.观察图片，学会讲述阿立在学穿短裤的时候遇到的有趣故事。

2.重点理解词汇"抬、摇、晃、跌倒、爬、跑、躺"等字词。

3.根据故事情节，尝试用句式"如果……我会……"讲述故事内容。

活动准备

绘本、课件

活动过程

一、趣味导入(2分钟)

师：小朋友，你们会穿裤子吗？你们是怎么穿裤子的？

——激发幼儿阅读的兴趣。

二、教师讲述故事(8分钟)

1.整体阅读

师：有一位叫阿立的小朋友还不会穿裤子，到底是怎么回事？那我们一起去看看吧。

——出示PPT，教师讲述绘本。

2.分页阅读

师:阿立学穿短裤的时候遇到什么困难了？你们还记得吗？

——引导幼儿仔细观察图片,进一步理解故事内容。

三、讲述巩固(8分钟)

师:阿立会穿裤子吗？成功了吗？

——出示并学习字词“穿、摇、晃、跌倒、爬、跑”。

师:狗狗、猫咪、小老鼠来了,牛儿、马儿来了,大家为什么嘲笑他？

——出示并学习词语“嘲笑”。

师:来到河边,看见一只白鹭鸶,阿立发生了什么事？

——幼儿用句式“如果……我会……”讲述。

师:回到家里,妈妈是怎么对待阿立的？阿立用什么办法穿上了裤子？

——出示并学习汉字“躺”。

四、经验拓展(7分钟)

师:生活中你还会哪些本领？你是怎么学会的？

——引导幼儿使用学过的字词以及句式“如果……我会……”进行讲述。

3 爱画画的公主

活动目标

1.学习观察绘本图片,理解故事内容。

2.大胆想象,能使用“……像……”句式。

活动准备

绘本、课件

活动过程

一、趣味导入(2分钟)

师:小朋友你们看,今天老师把谁给请来了呀!她是位公主,不过这位公主脾气有点古怪,她不爱说话,只爱画画,所以大家都叫她“爱画画的公主”。

——出示封面,引出故事。

二、阅读绘本(8分钟)

1.整体阅读

师:接下来老师就来给大家讲一讲这个“爱画画的公主”的故事。

——出示PPT,教师讲述绘本。

2.分页阅读

师:你知道公主要的是什么?四个仆人分别给她找来的是什么?

——引导幼儿仔细观察图片,进一步理解故事内容。

三、讲述巩固(8分钟)

师:为什么梳着两根辫子的仆人会找来蘑菇,蘑菇有什么地方像伞?为什么穿红裙子的仆人会找来棒棒糖,棒棒糖有什么地方像伞?为什么胖仆人会找来松树,松树有什么地方像伞呢?

——出示句式"……像……"引导幼儿进行讲述。

师:最后一个仆人找对了公主想要的东西吗?让我们一起再来完整地讲一遍故事。

——引导幼儿完整复述故事,巩固句式"……像……"。

四、经验拓展(7分钟)

师:你觉得生活中还有什么东西是相似的呢?请你用句式"……像……"说一说。

——出示句式"……像……"引导幼儿进行讲述。

师:生活中有许多非常相似的东西,让我们一起来找一找,说一说吧。

4 白白的雪，白白的猫

活动目标

1.通过倾听，理解故事内容，并进一步感受故事的趣味性。

2.引导幼儿发挥想象，用句式“白白的雪飘下来，白白的猫……”进行讲述。

活动准备

绘本、白猫手偶、课件、录音

活动过程

一、趣味导入(2分钟)

师：你们看，它是谁？是一只怎样的猫？

——出示手偶，激发幼儿阅读兴趣。

二、阅读绘本(8分钟)

1.整体阅读

师：关于这只白猫，有一段优美的故事，我们一起来听一听。

——出示PPT，教师讲述绘本。

2.分页阅读

师：这是什么季节？白猫在冬天里，发生了一个怎样的故事？

——引导幼儿仔细观察图片，进一步理解故事内容。

三、讲述巩固(8分钟)

师:在这个故事里,出现最多的颜色是什么?

——引导幼儿学说重点词“白白的雪、白白的猫”。

师:在这个故事里面,出现最多的句子是哪一句?你发现了吗?

——出示句式“白白的雪飘下来,白白的猫……”引导幼儿完整讲述。

四、经验拓展(7分钟)

师:在这个美丽的下雪天,白白的猫还可以干什么呢?你能用这句好听的话说一说吗?

——引导幼儿大胆想象,用句式“白白的雪飘下来,白白的猫……”进行讲述。

师:白白的猫喜欢这白色的世界,她感到很幸福。孩子们,如果是你在这白色的雪天世界,你会干什么呢?请你跟你的小伙伴一起说一说吧。

5 宝贝牙旅行记

活动目标

1.学习句式“水管里的水会流到……里,所以……”,并尝试故事续编。

2.理解故事情节并体验成长的快乐。

活动准备

绘本、课件

活动过程

一、趣味导入(2分钟)

师:“这家兄弟真叫多,整整齐齐站两排,平时闲着没啥事,一到吃饭就碰撞。”你们猜到谜底是什么了吗?

——通过猜谜引起幼儿兴趣。

二、阅读绘本(8分钟)

1.整体阅读

师:有一个小朋友叫妞妞,她的牙齿会摇来摇去。她还准备了一个小窝,这是为什么?我们一起听完故事,你就明白了。

——出示PPT,教师讲述绘本。

2.分页阅读

师:妞妞的牙去了哪些地方旅行了?

——引导幼儿仔细观察图片,进一步理解故事内容。

三、讲述巩固(8分钟)

师:水管里的水会流到什么地方?发生什么事呢?

——引导幼儿观察图片,学习讲述句式“水管里的水会流到……里,所以……”。

师:每个人说的地点都不一样?大家分别怎么说的?

——引导幼儿回忆故事,用句式“水管里的水会流到……里,所以……”进行回答。

四、经验拓展(7分钟)

师:如果是你的牙齿去旅行,你觉得它会去哪些地方呢?

——引导幼儿大胆想象,用句式“水管里的水会流到……里,所以……”讲述。

师:我们一起来讲一讲我们自己的“宝贝牙旅行记”吧。

6 初三老鼠娶新娘

活动目标

1.欣赏绘本画面,理解故事内容。

2.大胆想象,学习用句式“我一边……,一边……”进行仿编讲述。

活动准备

绘本、课件

活动过程

一、趣味导入(2分钟)

师:封面是什么颜色呢?老鼠头上戴的是什么呀?为什么要带这个呢?

——出示图片,激发幼儿阅读兴趣。

二、阅读绘本(8分钟)

1.整体阅读

师:下面还有很多老鼠在抬着一只身穿红色衣服的老鼠。她们这是要去哪呢?我们一起来听一听这个故事吧。

——出示PPT,教师讲述绘本。

2.分页阅读

师:老鼠村长要把女儿嫁给谁?成功了吗?最后嫁给了谁?

——引导幼儿仔细观察图片,进一步理解故事内容。

三、讲述巩固(8分钟)

师:老鼠村长跌坐在地上,他是怎么做,怎么说的?

——出示句式,引导幼儿学说“我一边……,一边……。”

师:这个句子表示一个人同时做着两件事情。故事中,还有谁在同时做两件事情?

——引导幼儿回忆故事,尝试用句式“……一边……,一边……”进行讲述。

四、经验拓展(7分钟)

师:小朋友你在什么地方看到过谁可以同时做两件事情?

——引导幼儿用句式“……一边……,一边……”进行讲述。

师:你会同时做哪两件事情? 谁愿意说一说?

——引导幼儿用句式“我一边……,一边……”进行讲述。

7 打喷嚏

活动目标

1.理解儿歌内容，学习句式"……打喷嚏对准了……，阿嚏，吓跑了……和……"

2.知道打喷嚏要捂住口鼻，做个讲卫生、讲文明的好孩子。

活动准备

绘本、PPT

活动过程

一、趣味导入(2分钟)

师：你们平时打喷嚏的时候是怎么做的？谁来给我们学一学？

——吸引幼儿注意力，激发阅读兴趣。

二、阅读绘本(8分钟)

1.整体阅读

师：故事里，有哪些小动物打喷嚏了？让我们一起继续往下看。

——出示PPT，教师讲述绘本。

2.分页阅读

师：小动物们打喷嚏和你一样吗？分别是什么样的？

——引导幼儿仔细观察图片,进一步理解故事内容。

三、讲述巩固(8分钟)

师:儿歌里的动物们是怎么打喷嚏的? 谁来说一说。

——依次出示图片大黄狗、河马、大象,引导幼儿学习用句式“……打喷嚏对准了……,阿嚏,吓跑了……和……”进行讲述。

师:下面我们来学一学这些动物。

——引导幼儿根据图片,边模仿边用句式“……打喷嚏对准了……,阿嚏,吓跑了……和……”进行讲述。

四、经验拓展(7分钟)

师:我们来看一看这几张图片,谁来说一说,它们是怎么打喷嚏的? 谁的做法对?

——引导幼儿仔细观察图片,用句式“……打喷嚏对准了……,阿嚏,吓跑了……和……”完整讲述。

8 大大行，我也行

活动目标

1.在理解故事的基础上,学习用句式“大大会……,我也会……”说一说自己的本领。

2.乐意参与交流讨论,能够勇敢地在集体面前大胆展现自己。

3.欣赏绘本故事,激发幼儿为自己虽然小但是很能干而自豪。

活动准备

绘本、PPT课件

游戏图片:折叠衣服、排序、画画涂色、拼七巧板

活动过程

一、趣味导入(2分钟)

师:森林里住着两只可爱的小动物,一只长得很大,叫大大,猜猜看这只叫什么?

——出示大熊和树袋熊,激发幼儿阅读兴趣。

二、阅读绘本(8分钟)

1.整体阅读

师:大大在做什么?小小在做什么?那我们一起去看看吧。

——出示PPT，教师讲述绘本。

2.分页阅读

师：谁跑得更快？谁在后面？跑在后面的小熊，它的表情是怎样的？

——引导幼儿仔细观察图片，进一步理解故事内容。

三、讲述巩固（8分钟）

师：现在老师是大大，小朋友们是小小，我们一起来表演这个有趣的故事吧。

——老师扮演大大，幼儿扮演小小，请幼儿模仿小小学大大的样子进行跑、跳、爬的动作练习，并用句式“大大会……，我也会……”进行讲述。

师：谁愿意来扮演大大？带领大家一起表演？

——一名幼儿扮演大大，其余幼儿扮演小小，边做动作边用句式“大大会……，我也会……”进行讲述。

四、经验拓展（7分钟）

师：除了刚才像大大一样会跑、会跳、会爬，你还会做哪些事情？

——教师出示游戏图片排序串珠、画画涂色、折叠衣服、拼七巧板，引导幼儿用句式“大大会……，我也会……”进行讲述。

9 嘟嘟迷路了

活动目标

1. 理解故事内容，会用“先……再……然后……最后……”的句式进行讲述。

2. 了解迷路后的应对方法，提升安全意识。

活动准备

绘本、小熊玩偶、课件

活动过程

一、趣味导入(2分钟)

师：今天有一只可爱的小熊来到我们班级里，它叫嘟嘟。

——出示小熊，带领幼儿和嘟嘟问好，吸引幼儿注意力。

二、阅读绘本(8分钟)

1. 整体阅读

师：嘟嘟给大家带来了一个关于它自己的故事，我们一起来听一听。

——出示PPT，教师讲述绘本。

2. 分页阅读

师：嘟嘟为什么会迷路？后来他又是怎么找到家人的呢？

——引导幼儿仔细观察图片，进一步理解故事内容。

三、讲述巩固(8分钟)

师:嘟嘟和谁一起去野餐了?为什么会迷路?为什么找到家人后又哭了呢?

——引导幼儿回忆故事内容进行讲述。

师:嘟嘟刚开始迷路的时候很害怕,后来回忆走过的路。先经过了哪里?再经过哪里?然后往哪里走?最后回到哪里?

——出示路线和句式"先……再……然后……最后……"引导幼儿完整连贯地讲述。

四、经验拓展(7分钟)

师:生活中,小朋友要如何保证自己不迷路?如果迷路了,我们要做哪些事情?

——引导幼儿迁移生活经验,用句式"先……再……然后……最后……"进行讲述。

师:老师这里有一张地图,谁能介绍一下,从幼儿园到公园,要怎么走?

——引导幼儿观察地图,用句式"先……再……然后……最后……"进行讲述。

师:如果不小心迷路了,和家人走散了,我们可以通过找警察叔叔、观看地图等方法找到家人。当然,最重要的还是,要紧跟家人,不要自己单独走开哦。

10 风喜欢和我玩

活动目标

1. 引导幼儿学会通过观察画面理解绘本中的相关故事情节，初步了解风的特点。

2. 引导幼儿大胆想象，学习用句式“风喜欢和我玩，他把……，……，风不愿意”进行讲述。

活动准备

PPT、音乐、幼儿的生活经验

活动过程

一、趣味导入（2分钟）

师：是谁把树叶宝宝都吹落了？

——吸引幼儿注意力，激发阅读兴趣。

二、阅读绘本（8分钟）

1. 整体阅读

师：原来是风想来做游戏，让我们一起去看看这个有趣的故事吧。

——出示PPT，教师讲述绘本。

2.分页阅读

师:大家能帮我想个好办法让气球落下来吗?

——引导幼儿仔细观察图片,进一步理解故事内容。

三、讲述巩固(8分钟)

师:谁来说一说,风和“我”玩了什么游戏?“我”为什么不喜欢它了?

——出示句式“风喜欢和我玩,他把……,……,风不愿意”,教师带领幼儿一起讲述。

师:后来,风又和“我”玩了哪些游戏?

——引导幼儿回忆故事内容,用“风喜欢和我玩,他把……,……,风不愿意”进行讲述。

三、经验拓展(7分钟)

师:小朋友们,看看图片上风和“我”玩了什么游戏? 发生了什么事?

——鼓励幼儿仔细观察,讲述句式“风喜欢和我玩,他把……,……,风不愿意”。

师:让我们一起来讲一讲和风的故事吧。

——鼓励幼儿将创编的句子,续编到故事里。

11 好饿的毛毛虫

活动目标

1.仔细观察,理解画面所表达的内容,初步感知毛毛虫变蝴蝶的过程。

2.能用句式“星期……,毛毛虫吃了……个……。可是,肚子还是好饿”完整讲述故事。

3.培养幼儿对绘本阅读的兴趣,发展幼儿的观察力和想象力。

活动准备

PPT好饿的毛毛虫、调查表

活动过程

一、趣味导入(2分钟)

师:今天,老师要介绍一位新朋友给大家认识。看!它是谁?

——出示图片引起阅读兴趣。

二、阅读绘本(8分钟)

1.整体阅读

师:在它身上究竟发生了什么有趣的事情?我们一起看完这本绘本就知道了。

——出示PPT,教师讲述绘本。

2.分页阅读

师:这是一条怎样的毛毛虫？又小又饿的毛毛虫究竟吃了多少东西呢？

——引导幼儿仔细观察图片,进一步理解故事内容。

三、讲述巩固(8分钟)

师:毛毛虫先吃了什么？它感觉怎么样了？

——引导幼儿根据图片,学习用句式“星期……,毛毛虫吃了……个……。可是,肚子还是好饿”进行讲述。

师:接着几天,毛毛虫又吃了什么？它感觉怎么样？

——引导幼儿扩充句式“星期……,毛毛虫吃了……个……、……个……、……个……、……个……、……个……、……个……。可是,肚子……”进行回答。

四、经验拓展(7分钟)

师:小朋友,每天在幼儿园里分别吃了什么食物？吃饱后发生了什么事？谁来说一说？

——出示食谱,引导幼儿用句式“星期……,我吃了……个……、……个……、……个……、……个……、……个……、……个……”讲述。

12 吉吉和磨磨

活动目标

1.引导幼儿通过观察,理解故事情节,引导幼儿懂得朋友之间要相互帮助,相互体谅,珍惜友情。

2.带领幼儿学习句式“吉吉喜欢……,磨磨喜欢……,他们俩一个快一个慢,但是……”并大胆讲述。

活动准备

PPT、幼儿的生活经验

活动过程

一、趣味导入(2分钟)

师:今天,我们要来看一本书,是关于吉吉和磨磨这两个主人公。你们猜,他们是两个怎样的人呢?

——引导幼儿猜猜吉吉和磨磨的性格特点,引起阅读兴趣。

二、阅读绘本(8分钟)

1.整体阅读

师:吉吉和磨磨是一对好朋友,他们之间会发生什么有趣的事呢?让我们一起去看看吧。

——出示PPT,教师讲述绘本。

2.分页阅读

师:吉吉和磨磨之间发生了什么事情?

——引导幼儿仔细观察图片,进一步理解故事内容。

三、讲述巩固(8分钟)

师:吉吉和磨磨是一对好朋友,他们性格一样吗?

——引导幼儿根据图片,学习句式“吉吉喜欢……,磨磨喜欢……,他们俩一个快一个慢,但是……”。

师:看了这个故事,你还发现吉吉和磨磨有什么不一样的地方?

——引导幼儿回忆故事内容,用句式“吉吉喜欢……,磨磨喜欢……,他们俩一个快一个慢,但是……”完整讲述。

四、经验拓展(7分钟)

师:为什么吉吉和磨磨能成为好朋友呢?你和谁是好朋友?你们有什么不一样的地方?

——引导幼儿用句式“……喜欢……,我喜欢……,我们俩一个快一个慢,但是……”讲述。

13 你好，鸡蛋哥哥

活动目标

1.通过理解绘本内容,了解长大是个很自然的过程。

2.尝试用句式“我想长大,因为可以……”和“我不想长大,因为可以……”进行仿编。

活动准备

《鸡蛋哥哥》绘本、课件

活动过程

一、趣味导入(2分钟)

师:这是什么? 有个小家伙既不是鸡蛋又不是小鸡。

——激发阅读兴趣。

二、阅读绘本(8分钟)

1.整体阅读

师:大家都说得很有道理,那我们来看看它到底为什么不想离开蛋壳吧。

——出示PPT,教师讲述绘本。

2.分页阅读

师:你们能找到鸡蛋哥哥躲在哪儿吗?

——引导幼儿仔细观察图片，进一步理解故事内容。

三、讲述巩固（8分钟）

师：有这么多好玩有趣的事可以做，难怪鸡蛋哥哥喜欢待在蛋壳里。但更重要的是，这样可以一直让妈妈抱，就像妈妈抱我们一样。

——引导幼儿根据图片，学习用句式“我想长大，因为可以……。我不想长大，因为可以……”进行讲述。

师：鸡蛋哥哥分别躲到了哪些地方？

——引导幼儿回忆故事内容，用句式“我想长大，因为可以……。我不想长大，因为可以……”进行讲述。

四、经验拓展（7分钟）

师：我们被妈妈抱着，感觉是怎么样的呢？你们想长大吗？为什么？

——引导幼儿用句式“我想长大，因为可以……。我不想长大，因为可以……”说说自己的想法。

14 生气汤

活动目标

1.通过观察绘本画面,理解故事内容。

2.学习词语"生气、不如意、煮汤、锅子、笑了",学会仿编句式"汤里放……和……,……笑了/生气了"。

3.引导幼儿感受父母对自己的爱。

活动准备

绘本、PPT课件

活动过程

一、趣味导入(2分钟)

师:小朋友们,每个人都会遇到不开心的事,当你生气或烦恼的时候你会怎么做呢?如果爸爸妈妈知道你生气了,他们会怎么做呢?

——鼓励幼儿讨论,激发阅读兴趣。

二、阅读绘本(8分钟)

1.整体阅读

师:大家喝过很多美味的汤,生气汤又是一种什么特殊的汤呢?快让我们一起去看看吧。

——出示PPT,教师讲述绘本。

2.分页阅读

师:霍斯遇到了很多不如意,发生了什么事情呢?

——引导幼儿仔细观察图片,进一步理解故事内容。

三、讲述巩固(8分钟)

师:霍斯很不高兴,觉得自己很倒霉,那他会怎么办呢?

——学习词语"生气、不如意"。

师:妈妈见到霍斯开始跟着她学习了,她接下来又做了什么呢?

——引导幼儿观察图片,学说词语"煮汤、锅子"。

师:水开了,他们做了什么?做了这些以后,霍斯还生不生气呢?

——学习词语"笑了"。学会创编句式"汤里放……和……,……笑了/生气了"。

四、经验拓展(7分钟)

师:小朋友,生活中什么事情会让你笑?什么事情又会让你生气呢?

——引导幼儿大胆想象,并尝试使用句式"汤里放……和……,……笑了/生气了"。

15 谁偷了包子

活动目标

1.引导幼儿仔细观察画面、猜想故事发展的情节。

2.理解并学习"丁零、当啷、哐当"词语。

3.跟随故事的情节练习使用句式"原来……吃了……,还剩……"。

活动准备

绘本、课件

活动过程

一、趣味导入(2分钟)

师:小朋友,今天老师给你们介绍一名新朋友——妞妞。大家看看妞妞是小男孩还是小女孩呀?画面上除妞妞还有什么?

——出示图片,引起阅读兴趣。

二、阅读绘本(8分钟)

1.整体阅读

师:今天啊,老师就要给你们讲一件妞妞和包子之间发生的有趣的事情,名字叫《谁偷了包子》我们一起来听听。

——出示PPT,教师讲述绘本。

2.分页阅读

师:故事里什么东西发出来的声音是丁零、当啷、哐当的?

——引导幼儿仔细观察图片,进一步理解故事内容。

三、讲述巩固(8分钟)

师:发出丁零/当啷/哐当的声音,是发生了什么事情?

——出示图片,引导幼儿学习句式“原来……吃了…….还剩……”。

师:你能用故事里的带数字的句子,具体说一说发生了什么事情吗?

——请观察图片,用句式“原来……吃了……,还剩……”进行讲述。

四、经验拓展(7分钟)

师:小朋友你有什么好吃的东西吗?原来有几个?你吃了几个?还剩几个?

——出示图片,请幼儿用句式“原来……吃了……,还剩……”完整回答。

师:你们喜欢故事里的姐姐吗?为什么呢?

16 小蓝和小黄

活动目标

1.欣赏故事，理解故事内容。学习排比句式“它们……它们……它们又……”。

2.能够迁移已有生活经验，大胆运用新句式进行表述。

活动准备

绘本、蓝色和黄色半透明塑料圆片、课件

活动过程

一、谈话导入(2分钟)

师：今天，老师带来了两个颜色娃娃。你们猜一猜它们叫什么名字呀？

——出示绘本故事主角，引起阅读兴趣。

二、阅读绘本(8分钟)

1.整体阅读

师：小蓝和小黄会发生什么有趣的故事呢？那我们一起去看看吧。

——出示PPT，教师讲述绘本。

2.分页阅读

师：小蓝和小黄的爸爸妈妈为什么不认识他们了？后来怎么样了？

——引导幼儿仔细观察图片,进一步理解故事内容。

三、讲述巩固(8分钟)

师:小蓝和小黄,他们在学校里做什么?故事中是怎么说的?

——鼓励幼儿大胆尝试,并学习讲述句式“它们……它们……它们又……”。

师:小蓝和小黄,它们又去公园玩,它们又做了什么?

——鼓励幼儿回忆故事内容,讲述句式“它们……它们……它们又……”。

四、经验拓展(7分钟)

师:看!这是在哪里?如果你是小蓝和小黄的好朋友,你们会做什么?会发生什么事情?

——引导幼儿观察图片,并尝试用句式“我们……我们……我们又……”。进行讲述。

师:小朋友们的生活真是丰富多彩,希望你能多和同伴分享自己有趣的经历哦。

5—6岁(下)

二

故事阅读环境设计

1 白白的雪，白白的猫

设计意图

结合5—6岁幼儿的年龄特点，创设幼儿阅读情境。将绘本《白白的雪，白白的猫》与环境创设有机整合，引导幼儿积极阅读，并灵活运用阅读技巧，在交流互动中更好地提高幼儿的阅读水平，使幼儿爱上阅读，阅读能力得到有效提升。

材料准备

雪景背景图、KT板、各色彩纸、记号笔、雪花等

指导意见

1. 制作指导

以雪景为背景，雪花和猫咪为绘本名称，在飘落的雪花上分段描述绘本故事内容，最后用空白雪景为幼儿提供创编故事环境。

2. 阅读指导

鼓励幼儿根据绘本内容描述绘本场景，再指导幼儿仔细观察绘本的细节，有序表达绘本故事的内容。学习绘本中简洁明了的文字和重复出现的句式，也可以鼓励幼儿认读和复述，最后尝试用流利连贯的语言完整讲述故事。

3. 创编指导

根据绘本内容，引导幼儿大胆创编绘本后续情节，将自己的创编内容画在雪花上；将雪花贴在雪景的背景中，丰富故事情节，与同伴进行互动，合作讲述。

2 宝贝牙旅行记

设计意图

结合5—6岁幼儿已经到了换牙齿时间这一特点，为幼儿创设适合的环境。将绘本《宝贝牙旅行记》与环境创设有机整合，激发幼儿阅读兴趣，迁移阅读经验，提高幼儿的阅读水平，在阅读中让幼儿学会独立思考。

材料准备

水管景图、KT板、各色彩纸、记号笔、故事人物等

指导意见

1.制作指导

以水管为背景，按照水管的方向，依次描述绘本前半段故事情节，用后面的空白水管为幼儿提供续编故事环境。

2.阅读指导

鼓励幼儿根据绘本内容大胆猜测故事主要内容，再指导幼儿仔细观察绘本画面，探索绘本故事的内容；结合画面了解故事主要情节，同时也鼓励幼儿认读绘本中的句式；最后尝试用流利连贯的语言完整讲述故事。

3.创编指导

引导幼儿大胆创编故事后续情节，将自己的猜想画下来并插入水管的背景中，再猜想画大胆创编故事；也可拿着故事人物在“水管”背景下与同伴进行互动，合作创编，丰富故事情节。

3 好饿的毛毛虫

设计意图

结合5—6岁班幼儿的年龄特点，为幼儿提供适宜的阅读场景。将绘本《好饿的毛毛虫》与环境创设有机整合，激发幼儿阅读兴趣，迁移阅读经验，提高幼儿的阅读水平，使幼儿爱上阅读，在阅读中发展。

材料准备

大树背景图、KT板、各色彩纸、记号笔、幼儿手绘树叶等

指导意见

1. 制作指导

以大树为背景，树干上写绘本名称，用树冠上每片叶子描述绘本主要的故事情节，用后面空白叶子为幼儿提供续编故事环境。

2. 阅读指导

幼儿操作时，先引导幼儿尝试看图讲述故事情节，理解故事，猜测后续发生的情节，再尝试使用绘本中的语言进行描述。引导幼儿理解图片中数字增加时，毛毛虫身体发生的不同变化。

3. 创编指导

将自己的猜想大胆地画下来，插入空白叶子中，尝试用流利连贯的语言续编故事。结合猜想大胆创编故事，也可操作树叶在“大树”的背景下与同伴进行互动，合作创编，丰富故事情节。

4 你好，鸡蛋哥哥

设计意图

结合5—6岁幼儿的年龄特点，为幼儿提供适宜的阅读场景。将绘本《你好，鸡蛋哥哥》与环境创设有机整合，激发幼儿观察图片的兴趣，迁移阅读经验，将有效的经验与阅读相结合，使幼儿爱上阅读，在阅读中愿意表达。

材料准备

农场背景图、KT板、各色彩纸、记号笔、玩具小鸡等

指导意见

1.制作指导

以农场为背景，用鸡舍序号依次描述绘本前半段故事情节(配有文字)，用后面的空白鸡舍为幼儿提供续编故事环境。

2.阅读指导

幼儿操作时，先引导幼儿尝试看图讲述故事情节，理解故事，猜测情节，再指导幼儿仔细观察绘本画面，探索绘本故事的内容；结合画面了解故事主要情节，同时也鼓励幼儿认读绘本中的句式；最后尝试用流利连贯的语言完整讲述故事。

3.创编指导

引导幼儿大胆猜测故事后续情节，将自己的猜想画下来插入鸡舍中，并用流利连贯的语言续编讲述故事。也可操作玩具小鸡在“鸡舍”背景下与同伴进行互动，合作创编，丰富故事情节。

5—6岁（下）

三

故事阅读亲子指导

1 大脚丫跳芭蕾

内容简介

《大脚丫跳芭蕾》是一本励志的绘本。有一个叫贝琳达的女孩,她很喜欢跳芭蕾,可是因为脚太大,而被选拔会的评审员拒绝。她只好放弃跳舞,在一家餐厅工作,可她还是常常怀念跳舞。有一天,餐厅里来了一个乐团,在他们演奏的美妙音乐中,贝琳达不知不觉地跳起舞来。她跳得美极了,芭蕾舞团的指挥非常欣赏她,并被她的故事感动了。贝琳达终于又回到了舞台。这个绘本激励所有充满热情的小孩去做他热爱的事。也告诉所有的大人,要多肯定孩子并给予他们支持,不要以既有的刻板印象来框住孩子的发展。也许小孩的天空会因我们的支持而变得更加广阔。

分页式阅读指导

第一页,封面上有什么?她长得有什么特别的地方?她喜欢做什么事情?

第二页,图片上的女孩是谁?仔细看图,她遇到了一个什么问题?

第三页,贝琳达不觉得自己有问题,可是评审员的表情怎么样?他们是怎么说的呢?

第四页,贝琳达现在的心情怎么样?她在做什么?说什么?她还会去跳舞吗?

第五页,贝琳达来到了哪里?她要去做什么?

第六页,贝琳达在餐厅里做些什么事情呢?猜猜,她在想什么?

第七页,餐厅里来了谁?他们在干什么?贝琳达在干什么?

第八页，餐厅里的人在干什么？在说什么？贝琳达的心情怎么样了？

第九页，图片上的人是谁？他在做什么？贝琳达会怎么做呢？

第十页，现在的贝琳达在哪里？她在做什么？评审员们发生了什么变化？

第十一页，此刻的贝琳达心情怎么样？你觉得她是个怎样的人？我们要向她学习吗？

拓展式阅读指导

1.家长鼓励幼儿尝试自己讲述绘本内容，遇到不会讲的地方家长再指导孩子一起讲一讲。可以按照故事的内容进行角色扮演，爸爸妈妈当评审员和餐厅老板，幼儿当贝琳达，一起分角色讲故事。然后还可以表扬幼儿，让幼儿感受到讲绘本故事带来的乐趣。

2.家长可以给孩子准备绘画材料，让幼儿把故事中最有趣的情节画出来。

2 话了一百万次的猫

内容简介

这是一本探寻生命意义的绘本,故事讲述一只拥有无穷无尽生命的猫却从未喜欢过自己的生活,爱过身边的人。国王、魔术师、水手、小偷……每一任主人都会为它的死去而伤心,但它对于主人们的难过都不以为意,从来没有流过一滴眼泪。直到有一天,它不再是任何人养的猫。它拥有了自由,才喜欢上自己的生活,爱上一只白猫。这次,它头一次知道自己为什么而活。正如绘本的作者佐野洋子所说:"人只有为自己而活着,为爱而活着,才是真正的活着。"

分页式阅读指导

第一页,这是一只漂亮的虎斑猫,在它的身上有着很多故事,我们一起来看看吧。

第二页,它在哪?它的主人是谁?

——请幼儿说一说在图上看到的内容。

第三页,这次,虎斑猫的主人是谁?他是个什么样的人呢?

第四页,虎斑猫这次的主人是魔术师,你觉得魔术师对它好吗?虎斑猫生活得开心吗?

——引导幼儿根据故事情节猜测角色的心理活动。

第五页,这次,虎斑猫的主人是个什么样的人?你觉得虎斑猫为什么不喜欢自己的主人?

第六页,这次,虎斑猫的主人是一位老婆婆,你觉得老婆婆喜欢虎斑猫吗?

为什么？虎斑猫为什么不喜欢老婆婆呢？

——引导幼儿理解老婆婆的行为并不是虎斑猫想要的，所以，虎斑猫生活得并不开心。

第七页，这一次虎斑猫的主人是谁？这次的主人喜欢虎斑猫吗？虎斑猫为什么不喜欢小主人？

第八页，这一次虎斑猫是一只野猫，你觉得虎斑猫的心情会怎样？会发生什么新的事情呢？

第九页，虎斑猫很受欢迎，你觉得其他野猫为什么喜欢虎斑猫呢？

第十页，这一次，虎斑猫对自己的生活满意吗？

第十一页，虎斑猫活了一百万次，从来没有为谁流过眼泪，这次虎斑猫为什么大声痛哭了？最后虎斑猫有没有再活过来？

拓展式阅读指导

1.家长鼓励幼儿尝试自己讲述绘本内容。可以将故事图片打印出来，请幼儿根据图片复述故事，给故事情节排序。

2.家长可以和孩子一起讨论故事中的内容。例如引导幼儿联想，如果自己是这只虎斑猫，会喜欢哪一种生活呢？说说自己的想法。

3 我的情绪小怪兽

内容简介

这是一本非常有趣的绘本，故事的主角是一只呆萌可爱的情绪小怪兽，他会随着不同的情绪，变幻成红色、黄色、蓝色、绿色和黑色……作者结合学前阶段幼儿的认知特点，通过线条分明的简笔画、明快温暖的涂鸦颜色、童真质朴的绘本语言，巧妙地把抽象的情绪概念转化为可以看见的视觉体验，从而告诉幼儿什么是快乐、忧伤、愤怒……引导幼儿识别自己的情绪，教会幼儿做最真实的自己。

分页式阅读指导

第一页，封面上有什么？它在干什么？它是什么颜色的？它前面大大小小、不同颜色的卡片又代表什么？

第二页，出现一只各种颜色混合的小怪兽，是什么样的情绪才会把它变成乱七八糟的颜色？

——引导幼儿学一学小怪兽走路的样子。

第三页，她的表情是什么样的？为什么小女孩全身都是灰色的？

——引导幼儿学一学小女孩说话的语气和表情。

第四页，小女孩现在的表情是什么样的？原来小女孩很愿意帮助别人，她会带小怪兽去什么地方？

——引导幼儿想象。

第五页，原来小怪兽被各种颜色的情绪包围，所以看起来它怪怪的。

第六页，小女孩用瓶子来分装情绪，这样小怪兽的情绪会发生什么变化呢？

——引导幼儿将情绪进行分类。

第七页，小女孩带小怪兽归类的第一种情绪叫作快乐，它的代表色是黄色，那小怪兽现在的表情是什么样的？

第八页，黄色是天生的乐天派，小怪兽变成了黄色，他非常快乐。那现在小女孩的表情是什么样的？

第九页，第二个认知的情绪是伤心，小怪兽变成了蓝色。蓝色代表伤心。和小女孩一起跌进蓝色忧郁的世界。

——让幼儿体验一下忧伤的情绪。

第十页，第三个认知的情绪是愤怒，它的代表色是红色。小怪兽的表情是什么样子。

——让幼儿学一学生气的样子。

第十一页，第四个认知的情绪是恐惧，它的代表色是黑色。小怪兽眼睛瞪得大大的，有些不知所措的样子，这就是害怕。

第十二页，第五个认知的情绪是平静，它的代表色是绿色。它悠闲地躺在吊床上，闭上眼睛，在享受这平静的时刻。

——第十三至十六页，家长可以指导幼儿进行自己对情绪的分类。

——引导幼儿大胆猜测变成粉色的小怪兽是什么情绪。

拓展式阅读指导

1.家长鼓励幼儿尝试自己讲述绘本内容，让幼儿去探索变成粉色的小怪兽是什么样的情绪。在日常生活中幼儿遇到不同事情都会有不同的情绪，不同的情绪会有不同的小怪兽跑出来。

2.家长可以准备一些蜡笔和画纸或纸杯，让幼儿画一画在心里面出现了哪些情绪小怪兽，它们是什么颜色，用蜡笔画出来。

4 一颗超级顽固的牙

内容简介

换牙是每个孩子成长过程中都会经历的一件事。旧牙脱落,新牙萌出,这是一段难忘而奇妙的经历啊!但有时候,那颗摇摇欲坠的牙齿,摇摇晃晃,好像下一秒就会掉下来。然而,当你左等右等,它却还是稳稳地粘在牙床上。这时候,孩子们就会着急了,怎么才能让牙齿掉下来呢?绘本中,主人公用了各种各样奇怪的方法,但都没有把牙齿拔下来。最后,牙齿却自觉地脱落了。作者把孩子的心理描述得活灵活现。快来和你家也在换牙的孩子,一起来读一读这本有趣的书吧!

分页式阅读指导

第一页,这是一个关于什么的故事呢?故事叫什么名字?

第二页,每天早上,塔比莎喜欢在早餐的最后吃一个苹果。她咬了一大口……

第三页,"哎哟!",塔比莎的一颗牙齿松了。

第四页,她冲着爸爸笑了。爸爸也冲着她笑着说:"如果今天晚上你把那颗牙齿放在枕头下面,牙齿小精灵就会把它收走,还会给你留一点钱。"

第五页,塔比莎恨不得这颗牙齿马上就掉下来!她上楼回到房间,打开音乐。说不定,扭来扭去就能把牙齿扭下来……

第六页,可是,这太热了,太累了。

第七页,塔比莎穿上衣服走下楼。她把绳子的一头拴在她的牙齿上,另一头拴在乌龟身上。可是,乌龟走了两步就睡着了!

第八页,塔比莎来到公园,在蹦床上蹦得高高的。她希望牙齿能蹦出来。可是,牙齿连动都没动!

第九页,回到家里,她又有了一个主意。说不定,爸爸的捕蝇草可以变成捕牙草。可是,一只苍蝇抢在了她的前面。

第十页,她把使劲嚼过的泡泡糖,一头粘在牙齿上,另一头粘在了门上。可是也没有用。

第十一页,塔比莎不高兴了。她把能想到的办法一个个都试过了,现在该睡觉了。今天晚上,牙齿小精灵不会来了。

——提问:塔比莎在故事里试了几个方法,具体是什么方法?

第十二页,突然,她的鼻子开始发痒,她的眼睛也开始发痒,然后……塔比莎的牙齿"嘣"地一下跳了出来!

——提问:牙齿掉下来了,塔比莎的心情怎么样?

拓展式阅读指导

1.每个孩子都会经历换牙的阶段,故事用妙趣横生的方式解答了孩子对于换牙的困惑。

2.在阅读后可与孩子共同交流阅读的想法和换牙的小知识,认真倾听孩子阅读的感受和想法。

3.阅读后可围绕与绘本有关的话题进行讨论,记录换牙时间,整理形成自己的"换牙"小日记。

4.结合绘本内容学习如何保护牙齿并拓展相关生活经验与孩子互动,挖掘绘本的教育价值。

后记

苏州市实验小学校教育集团各民办校(园)在徐天中校长的带领下,自2011年起,以“语言发展”为研究点开展“儿童语言发展小幼衔接的实验研究”。该课题研究的申报单位为苏州明珠学校。课题组由苏州明珠学校、苏州明珠幼儿园等四家单位组成,苏州明珠幼儿园主要承担完成了课题中3—6岁年龄段的实验研究。

徐天中校长是教育部首届骨干校长高级研修班成员,全国29位校长带头人之一,中国教育学会全国实验学校教育科学研究专业委员会副理事长,中国教育学会小学教育专业委员会副会长,全国骨干校长工作研究会副理事长,苏州市专家咨询团成员,教育部小学校长培训中心(北京师范大学校长培训学院)兼职教授,苏州大学兼职教授、硕士生导师,苏州市实验小学校教育集团原总校长。

徐天中校长创造性地提出了“生活认读”“环境认读”“游戏认读”“三步认读”四种模块的学习方式。四种模块的学习,遵循了儿童的生理和心理发展规律,符合汉字、汉语文化的学习特征,将符号辨识和内容体验有机统一。四种模块的学习,建立了小幼衔接语言教学共同体,儿童在活生生的多元动态环境中实现高效地识字、快速地阅读、流利地表达,从而充分开发儿童语言、思维等潜能,促进儿童全面可持续发展,为终身学习打下坚实的基础。

本丛书由徐天中校长担任编委会总主编,他对本丛书的指导思想、框架结

构、内容审定、文字撰写等方面做出了具体指导和详细安排。赵洪、丰新娜、丁文群、王莉、王静、过坚、朱月龙、屈雅琴、钱春玲、钱晶莹参与了本丛书各分册的编写与审校工作。谈莉莉、葛建平、宋怡、周莉、周璇、戴莉萍、沈琴、周玉婷、陆丽亚、范兰珍、顾敏娴、吴国英、程浏、杨斐、张雯婷、沈建芳、翁娟芳、潘宏参与了课题的教学研究工作。课题组全体成员在推进课题研究的过程中,展现了对孩子的认真观察、对教法的认真琢磨、对经验的认真提炼。本丛书中的每一篇活动设计、每一件游戏材料、每一个指导要求,都凝聚着教师们对课题研究的独特观点。

课题研究开展期间,课题组得到了幼儿科学认读发起人,原江苏省教育委员会副主任、江苏省教育学会原会长周德藩先生,苏州大学朱月龙教授,以及北京师范大学、中国教育科学研究院、江苏省教育科学研究院等单位有关专家的指导。他们为课题研究提供了科学认读的成果借鉴,为课题推进提供了广阔的研究思路,也在丛书编写过程中提供了许多建设性的修改意见,我们在此表示衷心的感谢!

本丛书在编写过程中得到了很多专家、学者、老师的支持和帮助,在此向各位表示诚挚的谢意!

由于编者水平和时间的限制,本丛书在理论的探索和实践的操作上还有提升的空间,不足之处敬请专家和读者不吝赐教!

编　者

2023年8月

儿童语言发展

小幼衔接的实验研究丛书

生活认读

5—6岁

徐天中 总主编

本书编委会 编

浙江工商大学出版社
ZHEJIANG GONGSHANG UNIVERSITY PRESS
·杭州·

图书在版编目（CIP）数据

儿童语言发展小幼衔接的实验研究丛书．5—6岁 1 生活认读 / 徐天中总主编；本书编委会编．-- 杭州：浙江工商大学出版社，2024．10．-- ISBN 978-7-5178-6121-8

Ⅰ．G613.2

中国国家版本馆CIP数据核字第202445Z2T9号

儿童语言发展小幼衔接的实验研究丛书
生活认读（5—6岁）

SHENGHUO RENDU（5—6 SUI）

徐天中 总主编　本书编委会 编

策划编辑　周敏燕
责任编辑　周敏燕
责任校对　胡辰怡
封面设计　蔡思婕
责任印制　祝希茜
出版发行　浙江工商大学出版社
（杭州市教工路198号　邮政编码310012）
（E-mail：zjgsupress@163.com）
（网址：http://www.zjgsupress.com）
电话：0571-88904980，88831806（传真）
排　　版　杭州朝曦图文设计有限公司
印　　刷　杭州捷派印务有限公司
开　　本　787mm×1092mm　1/16
总 印 张　66.5
总 字 数　913千
版 印 次　2024年10月第1版　2024年10月第1次印刷
书　　号　ISBN 978-7-5178-6121-8
总 定 价　240.00元（共六册）

“儿童语言发展小幼衔接的实验研究丛书”编委会

本书编委会

序

一个人的语文素养根基在于阅读，儿时阅读兴趣的激发和习惯的养成至关重要。孩子是天生的学习者。脑科学研究成果表明，幼儿正处于语言学习的敏感期，充分利用汉字图形表意的优势，在儿童生活和游戏过程中，开展“随风潜入夜”式的认读活动，既能激发孩子的阅读兴趣，又有利于培养孩子的阅读习惯。

为此，我们曾组织几十所幼儿园和小学，以“科学认读”为课题进行早期阅读的实验研究。十数年的坚持，改变了我们汉字难学的认知。其实汉字存有认读和书写的相位差，可先认读不书写，或者后书写。阅读的入门并不难。据此，我们在幼儿园开展科学认读汉字词的活动，这激发了孩子们认读汉字词的热情。做得好的幼儿园，大班的孩子普遍可以认读近千个汉字。有些小学主动对接幼儿园继续实验，到二年级学年末，学生认读可超两千字，从而实现自主阅读。这项研究结题时，教育部原副总督学郭振有说，此项研究切口小、意义大。

结题之后，由于环境的影响，继续参与研究的很少。但是徐天中校长凭借他丰富的教育经历和学识，充分认定这项研究的价值，抓住小切口，依靠教育集团的优势，设计出小幼衔接的大文章，坚持做了十多年。他主持开展的江苏省教育科学“十二五”规划重点课题“儿童语言发展小幼衔接的实验研究”，抓住儿童口头语言发展的关键期，在不增加儿童学习负担的前提下，建立了一套

符合儿童身心发展特征、小幼间无缝对接的科学认读目标、内容、方法、评价体系，让3—6岁儿童语言教学与小学语文教学在展示自身特色基础上实现无缝衔接，建立小幼衔接语言教学共同体，开发儿童语言思维等潜能，促进儿童全面可持续发展，为终身学习打下坚实的基础。

徐大中校长从“字”“人”“环境”这三个方面着手研究，创造性地在3—6岁阶段科学认读研究中提出了“生活认读”“环境认读”“游戏认读”“三步认读”四种模块的学习方式。在这些学习方式的互通与互补过程中，6岁幼儿轻松而高效地达到1000多个常见字的认读目标。正是通过抓住关键期，从3岁开始的有效语言教育，幼儿从3岁起就逐步开始了自主阅读绘本、报纸、书册，到6岁积累了近10万字的阅读量。这充分开发了幼儿的学习潜能，促进了其形象思维、逻辑思维等的快速发展。3—6岁的早期认读和早期阅读成果，让幼儿进入小学一、二年级后语文学习优势明显，轻松完成2500个常用字的学习，课外阅读量超100万字，这也很好地推进和提高了学生学习其他学科的兴趣、速度和质量，从而进一步全面提升了学生的综合素养。

徐天中校长领衔的这项课题成果丰硕，课题组编撰了《小幼衔接语言发展之科学认读》《小幼衔接语言发展之绘本阅读》《小幼衔接语言发展之口语讲述》等共计18册的系列丛书，制作了与之配套的电子课件、挂图卡片、音频视频、游戏盒子等学习辅助材料。这些课题研究成果集聚了严谨规范的教学流程、系统高效的教学方式、生动有趣的教学材料、多元灵活的教学评价，具有极大的实操性和可推广性。我希望这项课题研究能长期进行下去，它的探索和深化必将对基础教育体系改革产生重大意义！

周德藩

（原江苏省教委副主任）

目 录

5—6岁(上)

一、生活认读校园版

二、生活认读家庭版

5—6岁(下)

一、生活认读校园版

二、生活认读家庭版

5—6岁（上）

一

生活认读校园版

1 姓氏歌

生活环节

谈话活动

设计意图

谈话活动氛围轻松自然，便于幼儿之间进行交流互动。借助生活中的谈话环节，开展贴近幼儿生活的“姓氏”话题，激发幼儿主动讲述的欲望。

认识与姓氏相关的字词。

材料准备

字卡

活动过程

一、导入

师：小朋友，你们知道“百家姓”吗？

二、师幼共同探讨“百家姓”

1.了解“百家姓”

师：什么是“百家姓”？

师：……（范例姓名）这个姓名中哪个字是姓？（小结：一般情况下名字中第一个字是“姓”）

师：你知道哪些姓氏？

2.说说“我”的姓氏

师：你的姓氏是什么？谁愿意来介绍自己的姓氏？

——幼儿介绍完自己的姓氏后，教师出示姓氏字卡进行集体认读。

3.说说家人的姓氏

师：小朋友，你的家里有哪些人？他们的姓氏都一样吗？谁来介绍一下家人的姓氏？（幼儿自由回答）

师：原来姓氏有这么多，下次我们再来认一认、读一读这些姓氏，好吗？

2 交通规则

生活环节

散步活动

设计意图

餐后的散步活动氛围轻松自然，散步既利于食物的消化，还可以帮助幼儿熟悉幼儿园环境。幼儿园的环境中隐藏着许多安全标志和安全标语，适合幼儿边观察边学习，激发幼儿自主认字的欲望。

认识与安全标志相关的字词。

材料准备

记录板、笔

活动过程

一、激发幼儿参观幼儿园的兴趣

师：小朋友，我们一起去散步吧。

二、观察幼儿园的安全标志

1.楼梯上的安全标志

师：现在我们要下楼梯了，请你找一找，哪里有安全标志？

师：散步时，小朋友一定要遵守规则，注意上下楼梯的安全。

2.楼道中的安全标志

师：散步时，我们可以仔细观察，找找走廊里的安全标志，如安全出口。

师：你找到了哪些安全标志？请你指一指。

3.幼儿园门口的安全标志

师：请你看一看，幼儿园门口有哪些安全标志？

师：谁来指一指、读一读？

三、记录标志并认读标志上的字词

师：刚才散步时你发现了哪些安全标志，请你把它们记录下来。

师：这些安全标志里藏着很多字宝宝，我们一起来认一认，读一读吧。

3 反义词(一)

生活环节

散步活动

设计意图

餐后的散步氛围轻松自然,散步既利于食物的消化,还可以帮助幼儿熟悉幼儿园环境。幼儿园的环境中隐藏着许多字宝宝,边寻字边讨论反义词,激发幼儿自主认字的欲望。

认识生活中的反义词。

材料准备

字卡

活动过程

一、激发幼儿观察幼儿园的兴趣

师:小朋友,我们一起去散步吧,找找户外有哪些反义词。

二、寻找环境中的字宝宝

1.树上的反义词

师:小朋友,你看树上有什么?这一棵棵树长得怎么样?

——幼儿介绍完,教师出示反义词字卡,如高、矮、粗、细。幼儿进行集体认读。

2.操场上的反义词

师:小朋友,你们看看操场上的玩具有哪些反义词?

——幼儿回答完,教师出示反义词字卡,如多、少、大、小、重、轻等。幼儿进行集体认读。

三、散步结束回教室

师:散步活动中要善于观察,能找到藏在周围的反义词,下次我们再去找找,看看有没有其他的反义词了。

4 游戏时间

生活环节

体育游戏

设计意图

体育游戏是幼儿园游戏活动的一种形式，在游戏中培养幼儿的运动能力、社会交往能力和解决问题的能力。借助走、跑、跳、钻、爬等游戏区域，幼儿在体育游戏活动时读懂游戏区域的规则牌，了解游戏规则。

认识与体育游戏规则相关的字词。

材料准备

体育游戏规则牌

活动过程

一、游戏前谈话

师：小朋友，你们最喜欢哪些体育游戏区呢？

二、认识体育游戏区

师：今天你想选择什么体育游戏区？你知道游戏规则吗？

师：每一个体育游戏区都有规则牌，我们一起来认一认，读一读。

师：你们现在了解每个体育游戏区的规则了吗？

三、幼儿开始游戏

1. 幼儿自由选择游戏区

师：小朋友，现在你们可以开始选择自己喜欢的体育游戏区游戏了。

2. 引导幼儿认读规则牌后开始游戏

师：你的游戏是怎么玩的？请你读一读。

四、结束游戏

师：谁来说一说你今天玩的游戏区是哪一个？是什么规则？

5 老虎巡山

生活环节

谈话活动

设计意图

谈话活动氛围轻松自然,便于幼儿之间进行交流互动。借助谈话活动激发幼儿自由探索和积极讲述的欲望。

认识与“老虎”相关的字词。

材料准备

各种老虎的图片

活动过程

一、引导幼儿用语言表述自己知道的老虎

师:小朋友,你们见过老虎吗?

师:老虎长什么样?谁来描述一下?

师:今天,我们来通过图片认识各种老虎。

二、通过欣赏老虎图片,激发幼儿讲述的欲望

1.出示不同种类的老虎图片

师:你认识这张图片中的老虎吗?它叫什么名字?

师:为什么叫它猫头鹰虎?

师:为什么称它为白虎?

师:你还知道哪些老虎的种类?

2.看图猜虎

师:接下来请你来猜一猜,它是什么虎?

——教师出示老虎图片和文字,幼儿抢答。

6 粗心的小熊

生活环节

谈话活动

设计意图

谈话活动氛围轻松自然，便于幼儿之间进行交流互动。借助谈话活动激发幼儿自主讲述的欲望。

认识与“粗心”相关的字词。

材料准备

字卡

活动过程

一、导入谈话内容

师：小朋友，你们知道什么是粗心吗？粗心的反义词是什么？

二、引导幼儿做事情要细心

1.进一步了解粗心的含义

师：小朋友，你们在生活中有粗心的问题吗？

师：如果做事粗心大意，会带来什么影响？

师：粗心的反义词是什么？

师：怎样可以避免粗心，做到细心呢？

师：不管是在学习还是在游戏的时候，我们都要专心细致，不能马虎大意。否则会出现很多的错误。

2.进一步认识反义词

师：我们知道粗心的反义词是细心，那你还知道什么反义词呢？

师：请你把这些反义词的字宝宝找出来念一念吧。

7 敬老爱幼

生活环节

谈话活动

设计意图

谈话活动氛围轻松自然，便于幼儿之间进行交流互动。举办“重阳节”主题谈话活动，让幼儿理解“敬老爱幼”的意义，进一步激发尊老爱幼的情感。

认识与“敬老爱幼”相关的字词。

材料准备

重阳节的视频、敬老爱幼的图片

活动过程

一、看一看

——教师引导幼儿观看重阳节的视频。

师：小朋友，视频里讲述的是什么节日？你是怎么知道的？

二、说一说

师：重阳节有些什么习俗？

师：你会为家里的老人做些什么事？

师：有一首关于重阳节的诗歌你知道吗？我们一起来念一念《九月九日忆山东兄弟》。

三、找一找

——教师出示敬老爱幼的图片。

师：在平时的生活中，我们除了尊老、敬老还应该爱幼，谁来说一说什么是“爱幼”？你从哪些地方可以找到“爱幼”？

师：希望我们小朋友在生活中都能做一个尊老爱幼的好孩子。

8 文明拍手歌

生活环节

散步活动

设计意图

散步活动氛围轻松自然，散步既利于食物的消化，还可以帮助幼儿熟悉幼儿园环境。幼儿园的环境中隐藏着许多文明礼仪标语，适合幼儿边观察边学习，激发幼儿自主认字的欲望。

认识与“文明礼仪”相关的字词。

材料准备

记录板、笔

活动过程

一、激发幼儿参观幼儿园的兴趣

师：今天我们散步的时候要做小小观察员，找一找幼儿园里的文明礼仪标志。

二、观察幼儿园的文明礼仪标志

1. 楼道

师：你找到了哪些标志，这些标志是什么意思？

2. 餐厅

师：你认识餐厅里的文明礼仪标志吗？哪些是文明礼仪标志？

3. 图书馆

师：在图书馆看书要注意什么呢？你看到墙面上的文明礼仪标志了吗？表示什么意思呢？

三、记录文明礼仪标志并认读标志上的字词

师：刚才散步时你发现了哪些文明礼仪标志，请你把它们记录下来。

师：这些文明礼仪标志里藏着很多字宝宝，我们一起来认一认，读一读吧。

9 大象佰佰

生活环节

谈话活动

设计意图

谈话活动氛围轻松自然，便于幼儿之间进行交流互动。通过对“我的身体”的认知，培养幼儿保护自己身体的意识，能用流利的语句表述自己身体的各个部位。

认识与“身体”有关的字词。

材料准备

配有“头”“手”“脚”“肩”“腰”等汉字的人体部位图

活动过程

一、谈话导入

师：小朋友，我们的身上有哪些部位？

二、引导幼儿用从上到下的顺序表述自己身体的各个部位

师：这是人体部位图，你们认识这些部位吗？

三、幼儿认读身体部位字词

师：这是什么部位？（头、手、脚、肩、腰）我们一起来认一认、读一读。

四、复习巩固与身体部位有关的字词

师：我们身上的各个部位都是非常重要的，除了图片上看到的这些部位，其实还有很多隐藏在身体里的器官，比如心脏、肝脏、肺、胃等。下次我们再来进一步认识自己的身体和这些字宝宝吧。

10 谢谢你

生活环节

角色扮演游戏

设计意图

角色扮演游戏是幼儿园游戏活动的一种形式，在游戏中培养幼儿的语言表达能力、社会交往能力和解决问题的能力。通过角色扮演，复习巩固相关的礼貌用语和生活用语。

认识与“餐厅”游戏中相关的字词。

材料准备

“餐厅”游戏的菜单

活动过程

一、角色游戏前谈话

师：小朋友，今天我们幼儿园的“餐厅”开张了，你们想去尝一下吗？

师：你想扮演“餐厅”游戏里的什么角色？为什么？（幼儿自由回答）

师：顾客到了“餐厅”怎么点餐？会跟服务员怎样交流？说些什么话？

师：“餐厅”里的菜单上写着很多菜名，你们认识吗？

——幼儿通过图片，尝试学习菜单上的字词。

二、开展角色游戏

师：小朋友，幼儿园“餐厅”正式开张了，欢迎大家都去品尝美味佳肴。

三、角色游戏后小结

师：今天的“餐厅”游戏你们玩得开心吗？谁愿意来介绍一下你跟服务员是怎样交流的？（幼儿自由介绍礼貌用语）

师：谁来说一说你今天在“餐厅”点了什么菜？请你来读一读菜名。

师：今天幼儿园里开的是“中餐馆”，以后还会有“西餐厅”“日料店”等。

11 反义词（二）

生活环节

谈话活动

设计意图

谈话活动轻松、自在，幼儿都愿意积极参与。在与老师、同伴的互动中提高口语表达能力，同时又增进了彼此之间的感情。

认识户外活动中的反义词。

材料准备

长短不一的绳子、字卡

活动过程

一、出示体育玩具，引出话题

师：小朋友，每天的户外活动我们都会用到很多体育玩具，你们平时在玩的过程中有没有发现一些有趣的现象？

二、大家一起来说一说自己发现的“相反趣事”

师：小朋友，你们看这些“揪尾巴”游戏的绳子有什么特点？（长、短）

师：请你和好朋友一起找一找、比一比谁的“尾巴”长，谁的“尾巴”短。

师：还有哪些玩具也是有长短的？

师：请你和好朋友一起去寻找一下，再比一比谁的长、谁的短。

——幼儿回答完，教师出示反义词字卡进行集体认读。

三、整理体育玩具，结束活动

师：我们的户外游戏深受大家喜爱，但户外活动时也需要注意安全哦。

12 赶集

生活环节

种植活动

设计意图

种植活动是幼儿亲近大自然的一种方式。种植过程需要幼儿间的互动与交流，为幼儿提供了语言交流的环境。我们在自然角的植物上贴上相应的标签，利用每天幼儿照顾植物的时间认识各种字词，既能培养幼儿爱护植物的意识，也能让幼儿对字词进行复习和巩固。

认识与自然角相关的字词。

材料准备

各种植物及植物标签

活动过程

一、引导幼儿照顾自然角的植物

师：小朋友，自然角的植物需要我们每天浇水、修剪枝叶；小动物们需要我们喂食、清理污物。

师：老师为自然角的植物贴了名字标签，还打印了一些自然角的规则标志，你们认识这些字宝宝吗？

——引导幼儿认读字词。

师：你认识哪一盆植物？请你将植物名字卡送给它。

——引导幼儿将植物名字卡插到对应的植物盆栽里，并进行再次认读。

二、教师引导幼儿照顾自然角的动植物

师：请你们给植物浇浇水，给小动物们喂喂食。

——幼儿自由为植物浇水，给小动物喂食。

13 我爱劳动

生活环节

谈话活动

设计意图

谈话活动氛围轻松自然，便于幼儿之间进行交流互动。在晨间谈话活动中幼儿讨论“值日生”话题，了解值日生的职责，从而培养幼儿爱劳动的习惯，提升他们的服务意识。

认识与劳动有关的字词。

材料准备

值日生的工作照片

活动过程

一、教师导入主题

师：小朋友，你们都做过值日生吗？你们觉得值日生可以做哪些工作？

——幼儿自由讲述，教师出示劳动字卡。

师：你在做值日生的时候遇到过什么困难？你是怎么解决的？

师：值日生还有哪些工作可以做？

——出示值日生的工作照片，引导幼儿认识图片上的字词。

二、幼儿分享经验

师：你觉得怎样才能做好值日生？

师：你认为你们一组哪个小朋友做值日生做得最棒？为什么？

——引导幼儿自由发言。

师：希望每个小朋友都能认真完成值日生工作，为班级服务。

14 跳绳

生活环节

谈话活动

设计意图

谈话活动氛围轻松自然，便于幼儿之间进行交流互动。在谈话活动中和幼儿一起讨论跳绳，引导幼儿讲述自己跳绳的经验和收获，激发幼儿自由表达的欲望。

认识与跳绳相关的字词。

材料准备

与跳绳相关的字卡

活动过程

一、引出跳绳主题

师：小朋友，你们都学会跳绳了吗？

师：你会怎样跳绳？（正跳、反跳、单脚跳、花式跳）

师：你是怎么跳的，愿意和同伴分享一下吗？

——引导幼儿分享自己跳绳的经验，认识与跳绳相关的字词，如甩绳、并拢等。

师：怎样跳绳才能跳得又快又多呢？

——幼儿分享跳得快的经验。

二、分享跳绳的收获

师：跳绳是一项非常有趣的体育运动，请你们来说一说跳绳的好处。

——引导幼儿说一说跳绳的收获，认识相关的字词，如强壮、健康、力量。

15 好饿的大灰狼

生活环节

散步活动

设计意图

散步活动氛围轻松自然，散步既利于食物的消化，还可以帮助幼儿熟悉幼儿园环境。借助散步活动，在幼儿园环境中找到相关的字词，激发幼儿主动认读的欲望。

认识幼儿园公示栏里菜谱上的字词。

活动过程

一、散步前谈话

师：小朋友，又到散步时间了，今天你们想去哪里走走呢？

师：我们今天一起去看看幼儿园的公示栏吧。

二、引导幼儿观察公示栏中的菜谱

师：公示栏里写了什么？

师：你们看到“一周菜谱”了吗？你认识哪些菜？

——幼儿念出认识的菜谱，一起学习菜谱上的字词。

师：这些字宝宝你们已经都认识了，让我们再一起指一指、读一读吧。

师：还有一些菜谱我们一起来学一学，如红烧狮子头、洋葱牛柳等。

师：你最喜欢“一周菜谱”里的哪道菜呢？

三、散步后谈话

师：你们今天真厉害，能够念出这周幼儿园的菜谱，下周我们再去幼儿园的公示栏念菜谱，好吗？

16 植树节（一）

生活环节

种植活动

设计意图

种植活动是幼儿亲近大自然的一种方式，种植过程需要幼儿间的互动与交流，为幼儿提供了语言交流的环境。种植不仅可以增强幼儿的责任意识，同时还能起到复习巩固字词、提高幼儿认字兴趣的作用。

认识与种植相关的字词。

材料准备

观察记录本、种植区字卡

活动过程

一、引导幼儿参加种植活动

师：小朋友，植树节是每年的几月几日呢？

师：你们喜欢种植活动吗？为什么？

师：你最喜欢在种植区做什么？

二、幼儿参与种植活动

师：今日在种植区你准备做什么？

师：请你选择喜欢的种植活动，与同伴友好合作完成。

三、师幼共同小结种植活动

师：你今天在种植区做了什么？你是怎么记录的？

师：你在种植区认识了哪些字宝宝？还有哪些字宝宝不认识？

——师幼一起学一学、读一读种植区的字词。

师：爱护植物、保护环境从小做起，老师相信你们都是环保小卫士。

17 植树节(二)

生活环节

谈话活动

设计意图

谈话活动氛围轻松自然,便于幼儿之间进行交流互动。结合大班种植活动,开展贴近幼儿生活的“种植”话题讨论,激发幼儿主动讲述的欲望。

认识与种植相关的字词。

材料准备

字卡

活动过程

一、谈话导入

师:小朋友,你们喜欢种植活动吗?

师:你们在种植区里种了什么?

二、幼儿介绍自己种植的植物名称

师:你种的是什么植物?

——幼儿介绍完,教师出示植物字卡进行集体认读。

师:你是怎么进行种植的呢?

师:种植过程中需要注意哪些呢?

——教师出示字词:浇水、施肥等。

师:种植好的植物需要日后怎么去照顾它们呢?

三、说说自己认识的植物

师:你还认识哪些植物?它们是什么样子的?

师:大自然中的植物真多,下次我们再来认一认、读一读这些植物名称,好吗?

18 反义词（三）

生活环节

谈话活动

设计意图

幼儿都有跟着爸爸妈妈去购物中心逛街、吃饭的经验，对于“逛商场”这个话题是非常感兴趣的。幼儿在相互介绍时，既认识了商场的一些基本设施、店铺，同时又发展了口语表达能力。

认识生活中的反义词。

材料准备

图片、字卡

活动过程

一、图片导入，引出话题

师：小朋友，这是哪里？（商场）商场里有些什么？我们一起来看一看吧。

二、讨论商场中的店铺、电梯、楼层等相关信息

师：小朋友，你们去过哪些商场？商场是怎样的？

师：乘坐商场的电梯时应该注意什么？怎样做是正确的，怎样做是错误的？

——幼儿回答完，教师出示反义词字卡进行集体认读。

三、总结逛商场时会接触到的反义词

师：原来我们逛商场的时候会发现这么多有趣的反义词，太有意思了，反义词在我们生活中无处不在。

19 悯农

生活环节

种植活动

设计意图

种植活动是幼儿亲近大自然的一种方式，种植过程需要幼儿间的互动与交往，为幼儿提供了语言交流的环境。让幼儿在种植活动中，复习巩固古诗中的字词，进一步理解古诗的含义。

认识与种植相关的字词。

材料准备

字卡若干

活动过程

一、引出种植活动

师：小朋友，你们喜欢种植活动吗？为什么？

师：种植活动也是劳动的一种，劳动非常的辛苦，所以我们要珍惜每个人的劳动成果。

二、开始种植活动

师：今天我们要在种植园除草、翻土、播种，你们都准备好了吗？

三、小结种植活动

师：今天你播种了什么？你是怎么做的？

师：你觉得劳动辛苦吗？怎样珍惜劳动成果？

师：让我们一起复习一下关于种植的字宝宝。

20 静夜思

生活环节

阅读活动

设计意图

阅读活动是幼儿自主活动的环节之一，幼儿在轻松自由的氛围中观察图片、阅读文字、理解情节，既培养幼儿自主阅读的能力，同时有助于幼儿独立地思考。幼儿通过阅读书本封面及内容，将学习的字词融会贯通，增加巩固复习字词的机会。

认识与古诗相关的字词。

材料准备

绘本

活动过程

一、带领幼儿进入阅览室

师：阅览室里有很多的绘本，请你们挑选自己喜欢的开始安静阅读。在阅读过程中，有认识的字词可以指一指，念一念。

二、幼儿分享喜欢的绘本

——引导幼儿观察绘本的封面、内页、封底，找到自己认识的字宝宝。

师：谁愿意来分享一下你是怎样阅读绘本的？

师：你阅读的绘本叫什么名字？主要讲述了什么内容？

师：绘本中有哪些字宝宝是你认识的？

师：绘本中有哪些字宝宝是你不认识的？我们可以一起来学一学。

三、收拾整理绘本

21 中华美德

生活环节

播报活动

设计意图

播报活动是幼儿展示语言表达能力的途径之一，活动为幼儿搭建舞台，有话筒、有观众，锻炼幼儿语言表达的自信心。通过播报和讲述“中华美德”的故事，丰富幼儿的知识，培养其良好的品质。

认识与中华美德相关的字词。

活动过程

一、引导幼儿积极参与播报活动

师：在我们生活中，每天都有说不完的新闻。今天“小小新闻播报”活动时间又到了，哪位小朋友愿意来播报新闻？

二、教师交代播报的要求

师：小小播报员在播报的时候，大家要仔细听哦。

师：小朋友，除了播报新闻和天气，还可以播报身边发生的新鲜事。

三、幼儿小结今天的播报活动

师：今天谁做了小小播报员？你播报了什么新闻？在播报时有没有不认识的字宝宝？

师：我们一起来学一学这几个陌生的字、词吧。

师：今天的播报特别有意思，希望下次有更多的小朋友参与“小小新闻播报”的活动。

22 爱画画的元元

生活环节

专室活动

设计意图

专室活动为幼儿提供专门的室场、专业的工具和材料，支持幼儿的探索和创作。借助幼儿园劳艺室活动，幼儿在创作的过程中通过认读操作步骤牌熟悉操作步骤，掌握绘画方法。

认识与绘画相关的字词。

材料准备

操作步骤牌

活动过程

一、活动前讨论

师：劳艺室里有哪些美术创作区？

师：你知道每个区的操作步骤要求吗？

二、劳艺室活动

1.幼儿自主选择喜欢的区域进行活动

师：请你选择喜欢的区域坐下来，根据操作步骤开始创作。

2.教师出示操作步骤牌

师：请你们读一读每个区域的操作步骤要求。

三、师幼共同小结

师：今天你在哪个区活动？你制作的是什么作品？请你讲一讲操作的步骤。

23 我的爱国心

生活环节

谈话活动

设计意图

谈话活动氛围轻松自然,便于幼儿之间进行交流互动。借助谈话活动开展“我的爱国心”主题谈话,从小激发幼儿的爱国情怀。

认识与国家相关的字词。

材料准备

中国地图

活动过程

一、引导幼儿知道自己是中国人

师:小朋友,我们的国家叫什么?

师:我们都是中国人。

二、出示中国地图展开讨论

1.看地图找一找

师:你在地图上看到了哪些城市?你能找到自己所居住的城市吗?

师:你最喜欢哪个城市?中国的首都在哪里?

2.谈一谈升国旗的感受

师:天安门广场上有什么?

师:中国的国旗是怎样的?

师:你见过升旗仪式吗?升国旗的时候你心里感觉怎么样?

三、说说对祖国妈妈的爱

师:作为一名中国人你感到自豪吗?为什么?

24 小菜园

生活环节

种植活动

设计意图

种植活动是幼儿亲近大自然的一种方式，种植过程需要幼儿间的互动与交往，为幼儿提供了语言交流的环境。通过种植活动让幼儿感知种植的乐趣，同时让幼儿学习专业的种植术语。

认识与种植活动相关的字词。

活动过程

一、引发幼儿种植的兴趣

师：小朋友，又到了种植活动时间，让我们一起去看看播下的种子现在情况怎么样了。

师：你发现了哪些变化？

师：小种子们从泥土里冒出来了，一起来看看它们各种造型吧。

二、了解锄头和铲子的作用

1.如何使用工具

师：我们在种植活动中需要用到哪些工具？

师：这些工具怎么使用？让我们一起念一念工具的使用说明吧。

2.认识和使用锄头、铲子

师：这些工具中哪个是锄头？哪个是铲子呢？

——教师引导幼儿认读字词：锄头、铲子。

师：锄头可以用来干什么？(去除杂草、翻土)

——教师引导幼儿认读字词：杂草、翻土。

师：铲子可以用来干什么？(可以松土、填土)

——教师引导幼儿认读字词：松土、填土。

师：让我们一起带着工具给小植物除除草、松松土吧。

25 分果果

生活环节

午餐活动

设计意图

午餐活动是幼儿园一日生活中的重要环节，餐前活动时与幼儿一同谈论美食，有助于激发幼儿的进餐兴趣。借助午餐活动读一读、认一认文明进餐的标语，了解遵守餐桌礼仪。

认识与餐桌礼仪相关的字词。

材料准备

文明进餐宣传标语

活动过程

一、午餐前谈话

师：小朋友，你们知道用餐的文明礼仪吗？

二、了解文明餐桌礼仪

1. 说一说

师：谁来说一说有哪些用餐礼仪？

师：在幼儿园进餐应该注意些什么呢？

2. 找一找

师：请你找一找幼儿园餐厅里有哪些文明用餐标语。

3. 读一读

师：这些文明用餐标语上的字宝宝你们认识吗？我们一起来读一读吧。

三、引导幼儿创编文明用餐标语

师：看了这么多的宣传标语，你能创编一个属于自己的用餐标语吗？

26 彩虹桥

生活环节

角色扮演游戏

设计意图

角色扮演游戏是幼儿园游戏活动的一种形式，游戏中培养幼儿的语言表达能力、社会交往能力和解决问题的能力。借助角色扮演深入游戏环节，幼儿在游戏时阅读游戏区域规则牌，了解游戏规则。

认识与游戏规则相关的字词。

材料准备

游戏规则牌

活动过程

一、游戏前谈话

师：小朋友，我们班级开设了哪些角色扮演游戏区域呢？

师：你最喜欢哪个区域，扮演哪个角色呢？

二、认识游戏区规则

师：你今天选择哪个区域？想扮演哪个角色呢？

师：你知道这个区域的游戏规则吗？

师：每一个游戏区域都有游戏规则牌，我们一起来认一认、读一读。

师：你们现在了解每个游戏区域的规则了吗？

师：如果出现有小朋友不遵守规则的时候，我们怎么办呢？

师：老师相信每一位小朋友都会遵守游戏规则，愉快地进行角色扮演游戏。

三、幼儿游戏

师：小朋友，现在你们可以开始按照规则进行游戏了。

27 设计师

生活环节

散步活动

设计意图

散步活动氛围轻松自然，散步既利于食物的消化，还可以帮助幼儿熟悉幼儿园环境。借助散步活动，参观自己幼儿园的建筑，与幼儿探讨的过程中复习巩固字词。

认识与建筑相关的字词。

活动过程

一、散步前谈话

师：今天我们去散步，参观一下幼儿园的建筑好吗？

师：在参观的过程中你们要看一看、说一说，幼儿园的建筑有什么特点，你觉得最有特色的地方是哪里。

二、边散步边观察讨论

师：我们现在在幼儿园的什么地方？你看到了什么建筑？

师：建造这些房屋，首先要做什么？

师：谁知道什么是“设计”？

师：设计师通过绘画设计出了这些建筑，然后由谁来建造呢？

师：建造师又是怎样建造的呢？

三、认一认、读一读

师：你们认识建筑物上的字词吗？大家一起来读一读吧。

师：在我们生活中还有很多的建筑物，你可以通过建筑物上的字宝宝认识建筑物的名称。

28 小鸟的一天

生活环节

散步活动

设计意图

散步活动氛围轻松自然，散步既利于食物的消化，还可以帮助幼儿熟悉幼儿园环境。借助散步活动带领幼儿欣赏绿化带的美景，听一听树丛里小鸟的叫声，从而激发其对语言表达的激情。

认识与树丛相关的字词。

活动过程

一、散步前谈话

师：现在的季节已经进入了深秋，幼儿园的绿化有些什么变化呢？让我们一起出发去看看吧。

二、散步观察发现

师：谁来分享你的发现？

师：深秋的树木发生了什么变化？（幼儿自由回答）

师：这么美的景色把小鸟都引来了，你们听到小鸟的叫声了吗？你们觉得小鸟会说些什么？

——教师根据幼儿讲述出示字词：美丽、美好等。

师：小鸟会和大自然中哪些植物交谈呢？

师：大树、小花、小草还有小鸟，它们之间一定发生了许多有趣的故事，你们愿意帮它们记录下来吗？

三、记录绿荫丛中的故事

师：今天我们看到、听到了绿树丛中的很多故事，请你们都记录下来好吗？在记录之前，请你们再来复习一下关于树木、花草和小鸟的字词。

29 云彩魔术师

生活环节

专室活动

设计意图

专室活动为幼儿提供专门的场地、专业的工具和材料，支持幼儿的探索和创作。科学发现室（以下简称“科发室”）里的活动，既能让幼儿认读标牌、标语，积累科学知识，又能让幼儿复习巩固相关字宝宝。

认识与科学发现相关的字词。

材料准备

科学发现室规则牌、标识牌

活动过程

一、活动前讨论

师：科发室里有哪些探索区域？你今天想选择哪个区域游戏？

师：科发室活动需要遵守哪些规则？

师：每个科学实验都需要注意操作方式，让我们一起念一念操作要求。

二、科发室活动

1.根据操作要求取材进行游戏

师：小朋友，要根据操作要求进行游戏，游戏结束要把材料收拾整理归位。

2.教师出示规则牌、标识牌

师：每个小朋友在游戏之前再念一念游戏规则的内容。

三、师幼共同小结

师：谁来介绍一下你今天做了什么科学探索游戏？发现了什么科学秘密？

30 家乡的小岛

生活环节

谈话活动

设计意图

谈话活动氛围轻松自然，便于幼儿之间进行交流互动。本次谈话以“家乡”为主题，让幼儿相互交流自己家乡的特色，提升口语表述能力。

认识与家乡相关的字词。

材料准备

字词卡

活动过程

一、教师引导幼儿讲讲自己的家乡

师：小朋友，什么是家乡？

师：你知道自己的家乡在哪里吗？

师：你喜欢自己的家乡吗？为什么？

二、讲述自己家乡的特色

师：你的家乡有什么特色？请你用连贯的语言讲述给大家听一听。

师：你觉得自己的家乡什么地方最美？

师：你觉得自己的家乡最有特色的美食是什么呢？

师：谁能用自己的家乡话来跟我们打招呼？

三、提升对自己家乡的热爱情感

师：你觉得你会为自己的家乡做一些什么贡献？

师：我们一起来念一念这些关于家乡的字词，让我们共同感受家乡的美丽。

5—6岁（上）

二

生活认读家庭版

姓 氏 歌

生活场景

家中书房

设计意图

家庭氛围轻松自然,适合亲子互动学习和交流。大部分家庭都有文化气息比较浓郁的书房,因此把复习和认知“百家姓”的场景设定在家庭书房,更能营造亲子共读的惬意氛围。“百家姓”与幼儿的生活息息相关,通过家庭亲子活动,认识更多的姓氏,既能促进亲子间的感情交流,又增加了幼儿学习字宝宝的乐趣。

指导意见

一、话题导入

家长:宝贝,你知道“百家姓”吗?

家长:我们家里有哪些姓氏,你知道吗?

家长:宝贝,你还认识哪些姓氏呢?

二、复习常见的姓氏

家长:这本书上的姓氏,你认识哪些?

家长:请你指一指、读一读我们一家人的姓氏。(幼儿在书本中找到每一位家人的姓氏并进行指读)

三、学习“复姓”

家长:宝贝,中国的文化博大精深,姓氏还有很多很多呢,我们一起再来认识一下“复姓”,好吗?(家长有意识引导幼儿学习常见的复姓:欧阳、司马、上官、诸葛等)

家长:让我们一起来指一指、认一认、读一读这些复姓吧。

2 交通规则

生活场景

大马路

设计意图

马路随处可见，幼儿比较熟悉。在马路这个生活场景中，可以让幼儿更直接、清晰地了解和感知交通规则。通过亲子互动的形式引导幼儿深入了解交通规则，增强安全意识，认读交通标志牌上的字宝宝，进一步激发幼儿学习字宝宝的兴趣。

指导意见

一、亲子交谈引发幼儿的兴趣

家长：宝贝，你知道交通规则吗？

家长：马路上有交通标志牌吗？标志牌上都写了什么呢？我们一起到大马路上去看看吧。

二、马路上认读交通标志牌

家长：你找到马路上的交通标志牌了吗？

家长：这些交通标志牌上写了什么？

家长：你认识哪些字宝宝？我们一起来读一读吧。

三、与幼儿共同复盘交通规则

家长：马路上有哪些交通标志牌？（转弯、禁停、禁止按喇叭、掉头、停车场等）

家长：这些交通标志代表什么意思？（红灯停绿灯行、过马路走斑马线、不能按喇叭、可以掉头等）

四、幼儿深刻了解交通规则的重要性

家长：马路上为什么要有这些交通标志？

家长：交通规则关系着每个人的生命和安全，所以遵守交通规则人人有责！

3 反义词（一）

生活场景

公交车站

设计意图

公共交通场地在日常生活中很常见，利用“公交车站”这个生活场所既能让幼儿复习巩固“反义词”，又能让幼儿了解到更多的乘坐公共交通的规则，实为一举两得。家长带领幼儿乘坐公共交通工具，引导幼儿关注自己生活中的常识，同时一起来发现、寻找和认识更多的字宝宝。

指导意见

一、谈话引起幼儿兴趣

家长：今天我们出行要乘坐公共交通工具，你知道哪些是公共交通工具吗？（地铁、轻轨、公交车、公共自行车）

二、家长带领幼儿到公交站台

家长：今天我们要乘坐公交车，首先来看一下公交车站里有些什么？（有公交站牌、等候区、座椅等）

家长：你认识公交站牌上的字宝宝吗？我们一起认一认、读一读吧。

家长：在这些字宝宝中有没有相反的字、词？

家长：除了这些相反的字、词，你还知道什么相反字、词？

三、与幼儿讨论乘坐公交车的注意事项

家长：乘坐公交车需要注意些什么？（排队上车、坐直站稳、不能把身体探出窗外、买票乘坐等）

家长：为什么要遵守这些规则？

4 游戏时间

生活场景

超市

设计意图

超市是幼儿非常熟悉的一个场所，里面有生活中所需的各种物品，并配有相应的文字。利用逛超市这一生活场景，请幼儿找一找自己所认识的字宝宝，是非常不错的选择。

指导意见

一、谈话引起幼儿兴趣

家长：家里需要采购生活用品啦，我们一起去逛超市吧。

家长：到了超市，请你做我的小帮手，挑选我们要买的东西，好吗？

二、超市采购

1.认识超市分区牌

家长：超市里分了哪些区域呢？

——引导幼儿找一找区域挂牌并一起念一念。

2.按照区域找物品

家长：家里的菜籽油没有了，在哪个区域可以买到呢？请你帮我找一找。

——引导幼儿看一看、认一认导购牌上的字宝宝。

三、认识不同的食用油

家长：货架上都是食用油，它们都一样吗？

——引导幼儿比一比、说一说各种食用油的不同之处。（颜色不一样、大小不一样、品牌不一样等）

家长：我们一起认一认油桶上的字宝宝吧。

5 老虎巡山

生活场景

动物园

设计意图

动物园是幼儿比较喜欢的游玩场所。在参观动物园时,引导幼儿阅读各种动物的简介,拓展认识更多的字宝宝。这样既能增进幼儿喜欢动物的情感,又能激发幼儿认字的兴趣。

指导意见

一、出发前交代游玩要求

家长:宝贝,今天我们要去动物园,外出游玩一定要注意安全,不能随便乱跑。

家长:到了动物园要跟着妈妈一起观看动物,我们还要一起找一找、认一认动物园里的字宝宝哦。

二、在动物园认读字宝宝

家长:动物园里有这么多的动物,这些动物你都认识吗?

家长:你是怎么认识这些动物的?(动物橱窗上有动物的介绍)

家长:你认识介绍牌上面的字吗? 我们一起认一认、读一读吧。

三、引导幼儿观察老虎区

家长:宝贝,这里都是老虎,这些老虎都一样吗?

家长:看来这么多品种的老虎,你能讲出几种呢?

家长:我们一起读一读这些老虎的介绍吧。

家长:你最喜欢哪一种老虎呢? 为什么?

四、家长鼓励幼儿把自己认识的字念出来

6 粗心的小熊

生活场景

动物园

设计意图

动物园是幼儿比较喜欢的游玩场所。在参观动物园中,引导幼儿观察各种动物的简介,拓展认识更多的字宝宝。这样既能增进幼儿喜欢动物的情感,又能激发幼儿认字的兴趣。

指导意见

一、出发前交代游玩要求

家长:今天我们要去动物园,宝贝你最想去看哪一种动物呢?

家长:到了动物园要跟着妈妈,不能随意乱跑,要注意安全哦。

家长:在动物园里我们还要一起找一找、认一认动物园里的字宝宝哦。

二、在动物园认读字宝宝

家长:动物园里分了好多的区域,你认识吗?

家长:你最想去哪个动物区域呢?

家长:你最想去看哪一种动物呢?

家长:这里有好多的动物,你是怎么认识这些动物的?(动物橱窗上有动物的介绍)

家长:你认识介绍牌上面的字吗? 我们一起认一认、读一读吧。

三、引导幼儿观察熊区

家长:宝贝,这里有很多熊,这些熊都一样吗?

家长:我们一起读一读这些熊的介绍吧。

家长:这么多品种的熊,你最喜欢哪一种熊呢? 为什么?

四、家长鼓励幼儿把自己认识的字念出来

7 敬老爱幼

生活场景

地铁

设计意图

乘坐地铁出行是倡导的绿色出行方式之一。利用坐地铁的时机让幼儿学习公共场合需要遵守的规则，懂得尊老爱幼、学会让座，做个有礼貌的好孩子，在此同时又能提升幼儿大方自信的交往能力。

指导意见

一、谈话引出幼儿兴趣

家长：宝贝，你坐过地铁吗？你喜欢坐地铁吗？

家长：今天我们一起地铁出行，好吗？

二、学习乘坐地铁的流程

家长：地铁是我们出行的公共交通工具之一，你会坐地铁吗？

——引导幼儿通过字宝宝找到售票处、安检处和站台。

家长：乘坐地铁时我们需要先要买票或者带好市民卡。

家长：随身携带的包包和物品都要经过安检哦。

家长：提前到达乘车的等候区，进行等待。

家长：站台上有站牌，你来找一找××站在哪里？我们需要乘坐多少站才能到达目的地？

三、了解乘坐地铁的礼仪

家长：宝贝，你看看这个座椅上方写了什么？（老弱病残）这是什么意思呢？（这个座位是给老弱病残的人坐的）

家长：乘坐公共交通工具出行，一定要遵守规则，做一个懂礼貌的好孩子。

8 文明拍手歌

生活场景

公园

设计意图

公园是幼儿比较喜欢的游玩场所。在游览公园时,引导幼儿观察各种文明标志牌,复习巩固认读标志牌上的字宝宝。这样不仅能增加幼儿认字的兴趣,还能增进亲子间的感情。

指导意见

一、出游前谈话

家长:宝贝,今天天气真好,我们去逛公园好吗?

家长:我们今天去公园游玩,一定要遵守规则,做个文明的游客哦!

二、游玩公园

家长:公园里面真热闹呀,你看草地上竖着标志牌,上面写了什么?

——引导幼儿认一认、读一读标志牌上的文字。

家长:原来标志牌上有这么多的知识呢。(公园里禁止吸烟,不能随意踩踏草地,不能采摘鲜花,等等)

家长:宝贝,你看小河边也竖着很多标志牌,上面写了什么?

——引导幼儿认一认、读一读标识牌上的文字。

家长:原来标志牌上有这么多的知识呢。(水深危险,请勿靠近,等等)

三、认读标识牌

家长:这里还有很多标志牌。你能找找你认识的字宝宝吗?

——家长与幼儿一同认读标志牌,帮助幼儿拓展学习新字词。

9 大象佰佰

生活场景

动物园

设计意图

动物园是幼儿比较喜欢的游玩场所。在参观动物园时，引导幼儿观察各种动物的简介，拓展认识更多的字宝宝。这样既能增进幼儿喜欢动物的情感，又能激发幼儿认字的兴趣。

指导意见

一、出发前交代游玩要求

家长：宝贝，今天我们要去动物园，外出游玩一定要注意安全，不能随便乱跑。

家长：到了动物园要跟着妈妈一起观看动物，我们还要一起找一找、认一认动物园里的字宝宝哦。

二、在动物园认读字宝宝

家长：动物园里有这么多的动物，这些动物你都认识吗？

家长：你是怎么认识这些动物的？(动物橱窗上有动物的介绍)

家长：你认识介绍牌上面的字吗？我们一起认一认、读一读吧。

家长：来到动物园，你最想看哪一种动物呢？

家长：宝贝，那考考你，这种动物最喜欢吃什么？最害怕什么呢？

三、引导幼儿观察大象区

家长：宝贝，大象的简介牌上写了什么？

家长：简介牌上的字宝宝你都认识吗？有没有不认识的字宝宝？

——家长帮助幼儿学习陌生的字宝宝。

家长：宝贝，那接下来去看哪一种动物呢？

10 谢谢你

生活场景

地铁

设计意图

乘坐地铁出行是倡导的绿色出行方式之一。利用坐地铁的时机让幼儿学习公共场合需要遵守的规则，懂得尊老爱幼、学会让座，做个有礼貌的好孩子，在此同时又能提高幼儿大方自信的交往能力。

指导意见

一、引发幼儿兴趣

家长：宝贝，今天我们一起坐地铁出行，好吗？

家长：那你知道坐地铁需要哪些过程吗？

家长：坐地铁需要先买票，然后要过安检，这是每个市民都要积极配合做的事情哦。

家长：地铁马上要进站啦，宝贝记住哦，要先下后上，下车的乘客先下车，要上车的乘客再上车。

二、认识地铁上的“爱心专座”

家长：你看这个座位上写了什么字？

——引导幼儿读一读“爱心专座”。

家长：“爱心专座”是给谁坐的？为什么？

家长：你懂得可真多！如果我们遇到有需要的人，比如爷爷奶奶、小弟弟小妹妹或者其他需要帮助的人，就可以把座位让给那些更需要的人。

三、懂得乘坐地铁的礼仪

家长：乘坐公共交通工具出行，一定要遵守规则，做一个懂礼貌的好孩子。

11 反义词（二）

生活场景

公交车站

设计意图

公共交通场地在日常生活中很常见，利用“公交车站”这个生活场所既能让幼儿复习巩固“反义词”，又能让幼儿了解到更多的乘坐公共交通的规则，实为一举两得。家长带领幼儿乘坐公共交通，引导幼儿关注自己生活中的常识，同时一起来发现、寻找和认识更多的字宝宝。

指导意见

一、引发幼儿兴趣

家长：宝贝，你喜欢乘坐公共交通吗？为什么？

家长：你知道有哪些交通工具？

二、交代乘坐要求

家长：今天我们乘坐公交车出行，你来认一认、读一读公交站牌上的字宝宝吧。

家长：你能看着站牌读出多少站名称呢？

家长：公交站牌上有没有反义词？

家长：这些反义词代表什么意思？

三、与幼儿讨论乘坐公交车的规则

家长：乘坐公交车需要前门上车、后门下车。

家长：无人售票车要主动投币或者刷卡，先买票后乘坐。

家长：遇到老人或者需要帮助的人，要主动让座。

家长：乘坐公共交通工具出行，一定要遵守规则，做一个懂礼貌的好孩子。

12 赶集

生活场景

超市生鲜区

设计意图

超市生鲜区里有丰富的生鲜，每样都对应贴有名称、价格等，适合幼儿复习、巩固、认读文字。家长带幼儿去超市不仅能够增强文字的记忆还能帮助幼儿积累生活经验，认识各种各样的蔬菜、肉类、瓜果。

指导意见

一、家长带幼儿逛菜场

家长：宝贝，今天你跟妈妈一起去超市生鲜区买菜吧。

家长：待会到了超市生鲜区，我告诉你需要购买的菜品名称，你去认一认标牌上的字，找到我们要购买的菜品，好吗？

二、引导幼儿通过标牌找到相应的菜品

家长：你来读一读，这个菜叫什么名称？

家长：我们要买的菜品你都找到了吗？

家长：这里还有很多蔬菜、水果和肉菜，你也来认一认、读一读吧。

13 我爱劳动

生活场景

儿童娱乐城

设计意图

儿童娱乐城是幼儿最喜欢去的休闲娱乐场所,在娱乐城幼儿可以通过交流结交更多的朋友;在发展交际交往能力的同时,还能促进幼儿之间友好相处的情感。

指导意见

一、引起幼儿兴趣

家长:宝贝,你想去儿童娱乐城吗?

家长:你最喜欢什么游戏项目?

二、认读娱乐城游戏规则牌

家长:娱乐城里划分了很多区域,你能读出区域牌上的字吗?

家长:这个牌子上写了什么?是什么意思?

家长:如果玩累、玩热了可以自己脱外套,到休息区喝水休息一下。

三、引导认读休息区的规则牌

家长:休息区的柜子上写了什么?是什么意思?

家长:脱下的衣物要自己折叠好放进柜子,自己的事情自己做哦。

家长:这个地方要脱鞋才能进入游戏区,你认一认、读一读牌子上的字宝宝,一定要按照规则进行游戏哦!

家长:脱下的鞋子放在哪里呢?你能通过指引牌找到鞋柜吗?

家长:放好鞋后要记住自己的小鞋柜位置,结束后才不会找不到自己的鞋子。

14 跳绳

生活场景

商场

设计意图

在生活中，家长会带孩子去各种商场、卖场、综合广场采购商品。抓住这样的时机，让幼儿在商场认一认、读一读，培养幼儿认字的兴趣，也可以复习巩固认识的字宝宝。

指导意见

一、寻找体育用品柜台

家长：宝贝，今天要给你买跳绳，我们一起找一找体育用品柜台在哪里？

二、认一认与体育用品相关的字词

家长：你是怎么找到体育用品柜台的？

家长：宝贝，这里除了有跳绳，还有些什么体育用品呢？

家长：每个商品都有标签和价格，你能念一念标签上的字词吗？

三、认识商场导购牌

家长：商场里有很多导购牌，我们一起去看看吧。

家长：在导购牌上你能了解到什么内容？（楼层、商品种类等）

15 好饿的大灰狼

生活场景

动物园

设计意图

动物园是幼儿比较喜欢的游玩场所。在参观动物园时，引导幼儿观察各种动物的简介，拓展认识更多的字宝宝。这样既能增进幼儿喜欢动物的情感，又能激发幼儿认字的兴趣。

指导意见

一、出发前交代游玩要求

家长：宝贝，今天我们要去动物园，外出游玩一定要注意安全，不能随便乱跑。

家长：到了动物园要跟着爸爸妈妈一起观看动物，我们还要一起找一找、认一认动物园里的字宝宝哦。

二、在动物园认读字宝宝

家长：动物园里有这么多的动物，这些动物你都认识吗？

家长：你是怎么认识这些动物的？（动物橱窗上有动物的介绍）

家长：你认识介绍牌上面的字吗？我们一起认一认、读一读吧。

家长：我们从动物园的大门口开始出发，来认识这里的每一种动物朋友吧。

三、引导幼儿观察狼区

家长：宝贝，这里有很多狼，它们都一样吗？

家长：我们一起读一读这些狼的介绍吧。

家长：这么多狼的品种，你记住了几种狼呢？

家长：你最喜欢哪种狼？为什么？

四、家长鼓励幼儿把自己认识的字念出来

16 植树节（一）

生活场景

公园

设计意图

公园是幼儿比较喜欢的游玩场所，一年四季绿树成荫、花草鲜艳。在游览公园时，引导幼儿观察认识各种花草树木，认读标识牌上的字宝宝，不仅能激发幼儿认字的兴趣还能增进亲子间的感情。

指导意见

一、出游前谈话

家长：宝贝，今天天气真好，我们去逛公园吧！

家长：我们今天去公园游玩，一定要遵守规则，做个文明的游客哦！

二、游玩公园

家长：公园里可真漂亮，有好多的花草树木，你认识这些树木吗？

家长：树木上都挂了标识牌，我们一起读一读上面的字宝宝吧。

——引导幼儿认一认、读一读标识牌上的文字。

家长：每一棵树都有自己的名字和介绍。

三、认读标识牌

家长：公园里除了大树上有标识牌，你还发现哪些地方有标识牌？

——家长与幼儿一起找一找、认一认、读一读标识牌。

家长：宝贝，你看每到一个分岔路口就有一个大大的标识牌，上面写了什么？

——引导幼儿认一认、读一读标识牌上的文字。

家长：原来这是路标指示牌。

17 植树节（二）

生活场景

小区

设计意图

小区是幼儿比较熟悉的地方，有各种各样的树木，有幼儿喜欢的游乐设施。在小区里散步中，引导幼儿观察认识各种花草树木，认读标识牌上的字宝宝。这不仅能激发幼儿认字的兴趣，还能增进亲子间的感情。

指导意见

一、出游前谈话

家长：宝贝，今天天气真好，我们去小区里散步，好吗？

家长：小区里绿树成荫，干净整洁，我们要好好爱护环境。

二、游玩小区

家长：这里有好多的花草树木，你认识它们吗？

家长：我们找找标识牌，一起读一读上面的字宝宝吧。

——引导幼儿认一认、读一读标识牌上的文字。

家长：每一种植物都有自己的名字和介绍。

家长：从小做起，从我做起，做一个爱护花草的好孩子。

三、认读标识牌

家长：除了植物上有标识牌，你还发现哪些地方有标识牌？

家长：原来游乐设施上也有标识牌，我们一起读一读，把认识的字找出来。

家长：你知道这些标识牌的作用是什么吗？

——引导幼儿认一认、读一读标识牌上的文字。

18 反义词（三）

生活场景

地铁站

设计意图

地铁给人们出行带来了便利，地铁站中丰富的广告牌、指示牌也蕴含着许多的认读价值。幼儿和父母一起走进地铁站，在看一看、说一说、认一认中潜移默化地加深巩固对字宝宝的认识，进一步提升认字的兴趣。

指导意见

一、引发幼儿兴趣

家长：你认识哪些交通工具？

家长：地铁作为一种公共交通工具，给我们的生活带来了许多便利，你想地铁出行吗？

二、地铁站大揭秘

家长：在这张公示表上你发现了什么？

家长：这张公示表告诉大家首班车和末班车的时间，你来念一念吧。

家长：这张公示表上记载着本站首末班车的时间，有了它的帮忙，我们的出行就会更便捷啦。

家长：这张公示表还告诉我们这个地铁站有几条地铁路线，大家一目了然，根据不同的需求可以换乘不同的地铁路线。

家长：你看，地铁站的墙面上张贴了很多广告牌，我们一起认一认、读一读这些广告词吧。

家长：当你有困难或者需要帮助时，还可以及时找到地铁站的工作人员来寻求帮助你。

家长：地铁站里还有很多的小秘密，下次我们再一起探索吧。

19 悯农

生活场景

餐厅

设计意图

餐厅氛围温馨舒适，适合家长与幼儿互相交流，同时可以培养幼儿交际交往的能力。家长可以利用这个契机引导幼儿自己看菜单点菜，复习巩固一些字词，教导幼儿用餐礼仪，让幼儿养成良好的进餐习惯。

指导意见

一、出发前谈话

家长：今天你想去哪家餐厅吃饭？

家长：到餐厅用餐要注意些什么？

二、翻看菜单点餐

1.阅读菜单

家长：菜单上的菜品你认识吗？读一读菜名。

家长：你想吃什么菜？

2.学习点餐

家长：你知道怎么点餐吗？（可以扫码点餐，也可以请服务员点餐）

家长：今天由你来点餐吧，你可以选择自己喜欢的方式点餐。

家长：点菜时，菜品不宜过多，以免浪费。

3.礼貌用餐

家长：我们点的餐都上齐了，开始用餐吧。

家长：在餐厅不能大声喧哗，也不能随意跑动哦。

家长：粮食来之不易，我们要尽量光盘，不浪费哦。

20 静夜思

生活场景

书店

设计意图

书店里有各种不同的绘本、图书,适合幼儿安静地阅读。家长可以向幼儿推荐适合其阅读的古诗,增加幼儿的阅读量。在阅读各种古诗时,引导幼儿认识并巩固字宝宝,进一步提高阅读的兴趣。

指导意见

一、探索书店

家长:你知道这是什么地方吗?

家长:书店里有各种各样的图书,我们一起去看看吧。

二、寻找古诗集

家长:在书店里你发现了哪些系列的书呢?

家长:今天我们除了阅读绘本,还要寻找一些古诗集,从而学习更多的古诗。

三、了解古诗集

家长:古诗集中收录了很多很多古诗,这些古诗出自不同的作者,让我们一起来看一看、读一读吧。

家长:考考你,你能说出几位诗人的名字?

家长:古诗集中有你已经学过的古诗吗?

家长:你能朗诵一首古诗集里的古诗吗?

家长:古诗集中有你喜欢的古诗吗?

21 中华美德

生活场景

饭后散步

设计意图

饭后散步活动氛围轻松自然，散步的过程既利于食物的消化，还可以帮助幼儿熟悉周边环境。家长利用与幼儿饭后散步的机会，引导幼儿观察周边的环境，认读广告牌上的文字，提高认字的兴趣。

指导意见

一、谈话引发幼儿兴趣

家长：宝贝，吃完饭我们去散步吧。

家长：你今天想到哪里散步？

二、观察周边的广告牌

家长：这条路上有很多广告牌，上面写了些什么？

家长：这里除了一些店家商铺的名称，还张贴了一些公益广告，你也来读一读上面的文字吧。

家长：还有哪些地方会张贴公益广告？

家长：广告牌上除了文字还有什么？这些人物和形象都是广告的代言。

22 爱画画的元元

生活场景

商场画展

设计意图

商场画展中蕴含着许多认读的契机。幼儿在父母的引导下，到商场一起欣赏画作，认读名称和绘画方法等内容，提供幼儿生活中环境认读的机会，加深对字词的印象，同时增加对认字的兴趣。

指导意见

一、谈话引起幼儿兴趣

家长：宝贝，商场中心最近有画展，我们一起去看看吧。

家长：画的种类有很多，有油画、国画、水粉画、素描、版画等，我们去看一看这次画展展出的都是哪种画吧。

二、了解画展类别

家长：宝贝，你看看，这次画展展出的都是哪种画？

家长：你发现这种画有什么特别的地方吗？是用什么材料画的呢？

家长：让我们一起去找一找画展的介绍吧。

家长：我们可以从画展介绍上了解到画的种类。

三、认读画作名称和介绍

家长：让我们一起看看每一幅画作的名称吧。

家长：我们一起来读一读这幅画的介绍吧。

家长：你最喜欢哪一幅画作？为什么？

23 我的爱国心

生活场景

家中客厅

设计意图

家庭氛围轻松自然，适合亲子学习和交流。客厅是幼儿和家人休闲娱乐的场所。借助客厅环境，家长可以有目的地引导幼儿认一认、读一读字宝宝，既能增进亲子互动的感情，又增加了复习认读字宝宝的趣味性。

指导意见

一、亲子互动

家长：宝贝，你看，今天电视里播放的是什么？（天安门广场）

家长：看到天安门广场，你想到了什么？（我是中国人）

二、复习相关字词

家长：我们的国家叫什么？我们的国旗是什么？

家长：当国旗升起时，我们要做什么呢？

家长：宝贝你真棒，我们要行注目礼，高唱国歌，严肃而庄重。

家长：作为一个中国人，你感到怎么样？

家长：祖国妈妈很伟大，你长大了想为祖国做些什么？

家长：我们一起来认一认、读一读与中国有关的字宝宝吧。

三、激发幼儿的爱国情感

家长：我们的祖国地大物博，世界瞩目，你知道我们国家有哪些伟大的发明吗？

家长：我们的祖国这么强大，你一定要好好学习，成为祖国的栋梁。

24 小菜园

生活场景

采摘农乐园

设计意图

农乐园是周末、节假日家长带幼儿出游的好地方,可以采摘时令水果,还能体验农作的乐趣,是增进亲子感情的场所之一。同时农乐园也是锻炼幼儿口语交际的好去处,在提升交际交往能力的同时,还能增加认字的乐趣。

指导意见

一、出发前谈话

家长:宝贝,现在是什么季节?

家长:你知道这个季节盛产什么水果吗?

家长:今天,妈妈带你去农乐园采摘水果,好吗?

二、农乐园采摘

家长:宝贝,你仔细观察一下,农乐园里有些什么水果?

家长:这些水果长在哪里?

家长:你最喜欢这里的哪一种水果呢?

家长:仔细观察这些水果是如何生长的。

家长:它们的小苗是什么样子?

家长:我们也领取一些小苗种一种吧。

三、复习巩固字宝宝

家长:这些采摘棚里都有相关的介绍,我们一起来读一读吧。

家长:你种下的是什么小苗苗?选择一块标识牌插在小苗苗的旁边。

家长:接下来的日子里,你可要好好照顾你的水果小苗苗哦。

25 分果果

生活场景

采摘农乐园

设计意图

农乐园是周末、节假日家长带幼儿出游的好地方，可以采摘时令水果，还能体验农作的乐趣，是增进亲子感情的场所之一。同时农乐园也是锻炼幼儿口语交际的好去处，在提升交际交往能力的同时，还能增加认字的乐趣。

指导意见

一、出发前谈话

家长：宝贝，今天我们一起到农乐园去采摘吧。

家长：你知道这个季节盛产什么水果吗？

二、农乐园采摘

家长：宝贝，你仔细观察一下，农乐园里有些什么水果？

家长：今天我们来学习一下水果装盒。

家长：你看看这个盒子能装多少水果？

家长：每个盒子的大小、形状不一。这个更适合装哪一种水果？

家长：你来念一念包装盒上的说明，按照说明提示来装盒。

家长：宝贝真能干，把不同的水果按照需要的尺寸装进盒子中，而且还能够轻松把盖子扣上，真棒！

三、复习巩固字宝宝

家长：每种水果都有适合的包装盒、包装篮、包装袋，找到适合的才能进行包装。

——家长和幼儿一起看一看、读一读水果名称、包装盒名称，帮助幼儿学习陌生字。

26 彩虹桥

生活场景

桥

设计意图

生活中，桥是经常出现的生活场景。在桥这个生活场景中，可以让孩子更直接、明了地了解和认识各种各样的桥。通过亲子互动的形式引导幼儿深入认识桥，认读桥的名称、了解桥的典故，进一步激发幼儿学习字宝宝的兴趣。

指导意见

一、引发幼儿兴趣

家长：宝贝，你知道我们生活的城市有多少座桥吗？

家长：想不想一起去看看桥？

二、认识了解苏州的桥

1.找一找

家长：这是一张苏州的地图，我们先来找一找哪些地方有桥。

家长：这些桥都叫什么名字？

家长：我们一起来读一读这些桥的名字。

2.走一走

家长：我们一起去这些桥上走一走吧。

家长：每座桥都有它的历史，在桥上有它的介绍，我们一起去看一看、读一读。

3.桥的故事

家长：苏州有很多很多的桥，无论大桥小桥，都有它的故事。我们可以到图书馆去找一些关于桥的图书，更多地了解苏州的桥。

家长：除了古时候保留下来的桥，我们城市里还有很多现代建筑的桥，我们下次再去感受和认识现代的桥。

27 设计师

生活场景

家中书房

设计意图

家庭氛围轻松自然，适合亲子互动学习和交流。大部分家庭都有文化气息比较浓郁的书房，适合幼儿安静地写写画画。利用幼儿在书房写画的机会，引导幼儿正确使用台灯，科学用眼，提醒幼儿保护视力，通过亲子互动复习字词。

指导意见

一、家长与幼儿亲子交谈

家长：宝贝，你在书房里干什么呢？

家长：原来你在设计创作画画呀，你真像个小小设计师！

二、引导幼儿正确使用台灯

家长：在书房里画画，要注意光线，学会保护自己的眼睛哦！我们可以使用什么？你认识“台灯”这两个字宝宝吗？

家长：台灯直直地照在纸上会有反光，看久了眼睛会不舒服。我们可以怎么办？

家长：我们一起来调节一下灯光照射的方向，这样就不会刺眼了。

家长：除了调节灯光照射的方向，还可以调节灯光的颜色。你认识“白光”“暖光”这几个字宝宝吗？我们一起来认一认、读一读吧。

三、提醒幼儿注意保护自己的眼睛

家长：在灯光下画画时间不能太久哦！眼睛疲劳了可以做做眼保健操。

家长：灯光下画画能让我们看得更清楚，也要注意方法和时间哦。

28 小鸟的一天

生活场景

动物园

设计意图

动物园是幼儿比较喜欢的游玩场所。在参观动物园时，引导幼儿观察各种动物的简介，拓展认识更多的字宝宝。这样既能增进幼儿喜欢动物的情感，又能提高幼儿认字的兴趣。

指导意见

一、出发前交代游玩要求

家长：宝贝，今天我们要去动物园，外出游玩一定要注意安全，不能随便乱跑。

家长：到了动物园要跟着妈妈一起观看动物，我们还要一起找一找、认一认动物园里的字宝宝哦。

二、在动物园认读字宝宝

家长：动物园里有这么多的小鸟，这些小鸟你都认识吗？

家长：你是怎么认识这些小鸟的？(动物橱窗上有小鸟的介绍)

家长：你认识介绍牌上面的字吗？我们一起认一认、读一读吧。

三、引导幼儿观察鸟园

家长：宝贝，小鸟的简介牌上写了什么？

家长：简介牌上的字宝宝你都认识吗？有没有不认识的字宝宝？

——家长帮助幼儿学习陌生的字宝宝。

家长：宝贝，考考你，看了这么多的小鸟，你能说出几种鸟？

家长：你描述一种小鸟的特征或习性，我们来猜一猜是哪一种鸟。

29 云彩魔术师

生活场景

图书馆

设计意图

图书馆里有各种不同的绘本、图书，适合幼儿安静地进行阅读。幼儿可在图书馆中养成良好阅读的习惯，巩固已经掌握的字词，在阅读情境中学习生字，让字宝宝帮助我们学习更多本领。

指导意见

一、引起幼儿的兴趣

家长：宝贝，你已经认识了很多的字宝宝，愿不愿意到图书馆去挑战一下？

二、引导幼儿挑战阅读

家长：宝贝，你去挑选一本你喜欢的图书吧！

家长：这本图书上的字宝宝你认识吗？

家长：这本书讲了些什么内容？

家长：你真棒！认识那么多字宝宝，都能自己阅读了！

三、亲子互动阅读心得

家长：图书馆里的书可真多呀，每个书架上都有个标识，上面写着什么？

家长：原来，这些标识就是图书的分类，可以让我们方便地找到自己想要阅读的图书。

家长：我们还要学习很多很多的字宝宝，以后就能阅读更多的图书了。

家长：阅读图书时要轻轻翻，图书读完后要记得放回原来的图书架上，当一名有素质的小小阅读者。

30 家乡的小岛

生活场景

地铁站

设计意图

地铁是出行的公共交通方式之一，处处有认读的环境。地铁站的站牌上有不同的站名。幼儿在乘坐地铁时能认一认、读一读站名，在轻松的氛围中复习巩固字词，认读效果更佳。

指导意见

一、引起幼儿兴趣

家长：宝贝，我们又要去乘坐地铁啦，开心吗？

家长：今天出行你有个新任务，请你扮演“乘务员”，给我们报站名，可以吗？

二、买票乘坐地铁

家长：还记得乘坐地铁之前先要做什么？（答：购票）

家长：宝贝，请你认一认、读一读我们要去的地方。

家长：我们会经过哪些站？一起来数一数？

——家长和幼儿一起看一看、读一读站点名称，帮助幼儿复习巩固字词。

三、引导幼儿报站名

家长：宝贝，到达每一站你都要把站名报给我们哦，千万不能坐过站。

四、回顾站点名称

家长：我们终于到达目的地了，让我们一起回忆一下经过了哪些站点。

——家长和幼儿一起看一看、读一读站点名称，帮助幼儿复习巩固字词。

5—6岁（下）

一

生活认读校园版

做运动

生活环节

谈话活动

设计意图

谈话活动氛围轻松自然,便于幼儿之间进行交流互动。在谈话活动中让大班幼儿初步学习上课、写字的正确姿势,为上小学做准备;同时让幼儿了解正确的坐姿有利于保护视力,对自己的健康有益。

认识与正确坐姿相关的字词。

材料准备

字卡

活动过程

一、导入话题

师:小朋友,你们知道写字的时候应该怎么坐吗?

二、师幼讨论

1.学习正确的坐姿

师:写字的时候,身体要怎样?腿要怎样放?手要怎样放?

师:写字的时候,为什么要坐端正呢?(身体坐正了不会弯腰驼背,还能保护视力)

师:谁能按照正确的姿势来试一试?

——幼儿根据示范指出坐姿问题。

2.练习正确的坐姿

师:正确的坐姿需要注意哪些方面,让我们一起认一认这些字宝宝吧。(背、头、齐、平、脚、胸、挺)

师:我们一起来练一练正确的坐姿吧。抬头、挺胸、直背。

三、复习巩固与坐姿相关的字词

2 写字的约定

生活环节

谈话活动

设计意图

谈话活动氛围轻松自然,便于幼儿之间进行交流互动。通过谈话与幼儿交流正确的写字方法,这是为小学的书写做铺垫。同时让幼儿了解进小学后需要准备的学习用具,为进入小学做准备。

认识与学习用具相关的字词。

材料准备

常用的学习用具

活动过程

一、谈话导入

师:小朋友,大班毕业后,你们就要升入小学学习啦,你们知道小学吗? 谁愿意来介绍一下你认识的小学?(幼儿自由回答)

二、帮助幼儿了解学习用具

师:小学和幼儿园有哪些不一样?(作息时间、上课要求等)

师:到了小学,每天都要上课、写字、做作业,需要用到什么学习用具?

——教师根据幼儿说到的学习用具出示相关字卡。

师:这些学习用具有什么用?

三、认识与学习用具相关的字词

师:还有一些学习用具的字宝宝你们认识吗? 谁愿意来读一读?

师:它们都有什么用处? 在使用的时候我们要注意什么?

师:进入小学后还会接触到更多的学习用具,小朋友都要学会安全、正确地使用哦。

3 帮忙

生活环节

种植活动

设计意图

种植活动是幼儿亲近大自然的一种方式，在种植过程中幼儿间的互动与交往，为幼儿提供了语言交流的环境，一起观察、分工、合作劳动，又能复习巩固字宝宝。

认识与种植相关的字词。

材料准备

写有种植方法的种植牌

活动过程

一、种植前谈话

师：小朋友，又到了种植活动时间了，今天你准备到种植园干些什么？（幼儿自由回答）

师：合作劳动的时候，我们要注意什么？

师：种植区有很多种植牌，上面写了什么？

二、幼儿分工合作

师：小朋友，请你们带上工具开始劳动吧。在劳动中遇到困难要一起商量解决哦。

师：每一种植物都有不同的种植方式，你们可以先认一认、读一读种植牌上的字宝宝，懂得了方法再进行操作。

三、小结种植活动

师：谁愿意来说一说今天你在种植园干了什么？你是怎样操作的？用了哪些方法？

师：种植牌上的字宝宝你们认识吗？这些文字表达了什么意思？

4 垃圾分类

生活环节

谈话活动

设计意图

谈话活动氛围轻松自然，便于幼儿之间进行交流互动。垃圾分类在幼儿园一日生活中是一项常规事务。幼儿在垃圾分类的操作过程中，认识、复习、巩固相关的字词不仅能提升认知，更能进一步加深对垃圾分类的认识，养成良好的习惯。

认识与垃圾分类相关的字词。

材料准备

分类垃圾桶、字卡、生活中常见物品的图片

活动过程

一、引出话题

1.教师出示分类垃圾桶

师：小朋友，这是什么？不同颜色的垃圾桶代表什么意思？

师：请你把这些字卡贴到相应的垃圾桶上。

2.幼儿进行垃圾分类

师：我这里有很多图片，请你根据图片上的物品把图片放入相应的垃圾桶中。

师：这些图片后面都有相应的字宝宝，请你们也来读一读吧。

二、师幼讨论垃圾分类

师：为什么要垃圾分类？

师：垃圾分类在人们的生活中有什么好处？

师：垃圾分类，人人有责，从我做起，时刻提醒家人，为保护环境贡献自己微薄的力量。

5 铁棒磨成针

生活环节

劳动

设计意图

劳动可以锻炼幼儿的动手能力和协调能力，同时对幼儿语言的发展以及互相合作的能力也有很大的提高，能让幼儿感受到自己的价值和成就。通过劳动，幼儿可以学会穿针引线，同时感受到劳动的辛苦。

认识与劳动相关的字词。

材料准备

针、线

活动过程

一、出示针线引出话题

师：小朋友，这是什么？什么时候要用到针和线？这些针和线有什么区别？（粗细、长短）

师：今天我们就来学习使用针线。

二、幼儿学习穿针引线

师：请你仔细观察，针和线是怎样连在一起的？

师：怎么可以顺利地穿线？你会用什么方法穿针引线？

师：针线有什么用？

三、幼儿学习缝纽扣

师：今天我们学会了穿针引线，老师还要交给你们一项新任务。

师：请你们两两合作完成缝纽扣的任务，在操作之前要仔细阅读操作卡，有不认识的字宝宝可以询问老师。

四、幼儿合作完成缝纽扣任务

师：谁来介绍一下你是怎样缝纽扣的？（认识、复习相关字词）

师：你们都成功缝好了纽扣，真为你们骄傲！

师：你们觉得缝纽扣辛苦吗？我们要珍惜自己的劳动成果哦。

6 学数学

生活环节

角色扮演游戏

设计意图

角色扮演游戏是幼儿园游戏活动的一种形式,可以在游戏中培养幼儿的语言表达能力、社会交往能力和解决问题的能力。角色扮演游戏可以让幼儿进一步锻炼语言交流能力,同时在互动交往中学习数学知识。

认识与角色游戏相关的字词。

材料准备

角色游戏场景、相关材料

活动过程

一、引导幼儿开展游戏

师:今天的角色扮演游戏即将开始,请小朋友选择自己喜欢的游戏。

师:上次的游戏活动中你遇到了什么问题?你是怎样解决的?

二、幼儿开始游戏

师:在哪个区域有出现数字?你都认识这些数字吗?

——教师重点指导“小超市”游戏区,引导幼儿认识各种数字。

师:游戏时如果看到陌生的字宝宝,你们可以讨论一下或者来询问老师。

三、师幼共同小结游戏

师:今天你玩了什么游戏?玩得开心吗?

师:你认识了哪些数字?请你指一指,读一读。

师:今天的游戏中你看到陌生的字宝宝了吗?

师:我们一起来学一学这几个字宝宝吧。

7 聪明的司马光

生活环节

阅读活动

设计意图

阅读活动是幼儿自主活动的环节之一，幼儿在轻松自由的氛围中观察图片、阅读文字、理解情节。这样既培养了幼儿自主阅读的能力，也有助于幼儿独立思考。通过阅读活动，培养幼儿良好的阅读习惯，同时复习巩固认识的字宝宝。

认识与绘本相关的字词。

材料准备

字卡

活动过程

一、谈话导入

师：小朋友，你们还记得司马光的故事吗？

师：司马光是一个怎样的人？可以用哪些词形容他？（同时出示字卡）

二、交代阅读要求

师：选择自己喜欢的绘本进行阅读。

师：在阅读过程中，如果遇到陌生的字宝宝可以举手询问老师。

师：看完一本绘本后可以与同学自由交换。

三、师幼共同小结阅读活动

师：谁来介绍一下，今天你阅读了什么绘本？

师：你最喜欢绘本中的哪个人物（动物）？为什么？

师：今天的绘本阅读中有没有遇到陌生的字宝宝？

——师幼一起认一认、读一读。

8 没有牙齿的老虎

生活环节

播报活动

设计意图

播报活动是幼儿展示语言表达能力的途径之一。活动既为幼儿搭建表现舞台,有话筒、有观众,又提高了幼儿语言表达的自信心。播报活动可以进一步发展幼儿语言的连贯性,从而培养幼儿的表述能力。

认识与播报内容相关的字词。

活动过程

一、提供播报内容

师:小朋友,我们的牙齿有什么用?

师:你们开始换牙了吗?你害怕换牙吗?

二、幼儿播报

师:今天我们就来围绕牙齿进行播报活动。

——幼儿轮流开展播报活动。

师:在刚才的播报中,我们听到了关于牙齿的哪些知识?

——教师出示牙齿相关字词,引导幼儿认读。

三、换牙小知识

师:我们什么时候会换牙?人一生中换几次牙?

师:换牙对我们来说意味着什么?

师:牙齿有什么作用?

师:我们怎样保护自己的牙齿?

9 锻炼身体

生活环节

户外活动

设计意图

户外活动场地宽敞、活动自由，便于幼儿进行跑、跳、投掷、攀爬等全身性活动。户外活动既可以让幼儿感受不同活动的乐趣，又可以将字宝宝融入其中，进一步带领幼儿在户外活动中认识、复习、巩固字宝宝。

认识与户外体育活动相关的字词。

材料准备

各项户外体育游戏项目、字卡

活动过程

一、引导幼儿参加户外体育活动

师：小朋友，你喜欢哪些户外体育活动？

师：户外体育活动的时候要注意些什么？

二、教师带领幼儿户外体育活动

师：操场上有很多的游戏项目，你认识哪些游戏材料？

——教师出示相关材料，引导幼儿认一认、读一读。

师：活动材料都在材料筐里，你可以认读材料筐上的字宝宝并拿取玩具。

三、师幼小结户外活动

师：今天你玩得开心吗？

师：今天有小朋友玩篮球，他们先拍球然后再投篮。除了拍球和投篮这两个动作，篮球还可以怎么玩？

——师幼谈论篮球的玩法，同时出示相关的字宝宝，认一认、读一读。

10 秋景

生活环节

种植活动

设计意图

种植活动是幼儿亲近大自然的一种方式，在种植活动中幼儿间的互动与交往，为幼儿提供了语言交流的环境，一起观察、分工、合作劳动，又能复习巩固字宝宝。

认识与种植相关的字词。

材料准备

稻草人

活动过程

一、种植前谈话

师：小朋友，又到了种植活动时间了，今天你想到种植园做些什么？（幼儿自由回答）

——教师带幼儿选择工具开展种植活动。

二、种植活动

师：首先，请小朋友分组来浇水和除草，注意浇水的时候每一棵小苗都要照顾到，除草的时候注意小苗哦。

——教师引导幼儿选择水桶、铲子等工具来浇水、除草，在选取工具时认读工具上的字卡。

师：请你仔细观察，种植地里的苗苗发生了什么变化。

师：秋天是丰收的季节，请你观察一下种植园里有哪些丰收的果实。

三、介绍稻草人的作用

师：种植地里为什么要放稻草人？

师：稻草人除了可以让我们的种植地变得生动、有趣，还可以防止鸟类吃掉成熟的果实哦。

11 杨柳

生活环节

散步活动

设计意图

散步活动氛围轻松自然,散步既利于食物的消化,还可以帮助幼儿熟悉幼儿园环境。在散步过程中,可以引导幼儿随机认读学过的字词,不断提高认字的兴趣,从而提升幼儿的学习能力。

认识与树木相关的字词。

活动过程

一、散步前谈话

师:小朋友,今天散步的时候请你仔细观察幼儿园的树木。

二、教师带领幼儿散步

师:你看到幼儿园有哪些树木?

师:你是怎么知道这些树木名称的?谁可以来带大家认识一下各种树木的名称?

师:标识牌上有没有陌生的字词?请你跟着老师一起念一念。

三、认识更多的花草树木

师:除了我们幼儿园这些树木,你还认识什么花草树木?

——教师出示花草图片和字卡,引导幼儿认读。

师:下次我们到公园里去散步,认识更多的花草树木,也给它们挂上标识牌,好吗?

12 我的梦

生活环节

谈话活动

设计意图

谈话活动氛围轻松自然，便于幼儿之间进行交流互动。本次谈话活动，让幼儿相互介绍自己的梦想，从而激励他们好好学习、天天向上，向着自己的梦想不断努力。

认识与梦想相关的字词。

活动过程

一、教师引出话题

师：小朋友，你们长大以后想成为怎样的人？

二、引导幼儿想象和讲述

师：每个人都有自己的梦想，你的梦想是什么？

师：你为什么想成为这样的人？

师：我们怎样才能实现自己的梦想？

三、引导幼儿好好学习

师：想要实现自己的梦想，就要好好学习，你打算怎么做？

13 未来机器人

生活环节

户外活动

设计意图

户外活动场地宽敞、活动自由，便于幼儿进行跑、跳、投掷、攀爬等全身性的活动。户外活动既可以让幼儿感受到不同活动的乐趣，还可以在活动中融入字宝宝，让幼儿认识、复习、巩固字宝宝。户外大型玩具活动，既让幼儿懂得遵守规则、注意安全，又锻炼了其身体的协调性。

认识与大型体育玩具相关的字词。

活动过程

一、活动前谈话

师：小朋友，你们喜欢玩滑滑梯吗？

师：滑滑梯应该怎么玩？

二、引导幼儿遵守滑滑梯活动规则

师：大型体育玩具有哪些项目？（滑梯、攀爬架、吊杆等）

师：你们知道这些项目怎么玩吗？

师：大型玩具上贴有活动规则牌，请你们活动前仔细阅读，按照规则进行活动。

三、幼儿有序参加活动

师：请大家排好队，一起去活动吧。

四、小结活动情况

师：你今天玩了什么项目？

师：你是怎么玩的？

——复习巩固相关的字词宝宝。

14 祝寿

生活环节

阅读活动

设计意图

阅读活动是幼儿自主活动的环节之一，幼儿在轻松自由的氛围中观察图片、阅读文字、理解情节，既培养了幼儿自主阅读的能力，又有助于幼儿独立思考。阅读活动可以培养幼儿良好的阅读习惯，同时复习巩固认识的字宝宝。

认识与绘本相关的字词。

活动过程

一、谈话导入

师：小朋友，你知道自己的生日吗？你记得爸爸妈妈、爷爷奶奶的生日吗？

师：年纪大的人过生日可以叫作“做寿”。

二、交代阅读要求

师：今天我们就来阅读与“做寿”相关的绘本。

师：在阅读过程中，如果遇到陌生的字宝宝可以举手请教老师。

师：看完一本绘本后可以与同学自由交换。

三、师幼共同小结阅读活动

师：谁来介绍一下，今天你阅读了什么绘本？

师：你最喜欢绘本中的哪个人物？为什么？

师：今天的绘本阅读中有没有遇到陌生的字宝宝？

——师幼一起认一认、读一读。

15 花香

生活环节

散步活动

设计意图

散步活动氛围轻松自然，散步既有利于食物的消化，还可以帮助幼儿熟悉幼儿园环境。在散步过程中，可以引导幼儿随机认读学过的字词，不断提高其认字的兴趣，从而提升幼儿的学习能力。

认识与鲜花相关的字词。

活动过程

一、散步前谈话

师：小朋友，今天散步的时候请你仔细观察幼儿园有些什么花？

二、认识鲜花

师：你看到幼儿园哪里有鲜花？什么时候会开花？

师：你知道这些花的名称吗？谁来带大家读一读？

师：标识牌上有没有陌生的字词？

——教师引导幼儿认读。

三、认识更多的花草树木

师：除了我们幼儿园这些鲜花，你还认识什么花？你在哪里见过？

——教师出示各种花的图片和字卡，引导幼儿认读。

师：下次我们到公园里去散步，认识更多的花，也给它们挂上标识牌，好吗？

16 和你做朋友

生活环节

角色扮演游戏

设计意图

角色扮演游戏是幼儿园游戏活动的一种形式，在游戏中培养幼儿的语言表达能力、社会交往能力和解决问题的能力。通过角色扮演游戏，幼儿可以进一步锻炼语言交流，同时在互动交往中结交更多的好朋友。

认识与角色游戏相关的字词。

材料准备

角色扮演游戏场景、相关材料

活动过程

一、引导幼儿开展游戏

师：今天的角色扮演游戏即将开始，请小朋友选择自己喜欢的游戏。

师：上次的游戏活动中你遇到了什么问题？你是怎样解决的？

二、幼儿开始游戏

师：在游戏活动中，如果看到陌生的字宝宝，你们可以讨论一下或者来问老师哦。

——教师重点指导"生活区"，引导幼儿认识各类坚果的名称，如碧根果、榛子、花生等。

师：游戏时要注意多和同伴交流你的发现哦。

三、师幼共同小结游戏

师：今天你玩了什么游戏？

师：在生活区，你认识了哪些坚果？请你来介绍一下。

师：你觉得生活区还可以投放哪些坚果？

师：下次我们小朋友可以带来放进生活区哦。

17 清晨

生活环节

谈话活动

设计意图

谈话活动氛围轻松自然，便于幼儿之间交流互动。利用晨间谈话，抓住教师和幼儿交流情感的最好时机，鼓励幼儿积极表达，提高幼儿口语交流能力。

认识与清晨相关的字词。

材料准备

字卡

活动过程

一、导入话题

师：小朋友，早上好！今天你们的心情怎么样？

师：每天早上起床后，你都做些什么？

二、引导幼儿表达清晨的问候语

师：早上起床你会跟爸爸妈妈说什么？爸爸妈妈会跟你说什么？

师：除了清晨的问候，你还会做些什么？

师：爸爸妈妈每天清晨会做些什么？

三、引导幼儿复习认识清晨的问候语

师：这些清晨的问候语你们能读一读吗？

——教师出示问候语字卡，引导幼儿认读。

师：清晨我们做的这些事可以用哪些字宝宝来表示？

师：我们一起来认一认、读一读吧。

18 大自然的诗

生活环节

谈话活动

设计意图

谈话活动氛围轻松自然,便于幼儿之间交流互动。通过交流谈话开展随机教育,围绕“二十四节气”的话题,幼儿可以了解中国的习俗,同时产生自由表达的欲望。

认识与“二十四节气”相关的字词。

活动过程

一、引出话题激发兴趣

师:小朋友,你们知道“二十四节气”吗?

师:“二十四节气”是大自然变化的节令,是中国特有的发明。每个节气都有独特的意义。

二、认识“二十四节气”

师:小朋友,谁知道“二十四节气”有哪些?

师:这些节气代表什么意思?

师:你最喜欢哪个节气?为什么?

师:让我们一起来认一认这些节气字宝宝吧。

三、初步了解“二十四节气”的由来

师:小朋友,“二十四节气”是依据昼夜长短、中午日影高低等的变化制定的,是中国古代劳动人民长期经验的积累和智慧的结晶,蕴含了中华民族悠久的历史内涵和历史积淀。

师:“二十四节气”是人们认识自然、顺应自然的重要参考,因此一直沿用至今。

师:让我们再一起认识一下“二十四节气”吧。

19 美好的一天

生活环节

散步活动

设计意图

散步活动氛围轻松自然,散步既有利于食物的消化,又可以帮助幼儿熟悉幼儿园环境。通过边散步边交流的形式,与幼儿讨论美好的一天,可以启发幼儿回忆自己的生活经验,激发他们主动积极谈话的兴趣,从而培养幼儿的口语表达能力。

认识与一天时间段相关的字词。

活动过程

一、散步前谈话

师:请小朋友排队,我们要出发散步咯!

师:今天散步的时候,请你仔细观察今天的天气,感受一下幼儿园的空气。

二、边散步边交谈

1.引导幼儿区分早晨、中午、傍晚和夜晚

师:小朋友,今天的天气如何?空气怎么样?

师:小朋友,你们知道现在是一天中的什么时候吗?(中午)

师:你们是从哪里看出来的?

师:一天中除了"中午",还有哪些时段呢?(早晨、傍晚、夜晚)

师:你们认识这些字宝宝吗?我们把它们找出来好吗?

2.引导幼儿用早晨、中午、傍晚和夜晚造句

师:谁会用这些字宝宝来造句?

师:早晨、中午、傍晚和夜晚我们分别可以做哪些事情?

20 点点在哪里

生活环节

午餐活动

设计意图

午餐活动是幼儿园一日生活中的重要环节。借助餐后活动环节，开展“夸夸我自己”活动，不但能激发幼儿主动遵守班级守则，养成良好的生活学习习惯，还能激发幼儿主动表达的积极性，培养口语讲述能力。

认识与贴纸相关的字词。

材料准备

贴纸

活动过程

一、谈话导入

师：今天午餐时老师发现好多小朋友都有进步，现在要准备发奖励咯。

师：想要得到贴纸奖励的小朋友，请你夸一夸自己。

二、引导幼儿夸夸自己的进步

1.引导幼儿说说自己的表现

师：你今天可以得到奖励吗？为什么？

师：哪些表现可以奖励到贴纸？

师：你拿到的贴纸是什么形状的？一起看一看、读一读贴纸上的字宝宝。

师：你觉得今天还有谁能得到奖励贴纸？为什么？

2.教师鼓励幼儿继续加油

师：今天很多小朋友获得了贴纸奖励，都很棒！我们要继续加油努力，争取更大进步，得到更多奖励。

21 小象消防员

生活环节

消防演练活动

设计意图

消防演练在幼儿园生活中是一项重要的活动，幼儿通过消防演练，既了解了逃生路线以及逃生注意事项，同时又认识、复习、巩固了相关的字词。

认识与消防相关的字词。

材料准备

消防演练相关图片、PPT

活动过程

一、认识消防员

师：小朋友，你们知道消防员吗？他们是干什么的？

师：消防员穿什么服装？他们为什么穿这样的服装？

师：消防员有哪些本领？

师：你们喜欢消防员吗？为什么？

二、师幼讨论火灾逃生

师：如果发生火灾我们该怎么办？

师：这些消防设备你们认识吗？

——出示消防栓、灭火器、消防水带、喷淋、烟感器等消防设备图片，让幼儿认一认相关字词。

师：如果发生火灾，我们应该怎样逃生？

师：发生火灾逃生的时候，应该怎么做？（弯下腰、捂住口鼻、跟着老师有序逃离）

师：让我们一起来看看火灾中如何逃生。（播放PPT）

师：让我们一起来演练一下火灾逃生吧。

22 森林干活记

生活环节

散步活动

设计意图

散步活动氛围轻松自然，散步既有利于食物的消化，还可以帮助幼儿熟悉幼儿园环境。散步活动既让幼儿了解到整个幼儿园的方位，同时又可以让幼儿看看、说说、认认方位词。

认识与方位相关的字词。

活动过程

一、散步前谈话

师：幼儿园里有很多教室、活动场地、活动室，你们知道它们在哪里吗？

师：我们一起看看幼儿园的指引图，根据指引图去找一找这些室/场吧。

二、认识指引图

师：指引图上写了什么？（认一认方位、楼层）

师：请你找一找我们班级的活动室。

师：你还认识哪些地方呢？

师：你在指引图上还找到了哪些小秘密？

——教师引导幼儿认读指引图上的汉字。

师：你们想去幼儿园的哪个室/场？让我们根据指引图的提示一起去找一找吧。

三、散步寻找室/场

师：让我们看一看跟着指引图找正确了吗？

师：指引图就像导航一样能帮助我们快速找到想去的地方，可真厉害！

师：你们还在哪里看到过指引图？

23 寻找快乐

生活环节

谈话活动

设计意图

谈话活动氛围轻松自然，便于幼儿之间交流互动。开展关于“快乐”的谈话，不但能培养幼儿对快乐的进一步认知，发展幼儿的语言表达能力，同时还能提升幼儿的情感认知。

认识与快乐相关的字词。

活动过程

一、引出“快乐”主题

师：小朋友，你们快乐吗？你会因为什么事情而快乐？

二、师幼共同讨论“快乐”

师：请你找一找“快乐”字宝宝在哪里？

师：你知道哪些词和快乐的意思是相同的？请你找一找字卡。

——教师引导幼儿寻找字卡：愉快、高兴、欢快等。

师：怎样才能使你快乐？

师：快乐了你会做些什么？

三、幼儿初步了解情绪管理

师：遇到开心的事情你们就会感到快乐，快乐了身体就会健康，所以我们要时刻保持快乐的情绪哦。

师：如果你们遇到了不快乐的事情，心情会怎样？

师：我们怎样管理自己的情绪，不发脾气呢？

24 渔夫

生活环节

阅读活动

设计意图

阅读活动是幼儿自主活动的环节之一，幼儿在轻松自由的氛围中欣赏图片、阅读文字、理解情节。这既培养了幼儿自主阅读的能力，又有助于幼儿独立思考。借助图书，引导幼儿认认、读读、说说故事内容，不仅能培养幼儿良好的阅读习惯，还能发展幼儿自由表达的能力。

认识与图书相关的字词。

材料准备

图书

活动过程

一、出示图书引发幼儿兴趣

师：小朋友，又到了阅读时间，请你们自由选择喜欢的图书安静地阅读。

师：在阅读过程中，请你指一指、读一读认识的字宝宝。

二、幼儿介绍今天的阅读成果

师：谁来介绍一下，今天阅读了哪一本图书？

师：有哪几个字宝宝是你不认识的？

师：你喜欢故事中哪个主人公？为什么？

师：你通过阅读这本图书，学到了什么本领(知识)？

三、同伴间交流阅读心得

师：请你跟身边的好朋友介绍一下今天的阅读心得。

师：在阅读时我们可以把认识的字词读出来，不认识的词通过故事的意思来猜测一下。

25 动物爪印

生活环节

谈话活动

设计意图

谈话活动氛围轻松自然,便于幼儿之间交流互动。在谈话活动中,让幼儿猜一猜小动物的脚印,同时用连贯的语句讲一讲不同动物脚印的故事,从而更好地提升幼儿表述的能力。

认识与脚印相关的字词。

材料准备

各种小动物的脚印图片

活动过程

一、出示图片引发幼儿兴趣

师:小朋友,你们看看这是什么动物的脚印?你是怎么看出来的?

二、引导幼儿讲述脚印

师:这里有很多动物的脚印,请你来念一念这些字宝宝。

师:看到这些小动物的脚印,你会想到什么?

师:请你用连贯的语句讲述关于小动物脚印的故事。

师:讲述了那么多小动物脚印的故事,你们想不想看看自己的脚印呢?我们用什么办法可以看到自己的脚印?

三、教师组织幼儿留脚印

师:讲了很多留脚印的办法,让我们一起来试试吧。

师:我们的脚印和小动物的脚印有什么不同?

师:脚印还可以作画呢,下次我们一起来创作脚印画,好吗?

26 草原画卷

生活环节

散步活动

设计意图

散步活动氛围轻松自然，散步既有利于食物的消化，又可以帮助幼儿熟悉幼儿园环境。散步时，可以引导幼儿随机认读学过的字词，不断提高其认字的兴趣，从而提升幼儿的学习能力。

认识与草原相关的字词。

材料准备

字卡、图片

活动过程

一、散步前谈话

师：小朋友，今天散步的时候请你们仔细观察幼儿园的草地。

二、教师带领幼儿散步

师：你们看到幼儿园的草地了吗？

师：你们觉得幼儿园的草地与大草原有什么不同？大草原上会有什么呢？

——教师引导幼儿根据字卡认读牦牛、羚羊等。

师：我们幼儿园的草地上会有什么呢？

——教师引导幼儿认读瓢虫、蚱蜢等。

三、认识大草原

师：这张图片就是内蒙古大草原，你们还知道中国哪些地方有大草原？

师：你们去过大草原吗？

师：你觉得大草原给你什么样的感觉？你想在大草原上做什么？

27 热闹的动物园

生活环节

角色扮演游戏

设计意图

角色扮演游戏是幼儿园游戏活动的一种形式，在游戏中可以培养幼儿的语言表达能力、社会交往能力和解决问题的能力。通过角色扮演游戏搭建“动物园”，幼儿可以在搭建过程中复习巩固认识的字词，同时该活动又能培养幼儿集体合作的能力。

认识与动物园相关的字词。

材料准备

搭建“动物园”所需要的材料

活动过程

一、游戏前谈话

师：小朋友，今天我们搭建的主题是“动物园”，你准备怎么搭建？

师：搭建“动物园”需要用到很多材料，请你们认真选择、仔细搭建，共同合作完成。

二、幼儿合作完成搭建

1.选择搭建材料

师：“动物园”的围墙用什么材料？

师：“动物园”里的动物可以用什么材料制作？

师：请你们把这些字宝宝放到相应的动物旁边作为标识。

2.介绍动物园

师：这是什么动物？你是用什么材料制作的？

师：让我们一起来认一认、读一读动物标识牌。

二、小结游戏

师：今天小朋友通过合作完成了“动物园”的搭建，非常棒！

师：“动物园”里除了小动物还有其他的建筑、树木花草，下次我们再来完善。

28 森林里的大合唱

生活环节

谈话活动

设计意图

谈话活动氛围轻松自然，便于幼儿之间进行交流互动。在谈话活动中与幼儿一起探讨“大合唱”，可以激发幼儿唱歌的兴趣。活动中又能复习巩固相关的字词，让幼儿在轻松愉快的氛围下认读。

认识与大合唱相关的字词。

活动过程

一、导入话题引发幼儿兴趣

师：小朋友，你们喜欢唱歌吗？你们知道什么是大合唱吗？

二、介绍大合唱

师：唱歌有很多种形式，其中有一种很多人一起上台演唱的叫作大合唱。

师：大合唱也有很多不同的演唱方式，你听过哪些合唱的方式？

师：大合唱应该怎样站位呢？

师：大合唱有轮唱、领唱、高低声部，为了能够排练出精美的大合唱，还需要一个指挥。

师：关于大合唱的这些字词宝宝，你们都认识吗？请你们在字卡中找一找、读一读。

三、师幼排练大合唱

师：小朋友，我们也来尝试排练一个大合唱，老师做指挥，你们分成男生女生来轮唱，看好老师的指挥。

师：你发现合唱的乐趣了吗？你还想怎样合唱？

29 小鸟学飞

生活环节

户外活动

设计意图

户外活动场地宽敞、活动自由，便于幼儿进行跑、跳、投掷、攀爬等全身性活动。借助户外场地，开展“学……”的活动，不但能提高幼儿语言讲述的能力，同时还能培养幼儿身体的协调性和灵敏性。

认识与运动相关的字词。

活动过程

一、活动前谈话

师：小朋友，今天我们要到户外活动，做一个有意思的游戏。

二、户外游戏

师：自然界有很多的动物，请你说说动物的本领，并且学一学他们的动作。

师：接下来我们要以接龙的方式来玩“学……”游戏，请小朋友排成一列。第一个小朋友根据老师出示的字卡做出动作，第二个小朋友说出字卡。如果轮到谁没有接上或者说错了，就要接受“停玩一次游戏”哦。

——教师出示字卡，幼儿做相应的动作，如“青蛙跳”“马儿跑”等；后面幼儿猜测他学的是什么，并大声读出。

三、师幼共同游戏

师：请你们根据我出示的字卡做出动作，看谁做得又快又对。

——教师引导幼儿根据字卡并读一读，同时做出相应的动作。

30 小学生

生活环节

谈话活动

设计意图

谈话活动氛围轻松自然，便于幼儿之间进行交流互动。借助平时生活中的谈话环节，开展关于话题“小书包”的讨论，这不仅能提高幼儿的语言表达能力，也为幼儿升入小学做好充足准备。

认识与小书包相关的字词。

活动过程

一、话题导入

师：我们马上要进入小学了，小学生每天都背着书包上学，书包里装了些什么呢？

二、讨论书包

师：书包上有很多大大小小的口袋，有什么作用呢？

师：书包中间的大口袋里可以放书籍、本子、铅笔盒等学习用品。旁边的小口袋可以放水杯、餐巾纸或者其他小物品。

——教师出示书包的相关字词：铅笔盒、卷笔刀、口袋等。

师：铅笔盒里有些什么？这些学习用具怎么用？

师：谁能将这些学习用具的字宝宝卡片找出来念一念？

三、整理书包

师：你是怎样整理书包的？

师：怎样才能把书包整理有序呢？（幼儿示范）

师：成为小学生就要学会自己的事情自己做，每天都要自己整理小书包，将书包里的物品有序摆放，归类摆放。

31 老师，我想对您说

生活环节

谈话活动

设计意图

谈话活动氛围轻松自然，便于幼儿之间进行交流互动。借助平时生活中的谈话环节，开展话题“毕业了”的讨论，在提高幼儿语言表达能力的同时，也为幼儿升入小学做好充足准备。

认识与毕业相关的字词。

活动过程

一、话题导入

师：再过几个月，小朋友马上要毕业离开幼儿园了。

二、毕业感言

师：小朋友，你们知道什么是毕业吗？

师：毕业就是要离开幼儿园，升入到更高的学堂——小学。

师：即将离开幼儿园，你的心情怎么样？

师：你最想对幼儿园、对老师说一句什么话？

——教师出示字卡：感谢、不舍、想念等。

师：你还想对同伴说些什么？

——教师出示字卡：回忆、珍惜等。鼓励幼儿用这些词汇表达对同伴的感情。

三、互赠礼物

师：马上要离开幼儿园了，老师送给你们一份小礼物作为毕业纪念，你们同伴之间也可以互相赠送纪念品，永远记住自己的好朋友、好伙伴。

师：老师希望你们进入小学后顺顺利利、学业有成，幼儿园等你们回来汇报你们的好成绩。

5—6岁（下）

二

生活认读家庭版

做运动

生活场景

小区运动场

设计意图

小区里有配套的运动设施，供小区居民茶余饭后锻炼身体。这个区域也是一个交流交际的好去处。家长利用空闲时间，与幼儿一起锻炼，提高幼儿的身体素质，复习相关的字词宝宝。这既能增进亲子关系，又能增加幼儿学习字宝宝的乐趣。

指导意见

一、话题导入

家长：宝贝，你喜欢运动吗？最喜欢哪个项目呢？

家长：我们出发一起去运动吧。

二、亲子互动

家长：做运动之前，一定要先活动身体，把我们的身体活动开，这样在运动的时候不容易受伤。

家长：今天我们带了跳绳，跳绳的时候要注意些什么？

家长：你觉得哪些字宝宝可以匹配？我们一起念一念吧。

家长：小区里还有很多运动器材，我们一起认一认标识牌，看看上面对这些运动器材的介绍。

家长：请你把认识的器材读出来，你还知道健身房里还有什么健身器材吗？

三、引导练习跳绳

家长：宝贝，我们知道了跳绳的方法，现在你来加速试试。

家长：单人跳绳你都练习过了，我们再玩一个双人跳绳吧。

家长：锻炼身体，有益健康，我们都要多锻炼哦。

2 写字的约定

生活场景

家中书房

设计意图

家庭氛围轻松自然，适合亲子互动学习和交流。大部分家庭都有文化气息比较浓郁的书房，因此把复习和认读字宝宝设定在家庭书房，更能凸显亲子共读的惬意氛围。将字宝宝融入幼儿和家长的生活场景中，家长引导幼儿学习书写，提醒幼儿保持正确写字的姿势，这既有亲子间互动，又增加了幼儿学习字宝宝的乐趣。

指导意见

一、话题导入

家长：宝贝，你马上要进入小学成为一名小学生啦，你知道写字的时候要怎么坐吗？

二、练习坐姿

家长：写字之前，我们要做哪些准备？（书桌、书、文具）

家长：写字的时候，一定要坐端正，头正背直，双肩齐平胸挺起，两脚齐放与肩同宽。

家长：我们一起来练习一下正确的坐姿吧。

——家长带领幼儿练习正确的坐姿，同时认识相关的字宝宝。

三、培养良好的书写习惯

家长：宝贝，这些字宝宝能引导我们坐端正，写出一手好字。

家长：写字要端正，握笔姿势要正确。

家长：良好的书写习惯，除了能写出端正的字迹还有利于保护我们的眼睛。

3 帮忙

生活场景

菜市场

设计意图

菜场里有丰富的菜种，家长带幼儿去菜市场不仅能够增强对文字的记忆，还能帮助幼儿积累生活经验，认识各种各样的蔬菜、肉类、瓜果。

指导意见

一、引起幼儿兴趣

家长：今天你陪妈妈爸爸一起去菜市场买菜好吗？你愿意帮妈妈爸爸拎菜篮吗？

二、幼儿陪同一起买菜

家长：今天你想吃什么？这些菜哪里可以买到？

家长：我们一起认一认、读一读菜市场的标识，看看哪里可以买到我们想要的菜。

家长：首先我们要买蔬菜（菠菜和冬笋），看看你能不能找到。

——家长与幼儿一同找一找，引导幼儿看标牌。

家长：看看菠菜多少钱一斤呢？

家长：接下来我们要买一斤虾，请你找一找。

——家长与幼儿一同找一找。

三、返程

家长：宝贝，你还记得我们买了哪些菜吗？

家长：今天这些菜都是通过你认识的字宝宝我们才买到的。你挑选了那么多菜，妈妈爸爸回家给你做大餐。

4 垃圾分类

生活场景

公园

设计意图

公园是幼儿比较喜欢的游玩场所，通过游览公园，引导幼儿观察分类垃圾桶，复习、巩固、认读垃圾桶上的字宝宝。这不仅能增加幼儿认字的兴趣，还能增进亲子感情。

指导意见

一、引发幼儿兴趣

家长：宝贝，今天天气很好，我们一起去公园玩吧。

家长：我们可以携带一些零食，你想带什么呢？

二、引导幼儿垃圾分类

家长：公园里有垃圾桶吗？这些垃圾桶上有什么字宝宝？

家长：为什么垃圾要分类呢？

家长：你知道哪些垃圾投放在"可回收（不可回收）"垃圾桶里？

三、亲子分类垃圾

家长：我们一起根据垃圾分类来投放垃圾吧。

5 铁棒磨成针

生活场景

家中客厅

设计意图

家庭氛围轻松自然，适合亲子互动学习和交流。客厅是幼儿和家人休闲娱乐的场所，借助客厅环境，家长可以有目的地引导幼儿认一认、读一读字宝宝。亲子互动既能增进亲子感情，又能增加幼儿复习字宝宝的兴趣。

指导意见

一、引发幼儿兴趣

家长：宝贝，吃水果的时间到啦。今天我们吃橙子，你想怎么吃？

家长：橙子有几种吃法？

二、剥橙子榨橙汁

家长：宝贝，榨汁机怎么使用？你来读一读说明书。

家长：我们把橙子洗干净，切一半，再把橙子皮剥掉，就可以开始榨汁啦。

家长：榨汁机准备好了吗？

三、鼓励幼儿切橙子

家长：宝贝，你来试试切橙子吧。

家长：切完橙子应该怎样放进榨汁机呢？请你按照榨汁机的说明书来操作吧。有不认识的字宝宝吗？

家长：除了橙子可以榨汁，还有什么水果可以榨汁呢？

四、洗榨汁机

家长：宝贝，榨汁机应该怎样清洗呢？让我们一起来看一看说明书。

6 小明学数学

生活场景

家长书房

设计意图

家庭氛围轻松自然,适合亲子互动学习和交流。书房是一个家庭中最具文化气息的地方,因此把复习和认读字宝宝设定在家庭书房,更能凸显亲子共读的惬意氛围。

指导意见

一、引发幼儿兴趣

家长:宝贝,你会数学加减法吗?

家长:这里有一些小学的数学应用题,你想试试吗?

二、引导幼儿解题

家长:你先念一念应用题题目。

家长:这道题目的字宝宝你都认识吗?这道题说的是什么意思?

家长:你认识那么多字宝宝,已经把题目都念出来了,那我们一起动脑筋来解题吧。

三、学习解答应用题

家长:宝贝,你能说说你的解题思路吗?

——家长引导幼儿通过理解题目来表述解题的思路。

家长:宝贝真棒!你能独立理解应用题题目了,以后到了小学你也能独立解题了。

7 聪明的司马光

生活场景

图书馆

设计意图

图书馆里有各种不同的绘本、图书，适合幼儿安静地阅读。幼儿可以在图书馆中养成良好阅读的习惯，巩固已经掌握的字词。在阅读情境中学习生字，让字宝宝帮助我们学习更多本领。

指导意见

一、引起幼儿的兴趣

家长：宝贝，古时候有个司马光，他很聪明，你知道他的故事吗？

家长：你还想了解更多古人的故事吗？我们一起去图书馆吧。

二、引导幼儿寻找古人事迹

家长：宝贝，你根据标识牌上的提示，去找一找关于古人的故事图书。

家长：你找到了哪位古人呢？你想了解他什么？让我们一起来读一读。

——家长与幼儿一同阅读书籍。

家长：这本书里讲的是谁？他有什么事迹？你觉得他是个什么样的人？

三、亲子互动阅读心得

家长：图书馆里的书可真多呀，还根据不同朝代进行分类，刚才我们读的那位古人是哪个朝代的呢？你是怎么发现的？

家长：根据分类标识，我们可以很快就找到自己想要阅读的图书。

8 没有牙齿的老虎

生活场景

动物园

设计意图

动物园是幼儿比较喜欢的游玩场所，通过参观动物园，引导幼儿阅读各种动物的简介，拓展认识更多的字宝宝。这既能增进幼儿喜欢动物的情感，又能激发幼儿认字的兴趣。

指导意见

一、引起幼儿兴趣

家长：宝贝，今天我们要去动物园，你最想去看什么动物？为什么呢？

家长：动物园里有很多的动物，今天你要仔细观察哦。

二、在动物园认读字宝宝

家长：动物园里有些什么动物？除了我们平时认识的，还有不认识的，让我们一起去看看。

家长：这是什么动物？

——家长引导幼儿阅读橱窗上的动物介绍。

家长：这些介绍牌上写了什么？有没有不认识的字词？

三、引导幼儿观察老虎区

家长：宝贝，我们今天来看一看老虎区。

家长：这些老虎都来自不同的地方，你看看它们都来自哪里？

——家长引导幼儿阅读介绍，并读给家长听。

家长：饲养员是怎样喂老虎吃食的？饲养员为什么要穿厚厚的防护服？

家长：宝贝已经能够通过独立阅读来了解各种动物了，下次我们再去看看海洋馆里的动物。

9 锻炼身体

生活场景

小区体育区

设计意图

小区里有配套的体育设施，供小区居民茶余饭后锻炼身体，这个区域也是一个交流交际的好去处。家长利用空闲时间，与幼儿一起锻炼，提高幼儿的身体素质，复习相关的字词宝宝。这既能增进亲子情感，又能增加幼儿学习字宝宝的乐趣。

指导意见

一、引起幼儿兴趣

家长：宝贝，我们一起去小区里绕圈跑步吧。

家长：锻炼身体有助于我们健康成长。

二、亲子互动

家长：跑完了两圈，让我们到体育区去玩一玩。

家长：你最喜欢体育区的什么器械？

家长：这些体育器械怎么玩呢？我们一起认一认、读一读器械说明书吧。

家长：在使用器械的时候应该用正确的姿势，否则容易受伤，请你看看应该怎样使用这些器械。

——家长引导幼儿阅读图示说明，掌握正确的运动姿势。

三、引导幼儿锻炼身体

家长：宝贝，你可以尝试玩一玩这些器械，但是要注意安全哦。

家长：你觉得锻炼身体有什么好处？你还想了解哪些器械呢？

10 秋景

生活场景

公园

设计意图

公园是幼儿比较喜欢的游玩场所，一年四季绿树成荫、花草鲜艳。通过游览公园，引导幼儿观察认识各种花草树木。认读标识牌上的字宝宝，不仅能增强幼儿认字的兴趣，还能增进亲子间的感情。

指导意见

一、出游前谈话

家长：宝贝，今天天气真好，我们去逛公园吧。

家长：你知道现在是什么季节吗？这个季节有些什么特色？

二、游玩公园

家长：公园里能找到秋天的景色吗？

家长：秋天到了，树叶都变成了黄色、红色。你认识哪些秋天的树？你来大声地念一念这些字宝宝吧。

——家长引导幼儿认一认、读一读树木的介绍。

家长：你看到公园里有哪些花吗？告诉我这些是什么花？

——家长引导幼儿认一认、读一读花的介绍。

三、认读字宝宝

家长：公园里除了这些地方有字宝宝，还有哪些地方有？

——家长与幼儿一起找一找、认一认、读一读。

11 杨柳

生活场景

公园

设计意图

公园是幼儿比较喜欢的游玩场所，一年四季绿树成荫、花草鲜艳。通过游览公园，引导幼儿观察认识各种花草树木。认读标识牌上的字宝宝，不仅能增强幼儿认字的兴趣，还能增进亲子间的感情。

指导意见

一、出游前谈话

家长：宝贝，今天天气真好，我们去逛公园吧。

家长：你认识杨柳树吗？今天让我们一起去找找杨柳树吧。

二、游玩公园

家长：杨柳长什么样？你看看树上挂的牌子写了什么？

家长：杨柳长得像什么？

家长：你会念关于杨柳树的儿歌吗？

家长：你知道关于杨柳的诗歌吗？

三、认读字宝宝

家长：公园里除了杨柳还有什么树？

——家长与幼儿一起找一找、认一认、读一读。

家长：我们来玩一个“公园里有什么树”的游戏吧。

家长：我们来看着字卡玩“公园里有什么树”，我抽到哪张字卡，你就说出字卡上的树的名称，好吗？

家长：公园里有这么多树，下次我们再去别的地方找找更多的树。

12 我的梦

生活场景

科技博物馆

设计意图

科技博物馆是以科技为主题的博物馆,馆内拥有很多现代化科技设备,分为很多区域,展示不同的科技项目。带幼儿到科技博物馆参观,不仅能增进幼儿对中国现代科技的了解,同时还能复习巩固相关的字宝宝。

指导意见

一、引起幼儿兴趣

家长:宝贝,你知不知道什么是科技博物馆?想去吗?

家长:我们今天一起去科技博物馆看看吧。

二、认识博物馆

家长:看,这就是科技博物馆,你来读一读门口挂牌上的字吧。

家长:博物馆里有很多现代化科技设备,我们一起去看看吧。

家长:你可以通过字宝宝来认识这些设备。

家长:这些设备都有什么用呢?

家长:看了这么多有意思的科技设备,你最喜欢哪一个?

家长:请你读一读这个设备的使用方法。

三、探讨梦想

家长:你看到我们中国有这些现代化设备,感觉怎么样?

家长:你有梦想吗?长大了想为祖国做什么贡献呢?

家长:那我们就一起为实现自己的梦想而努力吧。

13 未来机器人

生活场景

玩具商店

设计意图

玩具是孩子们生活中的好玩伴,玩具商店里品种繁多,涉及的字词也很多。利用玩具商店不仅能激发幼儿认字的兴趣,还能复习巩固相关的字宝宝。

指导意见

一、引起幼儿兴趣

家长:宝贝,你喜欢机器人吗?

家长:今天我们一起去玩具商店找一找你喜欢的机器人吧。

二、认识各种玩具

家长:这是什么玩具?你是怎么知道的?我们一起读一读它的名字。

家长:这个玩具是怎么玩的?说明书上的字宝宝你来认一认、读一读。

家长:你看看商店里还有什么玩具?

三、懂得爱护玩具

家长:玩具买回家了,我们要好好爱护它。

14 祝寿

生活场景

社区服务中心

设计意图

充分利用自然环境和社区资源，扩展幼儿生活学习的空间。社区服务中心教育资源丰富，能够促进幼儿全面发展，提升语言交际能力。带领幼儿积极参与社区活动，给予他们新鲜、有趣、快乐的体验，还能复习巩固相关的字宝宝。

指导意见

一、引起幼儿兴趣

家长：宝贝，今天社区组织老年人过集体生日，我们一起去给爷爷奶奶祝寿吧。

家长：给爷爷奶奶祝寿需要准备些什么？

家长：祝寿时可以说一些什么祝福的话语呢？

二、走进社区

家长：这是哪里？你来念一念门牌。

家长：看一看社区里的各种广告牌，你能看懂吗？

家长：你准备的这些祝寿礼有些什么寓意？

家长：待会你要大胆表达你对爷爷奶奶的祝贺。

三、给老人祝寿

家长：你来给爷爷奶奶祝寿吧。

家长：你最想说一句什么话？

家长：大胆地告诉爷爷奶奶你准备了什么礼物？这些礼物代表了什么？

家长：今天你开心吗？为什么？

15 花香

生活场景

公园

设计意图

公园是幼儿比较喜欢的游玩场所，一年四季绿树成荫、花草鲜艳。通过游览公园，引导幼儿观察认识各种花草树木。认读标识牌上的字宝宝，不仅能增加幼儿认字的兴趣，还能增进亲子间的感情。

指导意见

一、出游前谈话

家长：宝贝，今天天气真好，我们去逛公园吧，好吗？

家长：现在是什么季节？公园里哪些花会开呢？

二、游玩公园

家长：公园里可真漂亮，有好多的花草树木，你认识这些鲜花吗？

家长：这些鲜花旁边都挂了标识牌，我们一起读一读上面的字宝宝吧。

——引导幼儿认一认、读一读标识牌上的文字。

家长：每一种花都有自己的名字和介绍。

家长：你最喜欢哪种花？它有什么特点？

——引导幼儿读一读花的介绍文字。

三、认读标识牌

家长：今天我们认识了各种花的名称，你还记得有哪些花？

——引导幼儿根据花的名称找一找标识牌。

家长：公园里除了花朵旁边有标识牌，你还发现哪些地方有标识牌？

——家长与幼儿一起找一找、认一认、读一读标识牌。

16 和你做朋友

生活场景

宠物乐园

设计意图

宠物乐园是一个专门为宠物打造的场所，能让宠物享受到安全、舒适的环境，同时也隐藏着很多关于宠物神奇的奥秘。带幼儿参观宠物乐园，不仅能让他们了解可爱、机灵的小动物，同时也能让幼儿找一找、认一认相关的字词，丰富幼儿的识字量。

指导意见

一、引起幼儿兴趣

家长：宝贝，你喜欢小动物吗？你知道什么是宠物？

二、带领幼儿参观宠物乐园

家长：你来读一读门牌，这是什么地方？

家长：宠物乐园里会有些什么动物呢？

家长：你来认一认、读一读这些宠物的名称和特点。

家长：你最喜欢什么宠物？你想要养这个宠物吗？

家长：小动物在这样的环境里真开心呀！动物也是人类的朋友，我们要爱护它们。

三、了解宠物乐园

家长：宠物乐园是个什么地方？

家长：小动物在宠物乐园会做些什么？

家长：你觉得哪个宠物最有意思？为什么？

家长：宠物乐园的工作人员很了不起，每天要照顾这些小动物，把它们当成自己的朋友、家人。

17 清晨

生活场景

公园

设计意图

公园是幼儿比较喜欢的游玩场所，一年四季绿树成荫、花草鲜艳。通过游览公园，引导幼儿观察公园里的花草树木、小桥流水，感受鸟语花香，同时还能认读公园标识牌上的字宝宝，增加幼儿的认字量。

指导意见

一、出游前谈话

家长：宝贝，今天天气真好，我们去公园进行晨间锻炼吧。

家长：晨间锻炼要准备些什么？（背包、水壶、纸巾等）

二、游玩公园

家长：清晨公园里的空气最新鲜，很适合老人、孩子来散步。让我们先做做运动吧。

家长：公园里有很多区域，你认识区域标识牌吗？上面写了什么？

家长：我们在公园锻炼的时候要注意什么？

家长：你觉得清晨的公园怎么样？美在哪里？

三、认读字宝宝

家长：公园里还有很多地方都隐藏着字宝宝，你发现了吗？

家长：我们一起找一找、念一念吧。

家长：我们的锻炼结束了，让我们收拾一下回家吧。

18 大自然的诗

生活场景

公园

设计意图

公园是幼儿经常去玩耍的地方，家长可以利用幼儿在公园里游玩的契机，引导幼儿观察和体验四季的变化。通过与自然环境的互动，培养幼儿对时间、自然的认知，激发幼儿积极、主动表达的欲望。

指导意见

一、探索公园的早晨

1.家长带幼儿前往公园，观察早晨的景色

家长：宝贝，你觉得早晨的公园怎么样？

家长：早晨的阳光照在身上，你有什么感觉？

——引导幼儿认读：温暖、明亮等。

2.观察公园中景色

家长：你觉得公园里美吗？哪些地方美？为什么？

——引导幼儿认读：景色宜人。

二、寻觅公园傍晚的景色

——家长带幼儿前往公园，观察夕阳下的景色。

家长：宝贝，现在是什么时候？你觉得傍晚的公园怎么样？

家长：傍晚的公园和早晨的公园有什么不一样？

——引导幼儿认读：夕阳西下、晚霞。

家长：傍晚时分，公园里的树像什么？花像什么？天上的云朵像什么？

19 美好的一天

生活场景

沙滩

设计意图

沙滩是一个丰富多彩的场所，幼儿不但喜欢在这里玩沙，而且还可以在这里观察大自然的景象。家长可在幼儿玩沙的时候，引导幼儿观察生活中的自然现象，激发他们探索、交流、分享、表达的欲望。

指导意见

一、引起幼儿兴趣

家长：宝贝，今天天气真好，我们去沙滩玩沙吧。

二、寻找阳光下的影子

家长：宝贝，太阳照射到我们的身上，沙滩上就出现了我们的影子。

家长：我们一起来玩找影子的游戏，你会用身体模仿各种事物吗？

家长：我们来玩看字变变变的游戏吧。

——家长与幼儿玩游戏，家长出示字卡，幼儿用身体模仿字卡上的事物，并读一读。

三、家长带领幼儿玩沙

家长：这些沙土摸上去是什么感觉？我们可以在沙滩上写字，看看我写的什么字？

家长：你知道沙土的作用吗？

家长：玩沙时需要注意什么？

家长：你想用沙土做什么？我们一起来试试吧。

20 点点在哪里

生活场景

饭后散步

设计意图

家长和幼儿一起饭后散步可以培养幼儿养成良好的生活习惯。家长可在散步中引导幼儿观察马路周边的环境,认识马路上的方位。这不仅能培养幼儿的观察力,让幼儿了解更多的生活常识,还能提高幼儿的口语表达能力。

指导意见

一、谈话激发兴趣

家长:宝贝,饭后散步有益身体健康,我们一起出发去散步吧。

二、探索马路上的秘密

家长:宝贝,你在马路上看到了什么?这些字宝宝你认识吗?

家长:到了马路上怎样识别方位?

家长:如果迷路了我们可以怎么办?

三、交通安全小知识

家长:马路上设置了这么多标识牌,都与我们的交通安全息息相关。

家长:我们在过马路的时候需要注意哪些交通规则?

21 小象消防员

生活场景

小区楼道

设计意图

楼道是幼儿每天的必经之路，楼道里有文明宣传海报，还有消防设备，其中就蕴含着很大的教育价值。家长可以引导幼儿观察楼道中的灭火器，这不但能增强幼儿的消防安全意识，还能培养幼儿在生活中主动认字的习惯。

指导意见

一、引起幼儿兴趣

家长：宝贝，你知道发生火灾了该怎么办？

家长：我们小区的楼道里也藏着很多灭火好帮手，一起去看看吧。

二、了解消防常识，认识灭火器

家长：这是什么？上面写了什么？我们一起读一读。（消防栓）

家长：消防栓里有什么？

——家长引导幼儿认识消防栓里的器材。

家长：灭火器怎么使用？我们一起来看看上面的说明吧。

家长：遇到火灾怎么办？你知道火警电话吗？

家长：不能随意拨打火警电话，遇到危险时要沉着冷静，说清楚你所在的详细地址、姓名和电话号码。

家长：你还知道哪些火灾自救的方法？

三、增强幼儿安全意识

家长：火灾的危害很大，我们平时生活中要怎样防止火灾？

——家长引导幼儿说说平时安全使用家用电器的方法。

家长：我们看看家里的灭火器在哪里，怎么使用？

22 森林干活记

生活场景

公园

设计意图

公园是幼儿经常去玩耍的地方，家长可以利用幼儿在公园里游玩的机会，引导幼儿观察和体验四季的变化。通过与自然环境的互动，培养幼儿对时间、自然的认知，激发幼儿积极、主动表达的欲望。

指导意见

一、出游前谈话

家长：宝贝，今天我们一起去逛公园吧。

家长：公园里的景色可真美啊，我们去树林里看看有哪些树木。

二、游玩公园

家长：树林里的树木都一样吗？

家长：你从哪里看出来不一样？

——引导幼儿找一找、认一认、读一读树木的介绍。

三、认读字宝宝

家长：我们给树木挂上标识牌吧！让更多的人来认识它们。

——家长与幼儿一起找一找、挂一挂。

家长：标识牌挂好了，我们一起再来读一读。

——家长与幼儿一起认读树木名称。

23 寻找快乐

生活场景

家中书房

设计意图

家庭氛围轻松自然,适合亲子互动学习和交流。通过日常的引导和互动,培养幼儿对自我的认知。探索与表达,让幼儿了解自己在家庭中的重要性,激发幼儿表达的欲望,培养口语表达能力。

指导意见

一、通过故事引发幼儿兴趣

家长:今天我们一起来听个有趣的故事,故事的名字是《发现更棒的自己》。

二、家长讲述故事

家长:这个故事讲述了一件什么事?

家长:你觉得故事中的主人公怎么样?你喜欢这个故事吗?

三、认读字词

家长:让我们一起来阅读这个故事。

——幼儿自主阅读,家长观察。

家长:有不认识的字宝宝吗?

——家长帮助孩子认读不认识的字词。

四、鼓励孩子说说对自己的认知

家长:你觉得自己怎么样?你欣赏自己吗?

家长:人的一生中会得到很多,也会失去很多。但是我们要充满自信,学会欣赏自己,遇到困难时要勇敢尝试,努力让自己变得更加优秀。

24 渔夫

生活场景

体育用品商店

设计意图

体育用品是幼儿生活中比较常见、常玩的器材，结合幼儿对日常体育用品的知识经验，家长可以带幼儿共同探索体育用品商店中的球类用品，通过了解不同球类的名字，丰富幼儿的词汇量。

指导意见

一、体育用品商店

家长：你知道这里是哪里吗？

家长：这是体育用品商店，一起去看看吧。

二、观察了解各种体育用品

家长：这里有好多体育用品，今天我们来认一认、读一读这些体育用品的名称。

家长：这是什么球，你认识吗？

家长：原来是高尔夫球。它是什么样子的？

家长：你认识这些球的名称吗？

家长：我们来比赛，看看谁认识的球最多。

25 动物爪印

zhǎo

生活场景

动物园

设计意图

动物园是幼儿比较喜欢的游玩场所，通过参观动物园，引导幼儿观察各种动物的简介，拓展认识更多的字宝宝。这既能增进幼儿喜欢动物的情感，也能增加幼儿认字的兴趣。

指导意见

一、引起幼儿兴趣

家长：宝贝，今天我们要去动物园，你最想去看什么动物？

家长：到了动物园要跟着妈妈爸爸一起观看动物，我们还要一起找一找、认一认动物园里的字宝宝哦。

二、引导幼儿观察动物的爪印

家长：动物园里有这么多的动物，这些动物你都认识吗？

家长：我们一起来观察一下这些动物的爪印，看看哪些地方相同，哪些地方不同。

家长：你发现这些爪印的不同之处了吗？回家以后，我们也可以来画一画动物的爪印。

家长：我们再来看看动物的介绍牌，认一认、读一读吧。

家长：你最喜欢哪种动物？为什么？

三、家长带领幼儿认读字词

家长：动物园的动物分很多种，我们来看看这些介绍牌上是怎么介绍的。

——家长帮助幼儿学习陌生的字宝宝。

26 草原画卷

生活场景

公园

设计意图

公园是幼儿经常去玩耍的地方,家长可以利用幼儿在公园里游玩的时间,引导幼儿观察和体验四季的变化。通过与自然环境的互动,培养幼儿对时间、自然的认知,激发幼儿积极、主动表达的欲望。

指导意见

一、出游前谈话

家长:宝贝,今天我们一起去逛公园吧。

家长:公园里的景色可真美啊,看到这样的景色你想到了什么?

二、游玩公园

家长:这里有一大片草地,你想到了什么?

——家长与幼儿在草地上坐下。

家长:你知道我们中国哪个地方有大草原吗?

——家长出示草原图片与幼儿共同探讨。

家长:草原上有些什么?你能认出这些字宝宝吗?

——引导幼儿认一认、读一读草原上的动物。

家长:你想要去草原吗?想去那里做什么?

三、认读字宝宝

家长:公园里很多地方都能看到字宝宝,我们一起认一认、读一读吧。

——家长与幼儿一起找一找、认一认、读一读。

27 热闹的动物园

生活场景

动物园

设计意图

动物园是一个能够亲近自然和动物的场所，这里拥有丰富的动物种类和教育资源。家长带幼儿参观动物，既能激发幼儿对动物和自然探知的兴趣，又能帮助幼儿认识更多的字词，激发他们表达的欲望。

指导意见

一、谈话引起幼儿兴趣

家长：今天天气真好，我们一起去动物园吧。

家长：宝贝，你想先去看什么动物？

二、观察动物并展开讨论

家长：这是什么动物？

家长：它长什么样子？它是什么颜色的？

家长：你是怎么知道的？我们一起念一念介绍牌。

家长：你知道这些动物的习性吗？让我们一起来看一看介绍牌。

——家长引导幼儿自主认读介绍牌。

家长：蛇和变色龙都是两栖动物。蛇冬天的时候会冬眠，变色龙会根据周围环境变色。

三、家长带领幼儿认识不同的动物

家长：你最喜欢什么动物？

家长：你知道这些动物的特征和习性吗？动物介绍牌上都有介绍，让我们找一找，认一认吧。

家长：你还想了解什么动物？让我们一起再去看看。

28 森林里的大合唱

生活场景

小区

设计意图

公告栏在小区里是一种比较常见的宣传场所，其中蕴含着很大的教育意义。家长带幼儿去观察小区里的公告栏，不仅能让幼儿及时了解更多的知识，还能激发幼儿分享交流的欲望。

指导意见

一、情景导入

家长：宝贝，吃完饭我们一起去小区里散散步吧。

二、找一找、认一认小区公告栏

1. 找一找

家长：宝贝你看，这是什么？

2. 认一认

家长：这是小区公告栏。

家长：我们一起来读一读公告栏里写了什么？

家长：小区公告栏有什么作用呢？

3. 了解小区公告栏的作用

家长：小区公告栏就像是我们小区的窗户，它能告诉小区居民很多综合信息。比如时事新闻、科普知识、生活知识等，还有最近我们小区准备完成的一些事情。

三、了解公共礼仪

家长：公告栏非常重要，所以我们要爱惜公告栏，维护公告栏的整洁哦。

29 小鸟学飞

生活场景

户外踏青

设计意图

大自然是幼儿最好的老师,户外踏青轻松、愉快。家长可以借此引导幼儿在自然环境中观察、寻找大自然的美景,同时培养幼儿的观察能力和想象力,激发幼儿积极表达、交流分享的欲望。

指导意见

一、引起幼儿兴趣

家长:宝贝,你喜欢大自然吗?

家长:今天我们一起去户外踏青。

二、引导幼儿观察大自然

家长:你来找找大自然中的美景,用完整的话表述。

家长:你喜欢这里的景色吗?为什么?

家长:请你往远处望一望,你还发现了什么?

——引导幼儿观察鸟类。

家长:你认识那是什么鸟吗?让我们一起来认一认。

——家长与幼儿一同搜索鸟类相关知识,认读鸟类名称。

三、引导幼儿热爱和保护大自然

家长:大自然给我们带来了什么好处?

家长:我们要怎么保护大自然?

家长:我们要爱护环境,保护地球。

30 小学生

生活场景

公园

设计意图

公园是幼儿喜欢游玩的地方，家长可以带幼儿去公园写生。在探索和创作的过程中，发展幼儿的观察力、想象力和创造力，进一步培养幼儿的语言表达和交流分享能力。

指导意见

一、引起幼儿兴趣

家长：最近公园里的花开了，小草绿了。宝贝你想去看一看吗？

家长：宝贝，请你背上小书包，我们一起去公园写生吧。

家长：书包里可以装些什么呢？

二、观察周围事物和景色

家长：宝贝，你看这里的花朵和小草是什么样子的？你想把它们画下来吗？

家长：你在公园里还发现了什么？

——家长引导幼儿认读观察到的事物字词。

家长：原来公园里也有小动物，你再仔细找一找观察一下吧。

家长：你看见了什么小动物？它们在干什么？

家长：你觉得这里的景色美丽吗？

家长：你最喜欢什么样的景色？为什么？

三、幼儿写生

家长：你最想画什么？为什么？

家长：请你用心观察，用画笔画下心中最美的公园吧。

31 老师，我想对您说

生活场景

家中书房

设计意图

家庭氛围轻松自然，适合亲子互动学习和交流。大部分家庭都有文化气息比较浓郁的书房，因此把复习和认读字宝宝设定在家庭书房，更能凸显亲子共读的惬意氛围。将字宝宝融入幼儿和家长的生活场景中，这既有利于亲子间互动，又增加了幼儿学习字宝宝的乐趣。

指导意见

一、引起幼儿兴趣

家长：宝贝，你马上要从幼儿园毕业了，要离开亲爱的老师、同伴，我们来给老师和同伴写一封信吧。

二、认一认、读一读写给老师的话

家长：你最喜欢哪个老师？为什么？

家长：你想对老师说什么？

家长：今天妈妈爸爸教你写信，你可以把想对老师说的话画下来，然后妈妈爸爸帮你写出来。

家长：你想对好朋友说什么？

家长：你也可以把你想说的话画下来，妈妈爸爸帮你写出来。

三、写给老师一封信

家长：你认识了很多字宝宝，你把这两封信念一念吧。

家长：老师和小朋友陪伴了你们三年，明天上学你可以带上这两封信，读给老师和小朋友听，他们一定会很感动。

后 记

苏州市实验小学校教育集团各民办校(园)在徐天中校长的带领下,自2011年起,以“语言发展”为研究点开展“儿童语言发展小幼衔接的实验研究”。该课题研究的申报单位为苏州明珠学校。课题组由苏州明珠学校、苏州明珠幼儿园等四家单位组成,苏州明珠幼儿园主要承担完成了课题中3—6岁年龄段的实验研究。

徐天中校长是教育部首届骨干校长高级研修班成员,全国29位校长带头人之一,中国教育学会全国实验学校教育科学研究专业委员会副理事长,中国教育学会小学教育专业委员会副会长,全国骨干校长工作研究会副理事长,苏州市专家咨询团成员,教育部小学校长培训中心(北京师范大学校长培训学院)兼职教授,苏州大学兼职教授、硕士生导师,苏州市实验小学校教育集团原总校长。

徐天中校长创造性地提出了“生活认读”“环境认读”“游戏认读”“三步认读”四种模块的学习方式。四种模块的学习,遵循了儿童的生理和心理发展规律,符合汉字、汉语文化的学习特征,将符号辨识和内容体验有机统一。四种模块的学习,建立了小幼衔接语言教学共同体,儿童在活生生的多元动态环境中实现高效地识字、快速地阅读、流利地表达,从而充分开发儿童语言、思维等潜能,促进儿童全面可持续发展,为终身学习打下坚实的基础。

本丛书由徐天中校长担任编委会总主编,他对本丛书的指导思想、框架结

构、内容审定、文字撰写等方面做出了具体指导和详细安排。赵洪、丰新娜、丁文群、王莉、王静、过坚、朱月龙、屈雅琴、钱春玲、钱晶莹参与了本丛书各分册的编写与审校工作。谈莉莉、葛建平、宋怡、周莉、周璇、戴莉萍、沈琴、周玉婷、陆丽亚、范兰珍、顾敏娴、吴国英、程浏、杨斐、张雯婷、沈建芳、翁娟芳、潘宏参与了课题的教学研究工作。课题组全体成员在推进课题研究的过程中,展现了对孩子的认真观察、对教法的认真琢磨、对经验的认真提炼。本丛书中的每一篇活动设计、每一件游戏材料、每一个指导要求,都凝聚着教师们对课题研究的独特观点。

课题研究开展期间,课题组得到了幼儿科学认读发起人,原江苏省教育委员会副主任、江苏省教育学会原会长周德藩先生,苏州大学朱月龙教授,以及北京师范大学、中国教育科学研究院、江苏省教育科学研究院等单位有关专家的指导。他们为课题研究提供了科学认读的成果借鉴,为课题推进提供了广阔的研究思路,也在丛书编写过程中提供了许多建设性的修改意见,我们在此表示衷心的感谢!

本丛书在编写过程中得到了很多专家、学者、老师的支持和帮助,在此向各位表示诚挚的谢意!

由于编者水平和时间的限制,本丛书在理论的探索和实践的操作上还有提升的空间,不足之处敬请专家和读者不吝赐教!

编　者

2023年8月

儿童语言发展
小幼衔接的实验研究丛书

环境认读

5—6岁

徐天中 总主编
本书编委会 编

浙江工商大学出版社
ZHEJIANG GONGSHANG UNIVERSITY PRESS
·杭州·

图书在版编目(CIP)数据

儿童语言发展小幼衔接的实验研究丛书. 5—6岁 2 环境认读 / 徐天中总主编;本书编委会编. -- 杭州:浙江工商大学出版社,2024. 10. -- ISBN 978-7-5178-6121-8

Ⅰ. G613.2

中国国家版本馆CIP数据核字第2024YM8876号

儿童语言发展小幼衔接的实验研究丛书
环境认读(5—6岁)
HUANJING RENDU (5—6 SUI)

徐天中 总主编　本书编委会 编

策划编辑 周敏燕
责任编辑 周敏燕
责任校对 胡辰怡
封面设计 蔡思婕
责任印制 祝希茜
出版发行 浙江工商大学出版社
(杭州市教工路198号　邮政编码310012)
(E-mail:zjgsupress@163.com)
(网址:http://www.zjgsupress.com)
电话:0571-88904980,88831806(传真)
排　　版 杭州朝曦图文设计有限公司
印　　刷 杭州捷派印务有限公司
开　　本 787mm×1092mm　1/16
总 印 张 66.5
总 字 数 913千
版 印 次 2024年10月第1版　2024年10月第1次印刷
书　　号 ISBN 978-7-5178-6121-8
总 定 价 240.00元(共六册)

序

一个人的语文素养根基在于阅读,儿时阅读兴趣的激发和习惯的养成至关重要。孩子是天生的学习者。脑科学研究成果表明,幼儿正处于语言学习的敏感期,充分利用汉字图形表意的优势,在儿童生活和游戏过程中,开展“随风潜入夜”式的认读活动,既能激发孩子的阅读兴趣,又有利于培养孩子的阅读习惯。

为此,我们曾组织几十所幼儿园和小学,以“科学认读”为课题进行早期阅读的实验研究。十数年的坚持,改变了我们汉字难学的认知。其实汉字存有认读和书写的相位差,可先认读不书写,或者后书写。阅读的入门并不难。据此,我们在幼儿园开展科学认读汉字词的活动,这激发了孩子们认读汉字词的热情。做得好的幼儿园,大班的孩子普遍可以认读近千个汉字。有些小学主动对接幼儿园继续实验,到二年级学年末,学生认读可超两千字,从而实现自主阅读。这项研究结题时,教育部原副总督学郭振有说,此项研究切口小、意义大。

结题之后,由于环境的影响,继续参与研究的很少。但是徐天中校长凭借他丰富的教育经历和学识,充分认定这项研究的价值,抓住小切口,依靠教育集团的优势,设计出小幼衔接的大文章,坚持做了十多年。他主持开展的江苏省教育科学“十二五”规划重点课题“儿童语言发展小幼衔接的实验研究”,抓住儿童口头语言发展的关键期,在不增加儿童学习负担的前提下,建立了一套符合儿童身心发展特征、小幼间无缝对接的科学认读目标、内容、方法、评价体系，让3—6岁儿童语言教学与小学语文教学在展示自身特色基础上实现无缝衔接，建立小幼衔接语言教学共同体，开发儿童语言思维等潜能，促进儿童全面可持续发展，为终身学习打下坚实的基础。

徐天中校长从“字”“人”“环境”这三个方面着手研究，创造性地在3—6岁阶段科学认读研究中提出了“生活认读”“环境认读”“游戏认读”“三步认读”四种模块的学习方式。在这些学习方式的互通与互补过程中，6岁幼儿轻松而高效地达到1000多个常见字的认读目标。正是通过抓住关键期，从3岁开始的有效语言教育，幼儿从3岁起就逐步开始了自主阅读绘本、报纸、书册，到6岁积累了近10万字的阅读量。这充分开发了幼儿的学习潜能，促进了其形象思维、逻辑思维等的快速发展。3—6岁的早期认读和早期阅读成果，让幼儿进入小学一、二年级后语文学习优势明显，轻松完成2500个常用字的学习，课外阅读量超100万字，这也很好地推进和提高了学生学习其他学科的兴趣、速度和质量，从而进一步全面提升了学生的综合素养。

徐天中校长领衔的这项课题成果丰硕，课题组编撰了《小幼衔接语言发展之科学认读》《小幼衔接语言发展之绘本阅读》《小幼衔接语言发展之口语讲述》等共计18册的系列丛书，制作了与之配套的电子课件、挂图卡片、音频视频、游戏盒子等学习辅助材料。这些课题研究成果集聚了严谨规范的教学流程、系统高效的教学方式、生动有趣的教学材料、多元灵活的教学评价，具有极大的实操性和可推广性。我希望这项课题研究能长期进行下去，它的探索和深化必将对基础教育体系改革产生重大意义！

周德藩

（原江苏省教委副主任）

目录

5—6岁(上)

5—6岁(下)

5—6岁（上）

一 环境认读设计

1 姓氏歌

环境名称

开花

设计意图

给花儿浇水是幼儿最喜欢的事情。结合教学内容,创设“开花”的认读环境,将儿歌中的重点字词融入环境中。通过游戏的方式,幼儿可以复习巩固字词,提高认读的兴趣。

材料准备

白色KT板1块、彩纸若干、字卡打印、塑封纸若干、雌雄贴若干

制作方法

1. 用深蓝和淡蓝色彩纸剪出水滴形状,贴上塑封大字卡,并固定在KT板上方。

2. 用深绿和淡绿的彩纸剪出草丛形状,贴在KT板下方。

3. 将黄色和粉色的彩纸剪成大小不同的圆,拼成小花,贴在草丛里。

4. 将塑封小字卡贴上雌雄贴,备用。

建议玩法

两名幼儿共同游戏,一名幼儿随机大声读出水滴上的大字卡,另一名幼儿快速找到对应的小字卡贴在花朵的花心处,同时找出可以组成这个字的小字卡贴在花朵的花瓣处。比一比谁组成的字最多。

参考照片

2 交通规则

环境名称

过马路

设计意图

掌握走路、乘车、骑行等交通安全常识，才能保证交通安全。结合儿歌内容，创设“过马路”的认读环境，将字词融入环境中。用游戏认读的方式幼儿可以复习巩固重点字词和儿歌。

材料准备

白色KT板1块、彩纸若干、彩色打印的小汽车图片若干、彩色打印的字卡图片、打印儿歌、雌雄贴若干

制作方法

1. 用黑色彩纸剪出斑马线，用红色、黄色、绿色的彩纸制作红绿灯，粘贴在KT板左右两边，布置马路场景。

2. 将塑封小汽车贴在KT板下方，装饰马路场景。

3. 将塑封儿歌贴在KT板中间，并用绿色的方形彩纸做成翻页遮挡住部分字词。

4. 将塑封字卡图片用雌雄贴固定在斑马线上。

建议玩法

幼儿完整指读儿歌，遇到遮挡处翻页认读字词，并在斑马线处找到相对应的字卡图片，贴在绿色方形上填充儿歌内容，最后再完整地读一读儿歌，同时在下方汽车上找一找相应图片的字卡。

参考照片

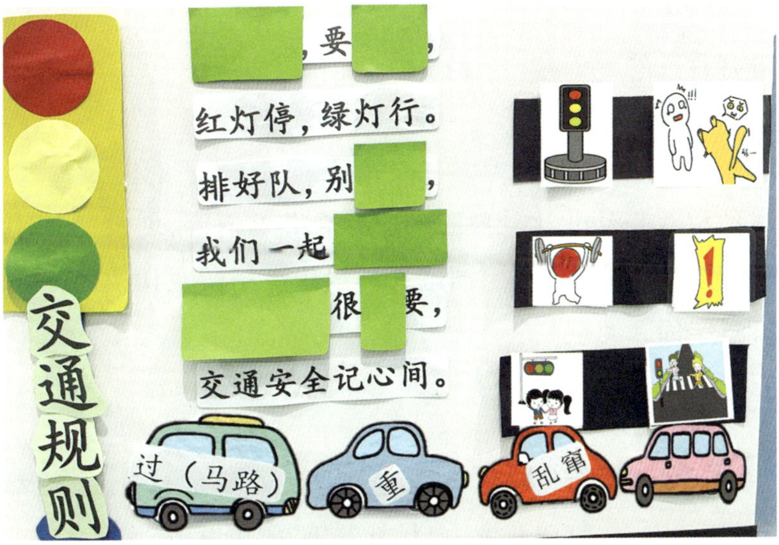

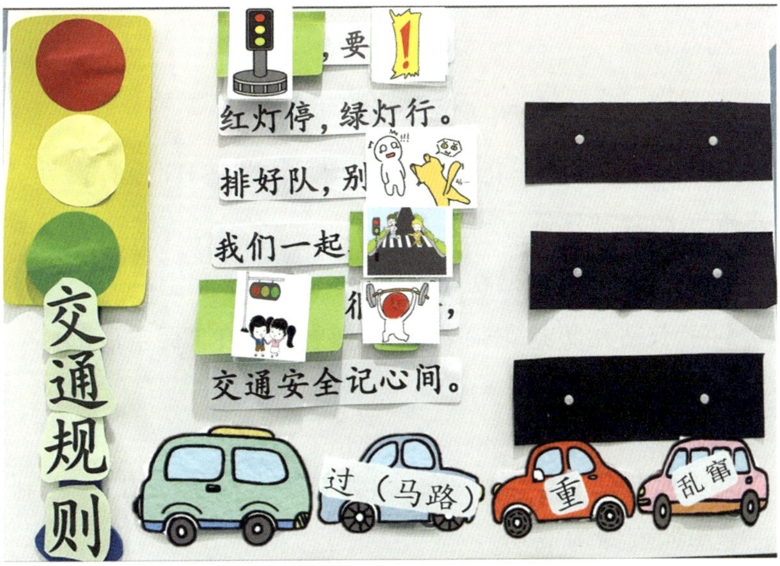

3 反义词（一）

环境名称

字宝宝对对碰

设计意图

对对碰的游戏是幼儿比较熟悉的。结合儿歌内容，创设“字宝宝对对碰”的认读环境，将儿歌中的重点字词融入环境中。用游戏认读的方式幼儿可以复习巩固重点字词和儿歌。

材料准备

灰色KT板1块、彩色卡纸若干、彩色打印的小狮子和花朵若干、彩色打印的字卡图片、打印字卡、打印儿歌、塑封纸若干、雌雄贴若干

制作方法

1. 将塑封儿歌贴在KT板中间。
2. 用蓝色、咖色卡纸制作花瓶、塑封小狮子，贴在KT板空白处。
3. 将小狮子图片装饰在字卡左侧。
4. 将塑封字卡图片分别贴在花瓶一边和小狮子手上。
5. 将塑封字卡贴在塑封花朵上，用雌雄贴贴在KT板空白处。

建议玩法

幼儿自由选择花朵字卡，念一念，找到与字卡对应的图片，贴到花瓶中和狮子手上。字图匹配即为成功。

参考照片

字宝宝
对对碰
反义词（一）
反义词，
大比拼。
你一言，
我一语。
上对下，
高对矮，
减对加，
粗对细，
表扬对批评，
节省对浪费。
表扬
批评
节省
减
反

字宝宝
对对碰
反义词（一）
反义词，
大比拼。
你一言，
我一语。
上对下，
高对矮，
减对加，
粗对细，
表扬对批评，
节省对浪费。
批评
减
节省
反
表扬

4 游戏时间

环境名称

动物幼儿园

设计意图

幼儿园是幼儿最为熟悉的场所。结合儿歌内容，创设“动物幼儿园”的认读环境，将儿歌中的重点字词融入环境中。在认读时，幼儿通过操作提高认读的兴趣，用游戏的方式复习巩固重点字词和儿歌。

材料准备

灰色KT板1块、彩色瓦楞纸若干、黑色卡纸若干、彩色打印的书包图片3个、打印字卡、塑封纸若干、雌雄贴若干

制作方法

1. 将黑色卡纸剪成幼儿喜欢的小动物形象，贴上塑封字卡，分散固定在KT板上，布置动物幼儿园场景。

2. 用蓝色、粉色的瓦楞纸制作3座房子，贴在KT板下方。

3. 将红色、粉色、蓝色的瓦楞纸剪成圆形分散贴在空白处装饰。

4. 将塑封小书包用雌雄贴固定在小房子上。

建议玩法

3名幼儿共同游戏，幼儿取下小书包图片，随机贴在小动物旁边，并大声读出小动物图片上的字宝宝，就可以把该小动物送到幼儿园。

参考照片

5 老虎巡山

环境名称

老虎吃肉

设计意图

大老虎是幼儿比较熟悉的动物，形象鲜明、突出。结合绘本故事内容，创设“老虎吃肉”的认读环境，将故事中的重点字词融入环境中，使幼儿在“喂肉”的过程中熟练掌握字词。

材料准备

灰色KT板1块、黄色卡纸若干、甜品垫纸若干、彩色打印的鸡腿图片若干、彩色打印的字卡图片、打印的字卡、塑封纸若干、雌雄贴若干

制作方法

1. 用黄色卡纸制作老虎贴在KT板左边，用甜品垫纸制作餐盘贴在KT板右边，布置老虎吃饭的场景。

2. 将塑封字卡图片贴在餐盘下方。

3. 将塑封字卡贴在塑封鸡腿上，用雌雄贴固定在KT板下方。

建议玩法

两名幼儿合作游戏，一名幼儿根据餐盘下图片提示念出对应字词，另一名幼儿就将贴有字卡的鸡腿放到匹配的餐盘中，直至鸡腿都喂完为止。

参考照片

6 粗心的小熊

环境名称

娃娃的衣柜

设计意图

在娃娃家里，幼儿可以进行角色扮演，进行情景模拟。根据儿歌内容，创设“娃娃的衣柜”认读环境，投放娃娃的衣服图片。幼儿在游戏的情境中玩一玩、念一念，复习巩固字词。

材料准备

灰色KT板1块、彩色卡纸若干、彩色打印的娃娃及衣服图片若干、打印的字卡、塑封纸若干、雌雄贴若干

制作方法

1. 用粉色卡纸制作衣柜贴在KT板上。
2. 将塑封字卡贴在塑封衣服上，并贴在衣柜中。
3. 将塑封娃娃用雌雄贴固定在衣柜两旁。

建议玩法

几名幼儿共同游戏，选择一个娃娃并为她挑选衣服，选中后念出衣服上的字卡。念对的，将娃娃贴到衣服旁边完成配对，念错的则不能穿上衣服。

参考照片

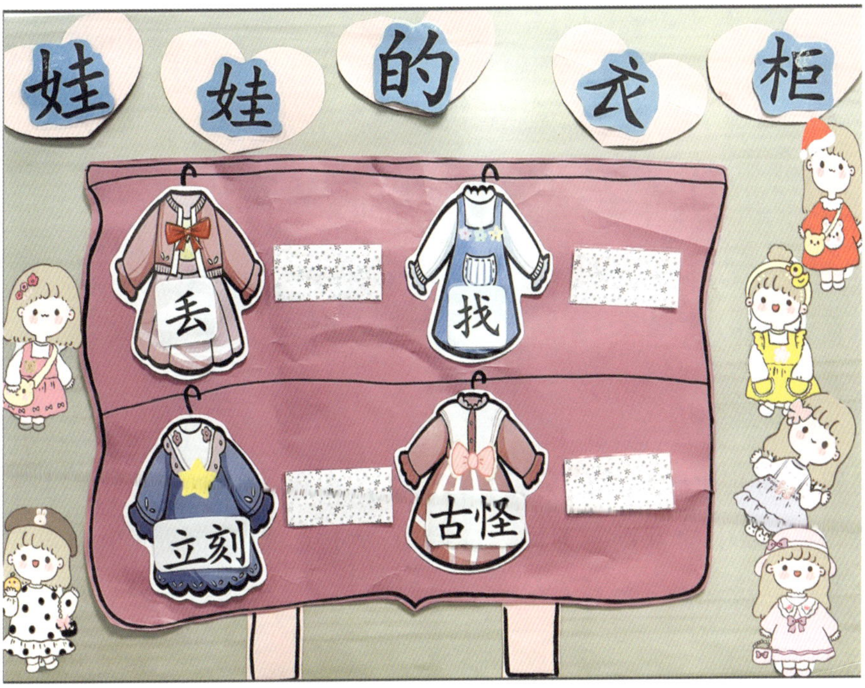

7 敬老爱幼

环境名称

小乌鸦吃虫子

设计意图

乌鸦是幼儿比较熟悉的鸟类。结合教学内容，创设"小乌鸦吃虫子"的认读环境，将儿歌中的重点字词融入环境中，通过游戏帮助幼儿复习巩固字词，提高幼儿的认读兴趣。

材料准备

黑色KT板1块、彩色卡纸若干、彩色打印的乌鸦和昆虫图片若干、打印的字卡、塑封纸若干、雌雄贴若干

制作方法

1. 用咖色、绿色、黄色、橙色制作大树和蘑菇房贴在KT板上，布置森林场景。

2. 将塑封昆虫图片贴在绿色大树上。

3. 将塑封乌鸦图片贴在绿色大树四周。

4. 将塑封字卡用雌雄贴固定在蘑菇房上。

建议玩法

幼儿读字卡，并将读出的字卡贴到乌鸦的图片上，乌鸦就可以飞到树上去吃小虫子了。比一比，谁的小乌鸦吃到的虫子多。

参考照片

8 文明拍手歌

环境名称

神奇列车

设计意图

5—6岁的幼儿能够将自己的生活经验迁移到学习活动之中。结合儿歌内容,创设“神奇列车”的认读环境,将识字内容与文明礼貌教育相结合,鼓励幼儿动一动、说一说、演一演,结合身体动作复习巩固字词。

材料准备

灰色KT板1块、彩纸卡纸若干、打印的字卡、打印的乘车券、塑封纸若干

制作方法

1. 用黄色、绿色卡纸制作火车和仙人掌,贴在KT板上,布置沙漠火车场景。

2. 用橙色、绿色卡纸制作可打开的小门,固定在车厢一侧,在车厢里贴上塑封字卡。

建议玩法

幼儿自由结伴游戏,打开车厢的大门后,念出车厢上的字词,并且说出一句坐车的礼貌用语,就可以得到一张乘车券。游戏结束时,乘车券最多的幼儿获胜。

参考照片

9 大象佰佰

环境名称

小象浇花

设计意图

小象是幼儿喜欢的动物形象。结合儿歌内容，创设“小象浇花”的认读环境，将儿歌里的字词融入环境中。幼儿在游戏中加深印象，熟练掌握字词，并尝试组词，积累词汇量。

材料准备

灰色KT板1块、彩色卡纸若干、蓝色瓦楞纸若干、打印的字卡、塑封纸若干、雌雄贴若干

制作方法

1. 用蓝色瓦楞纸制作大象和云朵，用绿色、粉色、蓝色的卡纸制作花朵和水滴，贴在KT板上，布置小象浇花的场景。

2. 将塑封字卡用雌雄贴一部分贴贴在花瓣上，一部分贴在大象身上。

建议玩法

幼儿大声读出小象身上的字词，认读正确则将字卡贴到水滴上，认读完成后便可给花浇水，读一读花朵上水组词。

参考照片

10 谢谢你

环境名称

小鱼吐泡泡

设计意图

在自然角的养殖区，幼儿喜欢观察小鱼，用画笔记录下小鱼的生长过程。结合教学内容，创设“小鱼吐泡泡”的认读环境，将重点字词融入环境中。幼儿通过认一认、找一找、念一念，复习巩固相关字词。

材料准备

黑色KT板1块、彩色海绵纸若干、打印的字卡、塑封纸若干、雌雄贴若干

制作方法

1. 将蓝色、咖色、绿色的海绵纸制作成小鱼、石头、水草贴在KT板上，布置河底的场景。

2. 将蓝色海绵纸剪成大小相同的小圆片，贴上塑封大字卡，分散装饰在小河里。

3. 将塑封小字卡用雌雄贴固定在KT板空白处。

建议玩法

幼儿选择空白处的小字卡，与泡泡中的大字卡进行一一配对，并把配对好的字宝宝大声念出来，比一比谁配对得多。

参考照片

11 反义词（二）

环境名称

反义词大侦探

设计意图

5—6岁的幼儿喜欢具有挑战性的游戏。结合儿歌内容，创设“反义词大侦探”的认读环境。幼儿在玩一玩、找一找的游戏中，既能复习巩固重点字词和儿歌，又能提高认读的兴趣。

材料准备

白色KT板1块、彩色海绵纸若干、彩色打印的侦探人物和眼镜图片若干、彩色打印的字卡图片、打印的字卡、塑封纸若干、雌雄贴若干

制作方法

1. 用黄色、橙色的海绵纸制作侦探工具箱，和塑封侦探、眼镜图片一起贴在KT板上，布置侦探查案的场景。

2. 将塑封字卡图片和塑封字卡用雌雄贴贴在工具箱上。

建议玩法

幼儿变身小小侦探，先根据反义词线索找到字卡，贴在眼镜两边，完成反义词配对任务后，可在宝箱中寻找剩余的图片进行字图配对。

参考照片

12 赶集

环境名称

水果店

设计意图

秋天是丰收的季节，水果都成熟了。结合儿歌内容，创设“水果店”的认读环境，将儿歌中的字词融入环境中，通过形象的环境内容、有趣的游戏，帮助幼儿复习巩固字词。

材料准备

黄色KT板1块、彩色打印的人物及水果图片若干、彩色打印的字卡图片、打印的字卡、塑封纸若干、雌雄贴若干、篮筐一个

制作方法

1. 将塑封人物图片和塑封字卡图片分散贴在KT板上。
2. 将塑封字卡贴在塑封水果图片上，并贴上雌雄贴，放在篮筐里备用。

建议玩法

两名幼儿合作游戏，一名幼儿模仿店员卖水果，一名幼儿当顾客。顾客根据字卡图片说出字宝宝来选购水果，店员就要找到贴有相应字卡的水果，配对成功才能卖给顾客。

参考照片

13 我爱劳动

环境名称

劳动最光荣

设计意图

5—6岁的幼儿需要学会简单的劳动技能，主动做自己力所能及的事情。结合儿歌内容，创设“劳动最光荣”的认读环境，将儿歌中的字词融入环境中。幼儿在玩一玩、找一找的游戏中，既能复习巩固重点字词，又能提高认读的兴趣。

材料准备

黄色KT板1块、彩色打印的勋章图片若干、幼儿劳动主题绘画作品若干、彩色打印的字卡图片、打印的字卡、塑封纸若干、雌雄贴若干

制作方法

1. 将劳动绘画作品分散贴在KT板上，布置劳动场景。
2. 在塑封勋章上贴上塑封字卡，用雌雄贴贴在KT板上方。
3. 将塑封字卡图片贴在劳动作品四周。

建议玩法

根据幼儿劳动场景中的字卡图片寻找与之相匹配的字词勋章，进行字和图的配对游戏。游戏可以一名幼儿玩也可以多名幼儿一同玩，配对数量最多的幼儿可以领取勋章贴纸一枚。

参考照片

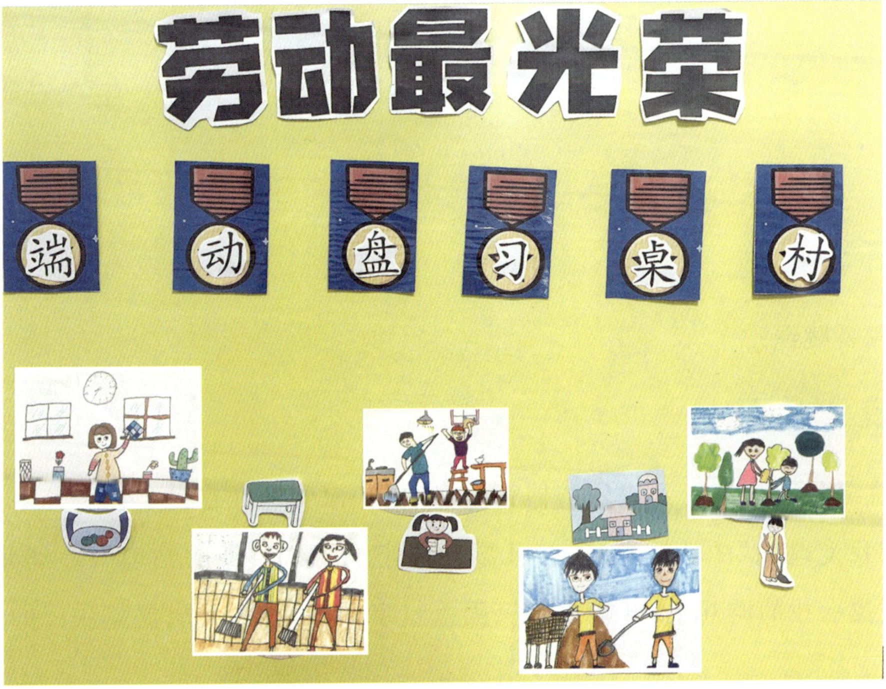

14 跳绳

环境名称

我爱跳绳

设计意图

跳绳是一项健康又快乐的体育健身项目，深受幼儿喜爱。结合儿歌内容，创设“我爱跳绳”的认读环境，将儿歌中的字词融入跳绳的情境中。幼儿在玩一玩、找一找的游戏中，既能复习巩固重点字词和儿歌，又能提高认读的兴趣。

材料准备

黄色KT板1块、彩色打印的绳子和跳绳人物图片若干、彩色打印的字卡图片、打印的字卡、塑封膜若干、雌雄贴若干

制作方法

1. 将塑封跳绳人物贴上塑封字卡图片，分散贴在KT板上，布置跳绳场景。

2. 将塑封绳子贴上塑封字卡，用雌雄贴贴在KT板下方。

建议玩法

幼儿读出绳子上的字词，找出人物身上相对应的字卡图片，进行配对游戏，正确认读后绳子可以送到小朋友手上。

参考照片

15 好饿的大灰狼

环境名称

沙漠种树

设计意图

5—6岁的幼儿对于保护环境有了一定的了解。结合教学内容，创设“沙漠种树”的认读环境，将重点字词融入环境中。幼儿通过玩一玩、念一念，既能复习巩固字词，又能提高认读兴趣。

材料准备

黑色KT板一块、彩纸若干、彩色、不织布若干、打印的字卡、塑封纸若干、雌雄贴若干

制作方法

1. 用黄色不织布，绿色、蓝色、红色、白色彩纸制作沙丘、绿植、太阳、云朵，贴在KT板上，布置夏日沙漠的场景。

2. 用绿色不织布制作小树，贴上塑封字卡，并贴上雌雄贴，备用。

建议玩法

两名幼儿共同游戏，幼儿取一棵小树，大声地念出树身上的字宝宝，念对了，就能把小树种植在沙漠中。比一比，谁种的树最多。

参考照片

16 植树节（一）

环境名称

植树造林

设计意图

绿色是生命的颜色，植树造林能够使水土得到平衡，有效地控制水土流失和土地沙漠化。结合儿歌内容，创设“植树造林”的认读环境，将字词融入其中。幼儿在玩一玩、念一念中复习巩固字词，并树立从小保护环境的意识。

材料准备

黄色KT板1块、彩色海绵纸若干、彩色打印的大树图片若干、打印的字卡、塑封纸若干、雌雄贴若干

制作方法

1. 用咖啡色海绵纸制作成树坑的造型，用绿色、红色、黄色、蓝色海绵纸制作成草丛和花朵，分散粘贴在KT板上，布置植树造林的场景。

2. 在塑封大树图片上贴上塑封字卡，贴上雌雄贴，备用。

建议玩法

幼儿取一棵大树，自由认读大树上的字卡。读对了，就可以将种到树坑里。游戏可以一名幼儿玩也可以多名幼儿玩，比一比谁种的树比较多。

参考照片

17 植树节（二）

环境名称

环保小达人

设计意图

种下绿色的树苗，为地球种下一片新希望。结合儿歌内容，创设“环保小达人”的认读环境，将儿歌中的字词融入环境中。幼儿在玩一玩、找一找的游戏中，既能复习巩固重点字词和儿歌，又能提高认读的兴趣。

材料准备

黄色KT板1块、咖色瓦楞纸若干、彩色打印的大树和种树动作人物图片若干、彩色打印的字卡图片、打印的字卡、塑封纸若干、雌雄贴若干

制作方法

1. 将咖色瓦楞纸裁成长条，制作成马路贴在KT板下方。

2. 在塑封大树图片上贴上塑封字卡，分散固定在KT板上，布置种树的场景。

3. 在塑封种树动作人物图片上贴上塑封字卡图片，用雌雄贴固定在马路上。

建议玩法

幼儿随机选择大树上的字宝宝并大声念出，并找出相对应的图片进行字和图的配对游戏，念对了，就能把人物请到大树旁为大树浇灌。

参考照片

18 反义词（三）

环境名称

相反国

设计意图

在建筑工地游戏中，幼儿最爱搭建的就是城堡。结合儿歌内容，创设“相反国”的认读环境，将字词融入环境中。幼儿在玩一玩、找一找的游戏中，既能复习巩固重点字词和儿歌，又能提高认读的兴趣。

材料准备

黄色KT板1块、彩色海绵纸若干、彩色打印的国王和城堡图片若干、彩色打印的字卡图片、打印的字卡、塑封纸若干、雌雄贴若干

制作方法

1. 将塑封城堡贴上塑封字卡，分散贴在KT板上，布置城堡场景。
2. 将粉色、紫色、红色、黄色、蓝色的海绵纸制作成花朵，贴在城堡四周装饰。
3. 将塑封国王图片用雌雄贴贴在KT板下方。
4. 将塑封字卡图片贴上雌雄贴，备用。

建议玩法

幼儿选一个字卡图片贴在国王手上，根据国王手上的图片寻找与之相匹配的字词城堡，正确认读并说出相反的字词国王就能进入该城堡。

参考照片

19 悯农

环境名称

运水果

设计意图

5—6岁的幼儿喜欢用小推车玩运输货物的游戏。结合教学内容，创设“运水果”的认读环境。幼儿在摘水果、装水果的游戏中，可以复习巩固字词，提高认读的趣味。

材料准备

白色KT板1块、彩色海绵纸若干、彩色打印的桃子图片若干、打印的字卡、塑封纸若干、雌雄贴若干、五星贴纸若干

制作方法

1. 用紫色、红色、黑色、白色、蓝色海绵纸制作火车，用绿色、咖色海绵纸制作水果树，贴在KT板上，布置运水果场景。

2. 在塑封桃子上贴上塑封字卡，用雌雄贴固定在果树上。

建议玩法

两名幼儿一起玩，一名幼儿随机读桃子上的字卡，读对了，就能把桃子摘下来贴到火车上去。两名幼儿轮流玩，谁摘的桃子多就奖励一颗红五星。

参考照片

20 静夜思

环境名称

猴子捞月

设计意图

古灵精怪的小猴子形象深受幼儿的喜爱。结合古诗内容，创设“猴子捞月”的认读环境，将古诗中的字词融入环境中，使幼儿在游戏的过程中复习巩固字词。

材料准备

白色KT板1块、彩色瓦楞纸若干、彩色打印的猴子与水井图片若干、彩色打印的字卡图片、打印的字卡、塑封纸若干、雌雄贴若干

制作方法

1. 用咖色、绿色的瓦楞纸制作树枝的造型，贴在KT板上方。
2. 将塑封猴子串联起来，和塑封水井一起贴在KT板上，布置猴子捞月的场景。
3. 将彩色打印的猴子和月亮图片塑封后分散贴在KT板上。
4. 将塑封字卡图片用雌雄贴固定在水井上。
5. 将塑封字卡用雌雄贴固定在最下面的猴子手上。

建议玩法

幼儿仔细观察，猴子手上的字卡是否与水井里的图片相匹配，如两两配对成功，猴子能成功捞到月亮；如不匹配，请幼儿调整字卡位置，进行配对。

参考照片

21 中华美德

环境名称

爷爷奶奶吃糕

设计意图

孝敬老人是中国的传统美德。结合儿歌内容，创设“爷爷奶奶吃糕”的认读环境，将儿歌中的字词融入其中。在送一送、玩一玩的过程中，帮助幼儿复习巩固字词，体验认读游戏的趣味。

材料准备

红色KT板1块、彩色卡纸若干、彩色打印的爷爷奶奶图片和糕点图片若干、打印的字卡若干、塑封纸若干、雌雄贴若干

制作方法

1. 用蓝色、咖色、黄色卡纸制作桌椅，贴在KT板下方。
2. 将塑封的爷爷奶奶图片贴在KT板上，布置老人吃饭的场景。
3. 在塑封糕点图片上贴上塑封字卡，用雌雄贴固定在桌子上。

建议玩法

幼儿随机认读糕点上的字，读对了，可以将糕点取下送给爷爷或奶奶。

参考照片

22 爱画画的元元

环境名称

画气球

设计意图

画笔是幼儿比较熟悉的学习用品。结合儿歌内容,创设“画气球”的认读环境,将画画内容和游戏结合。幼儿在轻松愉快的游戏过程中,既能复习巩固儿歌中的字词,又能体验认读活动的乐趣。

材料准备

黄色KT板1块、彩色海绵纸若干、彩绳若干、打印的字卡、塑封纸若干、雌雄贴若干、篮筐1个

制作方法

1. 用蓝色、绿色、红色、黄色、黑色的海绵纸制作云朵和蜡笔,贴在KT板上下方,布置画板场景。

2. 用黄色、粉色、绿色、蓝色、红色的海绵纸剪成圆形贴上彩绳制作气球,在气球身上贴上塑封字卡,在背面贴上雌雄贴,气球放进篮筐里备用。

建议玩法

幼儿在篮中随机取出气球,读出气球上的字宝宝,读对了,就可以把气球贴到天空中。

参考照片

23 我的爱国心

环境名称

我爱我的祖国

设计意图

五星红旗迎风飘扬,一颗颗爱国的种子在幼儿心里发芽。结合儿歌内容,创设“我爱我的祖国”认读环境。幼儿在操作游戏中可以认读字卡,熟练掌握儿歌中的字词。

材料准备

黄色KT板1块、金色瓦楞纸若干、彩色卡纸若干、彩色的打印城市图片、吸管1根、长尾夹1个、彩绳1根、打印的字卡、塑封纸若干、雌雄贴若干

制作方法

1. 用红色、黑色的卡纸制作升旗台,用金色瓦楞纸制作星星,和塑封城市照片一起贴在KT板上,布置升国旗场景。

2. 用红色、黄色的卡纸制作红旗,红旗用吸管固定,吸管中间穿入一根可以两头拉动的彩绳,并用长尾夹固定在旗杆上。

3. 将塑封字卡用雌雄贴固定在升旗台上。

建议玩法

幼儿指读升旗台阶上的字卡,如果能够正确认读,则可将字卡贴在小旗的一角上,然后拉动红旗两边的彩绳,让红旗徐徐上升。

参考照片

我爱我的祖国
上海
西安
河南
北京
哈尔滨
鲜
格
灵
徐
招
挂

我爱我的祖国
鲜
上海
西安
河南
北京
哈尔滨
艳
展
格
灵
迎
颗
徐
招
挂

24 小菜园

环境名称

菜园里的胡萝卜

设计意图

幼儿喜爱有趣、生动的人物形象。结合教学内容，创设认读环境“菜园里的胡萝卜”，以卡通的胡萝卜形象为主角，将重点字词融入环境中。幼儿在游戏中既能复习巩固字词，又能提高认读兴趣。

材料准备

白色KT板1块、硬纸板若干、彩色打印的胡萝卜和土坑图片若干、打印的字卡、塑封纸若干、雌雄贴若干

制作方法

1. 用硬纸板制作栅栏，贴在KT板下方。
2. 将塑封土坑图片分散贴在栅栏上方，布置菜地的场景。
3. 在塑封胡萝卜上贴上塑封字卡，用雌雄贴贴在土坑里。

建议玩法

幼儿观察欣赏菜园，认读萝卜上的字宝宝，念对了就把萝卜拔出来，念错了放回去，看看一次能念对几个。游戏可反复进行。

参考照片

25 分果果

环境名称

动物坐火车

设计意图

幼儿在户外活动时，总喜欢结伴玩坐火车的游戏。结合教学内容，创设“动物坐火车”的认读环境，将重点字词融入环境中，帮助幼儿复习巩固字词，提高幼儿的认读兴趣。

材料准备

白色KT板1块、彩色海绵纸若干、彩色打印小动物图片若干、打印字卡、塑封纸若干、雌雄贴若干

制作方法

1. 用蓝色、红色、黑色、橙色、紫色海绵纸制作火车，贴在KT板上。
2. 将塑封小动物图片贴在车厢上。
3. 将塑封字卡用雌雄贴贴在车轮上。

建议玩法

幼儿在车轮上寻找一样的字卡，找到后大声念出来，并把2张字卡送给车厢里的小动物。小动物全都拿到字卡，火车才能出发。

参考照片

26 彩虹桥

环境名称

彩虹路

设计意图

将彩虹的元素与棋类游戏进行整合，能激发起幼儿的好奇心。结合儿歌内容，创设“彩虹路”的认读环境，将儿歌中的字词及图片融入其中，在游戏中让幼儿复习巩固字词。

材料准备

黄色KT板1块、蓝色卡纸若干、彩色打印的彩虹和太阳图片若干、彩色打印的字卡图片、打印的字卡、打印的任务卡、塑封纸若干、小棒1根

制作方法

1. 将塑封彩虹、太阳分别贴在KT板上下方，将蓝色卡纸剪成长条形，贴在彩虹和太阳之间，布置成彩虹路场景。

2. 将塑封字卡和字卡图片贴在彩虹路上。

3. 在路线中随机贴上任务提示卡，如“组词”“念儿歌”等。

建议玩法

起点为彩虹，终点为太阳，幼儿手拿小棒指一指、念一念。念出字即可前进一格，如果遇到字卡任务，完成相应的任务则可继续前进，顺利走到太阳则为胜利。

参考照片

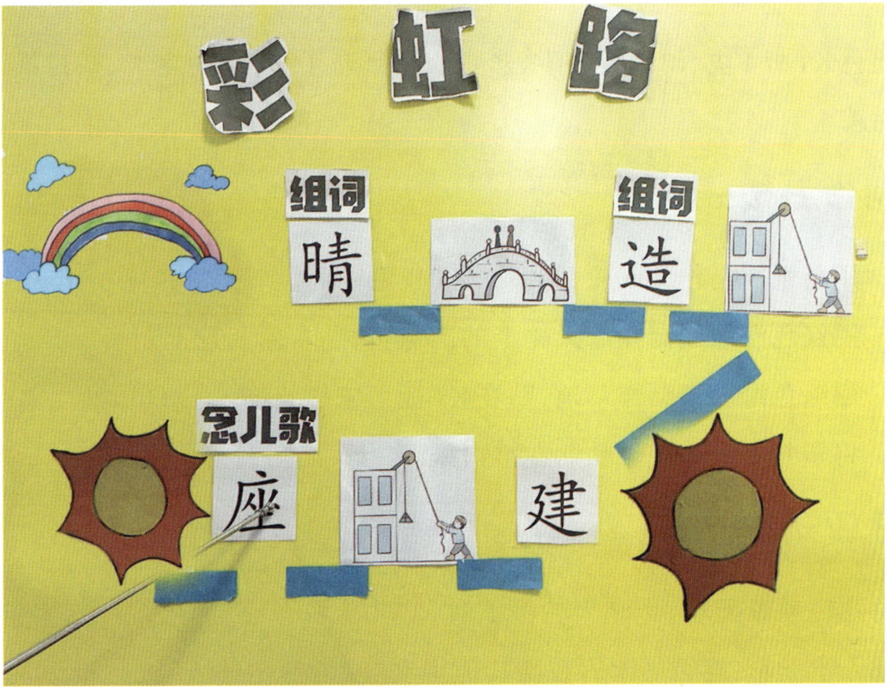

27 设计师

环境名称

摩天轮转呀转

设计意图

摩天轮是幼儿喜欢的游戏项目。结合教学内容，创设“摩天轮转呀转”的认读环境，将重点字词融入认读环境中，帮助幼儿复习巩固字词，提高幼儿的认读兴趣。

材料准备

蓝色KT板1块、硬纸板若干、彩色海绵纸若干、打印的字卡、塑封纸若干、雌雄贴若干

制作方法

1. 用硬纸板制作摩天轮，粘贴在KT板的中间。
2. 用红色海绵纸制作摩天轮上的圆球椅，贴在摩天轮上。
3. 用绿色海绵纸制作草地，贴在KT板下方作装饰。
4. 将塑封字卡用雌雄贴贴在空白处。

建议玩法

幼儿转动摩天轮，当摩天轮停下时，幼儿随机念字卡。念对了，字宝宝就可以进入摩天轮，旋转一圈后替换其他字宝宝。

参考照片

28 小鸟的一天

环境名称

燕子找家

设计意图

燕子是益鸟，主要吃蚊子、苍蝇等害虫，是我们人类的好朋友。结合儿歌内容，创设“燕子找家”的认读环境。通过图文配对的方式，在认读环境中，帮助幼儿复习巩固字词，激发幼儿热爱动物的情感。

材料准备

黄色KT板1块、硬纸板若干、彩色打印的燕子和鸟窝图片若干、打印的字卡、塑封纸若干、雌雄贴若干

制作方法

1. 将硬纸板做成树枝的造型，贴在KT板上。

2. 在塑封鸟窝上贴上塑封字卡，分散贴在KT板上。

3. 将塑封燕子用雌雄贴分散贴在KT板上，布置燕子找家的场景。

建议玩法

幼儿自由选择鸟窝里的字卡，读一读，读对了可以送小燕子回家。谁送回家的小燕子数量最多则为胜利。

参考照片

29 云彩魔术师

环境名称

云朵找朋友

设计意图

云朵在天空中变幻莫测、飘忽不定。结合儿歌内容,创设“云朵找朋友”的认读环境,将儿歌中的重点字词融入其中。幼儿化作小云朵,去找云朵朋友,在找朋友的过程中进一步复习巩固字词。

材料准备

白色KT板1块、蓝色海绵纸若干、彩色打印的热气球图片若干、打印字卡、塑封纸若干、雌雄贴若干

制作方法

1. 用蓝色海绵纸制作云朵,和塑封热气球一起分散贴在KT板上,布置天空场景。

2. 将塑封字卡用雌雄贴固定在KT板下方。

建议玩法

1名幼儿做发令员,两名幼儿根据发令员说的字,快速找出字卡贴到云朵上。字卡正确且速度快的幼儿获胜。

参考照片

30 家乡的小岛

环境名称

咔嚓咔嚓去旅行

设计意图

幼儿喜欢阅读绘本《咔嚓咔嚓去旅行》。结合教学内容，以“小火车”为背景，创设“咔嚓咔嚓去旅行”的认读环境，将重点字词融入环境中，帮助幼儿在游戏中复习巩固字词，提高认读的兴趣。

材料准备

蓝色KT板1块、彩色卡纸若干、彩色打印的四季元素若干、打印的字卡、塑封纸若干、雌雄贴若干

制作方法

1. 用白色卡纸制作火车轨道，贴在KT板上。
2. 用绿色、黄色、白色、蓝色的卡纸制作四季场景，布置在火车轨道周围。
3. 用黄色、橙色、蓝色的卡纸制作房屋，贴在轨道一头，以此做火车出发点。
4. 用红色、橙色、绿色、蓝色的卡纸制作火车，用雌雄贴固定在轨道出发点。
5. 将塑封的桃花、游泳圈、枫叶、雪花分别贴在四季场景中，并用雌雄贴贴上塑封字卡。

建议玩法

幼儿玩火车旅行游戏。火车在轨道上慢慢行驶，经过春天就认读桃花上的字卡，经过夏天就认读游泳圈上的字卡，以此类推。念对的幼儿就能将字卡收集到房屋上，旅行结束数数收集的字卡有多少。

参考照片

5—6岁（上）

二 班级环创参考图集

1 主题环境

结合五大领域相关主题活动课程,创设丰富多元的主题活动环境。在布置主题环境的过程中融入相关字词,如主题标题、主题评价表、主题人物等等,将主题环境与汉字融合呈现,帮助幼儿在五大领域课程中接触汉字,了解字词的运用。

(1)特别的我

(2)奇石妙想

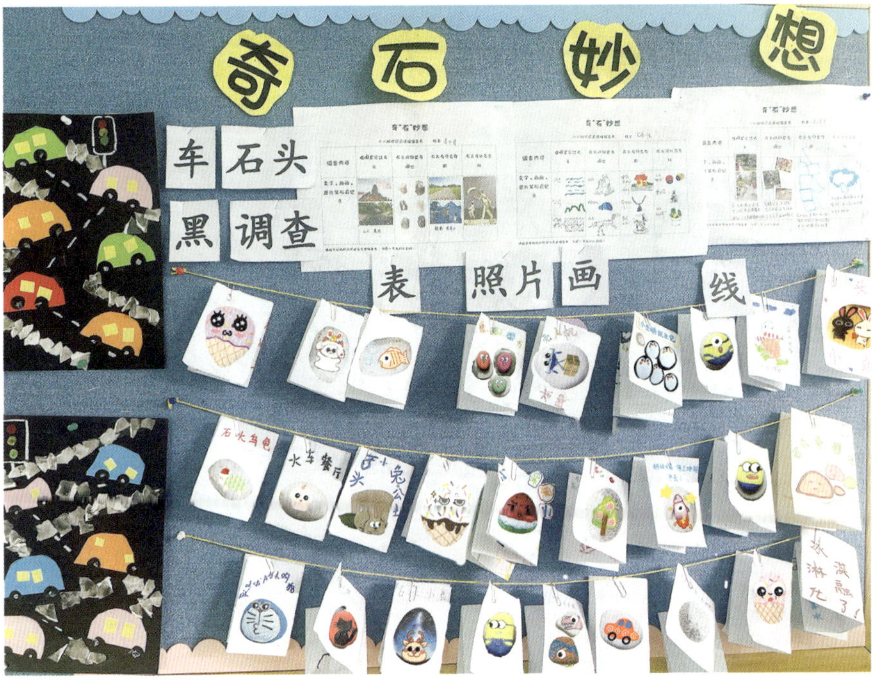

(3)春夏与秋冬

(4)大中国

(5)动物，我们的朋友

2 创游环境

结合创造性游戏的需要，创设逼真有趣的角色游戏场景。在布置游戏环境的过程中融入相关字词，如游戏标识、游戏规则、游戏价目表等等，将游戏环境与汉字巧妙融合，帮助幼儿在游戏中接触汉字、巩固汉字、运用汉字。

(1)飞机驾驶室

(2)邮局

邮局
1.写信
2.选信封
3.装信封
4.贴邮票
5.写地址
大七班 收
6.寄信
邮筒
中国邮政
CHINA POST

(3)播报站

大卫上学去
背景墙
花瓶
帽子
电视机
话筒
毛绒玩具
家
故事
播报台
播报台
故事
播报台

（4）烘焙坊

（5）小学生体验馆

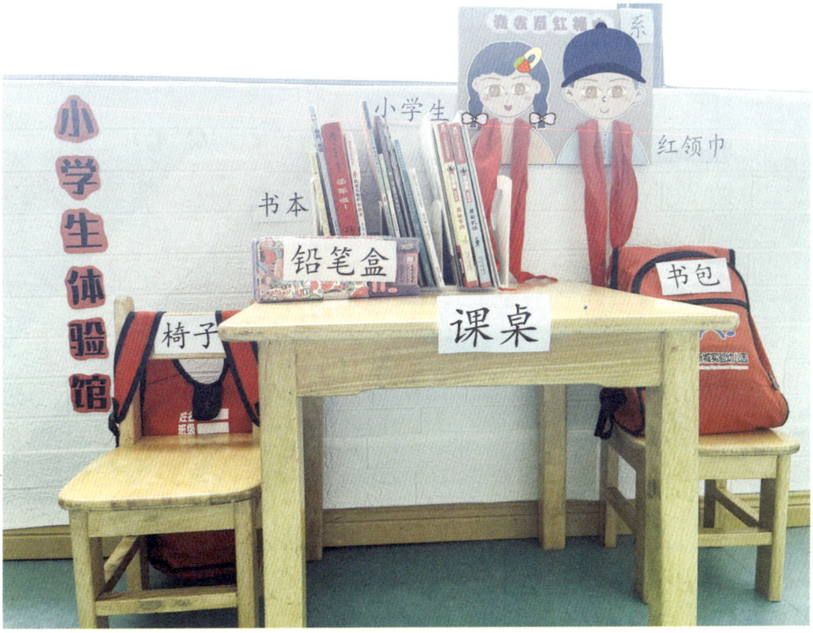

3 区角环境

结合一日生活中各个环节，创设生活化、功能性的区角环境。在布置区角环境的过程中融入相关字词，如盥洗室的洗手方法、走廊里的安全标志、专业活动室的使用制度等，将区角环境与汉字有效整合，帮助幼儿在日常生活中潜移默化地接触汉字，自然巩固字词。

(1)大厅

（2）自我服务区

（3）制作区

（4）图书维修区

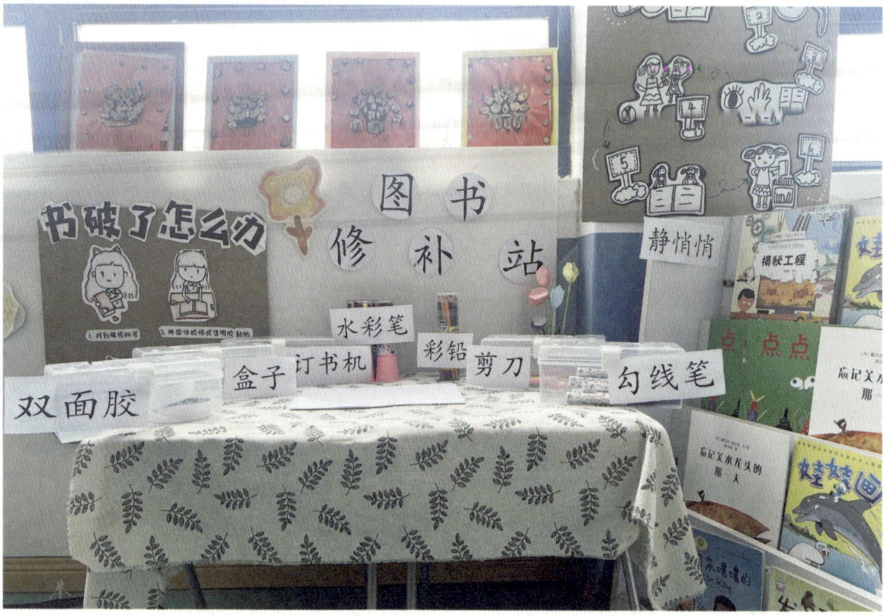
书破了怎么办
图书
修补站
静悄悄
水彩笔
彩铅
剪刀
盒子
订书机
双面胶
勾线笔
揭秘工程
点点点

（5）编织区

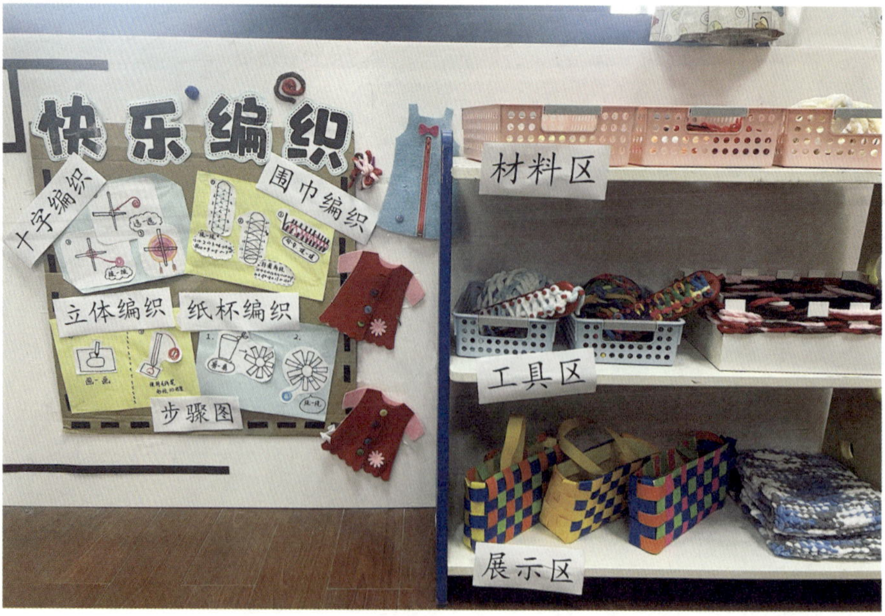
快乐编织
十字编织
围巾编织
立体编织
纸杯编织
步骤图
材料区
工具区
展示区

5—6岁（下）

一 环境认读设计

1 做运动

环境名称

配配对

设计意图

5—6岁的幼儿喜欢新颖、富有挑战性的游戏。结合儿歌内容，创设“配配对”的认读环境，将儿歌中的重点字词融入环境中，引导幼儿通过游戏熟练掌握字词，体验认读游戏的乐趣。

材料准备

咖色KT板1块、彩色打印的运动器材图片若干、黄色海绵纸若干、彩色打印字卡图片、打印的字卡、塑封纸若干、雌雄贴若干

制作方法

1. 在塑封运动器材图片上贴上塑封字卡，贴在KT板上方。
2. 将塑封字卡图片贴在KT板下方。
3. 将海绵纸剪成细条，用雌雄贴分别贴在字的一头和图片的一头。

建议玩法

幼儿自由选择贴有字卡的运动器材，大声读出字卡。若读出来，可以把运动器材连线到相应的图片上，并做一做运动器械的相关动作。比一比谁配对成功的更多。

参考照片

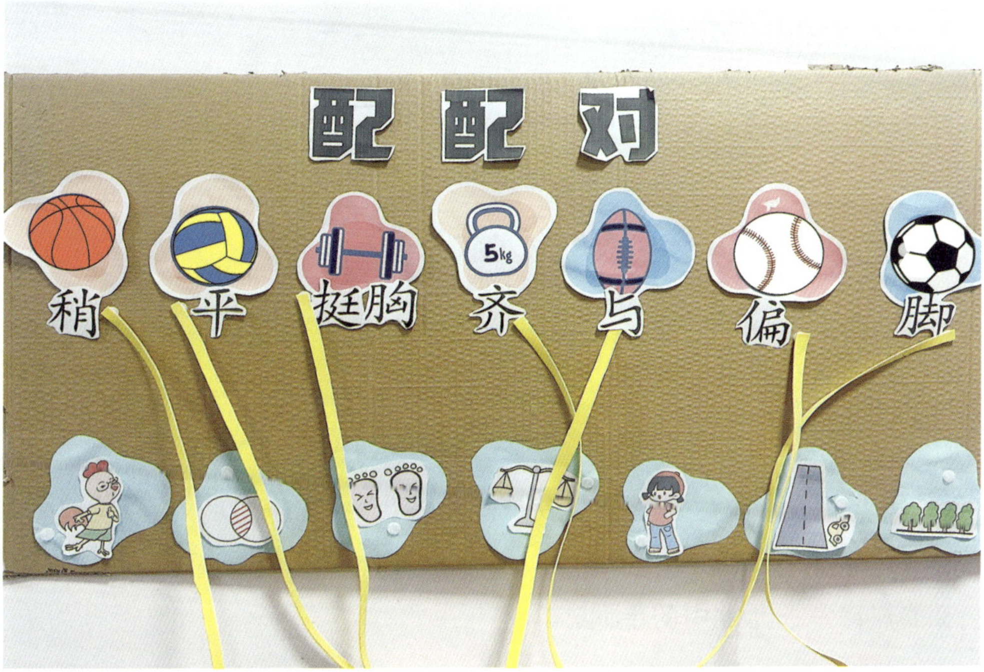

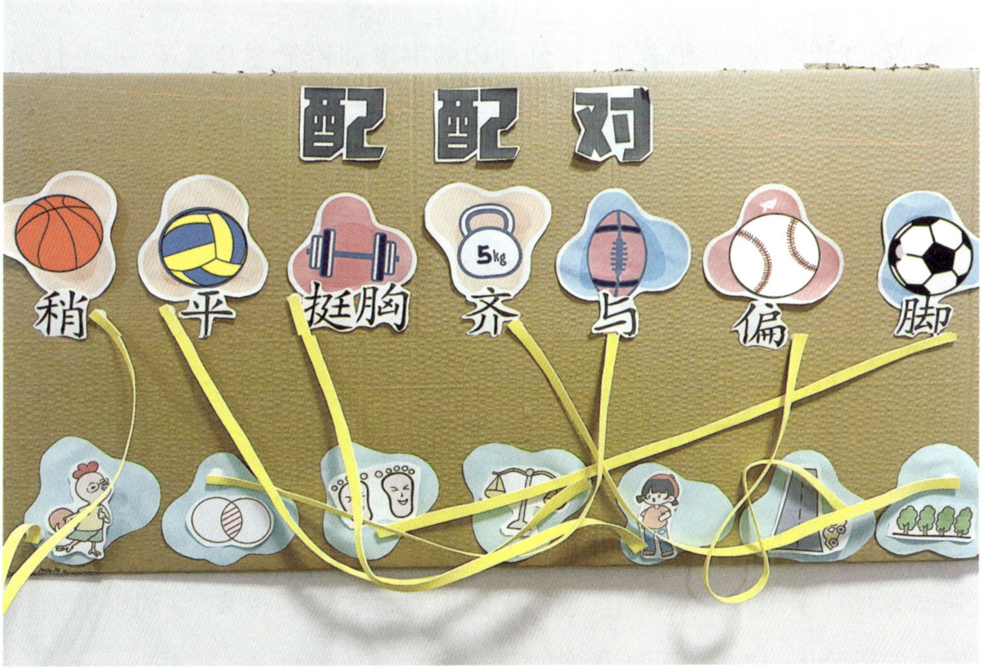

2 写字的约定

环境名称

文具好朋友

设计意图

笔和本子是幼儿熟悉的学习用品。结合儿歌内容，创设“文具好朋友”的认读环境，将重点字词融入环境中。幼儿通过游戏的方式既能提高认读的兴趣，又能熟练掌握儿歌中的字词。

材料准备

黄色KT板一块、彩纸若干、彩色打印的书本和铅笔图片若干、彩色打印的字卡图片、打印的字卡、塑封纸若干、雌雄贴若干

制作方法

1. 在塑封书本左页上贴上塑封字卡图片，分散贴在KT板右边。
2. 用蓝色卡纸制作铅笔盒，贴在KT板左边。
3. 将塑封字卡用雌雄贴贴在塑封铅笔图片上，并固定在铅笔盒中。

建议玩法

幼儿自由选择贴有字卡的铅笔，大声读出字宝宝。如“沿”字读出来了，就送到贴有“沿”字图片的书本上，进行字图配对。若读不出来，字词则继续留在铅笔盒的铅笔上，比一比看谁找到的朋友多。

参考照片

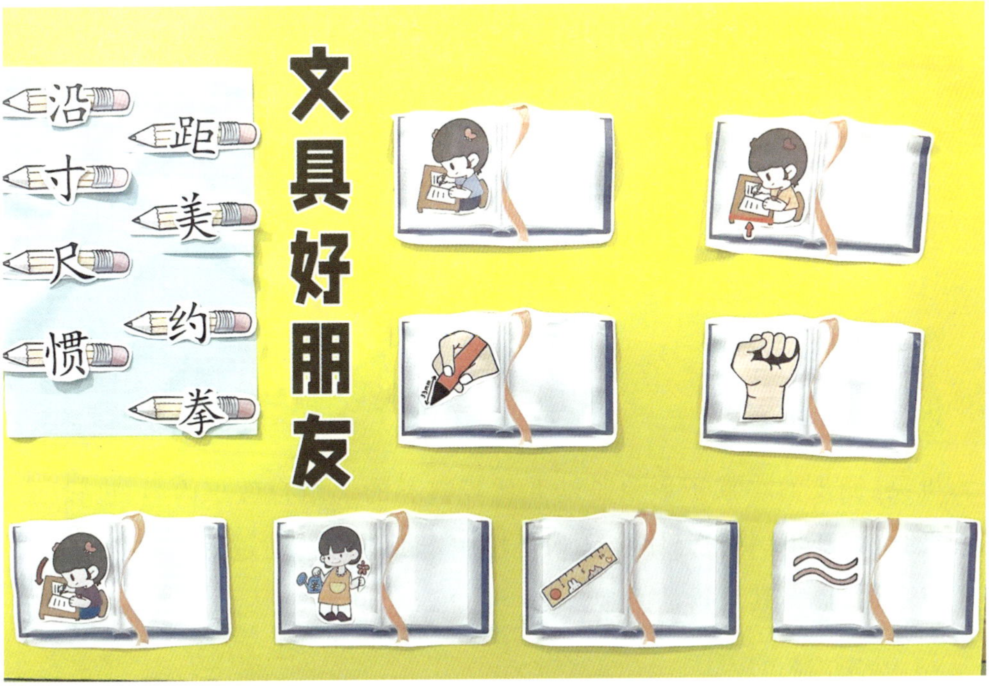

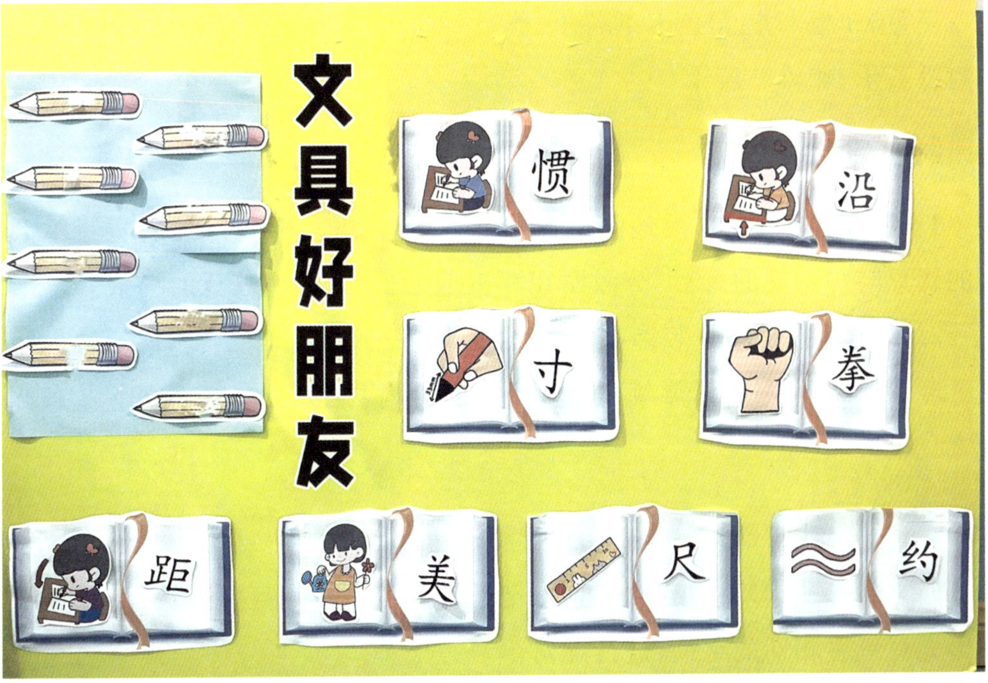

3 帮忙

环境名称

猴子剥豆

设计意图

机灵、调皮的小猴子形象是幼儿比较熟悉的。结合教学内容，创设“猴子剥豆”的认读环境，将重点字词融入环境中。引导幼儿通过游戏的方式复习巩固重点字词，提高其认读的兴趣。

材料准备

黑色KT板1块、彩色卡纸若干、彩色打印的小猴子图片2张、打印的字卡、塑封纸若干、雌雄贴若干

制作方法

1. 用咖色卡纸制作泥地固定在KT板上，用绿色卡纸制作2种青豆不可打开的青豆与可打开的青豆，分散贴在泥土地上，布置一地豆豆的场景。

2. 将塑封猴子图片装饰在KT板空白处。

3. 将塑封大字卡用雌雄贴贴在不可打开青豆上，将塑封小字卡贴在打开的青豆里面。

建议玩法

两名幼儿一起玩捡豆豆的游戏，翻开青豆找到小豆豆并认读，认读正确再找出大豆豆里相同的字词，进行配对。

参考照片

4 垃圾分类

环境名称

垃圾分类

设计意图

大自然是人类赖以生存的环境,做好幼儿时期的环保教育更是刻不容缓。结合儿歌内容,创设“垃圾分类”的认读环境,将儿歌中的重点字词融入有趣的环境中。幼儿在游戏中既能复习巩固字词,又能提高认读的兴趣。

材料准备

黄色KT板1块、彩色打印的分类垃圾桶和垃圾图标若干、打印的字卡、塑封纸若干、雌雄贴若干

制作方法

1. 将塑封四色垃圾桶图片贴在KT版下方。
2. 将塑封垃圾图标贴在KT板上方。
3. 将塑封字卡用雌雄贴贴在垃圾图标上。

建议玩法

幼儿可以自由选择一张垃圾图标上面的字卡,正确认读字卡上的字。如果念对了,就可以进行垃圾分类,将字卡扔在对应的垃圾桶内。看谁垃圾扔得又多又正确。

参考照片

垃圾分类
拾
扔
乐
拾
乐
掉
扔
掉
PUSH
PUSH
PUSH
PUSH
干垃圾
湿垃圾
有害垃圾
Harmful waste
可回收物

垃圾分类
拾乐
扔掉
乐扔
掉拾

5 铁棒磨成针

环境名称

果园丰收

设计意图

幼儿喜欢吃水果，也喜欢跟着家人一起去果园采摘水果。结合教学内容，创设“果园丰收”的认读环境，将重点字词贴在苹果上。引导幼儿通过采摘苹果的游戏方式复习巩固字词，提高其认读的兴趣。

材料准备

黑色KT板1块、彩色海绵纸若干、彩色打印的苹果图片若干、打印的字卡、塑封纸若干、雌雄贴若干

制作方法

1. 用绿色、咖色、橙色的海绵纸制作水果树和水果篮，贴在KT板上，布置果园丰收的场景。

2. 在塑封苹果上贴上塑封字卡，并用雌雄贴固定在树冠上。

建议玩法

两名幼儿猜拳，赢的幼儿采摘一个苹果并认读上面的字，读对了，就能摘下苹果。反复进行游戏，最后获得苹果最多的获胜。

参考照片

6 小明学数学

环境名称

铅笔找家

设计意图

铅笔、文具盒是幼儿最为熟悉的学习用品。结合儿歌内容，创设“铅笔回家”的认读环境，将儿歌中的重点字词融入环境中，引导幼儿通过游戏的方式熟练掌握儿歌中的字词，提高认读的兴趣。

材料准备

咖色KT板1块、彩色打印的铅笔和玩具盒图片若干、彩色打印的字卡图片、打印的字卡、塑封纸若干、雌雄贴若干

制作方法

1. 在塑封文具盒图片上贴上塑封字卡图片，贴在KT板右边。
2. 在塑封铅笔上贴上塑封字卡，并用雌雄贴贴在KT板左边。

建议玩法

幼儿自由选择贴有字卡的铅笔，寻找和文字匹配的图片，找到后将铅笔送到相应的文具盒，并大声读出字宝宝。

参考照片

7 聪明的司马光

环境名称

打地鼠

设计意图

游戏是一种符合幼儿身心发展需求的快乐而自主的活动。结合教学内容,创设“打地鼠”的认读环境,将重点字词融入环境中。幼儿通过与形态可爱的小地鼠进行互动,在敲敲打打中复习巩固字词。

材料准备

黄色KT板1块、绿色海绵纸、彩色打印的地鼠图片若干、打印的字卡、塑封纸若干、雌雄贴若干、小锤子1个

制作方法

1. 将塑封的地鼠图片,分散贴在KT板上,布置打地鼠场景。

2. 用绿色海绵纸制作小草,装饰地鼠洞周围。

3. 将塑封字卡用雌雄贴分散贴在空白处。

建议玩法

2—6名幼儿合作游戏,一名幼儿说一个字,其他幼儿快速找到字卡贴到小地鼠身上,用锤子拍打。速度快且字卡找得正确的幼儿获胜。

参考照片

8 没有牙齿的老虎

环境名称

老虎补牙

设计意图

故事里的老虎形象鲜明，因为爱吃糖又不好好刷牙，牙齿都掉光了。结合儿歌内容，创设“老虎补牙”的认读环境。幼儿在游戏的情境中玩一玩、念一念，可以复习巩固字词，又能提高认读的兴趣。

材料准备

灰色KT板1块、白色卡纸若干、彩色打印的老虎图片若干、打印的字卡、塑封纸若干、雌雄贴若干

制作方法

1. 用白色卡纸剪出牙齿的形状，贴上塑封字卡，用雌雄贴贴在KT板上方。

2. 将塑封小老虎图片贴在KT板下方。

建议玩法

两名幼儿共同游戏，认一认牙齿上的字卡，认出一个字就可以取下牙齿帮助小老虎补牙。两名幼儿比一比，谁补的牙齿更多谁就获胜。

参考照片

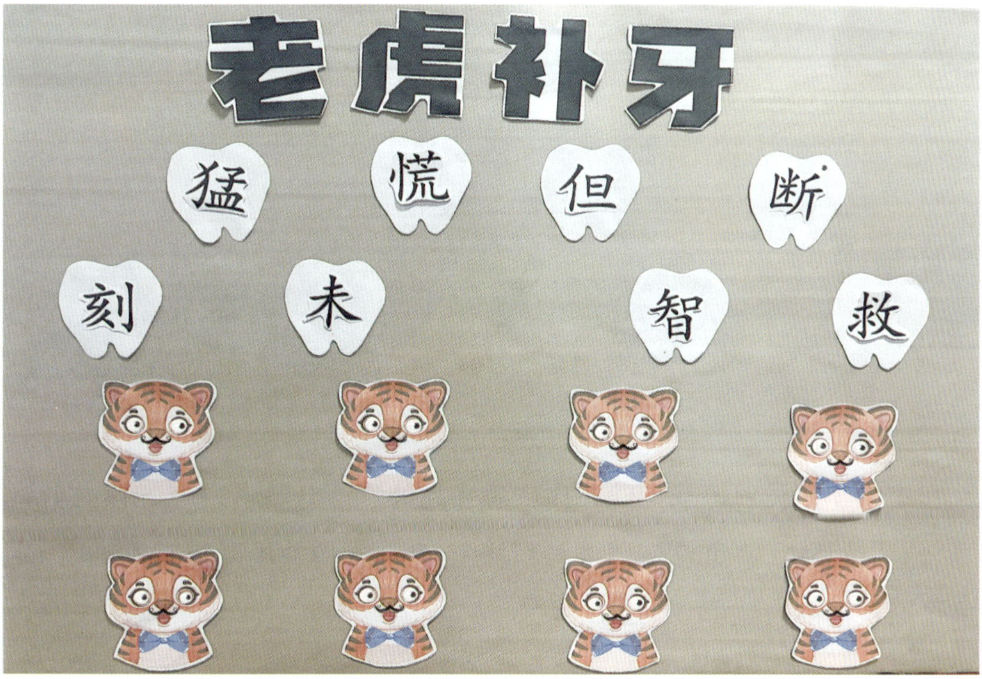

9 锻炼身体

环境名称

小小停车场

设计意图

和小汽车相关的游戏是幼儿比较感兴趣的。结合教学内容,创设“小小停车场”的认读环境,将重点字词融入环境中,幼儿在游戏中既能复习巩固字词,又能提高认读的兴趣。

材料准备

白色KT板1块、彩色打印的小汽车图片若干、彩色卡纸若干、打印字卡、塑封纸若干、雌雄贴若干

制作方法

1. 将黑色、灰色、白色的卡纸剪成长方形,贴在KT板上,布置马路停车场的场景。

2. 用咖色、绿色的卡纸制作小树并贴上塑封字卡,固定在马路的上方。

3. 将塑封的汽车图片一部分贴在马路上,另一部分用雌雄贴贴在停车场下方。

4. 用红色、绿色、黄色的卡纸制作停车牌,并用雌雄贴贴上塑封字卡。

建议玩法

幼儿在停车场随机拿取大字卡，念对后可将字卡贴在停车场的小汽车上，再将小字卡贴在树上，小汽车收获字卡后就可以开出停车场，到马路上行驶。根据车头找到行驶方向，行驶途中经过哪棵小树，就要挑战认读树上的字卡，念对才能继续行驶。

参考照片

10 秋景

环境名称

水稻丰收

设计意图

秋天来了，农田里的水稻丰收了。结合儿歌内容，创设“水稻丰收”的认读环境，将儿歌中的字词融入环境中。幼儿可以通过操作游戏，复习巩固字词，体验认读游戏的乐趣。

材料准备

灰色KT板1块、彩纸若干、彩色打印的水稻图片、彩色打印的字卡图片、打印的字卡、塑封纸若干、雌雄贴若干

制作方法

1. 将塑封的水稻图片贴在KT板下方。

2. 用白色、绿色、黄色的彩纸制作镰刀割麦子，并贴上塑封字卡，用雌雄贴固定在水稻上方，布置水稻丰收的场景。

3. 将塑封字卡图片贴在水稻上。

建议玩法

幼儿读一读镰刀上的字卡，读对了就可以拿着镰刀割下麦子，然后寻找匹配的字卡图片进行配对。两名幼儿可以比一比，谁割的麦子更多。

参考照片

11 杨柳

环境名称

水果超市

设计意图

5—6岁的幼儿能说出许多水果的名称，积累了一些有关购买水果的知识和经验。结合教学内容，创设“水果超市”的认读环境，将重点字词融入环境中，通过游戏的形式帮助幼儿复习巩固字词，提高幼儿的认读兴趣。

材料准备

白色KT板1块、彩色卡纸若干、彩色打印的水果图片若干、打印的字卡、塑封纸若干、雌雄贴若干

制作方法

1. 用粉色、绿色、蓝色的卡纸制作水果摊位和购物车，贴在KT板上，布置超市卖水果的场景。

2. 将塑封的水果图片一部分用雌雄贴贴在水果摊位里，一部分贴在购物车里。

3. 将塑封的字卡一部分用雌雄贴贴在水果摊的水果上，一部分贴在购物车右边。

建议玩法

幼儿首先说一说超市里有哪些水果，说一说水果名称，读一读水果上的字词、然后进行水果分类，将水果按购物车上的类别摆放相同品种的水果；最后整理字词，将同一购物车、同一种水果上的字词调整成一样的字词。

参考照片

12 我的梦

环境名称

甜甜的梦

设计意图

温馨、安静的睡眠环境有利于幼儿获得更好的休息，消除疲劳。结合儿歌内容，创设“甜甜的梦”的认读环境，将儿歌中的重点字词融入其中，帮助幼儿在游戏中复习巩固字词。

材料准备

灰色KT板1块、彩纸若干、彩色打印的梦娃娃图片2张、打印的字卡、塑封纸若干、雌雄贴若干

制作方法

1. 将塑封的梦娃娃贴在KT板的下方。

2. 用蓝色、紫色、黄色、橙色的彩纸制作云朵，贴上塑封字卡，并用雌雄贴固定在KT板上，布置云朵梦境的场景。

建议玩法

幼儿正确认读字卡，云朵就可以飞到梦娃娃的梦里去。两名幼儿可以比一比，谁的梦境云朵更多。

参考照片

13 未来机器人

环境名称

维修机器人

设计意图

机器人是幼儿最喜欢的玩具之一，是幼儿的亲密伙伴。结合儿歌内容，创设“维修机器人”的认读环境，将儿歌中的重点字词融入其中，引导幼儿在游戏中复习巩固字词。

材料准备

灰色KT板1块、彩色打印的机器人和扳手图片若干、彩色打印的字卡图片、打印的字卡、塑封纸若干、雌雄贴若干

制作方法

1. 在塑封的机器人身上贴上塑封字卡图片，贴在KT板左右两侧。
2. 将塑封的扳手图片贴上塑封字卡，用雌雄贴贴在KT板中间。

建议玩法

幼儿读一读扳手上的字卡，正确认读后贴到相对应的机器人图片上，进行字图配对。两名幼儿可以互相比赛，看谁能获得更多的扳手，修理更多的机器人。

参考照片

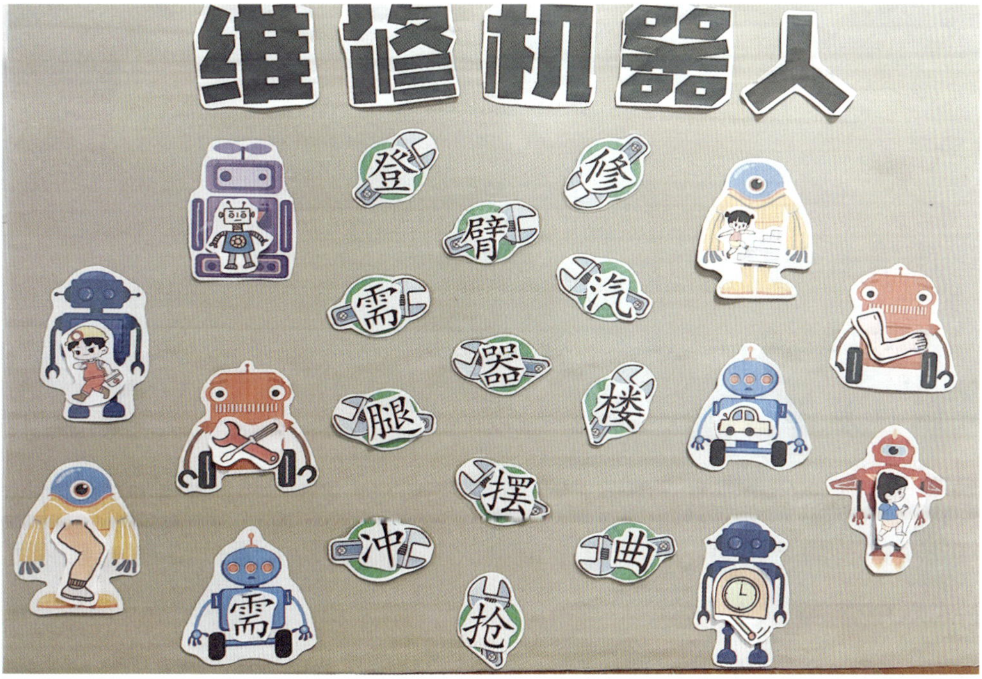

14 祝寿

环境名称

好长的毛毛虫

设计意图

绘本《好饿的毛毛虫》中毛毛虫的形象深入人心。结合教学活动，创设认读环境“好长的毛毛虫”，将重点字词融入环境中。幼儿通过游戏复习巩固字词，在玩中学，在学中玩。

材料准备

黄色KT板1块、彩色卡纸若干、打印的字卡、塑封纸若干、雌雄贴若干

制作方法

1. 用黄色、红色、绿色的卡纸制作圆圆身体的毛毛虫，贴在KT板上。
2. 将塑封字卡贴上雌雄贴，备用。

建议玩法

毛毛虫接龙游戏，一名幼儿来念字宝宝，一名幼儿来验证，如果读对字宝宝，就将字卡贴在毛毛虫身上，继续接龙。两名幼儿轮流游戏，谁接的毛毛虫身体长，即获胜。

参考照片

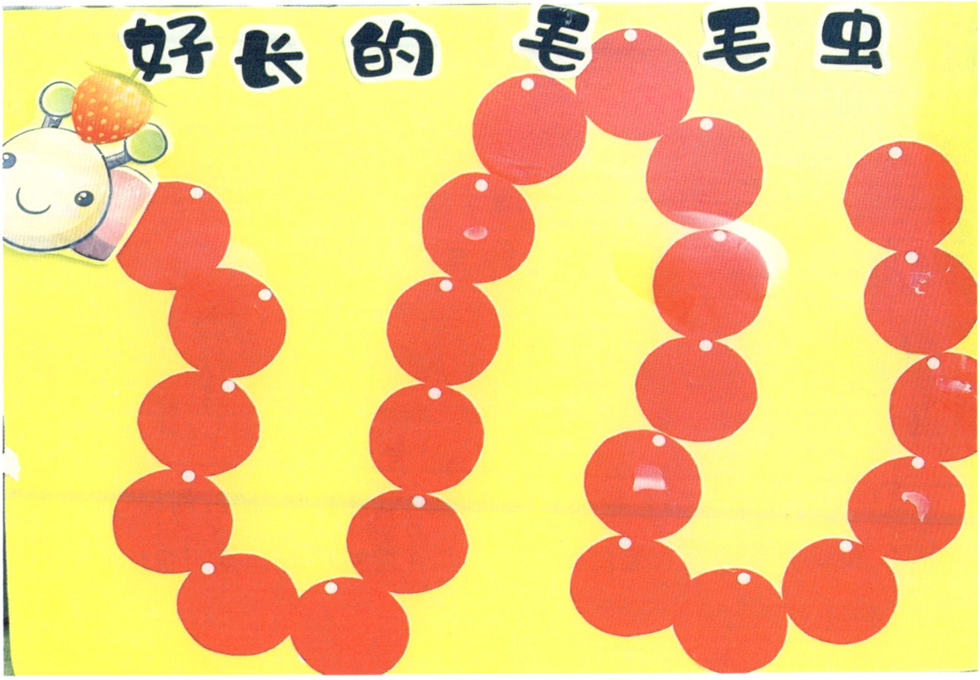

15 花香

环境名称

黑白棋

设计意图

黑白棋是一种幼儿感兴趣的棋类游戏。结合教学内容，创设“黑白棋”的认读环境，将重点字词融入黑白棋中。幼儿在游戏中既能复习巩固字词，又能提高认读兴趣。

材料准备

黄色KT板1块、彩色海绵纸若干、蓝色自粘纸若干、打印的字卡、塑封纸若干、雌雄贴若干

制作方法

1. 用蓝色自粘纸剪成条状，贴在KT板上，布置成棋盘场景。

2. 将黑色、白色的海绵纸剪成圆形制作成黑白棋并贴上雌雄贴，部分黑白棋上贴上塑封字卡。

建议玩法

两名幼儿以下棋的形式玩游戏。黑白棋同色五子一排即可摘下，同时念出棋上的字宝宝。谁的棋子更多即为获胜。

参考照片

16 和你做朋友

环境名称

种子发芽了

设计意图

春天是万物复苏的好时节，大自然一派生机勃勃的景象。结合儿歌内容，创设“种子发芽了”的认读环境，将儿歌中的重点字词融入游戏情境中，让幼儿在游戏中复习巩固字词。

材料准备

白色KT板1块、彩纸若干、彩色不织布若干、彩色打印的字卡图片、打印的字卡、塑封纸若干、雌雄贴若干

制作方法

1. 用粉色、蓝色、黄色、绿色、紫色的彩纸剪成长方形，贴在KT板上，布置五色大地的场景。

2. 用绿色、咖色的不织布制作种子和小苗，分散贴在五色大地上。

3. 将塑封的字卡图片贴在小苗上。

4. 将塑封字卡贴上雌雄贴，备用。

建议玩法

两名幼儿轮流游戏。一名幼儿根据小苗上的图片猜测小苗是什么种子长出来的，另一名幼儿找到对应字卡贴在种子上，进行字图配对。

参考照片

17 清晨

环境名称

影子火车

设计意图

我们在操场上，经常看到幼儿结伴玩小火车游戏。结合儿歌内容，创设“影子火车”的认读环境，将儿歌中的字词融入其中。幼儿通过游戏既能复习巩固字词，又能提高其参与游戏的积极性。

材料准备

黑色KT板1块、彩色打印的火车跷跷板、小朋友及动物和影子图片若干、彩色打印的字卡图片、打印的字卡、塑封纸若干、雌雄贴若干、篮筐1个

制作方法

1. 将塑封的火车跷跷板图片分散贴在KT板上，并用塑封的小朋友图片在空白处装饰。

2. 将塑封的动物图片贴上塑封字卡，贴在跷跷板的一头。

3. 将塑封的影子图片贴上塑封字卡图片，并贴上雌雄贴，放在篮筐里备用。

建议玩法

幼儿先认一认、念一念动物身上的字卡，根据动物身上的字卡线索，在篮筐里找到相对应的动物影子图片。找到后贴在另一端跷跷板上，完成字图配对。

参考照片

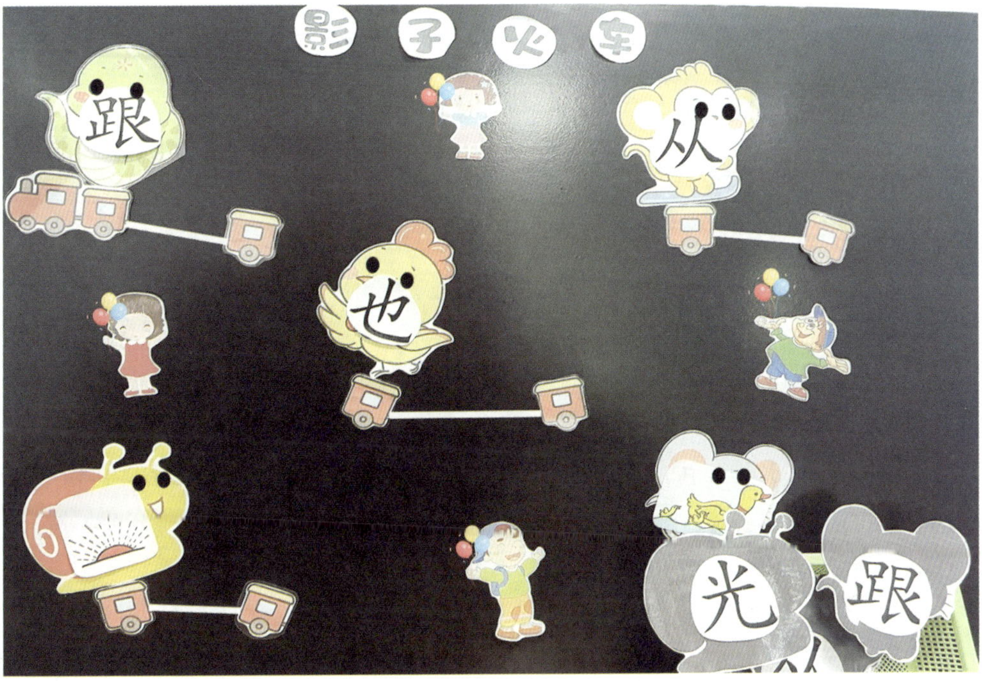

18 大自然的诗

环境名称

找朋友

设计意图

朋友是一个永恒的话题，是一个温馨的词语。结合诗歌内容，创设“找朋友”的认读环境，将诗歌中的重点字词融入其中。幼儿在玩一玩、读一读中复习巩固字词。

材料准备

黑色KT板1块、海绵纸若干、吸管若干、彩色绳子若干、彩色打印的字卡图片、打印的字卡、塑封纸若干、雌雄贴若干

制作方法

1. 将塑封字卡图片按四宫格贴在KT板上。卡通图片、字卡塑封后，背面贴好雌雄贴。

2. 用红色、黄色、蓝色的海绵纸制作花朵和信封，将彩色绳子穿过吸管并将顶端固定在红色花朵后面。信封贴在绳子上，制作成可抽拉的信封。

3. 将塑封字卡贴上雌雄贴，备用。

建议玩法

一名幼儿先观察图片，找出相对应的字卡，贴在信封上，进行字图配对。完成后抽动绳子，随着字卡的上升有节奏地念读，直至字卡到达花朵顶端停止。另一名幼儿检查字图是否匹配，如果不匹配，则进行改正。

参考照片

19 美好的一天

环境名称

找影子

设计意图

影子是幼儿生活中熟悉但又喜欢探索的事物。结合教学内容，创设“找影子”的认读环境，将教学内容中的字词融入其中。幼儿在玩一玩、念一念中复习巩固字词，激发认读的兴趣。

材料准备

白色KT板1块、彩色海绵纸若干、黑色卡纸若干、彩色打印的大树图片若干、打印的字卡、塑封纸若干、雌雄贴若干

制作方法

1. 将塑封的大树图片分散贴在KT板上。
2. 用绿色海绵纸制作小草、叶子贴在空白处做装饰。
3. 用黑色卡纸制作大树影子，贴上雌雄贴备用。
4. 将塑封的字卡一部分贴在大树上，一部分贴上雌雄贴备用。

建议玩法

幼儿自由选择念出大树上面的字卡，并根据树的形状找出相对应的影子，最后将相同的字词进行配对。

参考照片

20 点点在哪里

环境名称

放大镜找朋友

设计意图

“点”是文字中经常出现的笔画，小朋友应该很熟悉。小朋友喜欢探索文字中的小秘密。结合教学内容，创设“放大镜找朋友”的认读环境。幼儿在游戏的情境中玩一玩、念一念，既能复习巩固字词，又能提高认读的兴趣。

材料准备

白色KT板1块、黑色KT板若干、彩色卡纸若干、彩色打印的字卡图片、打印的字卡、塑封纸若干、雌雄贴若干

制作方法

1. 用黑色、蓝色的卡纸制作2幢楼房，贴在KT板上。
2. 将塑封字卡贴在左边楼房里，将塑封字卡图片贴在右边楼房里。
3. 将塑封红色字卡贴上雌雄贴，贴在楼房中间的过道里。
4. 用黑色KT板制作2个放大镜道具，备用。

建议玩法

两名幼儿各取一个放大镜。一名幼儿用放大镜选中左边高楼上的字宝宝，并在中间楼房过道里找到相对应的红字宝宝，进行重叠粘贴。另一名幼儿用放大镜在右边高楼里找出相对应的图片宝宝。2人合作游戏，直至红字宝宝全部找到好朋友。

参考照片

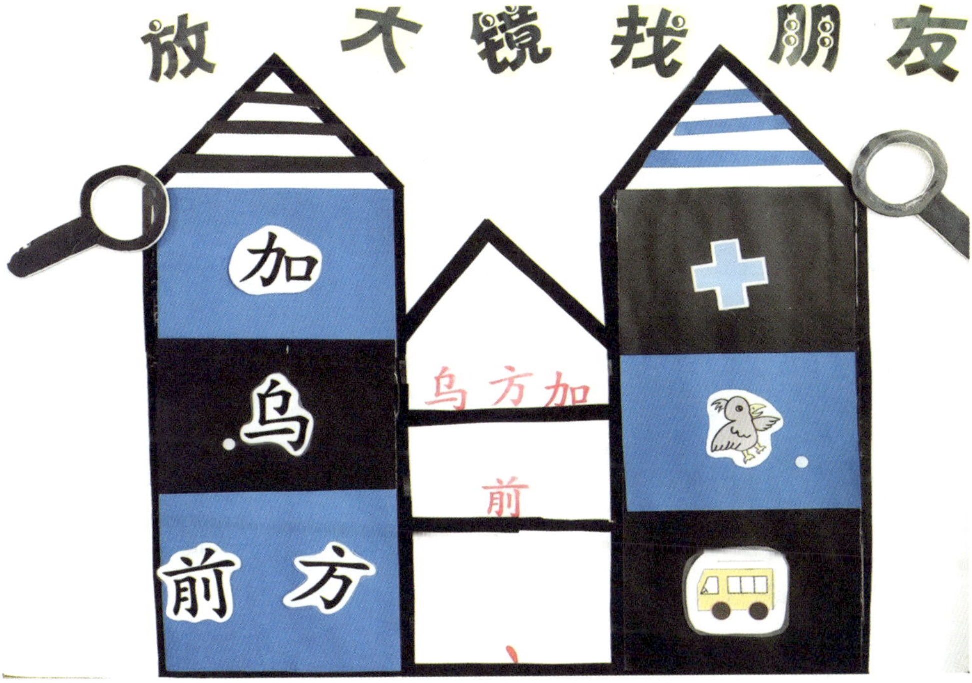

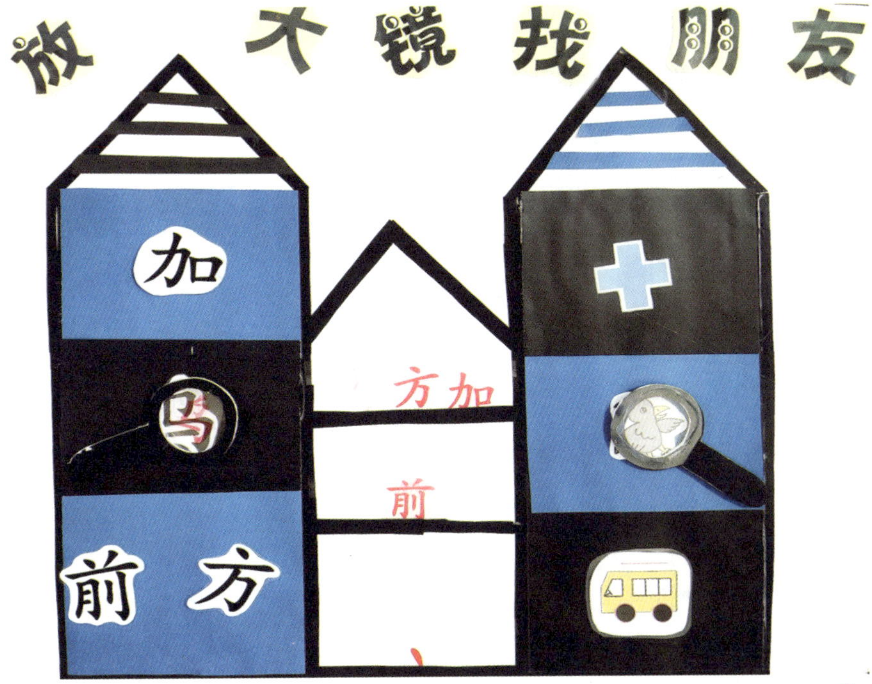

21 小象消防员

环境名称

加横歌

设计意图

中国的文字博大而精深，具有深厚的文化底蕴。结合教学内容，创设“加横歌”的认读环境，使幼儿在玩一玩、找一找的游戏中复习巩固重点字词，同时激发幼儿认读的兴趣。

材料准备

黑色KT板1块、彩色打印的小朋友和百宝箱图片、彩色海绵纸若干、打印的儿歌、塑封纸若干、雌雄贴若干

制作方法

1. 将塑封的小朋友和百宝箱图片，贴在KT板右边。

2. 将塑封的儿歌按顺序贴在KT板左边，将儿歌中部分字词贴上雌雄贴，贴在百宝箱中。

3. 用蓝色海绵纸和塑封纸制作成射出光束的手电筒，光束中间贴上粉色海绵纸制作的笔画“横”。手电筒制作完成后贴上雌雄贴，备用。

建议玩法

利用可移动的手电筒中的笔画“横”与儿歌中不同的字组成新的字，在百宝箱中找到组合后的新字，放回儿歌中进行整体认读。

参考照片

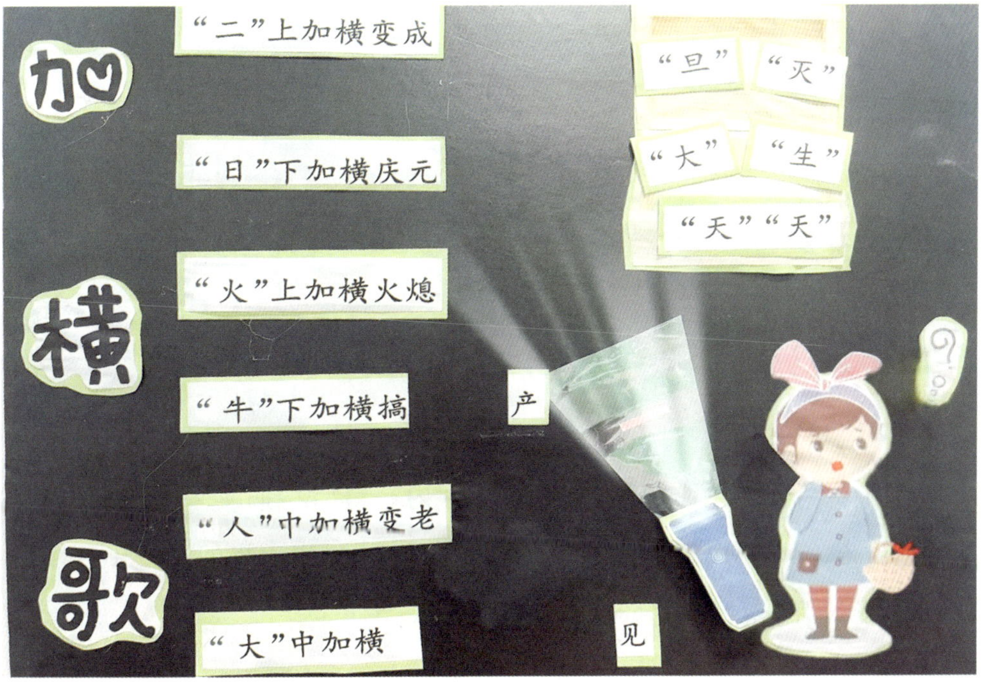
加
横
歌
“二”上加横变成
“日”下加横庆元
“火”上加横火熄
“牛”下加横搞
产
“人”中加横变老
“大”中加横
见
“旦”
“灭”
“大”
“生”
“天”“夭”

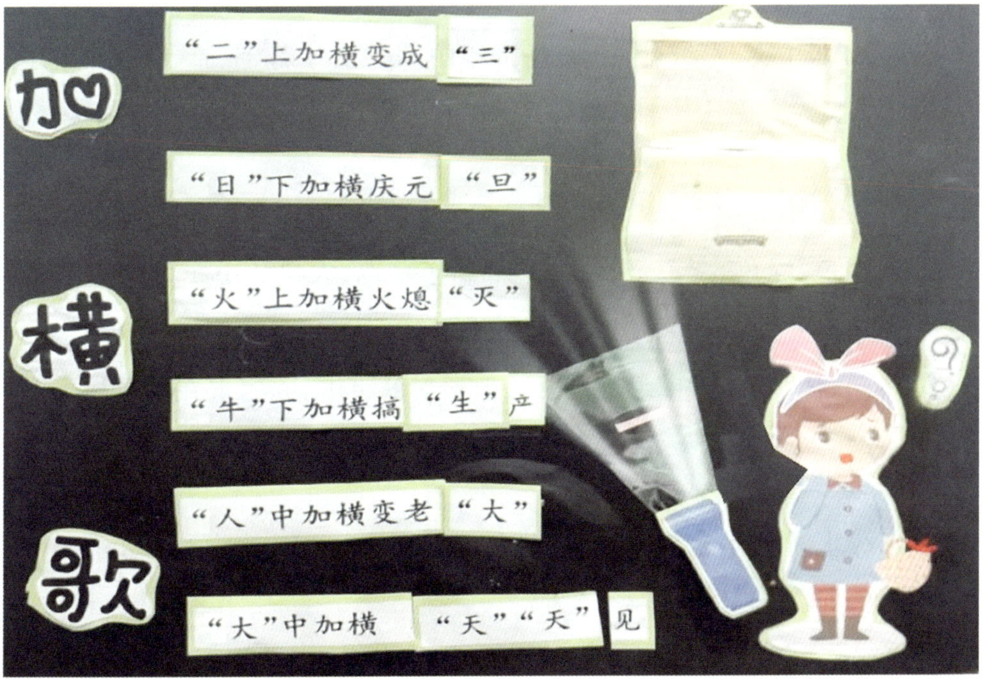
加
横
歌
“二”上加横变成
“三”
“日”下加横庆元
“旦”
“火”上加横火熄
“灭”
“牛”下加横搞
“生”
产
“人”中加横变老
“大”
“大”中加横
“天”“夭”
见

22 森林干活记

环境名称

摘苹果真快乐

设计意图

幼儿有过采摘水果的经验。结合教学内容，创设“摘苹果真快乐”的认读环境，将重点字词融入环境中，引导幼儿在玩一玩、找一找的游戏中复习巩固字词和儿歌，同时激发幼儿的认读兴趣。

材料准备

白色KT板1块、彩纸若干、彩色打印的苹果图片若干、打印的字卡、塑封纸若干、雌雄贴若干

制作方法

1. 用咖色、绿色、紫色、橙色的彩纸制作草地、大树和小花，贴在KT板上，布置果园场景。

2. 将塑封的苹果图片用雌雄贴贴上塑封的字卡，并固定在苹果树上。

建议玩法

两名幼儿同时开始游戏，幼儿进行字词认读，念对就将苹果上的字卡摘下，比比谁摘字卡又快又多。

参考照片

23 寻找快乐

环境名称

加一撇

设计意图

一个字加一笔竟然能够变化成完全不一样的新字，真是太神奇了。结合教学内容，创设“加一撇”的认读环境，将教学中的重点字词融入其中。请幼儿通过拼一拼的方式将笔画“撇”与字进行结合，组合成不同的字。

材料准备

黑色KT板1块、彩色卡纸若干、打印的字卡、打印的笔画“撇”若干、塑封纸若干、雌雄贴若干

制作方法

1. 将黄色、银色的卡纸制作成九宫格，贴在KT板中间。

2. 将塑封字卡和笔画“撇”用雌雄贴分散贴在九宫格中。

建议玩法

幼儿自由选择任一笔画“撇”，将其和九宫格中的字进行拼接组合，并大声念出组合的字。

参考照片

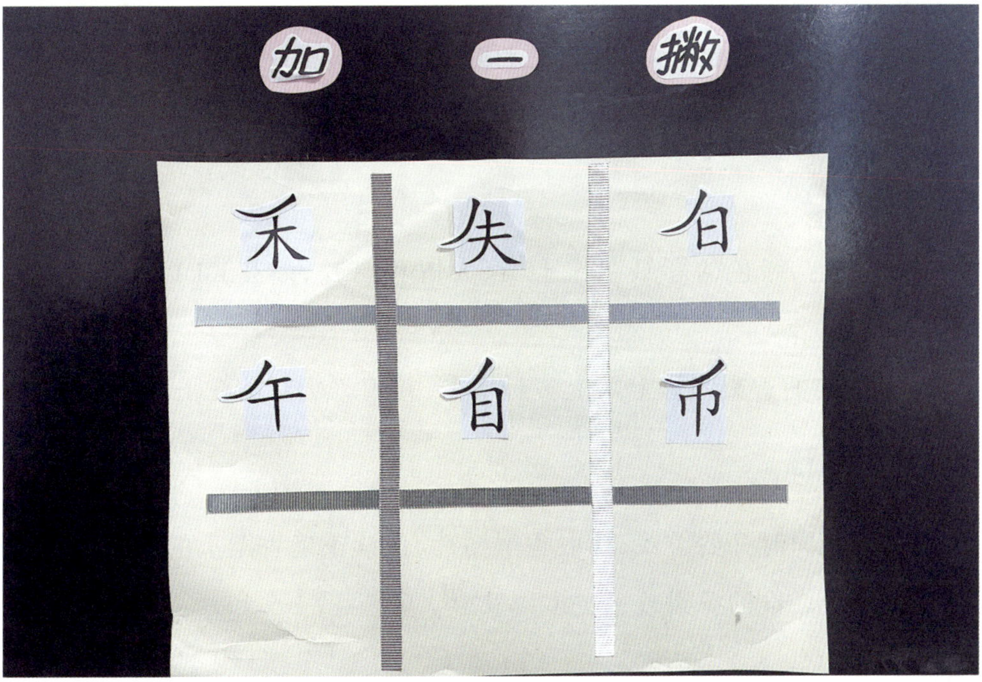

24 渔夫

环境名称

掉落的香梨

设计意图

5—6岁的幼儿喜欢观察生活中的事物，尤其对自然界中的动植物生长规律特别感兴趣。结合教学内容，创设“掉落的香梨”的认读环境，将重点字词融入环境中，使幼儿在游戏中复习巩固字词。

材料准备

白色KT板1块、彩纸若干、彩色打印的香梨图片若干、打印的字卡、塑封纸若干、雌雄贴若干

制作方法

1. 用咖色、绿色的彩纸制作土堆、大树和树叶，贴在KT板上，布置果树场景。

2. 在塑封的香梨图片上贴上塑封字卡，并用雌雄贴贴在土堆上。

建议玩法

两名幼儿同时开始游戏，摘取香梨图片，认读正确香梨上的字宝宝则掉落到土堆里。最后谁的香梨数量更多则获胜。

参考照片

25 动物爪印

环境名称

小蝌蚪找妈妈

设计意图

《小蝌蚪找妈妈》是幼儿非常熟悉的童话故事。结合教学内容,创设“小蝌蚪找妈妈”的认读环境,将重点字词融入环境中,引导幼儿在有趣的情境中复习巩固字词,激发幼儿的认读兴趣。

材料准备

白色KT板1块、彩色卡纸若干、彩色打印的青蛙图片若干、彩色打印的字卡图片、打印的字卡、塑封纸若干、雌雄贴若干

制作方法

1. 用绿色卡纸制作荷叶,贴在KT板上,布置荷塘场景。
2. 在塑封青蛙图片上贴上塑封字卡图片,分散贴在荷叶上。
3. 用黑色卡纸制作小蝌蚪并贴上塑封字卡,用雌雄贴固定在KT板下方。

建议玩法

两名幼儿比赛,随意拿取一条小蝌蚪,认读蝌蚪身上的字卡,根据蝌蚪身上的字卡线索和青蛙身上的图片进行配对,以此寻找自己的妈妈。匹配成功最多的幼儿则为胜利。

参考照片

26 草原画卷

环境名称

学唱歌

设计意图

幼儿喜欢唱歌，也认识一些简单的乐谱标记。结合教学活动，创设“学唱歌”的认读环境，将教学中的重点字词融入其中，在游戏中帮助幼儿复习巩固字词，激发幼儿的认读兴趣。

材料准备

黑色KT板1块、彩色自粘纸若干、彩色海绵纸若干、彩色打印的唱歌小朋友和音符图片若干、打印的字卡、塑封纸若干、雌雄贴若干、篮筐1个

制作方法

1. 将绿色自粘纸剪成长条，与塑封彩色音符图片一起贴在KT板上，布置五线谱场景。

2. 用绿色、红色、黄色、蓝色的海绵纸制作小草、小花，贴在KT板下方的装饰。

3. 将塑封唱歌小朋友图片贴在空白处做装饰。

4. 塑封字卡，一部分贴上用黑色海绵纸制作的音符并贴上雌雄贴，一部分贴上雌雄贴，放在篮筐里备用。

建议玩法

幼儿在篮筐里取一张字卡认读后，贴到彩色音符上，同时在篮筐里找一找相同的黑色音符卡片，进行配对。两名幼儿比赛，看谁贴的音符更多。

参考照片

27 热闹的动物园

环境名称

瓢虫找家

设计意图

幼儿喜欢昆虫，对各种类型的瓢虫特别感兴趣，经常能够听到大家讨论，哪一种瓢虫是益虫，哪一种瓢虫是害虫。结合教学内容，创设“瓢虫找家”的认读环境。幼儿在互动的游戏情境中既能复习巩固字词，又能提高认读兴趣。

材料准备

黑色KT板1块、绿色纸盘若干、彩色海绵纸若干、彩色打印的瓢虫图片若干、彩色打印的字卡图片、打印的字卡、塑封纸若干、雌雄贴若干

制作方法

1. 用咖色海绵纸制作树干，用绿色纸盘制作树冠，用黄色、绿色的海绵纸制作小草和树叶，贴在KT板上，布置大树场景。

2. 将塑封字卡贴在树冠中。

3. 在塑封瓢虫图片上贴上塑封字卡图片，用雌雄贴固定在树叶上。

建议玩法

2名小朋友指读字宝宝，将瓢虫身上的图片和树叶上的字卡进行配对。匹配成功最多的则为胜利。

参考照片

28 森林里的大合唱

环境名称

呱呱在唱歌

设计意图

在平时的体育锻炼中我们经常会玩小青蛙这个游戏。结合教学活动，创设“呱呱在唱歌”的认读环境，将教学中的重点字词融入其中，使幼儿在游戏中复习巩固字词。

材料准备

黑色KT板1块、绿色海绵纸若干、彩色打印的青蛙图片2张、彩色打印的字卡图片、打印的字卡、塑封纸若干、雌雄贴若干

制作方法

1. 用绿色海绵纸制作荷叶贴在KT板上，布置荷塘场景。
2. 将塑封字卡及字卡图片贴在荷叶上。
3. 将塑封青蛙图片用雌雄贴固定在KT板下方。

建议玩法

两名幼儿一人手拿一只小青蛙，开始游戏。手持的小青蛙可以跳跃，跳到哪片荷叶上，就把荷叶上的图片或者字宝宝念出来。念对就可以继续跳跃，如果没有念出来就要回到原处。

参考照片

29 小鸟学飞

环境名称

小蜜蜂采花蜜

设计意图

小蜜蜂是幼儿比较熟悉的小昆虫。结合儿歌内容，创设“小蜜蜂采花蜜”的认读环境，将重点字词融入环境中，使幼儿在游戏中复习巩固字词，同时激发其认读兴趣。

材料准备

白色KT板1块、彩纸若干、彩色打印的密封盒花朵图片若干、打印的故事、打印的字卡、塑封纸若干、雌雄贴若干

制作方法

1. 用粉色、蓝色、黄色、绿色、灰色的彩纸剪出长方形，贴在KT板上，布置彩色天空的场景。
2. 用绿色彩纸制作草地和塑封花朵图片一起贴在KT板下方装饰。
3. 用橙色彩纸制作太阳并贴上塑封儿歌，固定在KT板右上角。
4. 在塑封蜜蜂图片上贴上塑封字卡，用雌雄贴固定在天空中。
5. 在塑封花朵图片上贴上塑封字卡，贴在草地上。

建议玩法

幼儿认读小蜜蜂上的字卡，然后找一朵相应的花朵去采花蜜。比一比，谁的小蜜蜂采的花蜜多。蜂蜜采完后，试着将故事讲一讲。

参考照片

小蜜蜂采花蜜
美丽的森林里，住着小鸟一家，
鸟妈妈和鸟爸爸希望小鸟学会飞翔，
他们告诉小鸟："你要张开翅膀，使劲地拍打，勇敢地往高处飞。"
小鸟尝试了一遍又一遍，一会儿飞到这儿，一会儿飞到那儿，终于学会了飞翔。
那
望
这
往
这
那
往
望

小蜜蜂采花蜜
美丽的森林里，住着小鸟一家，
鸟妈妈和鸟爸爸希望小鸟学会飞翔，
他们告诉小鸟："你要张开翅膀，使劲地拍打，勇敢地往高处飞。"
小鸟尝试了一遍又一遍，一会儿飞到这儿，一会儿飞到那儿，终于学会了飞翔。
这
这
那
那
往
往
望
望

30 小学生

环境名称

光芒四射

设计意图

幼儿每天都要进行户外活动，明媚的阳光和朵朵白云能让幼儿感觉无比舒适。结合教学内容，创设“光芒四射”的认读环境。幼儿在游戏的情境中既能复习巩固字词，又能提升认读兴趣。

材料准备

蓝色KT板1块、彩色海绵纸若干、彩色打印的太阳花图片若干、打印字卡、塑封纸若干、雌雄贴若干

制作方法

1. 用黄色、橙色的海绵纸制作太阳，贴在KT板上。
2. 用绿色海绵纸制作草地，和塑封太阳花图片一起贴在KT板下方。
3. 用白色海绵纸制作云朵，贴上塑封字卡，并用雌雄贴固定在太阳上。

建议玩法

幼儿读一读、认一认云朵上的字宝宝，念对了，可以拿下来贴在天空中。游戏可以反复多次进行。

参考照片

31 老师，我想对您说

环境名称

毕业啦

设计意图

5—6岁的幼儿即将毕业，进入小学阶段学习、生活。毕业时戴上小博士帽，是一个光荣而难忘的时刻。结合教学内容，创设“毕业啦”的认读环境，将重点字词融入环境中，使幼儿在游戏中复习巩固字词。

材料准备

黑色KT板1块、彩色打印的小朋友和博士帽图片若干、打印的字卡、塑封纸若干、雌雄贴若干

制作方法

1. 将塑封的小朋友图片，贴在KT板中间。

2. 在塑封的博士帽图片上贴上塑封字卡，用雌雄贴贴在KT板下方。

建议玩法

幼儿读一读博士帽上的字卡，读正确后可以给小朋友戴上博士帽。戴的博士帽越多得分越高。

参考照片

5—6岁（下）

二 班级环创参考图集

1 主题环境

结合五大领域相关主题活动课程，创设丰富多元的主题活动环境。在布置主题环境的过程中融入相关字词，如主题标题、主题评价表、主题人物等等。将主题环境与汉字融合呈现，帮助幼儿在五大领域课程中接触汉字，了解字词的运用。

(1)动物世界真奇妙

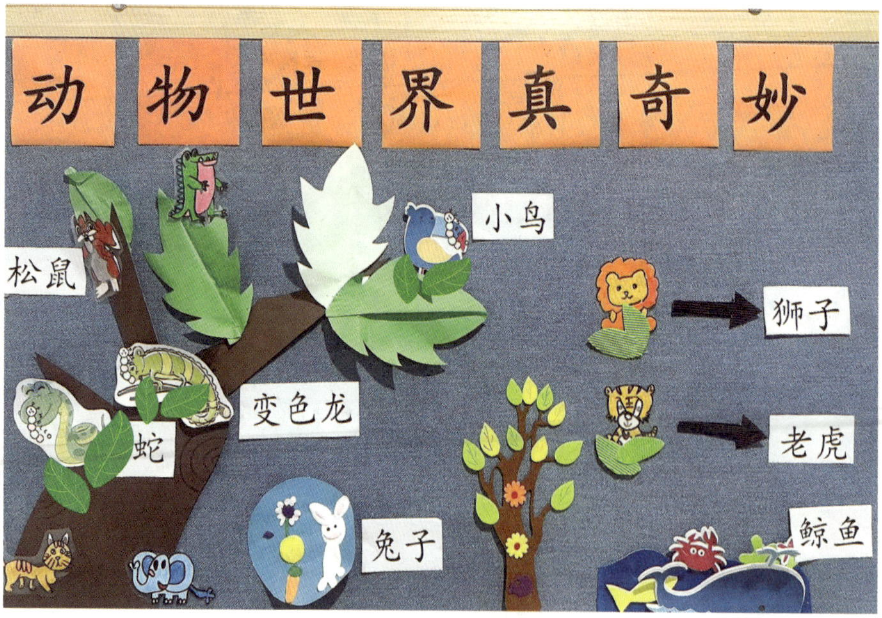

(2)我生活的周围

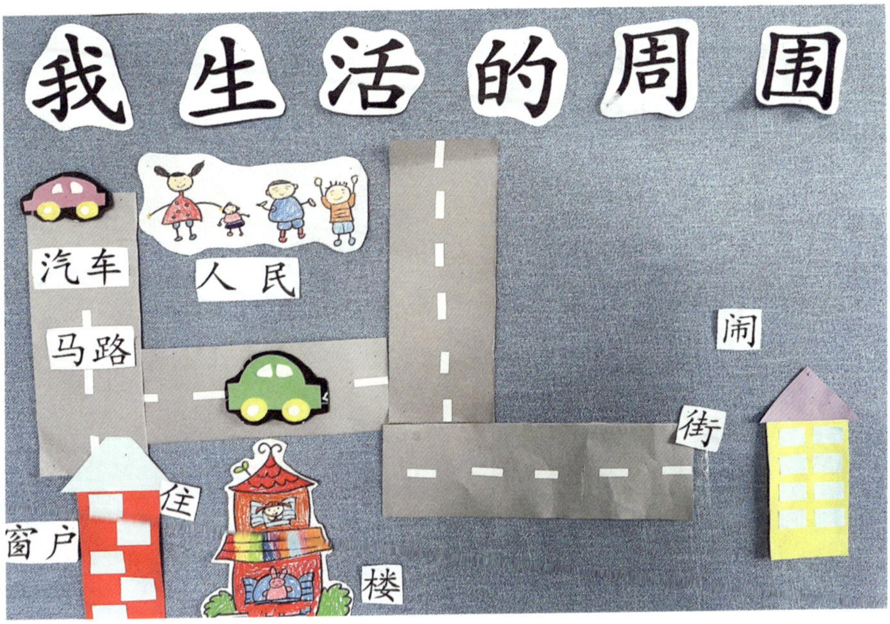

(3)地球村

(4)我有好习惯

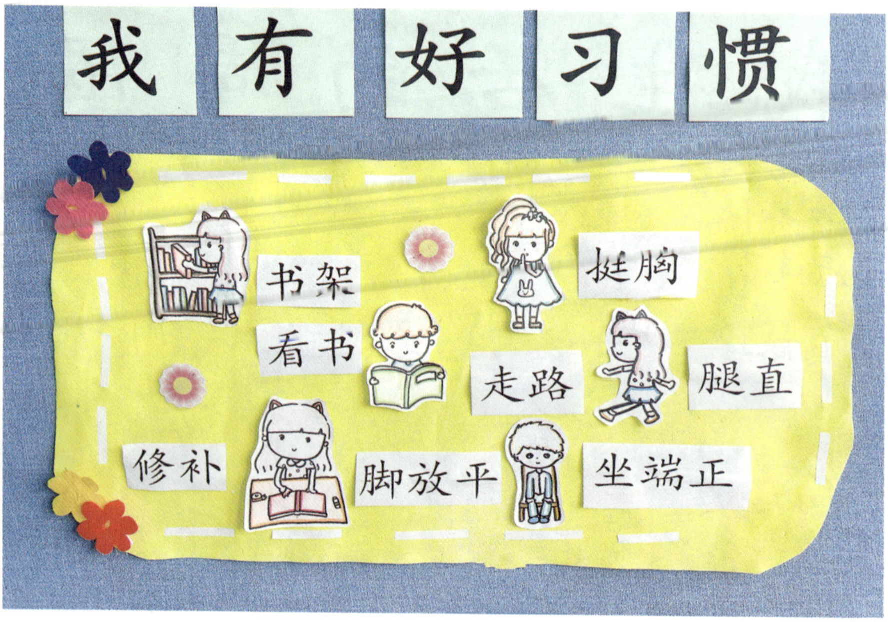

(5)再见,幼儿园

2 创游环境

结合创造性游戏的需要，创设逼真有趣的角色游戏场景。在布置游戏环境的过程中融入相关字词，如游戏标识、游戏规则、游戏价目表等等。将游戏环境与汉字巧妙融合，帮助幼儿在游戏中接触汉字、巩固汉字、运用汉字。

（1）医院

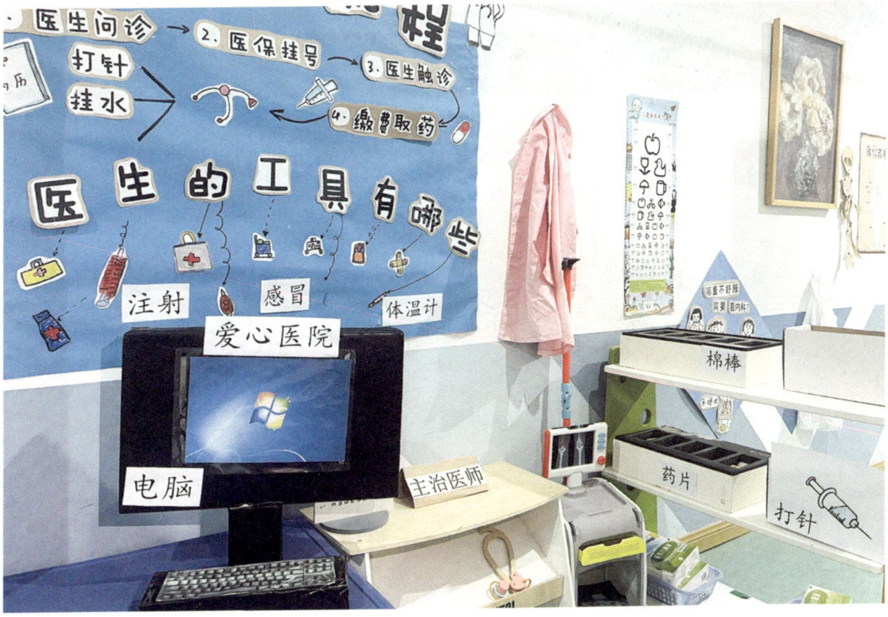

(2)银行

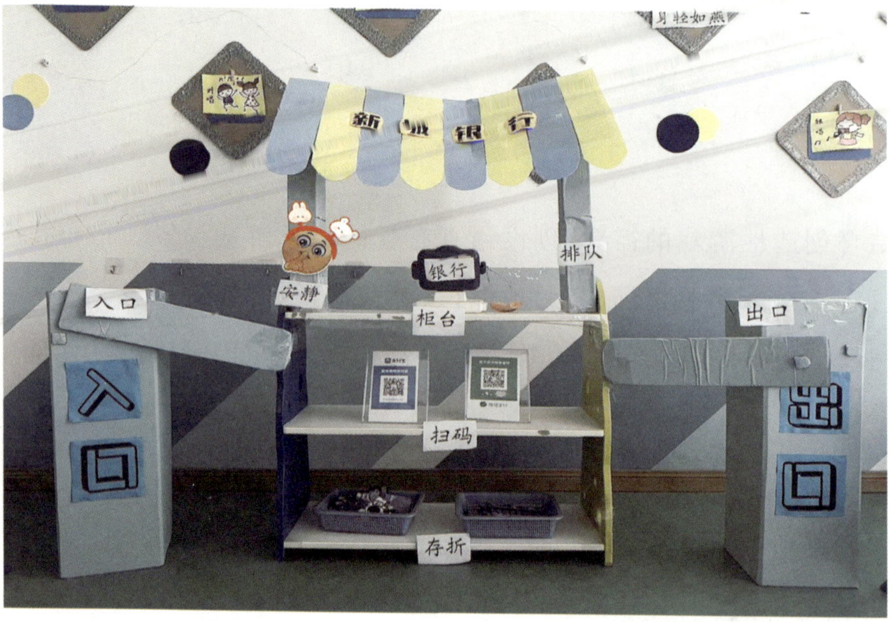

(3)茶点铺

(4)面包店

(5)服装店

3 区角环境

结合一日生活中各个环节，创设生活化功能性的区角环境。在布置区角环境的过程中融入相关字词，如盥洗室的洗手方法、走廊里的安全标志、专业活动室的使用制度等。将区角环境与汉字有效整合，帮助幼儿在日常生活中接触汉字，潜移默化地自然巩固字词。

(1)饲养角

(2)音乐区

(3)插塑区

（4）值日区

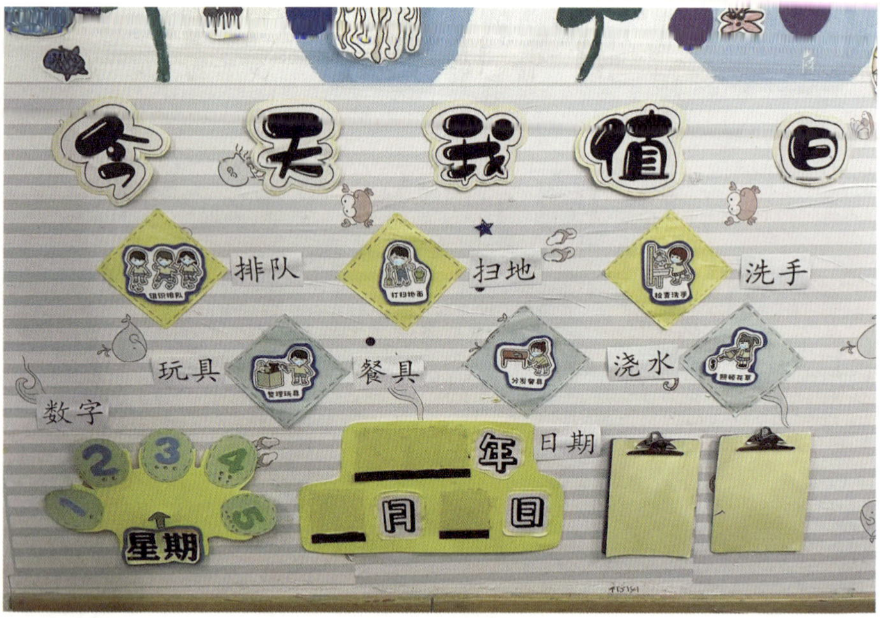
今天我值日
排队
扫地
洗手
玩具
餐具
浇水
数字
1 2 3 4 5
星期
年
月
日
日期

（5）展示区

远远说：捡起一片小树叶，我是环保好娃娃！
创意
展示区
环保
小桥
花篮
蛋糕
成成说：同花儿一起开放，和小树一起成长。
小花
汽车
垃圾桶
璐璐说：小草给我一片绿，我给小草一份爱。

后记

苏州市实验小学校教育集团各民办校(园)在徐天中校长的带领下,自2011年起,以“语言发展”为研究点开展“儿童语言发展小幼衔接的实验研究”。该课题研究的申报单位为苏州明珠学校。课题组由苏州明珠学校、苏州明珠幼儿园等四家单位组成,苏州明珠幼儿园主要承担完成了课题中3—6岁年龄段的实验研究。

徐天中校长是教育部首届骨干校长高级研修班成员,全国29位校长带头人之一,中国教育学会全国实验学校教育科学研究专业委员会副理事长,中国教育学会小学教育专业委员会副会长,全国骨干校长工作研究会副理事长,苏州市专家咨询团成员,教育部小学校长培训中心(北京师范大学校长培训学院)兼职教授,苏州大学兼职教授、硕士生导师,苏州市实验小学校教育集团原总校长。

徐天中校长创造性地提出了“生活认读”“环境认读”“游戏认读”“三步认读”四种模块的学习方式。四种模块的学习,遵循了儿童的生理和心理发展规律,符合汉字、汉语文化的学习特征,将符号辨识和内容体验有机统一。四种模块的学习,建立了小幼衔接语言教学共同体,儿童在活生生的多元动态环境中实现高效地识字、快速地阅读、流利地表达,从而充分开发儿童语言、思维等潜能,促进儿童全面可持续发展,为终身学习打下坚实的基础。

本丛书由徐天中校长担任编委会总主编,他对本丛书的指导思想、框架结

构、内容审定、文字撰写等方面做出了具体指导和详细安排。赵洪、丰新娜、丁文群、王莉、王静、过坚、朱月龙、屈雅琴、钱春玲、钱晶莹参与了本丛书各分册的编写与审校工作。谈莉莉、葛建平、宋怡、周莉、周璇、戴莉萍、沈琴、周玉婷、陆丽亚、范兰珍、顾敏娴、吴国英、程浏、杨斐、张雯婷、沈建芳、翁娟芳、潘宏参与了课题的教学研究工作。课题组全体成员在推进课题研究的过程中，展现了对孩子的认真观察、对教法的认真琢磨、对经验的认真提炼。本丛书中的每一篇活动设计、每一件游戏材料、每一个指导要求，都凝聚着教师们对课题研究的独特观点。

课题研究开展期间，课题组得到了幼儿科学认读发起人，原江苏省教育委员会副主任、江苏省教育学会原会长周德藩先生，苏州大学朱月龙教授，以及北京师范大学、中国教育科学研究院、江苏省教育科学研究院等单位有关专家的指导。他们为课题研究提供了科学认读的成果借鉴，为课题推进提供了广阔的研究思路，也在丛书编写过程中提供了许多建设性的修改意见，我们在此表示衷心的感谢！

本丛书在编写过程中得到了很多专家、学者、老师的支持和帮助，在此向各位表示诚挚的谢意！

由于编者水平和时间的限制，本丛书在理论的探索和实践的操作上还有提升的空间，不足之处敬请专家和读者不吝赐教！

编　者

2023年8月

儿童语言发展
小幼衔接的实验研究丛书

游戏认读

5—6岁

徐天中 总主编
本书编委会 编

浙江工商大学出版社
ZHEJIANG GONGSHANG UNIVERSITY PRESS
·杭州·

图书在版编目(CIP)数据

儿童语言发展小幼衔接的实验研究丛书. 5—6岁 3 游戏认读 / 徐天中总主编·本书编委会编. -- 杭州: 浙江工商大学出版社,2024. 10. -- ISBN 978-7-5178-6121-8

Ⅰ. G613.2

中国国家版本馆CIP数据核字第2024PZ3230号

儿童语言发展小幼衔接的实验研究丛书

游戏认读(5—6岁)

YOUXI RENDU (5—6 SUI)

徐天中 总主编　本书编委会 编

策划编辑 周敏燕
责任编辑 周敏燕
责任校对 胡辰怡
封面设计 蔡思婕
责任印制 祝希茜
出版发行 浙江工商大学出版社
(杭州市教工路198号　邮政编码310012)
(E-mail:zjgsupress@163.com)
(网址:http://www.zjgsupress.com)
电话:0571-88904980,88831806(传真)
排　　版 杭州朝曦图文设计有限公司
印　　刷 杭州捷派印务有限公司
开　　本 787mm×1092mm　1/16
总 印 张 66.5
总 字 数 913千
版 印 次 2024年10月第1版　2024年10月第1次印刷
书　　号 ISBN 978-7-5178-6121-8
总 定 价 240.00元(共六册)

序

一个人的语文素养根基在于阅读，儿时阅读兴趣的激发和习惯的养成至关重要。孩子是天生的学习者。脑科学研究成果表明，幼儿正处于语言学习的敏感期，充分利用汉字图形表意的优势，在儿童生活和游戏过程中，开展“随风潜入夜”式的认读活动，既能激发孩子的阅读兴趣，又有利于培养孩子的阅读习惯。

为此，我们曾组织几十所幼儿园和小学，以“科学认读”为课题进行早期阅读的实验研究。十数年的坚持，改变了我们汉字难学的认知。其实汉字存有认读和书写的相位差，可先认读不书写，或者后书写。阅读的入门并不难。据此，我们在幼儿园开展科学认读汉字词的活动，这激发了孩子们认读汉字词的热情。做得好的幼儿园，大班的孩子普遍可以认读近千个汉字。有些小学主动对接幼儿园继续实验，到二年级学年末，学生认读可超两千字，从而实现自主阅读。这项研究结题时，教育部原副总督学郭振有说，此项研究切口小、意义大。

结题之后，由于环境的影响，继续参与研究的很少。但是徐天中校长凭借他丰富的教育经历和学识，充分认定这项研究的价值，抓住小切口，依靠教育集团的优势，设计出小幼衔接的大文章，坚持做了十多年。他主持开展的江苏省教育科学“十二五”规划重点课题“儿童语言发展小幼衔接的实验研究”，抓住儿童口头语言发展的关键期，在不增加儿童学习负担的前提下，建立了一套

符合儿童身心发展特征、小幼间无缝对接的科学认读目标、内容、方法、评价体系，让3—6岁儿童语言教学与小学语文教学在展示自身特色基础上实现无缝衔接，建立小幼衔接语言教学共同体，开发儿童语言思维等潜能，促进儿童全面可持续发展，为终身学习打下坚实的基础。

徐天中校长从“字”“人”“环境”这三个方面着手研究，创造性地在3—6岁阶段科学认读研究中提出了“生活认读”“环境认读”“游戏认读”“三步认读”四种模块的学习方式。在这些学习方式的互通与互补过程中，6岁幼儿轻松而高效地达到1000多个常见字的认读目标。正是通过抓住关键期，从3岁开始的有效语言教育，幼儿从3岁起就逐步开始了自主阅读绘本、报纸、书册，到6岁积累了近10万字的阅读量。这充分开发了幼儿的学习潜能，促进了其形象思维、逻辑思维等的快速发展。3—6岁的早期认读和早期阅读成果，让幼儿进入小学一、二年级后语文学习优势明显，轻松完成2500个常用字的学习，课外阅读量超100万字，这也很好地推进和提高了学生学习其他学科的兴趣、速度和质量，从而进一步全面提升了学生的综合素养。

徐天中校长领衔的这项课题成果丰硕，课题组编撰了《小幼衔接语言发展之科学认读》《小幼衔接语言发展之绘本阅读》《小幼衔接语言发展之口语讲述》等共计18册的系列丛书，制作了与之配套的电子课件、挂图卡片、音频视频、游戏盒子等学习辅助材料。这些课题研究成果集聚了严谨规范的教学流程、系统高效的教学方式、生动有趣的教学材料、多元灵活的教学评价，具有极大的实操性和可推广性。我希望这项课题研究能长期进行下去，它的探索和深化必将对基础教育体系改革产生重大意义！

周德藩

（原江苏省教委副主任）

目录

5—6岁(上)

5—6岁（下）

5—6岁（上）

一

桌面游戏

1 姓氏歌

游戏名称

打台球

设计意图

从幼儿的兴趣点出发，为幼儿创设“打台球”的游戏情境，引导幼儿积极参与，从而在打台球游戏的过程中巩固学过的汉字。通过同伴间的竞争游戏，增加桌面认读游戏的趣味性。

材料准备

台球玩具板、台球杆、小珠子、自制字卡

制作方法

1. 在台球桌的每个球洞处贴上字卡。
2. 将小珠子当作台球，将塑料长棍当作台球杆。

游戏玩法

【双人游戏】两名幼儿轮流用台球杆击球。当球入洞时，幼儿认读球洞上的汉字，正确认读得一分。所有的球都被击入球洞后游戏结束，谁的得分多即谁获胜。

参考照片

2 交通规则

游戏名称

我是大侦探

设计意图

5—6岁幼儿对具有挑战性的活动比较感兴趣，喜欢侦探类游戏，由此设计“我是大侦探”的游戏，鼓励幼儿在游戏的过程中巩固学过的汉字。

材料准备

纸牌、红色自粘纸、KT板、字卡

制作方法

1. 将KT板裁成圆形做底板。
2. 将红色自粘纸剪成小长条，贴在底板上，将圆形底板分成四等份。
3. 将一套字卡均匀地贴在圆盘上。
4. 将另一套字卡贴在纸牌背面，放在底板中央。

游戏玩法

【双人游戏】一名幼儿翻开纸牌字卡，另一名幼儿找到相同汉字的字卡并认读。认读正确可将相应字卡拿走，认读错误将字卡放回原位。两人轮流进行游戏，认读完所有字卡，则游戏结束，比一比谁获得的字卡多。

参考照片

3 反义词（一）

游戏名称

小锁匠

设计意图

结合幼儿动手操作能力的发展，设计“小锁匠”的游戏，让幼儿在玩开锁游戏的过程中巩固已经学过的汉字，并体验成功开锁的乐趣。

材料准备

玩具锁、钥匙、自制字卡、图片、托盘

制作方法

1. 在玩具锁上贴自制字卡。
2. 在钥匙上贴图片。
3. 把玩具锁和钥匙分别放在两个盘子中。

游戏玩法

【双人游戏】一名幼儿挑选一把钥匙，根据钥匙上的图片找到有对应字卡的锁配对。正确认读后开锁，则可获得这把锁，如认读错误则将钥匙和锁放回原位。两名幼儿依次轮流进行游戏，当所有的锁都被成功开启后游戏结束，谁开的锁多即为获胜。

参考照片

4 游戏时间

游戏名称

乘火车

设计意图

幼儿喜爱与同伴讨论自己的旅行经历，结合幼儿的兴趣点创设“乘火车”的游戏情境，让幼儿在游戏的过程中巩固已学过的汉字。

材料准备

绿色KT板、蓝色卡纸、紫色自粘纸、自制字卡、牛皮纸、棋子

制作方法

1. 将绿色KT板割成长方形。
2. 用蓝色卡纸剪出火车车厢，紫色自粘纸剪出车厢窗户，贴在绿色KT板上。
3. 将自制字卡贴在车厢上，一节车厢贴一张字卡。
4. 用牛皮纸制作正方体，在每个面上分别画上点数，制作成骰子。

游戏玩法

【双人游戏】两名幼儿轮流掷骰子，掷到数字几，棋子就走几步。认读相应车厢的字卡，认读正确可得一分，认读错误棋子退回原位。依次进行游戏。如走到车厢尾部，则从火车头开始继续游戏。两名幼儿各投掷五次游戏结束，谁的得分多则谁获胜。

参考照片

5 老虎巡山

游戏名称

串项链

设计意图

根据幼儿对图形的认知能力，为幼儿创设“串项链”的游戏情境，让幼儿在串项链的游戏过程中复习和巩固已学过的汉字，同时体验手工游戏的快乐。

材料准备

不织布（红色、绿色、橙色、粉色）、彩色马克笔、彩色绳子、自制字卡

制作方法

1. 用剪刀在彩色不织布上剪下圆形、三角形、正方形等图形若干。
2. 用打孔器在每个图形上打两个孔。
3. 将字卡贴在图形上做成宝石字卡。
4. 用彩色绳子做项链绳。

游戏玩法

【单人游戏】幼儿拿取一张宝石字卡，并念一念上面的字宝宝，正确认读便可以将宝石字卡串在项链绳上，念一个字串一颗宝石字卡，直到项链绳上串满宝石字卡。

参考照片

6 粗心的小熊

游戏名称

翻字围棋

设计意图

5—6岁幼儿对棋类游戏非常感兴趣，从幼儿的兴趣点出发设计“翻字围棋”的游戏，幼儿通过与同伴之间的棋类游戏，反复练习巩固所学汉字。

材料准备

蓝色KT板、银色自粘纸、白色和黑色的海绵纸、自制字卡

制作方法

1. 将蓝色KT板割成长方形做底板。

2. 把银色自粘纸剪成长条贴在KT板上，制作成棋盘格。

3. 将白色和黑色的海绵纸剪成若干圆形作为棋子，将字卡剪成圆形贴在海绵纸棋子上。

游戏玩法

【双人游戏】游戏时将两色棋子字面朝下放在棋盘格中。两名幼儿分别为黑子方和白子方，轮流翻对方的棋子，并进行认读。如果认读正确，就吃掉该棋子，放到自己一方的格子中；如不能正确认读则保留该棋子，轮到对方翻棋子并认读。游戏依次进行，如一方率先吃掉对方的全部棋子，则该方胜利。

参考照片

7 敬老爱幼

游戏名称

抢格子

设计意图

幼儿喜欢棋类游戏，因此创设“抢格子”的游戏情境，引导幼儿在游戏中熟悉并巩固所学汉字，在与同伴竞争的游戏中增加认读的趣味性。

材料准备

黑白格自粘纸、KT板、子母贴、自制字卡

制作方法

1. 将黑白格自粘纸贴在KT板上作为棋盘。
2. 在棋盘格内贴上母贴。
3. 将字卡剪成方形和圆形两种，并在字卡的背后贴上子贴作为棋子。

游戏玩法

【双人游戏】两名幼儿分别手持方形棋子和圆形棋子，轮流出棋。一名幼儿出棋，并认读棋子上面的字，正确认读后便可将棋子贴到棋盘上；念错则不贴，另一名幼儿获得下棋机会。当棋盘上布满棋子时，数一数，谁下的棋子比较多，谁就获胜。

参考照片

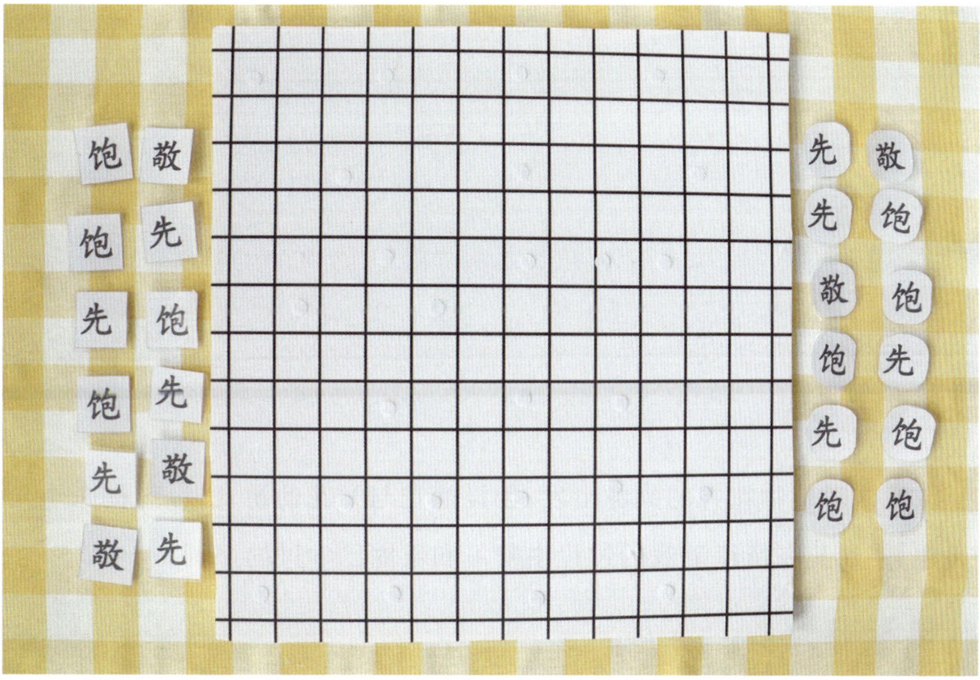

8 文明拍手歌

游戏名称

遍地开花

设计意图

从幼儿对植物花卉的兴趣出发，创设摘花与开花的游戏情境，提高幼儿认读兴趣，使幼儿在情境游戏的过程中复习和巩固已学过的字词。

材料准备

彩色海绵纸、彩色不织布、自制字卡

制作方法

1. 将绿色海绵纸裁成方形作为游戏底板。
2. 用绿色不织布裁剪成花茎形状，在花茎上贴上自制字卡。
3. 将彩色不织布裁剪成花朵形状，在花朵上贴上自制字卡。

游戏玩法

【单人游戏】幼儿根据花朵上的汉字，在草地上找到相应汉字的花茎。能正确认读汉字，就可以将花朵贴在花茎上；不能正确认读则将花朵字卡放回原位。将所有花朵字卡和花茎字卡配对成功则游戏结束。

参考照片

9 大象佰佰

游戏名称

七色花

设计意图

幼儿对绘本《七色花》的故事非常感兴趣，根据“七色花”故事设计有趣的认读桌面游戏，引导幼儿在游戏过程中巩固复习学过的汉字。

材料准备

彩色不织布（紫色、红色、绿色、黄色、橙色、蓝色、粉色、浅绿色）、白色KT板、自制字卡

制作方法

1. 将白色KT板作为底板。
2. 用各色不织布制作成花瓣、花茎，粘贴在白色KT板上。
3. 在七色花每个花瓣上贴上母贴，在自制字卡反面贴上子贴。

游戏玩法

【单人游戏】幼儿拿一张字卡进行认读，认读正确后贴在花瓣上，认读错误则将字卡放回原位。所有花瓣都贴上字卡则游戏结束。

参考照片

10 谢谢你

游戏名称

大球小球对对碰

设计意图

以“大球小球对对碰”游戏激发幼儿认读汉字的兴趣，幼儿能仔细观察，迅速反应并大胆说出相对应的汉字，通过情境性游戏巩固已学的认读内容。

材料准备

白色KT板、塑料托、两种尺寸的泡沫小球、自制字卡

制作方法

1. 将塑料托盘固定在白色KT板上。
2. 将两种尺寸的塑料小球贴上自制字卡后分别装入两个塑料托盘中。

游戏玩法

【单人游戏】幼儿在两个塑料托盘中找到两个相同汉字的大小球，大声认读球上的汉字，认读正确则对对碰成功，认读错误则由教师单独指导。所有球都对对碰成功则游戏结束。

参考照片

11 反义词（二）

游戏名称

爬高楼

设计意图

幼儿对爬楼有着丰富的经验。这个“爬高楼”的游戏，旨在通过游戏培养幼儿的竞争意识。这个游戏不仅能让幼儿勇于挑战，还能让幼儿在游戏中完成对汉字的巩固训练。

材料准备

蓝色不织布、红色不织布、黄色不织布、自制字卡

制作方法

1. 用蓝色不织布做成底板当作高楼，用黄色不织布做窗户，用红色不织布做屋顶。

2. 在蓝色不织布上剪出数字标注楼层号码。

3. 用白色卡纸制作字卡。

游戏玩法

【多人游戏】多名幼儿共同游戏，一位幼儿担任裁判，其余幼儿比赛爬楼。裁判随意取出一个字宝宝，参赛幼儿抢答，抢答成功的幼儿拿取汉字可登上一层楼。反复抢答，谁先到达楼顶便是谁获胜。

参考照片

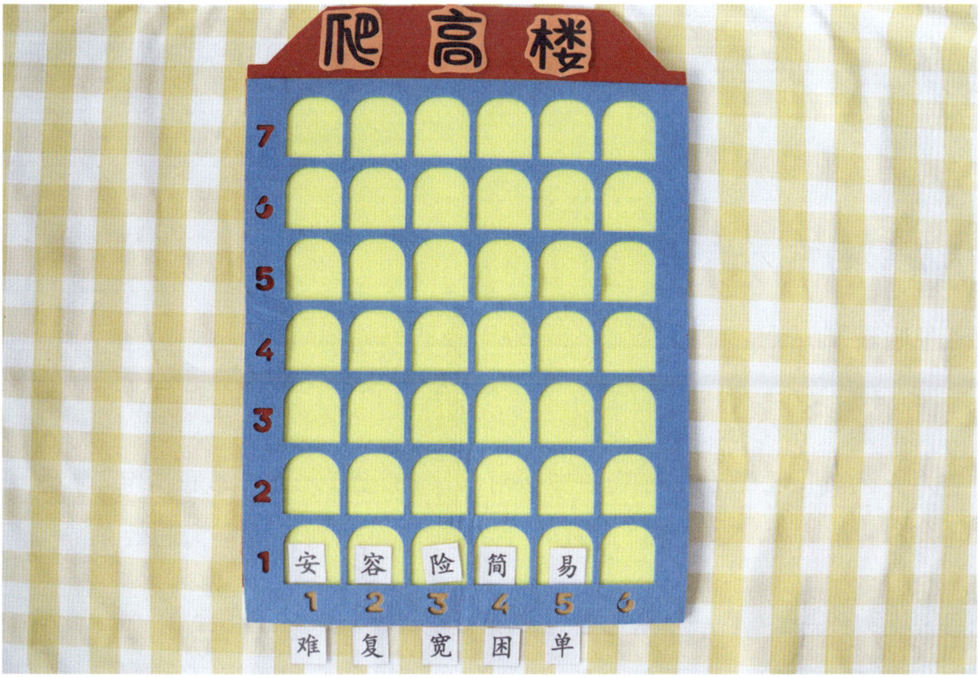
爬高楼
7
6
5
4
3
2
1
安 容 险 简 易
1 2 3 4 5 6
难 复 宽 困 单

爬高楼
7
6
5
4 容
3 单 险
2 困 复 安 困
1 易 难 宽 简
1 2 3 4 5 6

12 赶集

游戏名称

海底探宝

设计意图

为了让幼儿能充分在游戏中加深对汉字的记忆，设计“海底探宝”游戏。通过“钓鱼”的游戏方式，激发幼儿的学习兴趣，从而达到巩固字词的效果。

材料准备

鞋盒盖、自粘纸、海底世界背景图片、不织布、自制字卡、小木棍、磁铁、毛线、盘子、回形针

制作方法

1. 在鞋盒盖上包裹自粘纸装饰。

2. 在盖子里面贴上海底世界背景图做成游戏盒。

3. 用不织布制作卡通小鱼，在小鱼身上贴上自制字卡，在小鱼嘴巴部分别上回形针。

4. 用毛线做钓鱼线绑在木棍上，在毛线另一端绑上磁铁，制作成钓鱼竿。

游戏玩法

【双人游戏】两名幼儿轮流钓鱼，钓上一条鱼后要正确认读小鱼身上的字宝宝，才能放进自己的盘子里，如不能正确认读则要将小鱼放回池塘里。小鱼全部被钓起则游戏结束，谁钓到的鱼最多即获胜。

参考照片

13 我爱劳动

游戏名称

停车场

设计意图

为幼儿创设“停车场”的游戏情境，引导幼儿在开车、停车的过程中熟悉所学的汉字，增强幼儿对认读汉字的积极性。同时，同伴间的竞争，使得幼儿获得更大的挑战意愿。

材料准备

纸箱、玩具车若干、彩色胶带纸、自制字卡

制作方法

1. 用纸箱制作停车场和坡道。
2. 用彩色胶带纸剪出两条车道贴在纸箱上，并做好行驶标记。
3. 用勾线笔画出停车场的车位，标记出“P”。

游戏玩法

【双人游戏】两位幼儿比赛抢车位，同时将小车从坡道上往下开，停至一个车位，然后正确认读车位旁边的字卡，玩具小汽车则可停在车位上。如不能正确认读，玩具小汽车则不能停在车位上。游戏结束，抢到车位多的幼儿获胜。

参考照片

14 跳绳

游戏名称

借面拼字

设计意图

中国汉字有多种组合方式，为了激发孩子认字的兴趣，创设“借面拼字”的游戏，让幼儿通过组合来掌握字的形，从而认读汉字，达到复习、巩固的效果。

材料准备

正方形积木、盘子、自制字卡

制作方法

1. 把两块正方形积木包起来制作成骰子。
2. 把字卡按照偏旁部首对半剪开粘贴在骰子上。

游戏玩法

【单人游戏】幼儿观察积木上的部首和汉字，对比盘子里的完整字卡，将两个积木转动后组合在一起，正确认读汉字便可得到一个完整字卡。反复游戏，直至将盘子里完整字卡都用积木组合完成。

参考照片

15 好饿的大灰狼

游戏名称

吃火锅

设计意图

“吃火锅”游戏很贴近幼儿的日常生活，幼儿非常喜欢。“夹菜”比赛的形式，让幼儿在桌面认读游戏的过程中复习、巩固学过的汉字。

材料准备

纸筒芯、圆形铁盒、无纺布、盘子、一次性筷子、自制字卡

制作方法

1. 把圆形的纸筒芯贴在圆形铁盒的中间做成火锅的样子。
2. 用无纺布做成食物玩具（鱼、虾、番茄、豆角、茄子、荷包蛋）。
3. 将自制字卡贴在火锅食材上，放在火锅中。
4. 准备两双一次性筷子和两个塑料小碗。

游戏玩法

【双人游戏】两名幼儿同时进行“吃火锅”比赛。一人用筷子夹起火锅里的食材并念出食材上的字卡，这个菜就能放进自己的盘子；没有认读出来则放回火锅里。认读完所有火锅食材上的字卡，则游戏结束，谁得到的火锅食材多，谁就获胜。

参考照片

16 植树节（一）

游戏名称

种小树

设计意图

幼儿喜欢情境化的游戏。设计“种小树”的游戏，是为了让幼儿在种树情境的游戏中体验种树的快乐，从而在游戏中对认读活动产生兴趣，达到巩固认读的效果。

材料准备

纸杯、绿色和咖啡色海绵纸、吸管、彩纸、自制字卡

制作方法

1. 用咖啡色海绵纸剪成圆形贴在纸杯杯口当作“盆栽泥土”。
2. 用绿色海绵纸剪成小树形状，并用吸管粘住小树。
3. 把自制字卡粘贴在小树和泥土上。

游戏玩法

【双人游戏】一名幼儿选择一棵小树，念出这棵树上的汉字，认读正确可将小树种入对应的纸杯中，归自己所有。两名幼儿依次轮流进行种树游戏，所有小树都种完则游戏结束，谁种得多就获胜。

参考照片

17 植树节（二）

游戏名称

汽车放映站

设计意图

根据幼儿喜欢看电影的爱好，设计“汽车放映站”的游戏情境。有趣的游戏可以让幼儿巩固学过的字，提高幼儿识字的兴趣。

材料准备

蓝色KT板、彩色海绵纸、纸杯、子母贴、自制字卡

制作方法

1. 用蓝色KT板做底板。
2. 用粉色、橙色海绵纸制作成小汽车贴在底板左下角。
3. 用橙色海绵纸做成电视机贴在底板的右上角。
4. 将纸杯杯身粘贴在底板的右下角。
5. 在小汽车粉色区域、电视机上贴上母贴。
6. 在自制字卡反面贴上子贴，贴在小汽车粉色区域上。

游戏玩法

【多人游戏】三名幼儿参加游戏，一名幼儿当裁判，两名幼儿进行认字比赛。裁判在汽车上拿一张字卡贴在电视机上，两位幼儿进行抢答，谁先认读正确就可以取回字卡放到自己的杯子中。认读完汽车上的所有字卡则游戏结束，谁得到的字卡多，谁就获胜。

参考照片

18 反义词（三）

游戏名称

滚动反义词

设计意图

5—6岁幼儿对探究性的游戏充满兴趣，根据他们的年龄特点设计游戏“滚动反义词”。幼儿在游戏中感受反义词的变化，同时进行字词的复习与巩固。

材料准备

KT板、一次性筷子、自制正方体两个、彩色卡纸、自制字卡

制作方法

1. 将KT板的中间镂空出两个长方形做成一个底板。

2. 用彩色卡纸做成两个立方体，在立方体的四个面分别贴上自制字卡（两个立方体分别贴上反义词）。

3. 用筷子穿过两个立方体并固定在底板上，使其可以转动。

游戏玩法

【单人游戏】幼儿先滚动左边的正方体，念出正面汉字，然后转动右边的正方体，找到对应的反义词并念出来，则完成配对。部分汉字需要组词后进行配对（如结束与开始），所有字都完成配对后游戏结束。

参考照片

19 悯农

游戏名称

跳跳棋

设计意图

根据幼儿对于棋类游戏的兴趣，创设“跳跳棋”的游戏情境，将字宝宝融入棋类游戏中。幼儿在轻松愉快又富有挑战的情境中，提升经验，巩固所学汉字。

材料准备

骰子、彩纸、自制棋子、自制字卡

制作方法

1. 将A3白纸制作成棋盘。
2. 在纸上画上格子，起点用箭头标出来，在终点贴上“识字大王”字样。
3. 在彩纸上打印出一些规则语，并随机贴在格子上。
4. 将字卡随机贴在空白格子上。

游戏玩法

【双人游戏】两名幼儿轮流投掷骰子，根据骰子上的数字让棋子前进。每走一格就念出相应格子里的字，念错一个退一格，走到规则语的格子时按要求走棋。两名幼儿依次进行游戏，先到达终点者则是“识字大王”。

参考照片

汗 午
认读4个不同的字前进3格
粒
跳跳棋
禾
禾
粒
踩到地雷倒退一格
禾 汗
背诵儿歌两首前进两格
空降炸弹回到起点
午
粒 午
汗
汗
坐上飞机前进5格
禾 粒 午 汗
午
识字
游戏规则：
投掷骰子，根据数字走步数，每走一格念出相应格子里字宝宝，对方检查念错一个退一格。并按照格子里的要求走棋，先到达终点就是“识字大王”。
禾
粒
大王
禾
背诵对方给出的儿歌一首，背对前进两格，背错倒退两格。
汗 午
遇到埋伏后退三格
粒

汗 午
认读4个不同的字前进3格
粒
跳跳棋 起点
禾
禾
粒
踩到地雷倒退一格
禾 汗
背诵儿歌两首前进两格
空降炸弹回到起点
粒 午
汗
汗
坐上飞机前进5格
禾 粒 午 汗
午
识字
戏规则：
掷骰子，根据数字走步数，每走一格念出相应格子里字宝宝，对方检查念错一个退一格。并按照格子里的要求走棋，先到达终点就是“识字大王”。
粒
大王
禾
背诵对方给出的儿歌一首，背对前进两格，背错倒退两格。
汗 午
遇到埋伏后退三格
粒

20 静夜思

游戏名称

纸杯消消乐

设计意图

根据幼儿喜欢竞争类游戏的特点，为幼儿创设“纸杯消消乐”的游戏。有趣的游戏形式可以调动幼儿的专注力，引导幼儿巩固认读已学的字词。

材料准备

彩色纸杯、塑封纸、绿色KT板、自粘纸、自制字卡

制作方法

1. 将自粘纸裁剪成宽度相同的长条，粘在绿色KT板上制作成网格底板。
2. 将字卡剪成圆形反向贴在彩色纸杯的杯底。
3. 将彩色纸杯随机放在网格的空白处。

游戏玩法

【双人游戏】两名幼儿轮流翻杯底的字卡。一名幼儿先翻两个杯子，如翻到两个相同汉字的杯子，并正确认读出字卡便可获得两个杯子，认读错误的则不能获得杯子。如翻到两个不同汉字的杯子则不能获得杯子，再由另一名幼儿翻。字卡全部配对成功后游戏结束，获得杯子数量多的幼儿获胜。

参考照片

21 中华美德

游戏名称

魔术盒子

设计意图

幼儿对未知事物总是充满好奇，把汉字放在看不见的盒子里，调动起幼儿的兴趣。在有趣的游戏操作情境中，幼儿能更好地复习、巩固已学汉字。

材料准备

纸箱、海洋球、纸盒、自制字卡

制作方法

1. 在纸箱的上方割开一个洞。

2. 制作字卡，贴在海洋球上，放入纸箱中。

3. 在纸盒子中间粘上纸板分隔成两格，一个格子里贴上“?”的标志，另一个格子里贴上“√”的标志。

游戏玩法

【单人游戏】幼儿在魔术盒子中任意摸出一个海洋球，正确认读球上的字，则将海洋球放在贴有“√”标记的格子中，认读错误则将球放在贴有“?”标记的格子中。摸完所有海洋球后数一数自己能正确认读多少个字。

参考照片

22 爱画画的元元

游戏名称

汽车加油站

设计意图

根据幼儿喜欢小汽车游戏的特点，设计“汽车加油站”的游戏情境，引导幼儿在为汽车加油的游戏过程中熟悉所学汉字，增强认读游戏的趣味性。

材料准备

黑色KT板、海绵纸、毛根、子母贴

制作方法

1. 用黑色KT板做底板，在底板上刻三条路线。
2. 打印三辆不同造型的小汽车放在底板上，并在汽车上贴上母贴。
3. 用黄色和紫色海绵纸做成三个加油机，用毛根做加油枪贴在底板的左侧。
4. 制作字卡，背面贴子贴。

游戏玩法

【单人游戏】幼儿先挑选一辆汽车，找一个字卡贴到小汽车上，认读正确可以将小汽车开到加油站进行加油，认读错误则停留在原地，由教师单独指导。幼儿多次选择不同车辆及加油路线进行游戏，全部字卡认读完则游戏结束。

参考照片

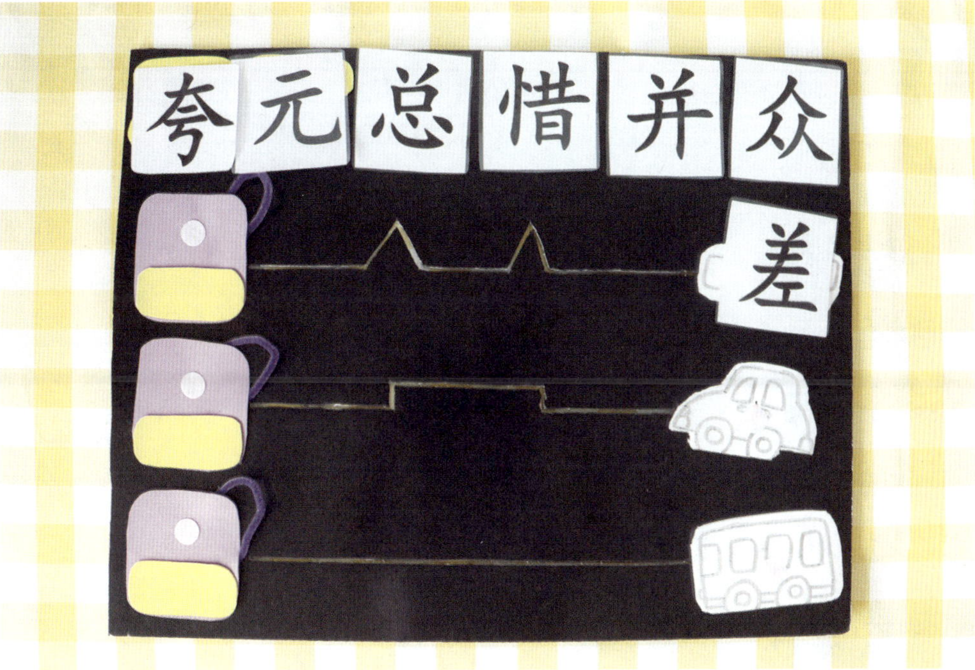

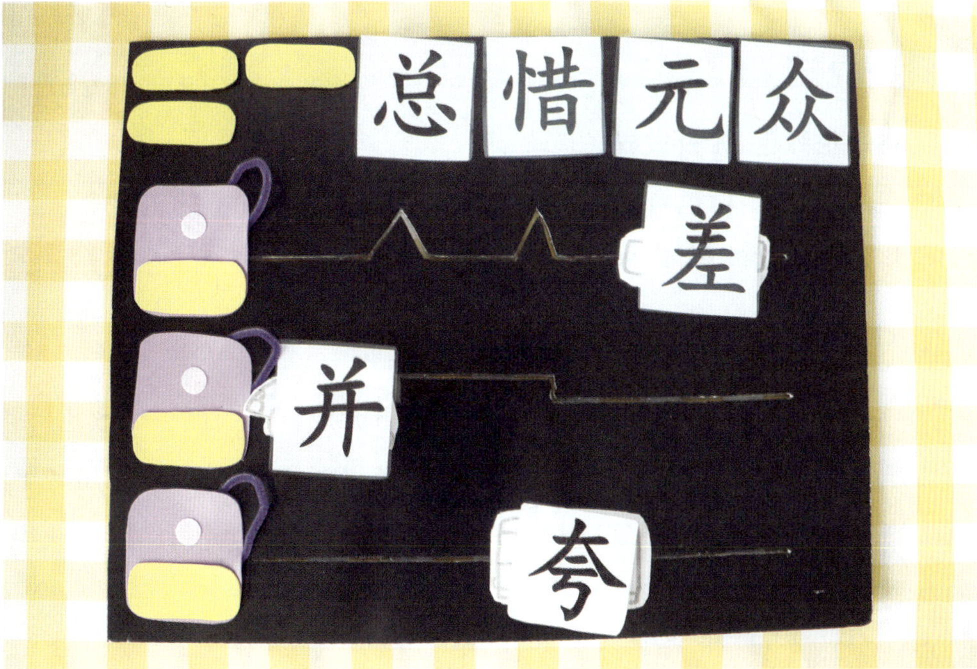

23 我的爱国心

游戏名称

颜色翻一翻

设计意图

根据幼儿对于色彩的认识，为幼儿设计"颜色翻一翻"的游戏，幼儿在竞技赛中能更加积极地参与游戏，从而激发认读的兴趣。

材料准备

彩色纸杯、绿色KT板、白色自粘纸、自制字卡

制作方法

1. 将一块绿色KT板做成底板。
2. 在KT板上用白色自粘纸贴成格子，将自制字卡贴在格子中。
3. 将纸杯倒扣放在每个格子上将字遮住。

游戏玩法

【多人游戏】一名幼儿当裁判，两名幼儿进行游戏。裁判说一个颜色，两名幼儿翻开该颜色的杯子认读汉字，认读正确可获得杯子，认读错误则将杯子放回原来的位置。当所有颜色都配对完则游戏结束。裁判统计每名幼儿获得杯子的数量，数量多的幼儿获胜。

参考照片

24 小菜园

游戏名称

勤劳的小农夫

设计意图

根据《小菜园》儿歌的内容，设计“勤劳的小农夫”游戏，让幼儿在扮演小农夫采摘蔬菜的游戏中更好地复习巩固字宝宝。同时，同伴间的竞争游戏能增加桌面认读活动的趣味性。

材料准备

纸箱、咖啡色海绵纸、自制蔬菜字卡、纸盒、吸管、盘子

制作方法

1. 用咖啡色海绵纸装饰纸箱，在纸箱上刻出几条缝隙制作成田地底板。
2. 将自制蔬菜字卡贴在吸管上做成插牌，并插在纸箱里。

游戏玩法

【双人游戏】一名幼儿指一张蔬菜字卡，另一名幼儿就大声认读上面的汉字，正确认读即可把蔬菜放入自己的盘子中，念错则不能摘取。两人交换角色，直至所有蔬菜字卡都收完，游戏结束，获得蔬菜字卡数量多的幼儿获胜。

参考照片

25 分果果

游戏名称

字宝宝拼拼乐

设计意图

在日常生活中，幼儿很喜欢拼拼乐的游戏。该游戏将字卡进行拆分，引导幼儿在游戏中根据自己对字形特征的认知经验完成汉字拼图，从而达到巩固记忆汉字的目的。

材料准备

自制图文结合的字卡、自制拆分的字卡、纸盒

制作方法

将图文结合的字卡和拆分的字卡分别放在两个纸盒中。

游戏玩法

【单人游戏】幼儿先从纸盒中找出一个图文结合的字卡，再找出对应的拆分字卡进行拼图游戏，拼好字卡并大声认读该字卡。所有字卡配对成功，游戏结束。

参考照片

26 彩虹桥

游戏名称

指尖冰球

设计意图

幼儿对球类游戏具有浓厚的兴趣，由此设计“指尖冰球”这个游戏。弹射冰球的游戏既能提高幼儿的手眼协调能力，又能复习巩固汉字，增加幼儿认读汉字的兴趣。

材料准备

纸盒、橙色和绿色彩纸、瓶盖、自制字卡、松紧带

制作方法

1. 将两个大小一样的纸盒拼接在一起，在拼接处设置门洞。

2. 在纸盒两端贴上橙色和绿色彩纸以区分队伍，分别在每队场地中间位置贴上分割线（松紧带）。

3. 将瓶盖贴上字卡当作冰球，将冰球平均分到两块场地。

游戏玩法

【双人游戏】两名幼儿进行竞赛游戏，一名幼儿随意抽取一颗冰球弹过门洞，另一名幼儿认读弹来的冰球上的汉字。认读正确，幼儿则将冰球收归己用，认读错误，则还给对方。两方依次进行游戏，直到有一方冰球全部被收走，游戏结束。

参考照片

27 设计师

游戏名称

水果大丰收

设计意图

秋天是丰收的季节，将丰收摘果子游戏与汉字复习相结合，让幼儿在体验游戏的同时感受识字乐趣，让幼儿在玩中学，学中玩。

材料准备

绿色、棕色海绵纸，苹果、草莓、菠萝、葡萄等水果图片，子母贴，自制字卡，果盆

制作方法

1. 用绿色海绵纸和棕色海绵纸做出一棵大树，并在树上贴母贴。
2. 将字卡粘贴到苹果、草莓、菠萝、葡萄等水果图片上，做成水果字卡。
3. 在水果字卡背后贴子贴，粘贴在大树上。

游戏玩法

【单人游戏】教师念水果的品种，一名幼儿在果树上摘对应品种的果子，并认读果子上的字卡，认读正确则可摘下果子，认读错误则不能摘下果子。教师念完所有水果品种则游戏结束，幼儿数一数一共摘下几个果子。

参考照片

28 小鸟的一天

游戏名称

俄罗斯方块

设计意图

“俄罗斯方块”这个游戏深受幼儿的喜爱。在移动方块的游戏中幼儿可以发挥空间思维能力，提高认读字宝宝的兴趣，与同伴合作游戏还可以提升桌面认读游戏的趣味性。

材料准备

KT板、自制字卡、白色卡纸、小红旗图片、红色彩纸

制作方法

1. 在KT板上贴上大小相同的格子，每个格子上贴一个自制字卡。
2. 在底板的左上角格子里贴一个小红旗图片作为起点。
3. 用白色卡纸制作方格作为俄罗斯方块。

游戏玩法

【双人游戏】两名幼儿进行你指我认的游戏。一名幼儿连续指出两个字宝宝或三个字宝宝，另一位幼儿认读，正确认读可找一块适合的俄罗斯方块覆盖在字卡上，认读错误则不能覆盖。两人依次轮流进行游戏，俄罗斯方块将底板全部盖满，则游戏结束。

参考照片

29 云彩魔术师

游戏名称

花儿朵朵

设计意图

结合幼儿喜欢的“蝴蝶与花”的故事，设计“花儿朵朵”的游戏。幼儿根据故事情节互相合作游戏，增加游戏的趣味性，提高幼儿复习、巩固汉字的兴趣。

材料准备

海绵纸、自制字卡、彩色卡纸、卷纸筒

制作方法

1. 用海绵纸剪出大小相同、颜色不同的各色花朵。
2. 用卷纸筒作花茎，做成一朵朵可站立的小花。
3. 用彩色卡纸剪出与花儿颜色相同的蝴蝶。
4. 将字卡分别粘贴到小花和蝴蝶上。

游戏玩法

【双人游戏】两名幼儿轮流游戏，一名幼儿选择一只蝴蝶，找到与蝴蝶身上相同颜色、相同字卡的花朵配对，并认读字卡。如正确认读则配对成功，蝴蝶与花归幼儿所有，如认读错误则将蝴蝶放回原位。两人依次轮流进行游戏，最后配对成功较多的幼儿获胜。

参考照片

30 家乡的小岛

游戏名称

拼拼乐

设计意图

幼儿对于拼图游戏都很感兴趣，于是创设“拼拼乐”游戏，将动物拼图游戏与汉字认读结合到一起，帮助幼儿巩固这些字形复杂、字义也比较难的汉字，复习起来也会更轻松。

材料准备

自制动物拼图、绿色纸、深蓝和浅蓝色卡纸、自制字卡、纸盒

制作方法

1. 将绿色纸贴在纸盒中做底板。

2. 在深蓝色卡纸上画上动物轮廓图，剪下后贴在底板上。

3. 用浅蓝色纸剪出与底板上一样的动物轮廓，并将其划分不同大小、不同形状的动物拼图。

4. 将自制字卡粘贴到动物拼图上。

游戏玩法

【单人游戏】幼儿拿出拼图字卡，认读上面的汉字，就可以将拼图拼到底板上。幼儿根据每块拼图的形状判断应该放在哪里，认读全部字卡并完整拼出动物图片则游戏成功。

参考照片

5—6岁（上）

二 集体游戏

1 姓氏歌

游戏名称

你是我的好朋友

设计意图

结合幼儿喜欢互动游戏的特点，创设“你是我的好朋友”找朋友游戏，引导幼儿在集体游戏过程中复习、巩固《姓氏歌》中的字词。

材料准备

字卡2套

游戏过程

1. 幼儿胸前贴上字卡，手拉手围成一个大圆圈站好。

2. 幼儿转圈念儿歌《姓氏歌》。儿歌结束后，教师出示字卡，幼儿集体认读。

3. 教师组织幼儿进行游戏，师幼一起念口令：“找呀找呀找朋友，谁和谁来做朋友？”教师同时出示两张字卡，贴有相应字卡的两名幼儿走到一起交朋友，同时念一念对方胸前的字宝宝。念完做一做友好的动作，比如拉手、拥抱、微笑。

4. 教师更换不同字卡组织幼儿多次进行游戏。

参考照片

2 交通规则

游戏名称

遍地花开

设计意图

结合幼儿喜欢互动游戏的特点，创设“遍地开花”游戏，引导幼儿在游戏过程中复习、巩固《交通规则》中的字词。

材料准备

字卡人手1张、绳子

游戏过程

1. 教师在地上用绳子圈出一个花园，幼儿围成U字形坐好。

2. 幼儿手上贴好字卡，教师组织幼儿自由认读。

3. 幼儿集体念儿歌《交通规则》，儿歌结束后，教师出示字卡，幼儿集体认读。

4. 教师拿出字卡并念口令“字宝宝来开花”。幼儿看到教师手中的字卡与自己手上的字卡一致，就走到花园中，将贴有字卡的一只手举起，并念出该字。师幼集体验证幼儿是否读对举起的字卡。

5. 幼儿全部念读正确后，教师念口令“遍地开花”，幼儿将手上字卡凑在一起，则开花成功。

6. 教师更换字卡指令组织幼儿多次进行游戏。

参考照片

3 反义词（一）

游戏名称

勇敢的孩子

设计意图

结合幼儿喜欢竞赛游戏的特点，创设“勇敢的孩子”游戏，引导幼儿在集体游戏过程中复习、巩固《反义词(一)》中的字词。

材料准备

字卡、沙包

游戏过程

1. 幼儿围坐成U字形，集体念儿歌《反义词(一)》。

2. 教师出示字卡，幼儿认读。认读后将字卡放在地面作为“敌人”。

3. 教师将幼儿分成男生女生2组，每轮游戏每组派出1人参赛。

4. 教师组织幼儿进行游戏。幼儿轮流当小士兵，将沙包当作手榴弹，将字卡当作敌人；将沙包扔向字卡，扔中并能正确念出字卡上的字则成功消灭一个敌人，小组得一分。如认读错误则不得分。

5. 幼儿认读完地面上所有的字卡则游戏结束，得分多的小组获胜。

参考照片

4 游戏时间

游戏名称

送粮食

设计意图

结合幼儿喜欢互动游戏的特点，创设“送粮食”游戏，引导幼儿在集体游戏过程中复习、巩固《游戏时间》中的字词。

材料准备

字卡1套、积木（粮食）1筐、小动物卡片3张、盘子3个

游戏过程

1. 教师出示字卡，幼儿集体认读。

2. 教师将幼儿分成3组，每轮游戏每组派出1名幼儿参加。

3. 教师出示1张字卡，3名幼儿根据教师出示的字卡抢答，第一个抢答正确的幼儿可将1个积木放到小动物面前的盘子里给小动物吃。

4. 教师更换字卡，游戏继续进行，直到所有幼儿都完成游戏。最终盘子里粮食最多的一组获胜。

参考照片

5 老虎巡山

游戏名称

冰天雪地

设计意图

结合体育游戏中的静止活动，创设“冰天雪地”游戏，引导幼儿在游戏过程中复习、巩固《老虎巡山》中的字词。

材料准备

字卡1套

游戏玩法

1. 幼儿手拿字卡围圆圈，踏步念儿歌《老虎巡山》，儿歌结束后认读手中字卡。

2. 幼儿围圆圈踏步走，教师随机念口令“1、2、3，冰天雪地”，所有幼儿站在原地，保持当时姿势不能动。教师接着说：“……字解冻！”手拿该字卡的幼儿可自由活动。

3. 教师验证解冻的幼儿是否反应正确，如反应错误，则该幼儿淘汰。

4. 教师更换不同字卡口令反复进行游戏。

参考照片

6 粗心的小熊

游戏名称

萝卜蹲

设计意图

结合幼儿喜欢互动游戏的特点，创设“萝卜蹲”游戏，引导幼儿在与同伴游戏过程中复习、巩固《粗心的小熊》中的字词。

材料准备

字卡1套

游戏过程

1. 幼儿集体念儿歌《粗心的小熊》。

2. 幼儿手拿字卡站成一排，认读自己手中的字卡和别人的字卡。

3. 教师组织幼儿进行游戏，第一位幼儿念口令，先念自己的字卡，后念别人的字卡，如“立字宝宝蹲，立字宝宝蹲，立字宝宝蹲完古字宝宝蹲”。如果拿“古”字的幼儿没接上口令，则被淘汰。

4. 幼儿多轮游戏过后交换字卡，以此反复进行游戏，最后没有被淘汰的两名幼儿获胜。

参考照片

7 敬老爱幼

游戏名称

熊熊套套乐

设计意图

结合幼儿喜欢挑战性游戏的特点，创设“熊熊套套乐”游戏，引导幼儿在集体游戏过程中复习、巩固《敬老爱幼》中的字词。

材料准备

小熊玩偶、字卡、呼啦圈

游戏过程

1. 幼儿集体念儿歌《敬老爱幼》，教师出示字卡，幼儿认读。

2. 幼儿围成半圆坐好，教师在教室中间放置3个带有字卡的小熊玩偶。

3. 教师组织幼儿进行游戏，幼儿站在指定的位置，用呼啦圈套小熊。如果套中，则大声念出小熊身上的字，并带领其余幼儿一起念一遍。如没有套中则换人继续游戏。

4. 幼儿都进行过套圈认读则游戏结束。

5. 建议玩法二：教师指定字宝宝，让幼儿套有该字的小熊，如套错则集体认读该字。

参考照片

8 文明拍手歌

游戏名称

贪吃蛇

设计意图

结合幼儿喜欢挑战性游戏的特点，创设“贪吃蛇”游戏，引导幼儿在集体游戏过程中复习、巩固《文明拍手歌》中的字词。

材料准备

字卡1套、玩偶1个

游戏过程

1. 幼儿围成圆圈坐好，集体认读字卡。

2. 教师将字卡摆放成蛇形在地上，然后背过身喊“开始”，幼儿依次传递玩偶。教师喊“停”，拿到玩偶的幼儿认读地上任意一张字卡。认读正确可以将字卡拿走，认读错误则不拿。

3. 教师与幼儿反复进行游戏，当所有字卡都被拿走，则游戏结束。

参考照片

9 大象伯伯

游戏名称

击鼓传球

设计意图

根据“击鼓传花”的民间小游戏，设计“击鼓传球”游戏，帮助幼儿在游戏过程中感受游戏带来的快乐，并巩固在《大象伯伯》中所学的字词。

材料准备

铃鼓、贴纸、球、字卡

游戏过程

1. 幼儿围成圆圈坐好，集体认读字卡。

2. 教师手拿铃鼓坐在圆圈中间摇铃鼓，幼儿按照顺时针方向传递手中的球，铃声快则传得快，铃声缓则传得慢。

3. 教师停止摇铃，幼儿停止传球，球在谁手上，谁就认读教师出示的字卡，认读正确得贴纸1枚。

4. 教师与幼儿将所有字卡都认读完则游戏结束。

5. 教师可请幼儿来击鼓继续反复进行游戏。

参考照片

10 谢谢你

游戏名称

我抽你猜

设计意图

以魔术盒抽奖的形式，激发幼儿的好奇心，设计"我抽你猜"游戏，让幼儿在参与游戏的过程中复习、巩固所学字词，并体验游戏带来的快乐。

材料准备

字卡、贴纸、魔术盒、有字的塑料球

游戏过程

1. 幼儿分成男、女两组，排成面对面的两排座位坐好。

2. 幼儿集体念儿歌《谢谢你》，念完后教师出示字卡，幼儿认读。

3. 教师组织幼儿进行游戏，女生、男生依次进行摸球抽奖。如女生拿出一个塑料球，男生找出与塑料球上的字相同的字卡并大声认读。认读正确则男生组可得一张贴纸，认读不正确则不得。

4. 教师组织幼儿交换角色，男生摸球女生认读，游戏继续进行。

5. 所有幼儿都抽奖一次则游戏结束，哪一组获得的贴纸多即获胜。

参考照片

11 反义词（二）

游戏名称

动物聚会

设计意图

改编“萝卜蹲”游戏，加入形象的角色扮演，让幼儿学会听口令玩游戏，锻炼反应能力和倾听能力，引导幼儿在集体游戏中巩固所学内容。

材料准备

动物头饰（小羊、小猴、小狗、小猪、小兔、小牛）、字卡、贴纸若干

游戏过程

1. 幼儿分组戴上动物头饰，手拿一张字卡，自由认读手中的字卡。

2. 教师指定一位幼儿（小羊）开始游戏，幼儿念出口令如“小羊蹲，小羊蹲，小羊蹲完小狗读”，扮演小狗的幼儿念出小羊手中的字卡。如果念对，游戏继续；如果念错则淘汰。坚持到最后的幼儿获胜。

3. 教师组织幼儿交换字卡、角色后再开展相同的游戏。

参考照片

12 赶集

游戏名称

敲敲乐

设计意图

结合幼儿喜欢竞争的特点，创设“敲敲乐”游戏，引导幼儿在游戏中练习反应能力，加深所学《赶集》中的字词内容。

材料准备

小锤子、字卡

游戏过程

1. 幼儿围半圆站立，教师将字卡排成两排放在地上，幼儿集体认读。

2. 教师用小锤子敲打地面上的字卡，幼儿抢答读出字卡，反应最快且认读正确的幼儿可以成为下一个敲字卡的幼儿。

3. 幼儿轮流进行游戏，当地面上所有的字卡都认读完则游戏结束。

4. 建议玩法二：教师连续敲打两张字卡，幼儿按顺序读出两张字卡，反应最快且认读正确的幼儿可以成为下一个敲字卡的幼儿。

参考照片

13 我爱劳动

游戏名称

1、2、3，请闭眼

设计意图

结合幼儿喜欢玩“捉迷藏”游戏的特点，创设“1、2、3，请闭眼”的集体游戏，让幼儿在与同伴游戏的过程中加深对《我爱劳动》的字词记忆。

材料准备

字卡、磁铁

游戏过程

1. 教师将字卡贴在柜子上，引导幼儿集体认读。

2. 教师组织幼儿分男生女生组开展游戏，给幼儿10秒钟时间观察柜子上的字卡位置。

3. 教师喊口令“1、2、3，请闭眼”，幼儿用手蒙住眼睛，教师随机藏起一张字卡；教师喊口令“1、2、3，请睁眼”，幼儿睁开眼睛，最先准确完成认读的幼儿所在小组积1分。

4. 教师更换藏起来的字卡，与幼儿反复进行游戏。

5. 幼儿认读完所有字卡后游戏结束，哪组积分高则哪组获胜。

6. 教师重新调整字卡位置，与幼儿开展新一轮游戏。

参考照片

14 跳绳

游戏名称

小兔闯关乐

设计意图

跳跃是幼儿喜欢的体育活动，通过模仿小兔子蹦跳闯关来开展认读游戏，幼儿在游戏中边学边玩，掌握《跳绳》中所学的字词。

材料准备

呼啦圈、小兔胸牌、字卡

游戏过程

1. 幼儿集体念儿歌《跳绳》，念完后教师出示字卡，幼儿集体认读。

2. 教师在地上放两排呼啦圈，将字卡放在呼啦圈中。

3. 幼儿分成男生和女生两组，戴上小兔胸牌，各自站在起始点。

4. 两组幼儿同时进行“小兔闯关乐”游戏，每跳进一个呼啦圈就认读该位置上的字卡，认读正确则继续前进，认读错误则退到队伍最后。

5. 教师在游戏过程中及时指导，引导幼儿轮流出发。最快完成“小兔闯关乐”游戏的小组获胜。

参考照片

15 好饿的大灰狼

游戏名称

拆弹专家

设计意图

5—6岁幼儿有一定的好奇心和探索欲，喜欢在游戏中突破和发现。集体游戏“拆弹专家”可以引导幼儿巩固所学儿歌《好饿的大灰狼》的字词。

材料准备

炸弹图片、字卡

游戏过程

1. 幼儿围坐成半圆，集体认读字卡。

2. 教师将字卡随机摆放在架子上，将炸弹图片随机藏在字卡的后面。

3. 教师组织幼儿轮流游戏，幼儿取下任意一张字卡，如该字卡后面没有炸弹，则需认读该字卡后取下字卡。如取下的字卡后面有炸弹，幼儿则需认读字卡并组词，才算拆弹成功，可以取下字卡和炸弹。

4. 幼儿认读完所有的字卡后游戏结束。

5. 教师可调换字卡和炸弹位置，与幼儿重复游戏。

参考照片

16 植树节（一）

游戏名称

抢椅子

设计意图

结合幼儿喜欢竞争类游戏的特点，设计"抢椅子"游戏，锻炼幼儿的身体灵活性和反应能力，在不断的练习中掌握《植树节（一）》中所学的字词。

材料准备

椅子、字卡

游戏过程

1. 教师把椅子背靠背摆成圆形（按参加人数减1计算，即6人摆5把椅子），每张椅子上放1张字卡。

2. 幼儿在椅子外面围成一圈，教师播放音乐，幼儿沿着椅子顺时针或逆时针跑动。

3. 当音乐暂停时，幼儿迅速抢到一张椅子坐下，并能念出椅子上的字。没有抢到椅子的幼儿或者没有正确认读的幼儿则被淘汰。

4. 教师拿掉相应数量的椅子，继续游戏。抢到最后一张椅子且认读正确的幼儿为胜。

参考照片

17 植树节（二）

游戏名称

绕障碍

设计意图

以情景模式导入“绕障碍”游戏，增加幼儿对认读游戏的兴趣，并体验同伴之间合作的乐趣；引导幼儿在集体游戏过程中复习、巩固《植树节（二）》中的字词。

材料准备

字卡、房子图片、障碍物

游戏过程

1. 幼儿围圈顺时针走动，边拍手边念儿歌《植树节（二）》。儿歌结束后，教师出示字卡，幼儿集体认读。

2. 教师将幼儿分成男生女生两组进行游戏。幼儿根据教师出示的字同时绕障碍物跑，寻找该字；找对并认读准确的得一分，不正确则不得分。

3. 所有幼儿全部完成游戏后，得分较多的一组幼儿为胜。

4. 教师调整障碍物上的字卡，与幼儿继续多次开展游戏。

参考照片

18 反义词（三）

游戏名称

对对碰

设计意图

根据幼儿与好朋友一起玩的生活经验，设计“对对碰”游戏。以有趣的消除游戏提高幼儿对认读的兴趣，引导幼儿在集体游戏过程中复习、巩固《反义词(三)》中的字词。

材料准备

字卡2套

游戏过程

1. 幼儿围成一个圆圈坐好，教师带领幼儿认读字卡。

2. 教师将2套字卡随意摆放在地上，幼儿围成圆圈顺时针行走。

3. 教师念口令“找个朋友对对碰”，念完后幼儿随意找一张字卡拿好，所有幼儿迅速找到有相同字卡的同伴碰一碰，并一起大声念出该字。最先找到的两名幼儿获胜。

4. 教师组织幼儿反复进行游戏。

参考照片

19 悯农

游戏名称

北风呼呼

设计意图

“北风呼呼”游戏可以锻炼幼儿的应变能力，还能激发幼儿对认读的兴趣。集体同伴游戏能有效复习、巩固《悯农》中的字词。

材料准备

字卡

游戏过程

1. 幼儿手拿一张字卡围成圆圈站立，集体认读。

2. 教师与幼儿问答式念口令，教师说：“大风吹。”幼儿问：“吹什么？”教师说：“吹走×字宝宝。”手持该字宝宝的幼儿就找到一个椅子坐下来，没有被吹到的幼儿就站到圆圈中间继续进行游戏。教师及时发现没有认读成功的幼儿，进行集体帮助。

3. 当所有幼儿都被“吹”到座位上后游戏结束。

4. 教师可请一名幼儿作为“吹风者”与其他幼儿玩问答游戏。游戏反复多次进行。

参考照片

20 静夜思

游戏名称

花团锦簇

设计意图

幼儿喜欢玩占圈的游戏,将占圈与开花结合在一起做集体游戏。通过游戏活动来巩固《静夜思》中的字词,也培养幼儿的合作意识。

材料准备

字卡2套

游戏过程

1. 幼儿手拉手集体念古诗《静夜思》,念完后集体认读字卡。

2. 教师将字卡随意摆放在地面上。

3. 教师组织幼儿手拉手念儿歌:“红的花,绿的花,朵朵花儿簇成团,可爱的孩子们在说话,请你马上就开花。”念完儿歌后,幼儿进行提问:“开的什么花?”教师便出示一张字卡,幼儿快速认读并在地面上找到相同的字卡围住,教师引导幼儿大声认读该字卡。如有选择错误的幼儿,教师引导集体对其进行帮助。

4. 教师通过更改不同字卡口令反复进行游戏。

参考照片

21 中华美德

游戏名称

小树苗

设计意图

将小树苗快快长的情节导入到集体游戏情境中，激发幼儿的学习兴趣，在集体游戏中复习、巩固《中华美德》中的字词。

材料准备

小树苗胸牌、洒水壶、字卡

游戏过程

1. 幼儿集体念儿歌《中华美德》，儿歌结束后，教师出示字卡，幼儿集体认读。

2. 幼儿手拿字卡佩戴小树苗胸牌，围成一个圆圈半蹲。

3. 教师拿着洒水壶，随机走到其中一名幼儿身后，其他幼儿一起认读该幼儿手中的字卡。正确认读后，教师做浇水动作，幼儿一起说“小树苗快快长”，这名幼儿就可以站起来代表长高了。

4. 教师轮流给每个幼儿浇水，直到所有小树苗都长高则游戏结束。

5. 教师可请幼儿来浇水，或组织幼儿交换字卡。游戏可以反复多次进行。

参考照片

22 爱画画的元元

游戏名称

木头人

设计意图

有趣的游戏不仅能提高幼儿的学习兴趣，而且能带给幼儿一种轻松的学习氛围。将传统游戏“木头人”和集体认读游戏相结合，让幼儿复习、巩固《爱画画的元元》中的字词。

材料准备

字卡

游戏过程

1. 幼儿集体念儿歌《爱画画的元元》，念完后教师出示字卡，幼儿集体认读。

2. 教师扮演魔术师，幼儿扮演木头人。幼儿在教室里自由走动，随意摆造型。当教师念口令“1、2、3，木头人”，幼儿则不能动。动的幼儿就要认读教师出示的字卡才能继续游戏，认读不正确则被淘汰。

3. 教师组织幼儿反复多次进行游戏。教师可做夸张的动作和表情逗幼儿。

参考照片

23 我的爱国心

游戏名称

举高高

设计意图

互动式的认读游戏能让幼儿在轻松的氛围中进行认读。“举高高”比赛游戏引导幼儿在与同伴游戏的过程中复习、巩固《我的爱国心》中的字词。

材料准备

红色小字卡、白色大字卡、红色呼啦圈

游戏过程

1. 幼儿围成圆圈站立，拍手念儿歌《我的爱国心》。儿歌结束，教师出示字卡，幼儿集体认读。

2. 幼儿站成一排，每人手拿一个贴有字卡的红色呼啦圈。

3. 教师出示一张字卡，幼儿将贴有相同字卡的呼啦圈举过头顶，并念出该字，表示举高高。如念对则游戏继续，如念错则被淘汰。

4. 教师将所有字卡都出示完则游戏结束，未淘汰的幼儿就获得胜利。

5. 教师组织幼儿交换呼啦圈，游戏可反复多次进行。

参考照片

24 小菜园

游戏名称

传声筒

设计意图

5—6岁幼儿同伴之间都喜欢说一些小秘密。根据幼儿的这一特点设计“传声筒”游戏，引导幼儿在游戏的过程中复习、巩固《小菜园》中的字词。

材料准备

字卡

游戏过程

1. 幼儿围成圆圈坐好，一起拍手念儿歌《小菜园》。

2. 教师出示字卡，幼儿集体念读。

3. 教师组织幼儿游戏，教师出示一张字卡，与幼儿进行字卡传递游戏，传递字卡的同时念出该字。幼儿将字卡传递完一圈后，教师换一张字卡继续游戏。

4. 建议玩法二：教师可在一名幼儿耳边轻声说一个字，让幼儿往后传递，当传到最后一名幼儿时，该幼儿从字卡中找出该字。师幼进行集体验证。

参考照片

25 分果果

游戏名称

蚂蚁钻山洞

设计意图

结合幼儿喜欢钻爬的特点，设计“蚂蚁钻山洞”游戏，在集体游戏的过程中培养幼儿的合作能力，同时复习、巩固儿歌《分果果》中的字词。

材料准备

字卡、贴有字卡的“山洞”

游戏过程

1. 教师与幼儿集体念儿歌《分果果》。

2. 教师布置起点与终点，并将字卡贴在拱门上，引导幼儿集体认读。

3. 教师将幼儿分成2组，第一名幼儿当蚂蚁头拿一张字卡，后面的幼儿手扶着前一位幼儿的腰当蚂蚁身体。

4. 教师说“开始”，两组幼儿从起点同时出发，通过与蚂蚁头对应字卡的山洞后到达终点，通过山洞的时候每个幼儿须读出该字。最快把字卡送到终点并认读正确的一组幼儿获胜。

5. 教师可通过调换字卡组织幼儿多次进行游戏。

参考照片

26 彩虹桥

游戏名称

踩石过河

设计意图

根据5—6岁幼儿的运动能力发展水平，创设“踩石过河”游戏，引导幼儿在集体游戏过程中复习、巩固《彩虹桥》中的字词。

材料准备

字卡、长绳

游戏过程

1. 教师出示字卡，幼儿集体认读。

2. 教师在地上用长绳摆出两条曲线做小河，将字卡随意摆放在河中间当作是石头。

3. 幼儿分成男生女生两组同时进行游戏，踩着字卡过河，踩到哪一张字卡，则认读该字卡，认读正确可继续前进，认读错误则回到队伍最后。教师在旁进行指导及纠正。哪组幼儿最先全部过河则为胜利。

4. 教师可通过调换字卡来组织幼儿反复多次进行游戏。

参考照片

27 设计师

游戏名称

躲地雷

设计意图

抓住5—6岁幼儿对事物充满好奇心、勇于探索这一特点,设计"躲地雷"游戏,引导幼儿在集体游戏过程中巩固、复习《设计师》中的字词。

材料准备

字卡、呼啦圈、音乐、地雷图片

游戏过程

1. 教师出示字卡,幼儿集体认读。

2. 教师将呼啦圈围成圆摆放在活动场地上,字卡和地雷间隔放进呼啦圈。

3. 教师组织幼儿轮流进行游戏,教师播放音乐,幼儿听着音乐围着圆圈一个一个地走。当音乐停止,如幼儿踩到字卡,正确认读后可继续游戏,不能正确认读则被淘汰,如踩到地雷也被淘汰。所有幼儿都完成认读则游戏结束。

4. 教师可调整字卡和地雷的位置,组织幼儿反复进行游戏。

参考照片

28 小鸟的一天

游戏名称

指指认认

设计意图

抓住5—6岁幼儿的兴趣点，为了提高幼儿的专注能力，设计“指指认认”游戏，让幼儿在不断变化的游戏中复习、巩固《小鸟的一天》中的字词。

材料准备

字卡

游戏过程

1. 教师将字卡排列在架子上，幼儿集体认读。

2. 幼儿跟着教师一起念儿歌：“指一指，认一认，指到谁就是谁。”

3. 教师跟着儿歌节奏指字卡，当儿歌念到最后一个字时，教师指着被指到的字卡，幼儿大声认读该字。每个字卡都被指到则游戏结束。

4. 教师可请幼儿来指字卡，也可调换字卡的位置，游戏可以反复进行。

参考照片

29 云彩魔术师

游戏名称

丢雪球

设计意图

结合5—6岁幼儿有较好的团队合作意识，并结合体育游戏中的投掷技能，设计“丢雪球”游戏，引导幼儿在集体游戏过程中复习、巩固《云彩魔术师》中的字词。

材料准备

字卡2套、纸盒、自制雪球

游戏过程

1. 教师出示字卡，幼儿集体认读。

2. 教师将2套字卡分别放在2个纸盒中，幼儿人手一个雪球，分成2组排在纸盒后面。

3. 教师喊开始，幼儿接力丢雪球，将雪球丢进盒子后立即认读字卡。认读正确的幼儿拿走字卡，不正确则不拿走字卡，下一位幼儿继续游戏。

4. 哪一组幼儿最先把所有字卡全部认读完则获胜。

参考照片

30 家乡的小岛

游戏名称

小兔蹦蹦跳

设计意图

小兔子是幼儿非常喜欢的动物形象，将集体认读游戏与体育活动蹦蹦跳结合在一起，引导幼儿在与同伴游戏的过程中复习、巩固《家乡的小岛》中的字词。

材料准备

字卡、小白兔头饰、贴纸

游戏过程

1. 幼儿扮演小兔子，教师扮演兔妈妈，师幼一起唱歌曲《拔萝卜》。

2. 教师将字卡随意摆放在地上，幼儿集体认读。

3. 教师组织幼儿开展游戏，小兔子问："拔哪个？"兔妈妈答："拔×萝卜。"小兔子根据兔妈妈说出的字，双脚并拢跳过去找到相应字卡后交给兔妈妈。最先找到字卡的幼儿获得一枚贴纸。

4. 教师可变换字卡口令组织幼儿反复进行游戏，也可请幼儿做兔妈妈来说出指令。游戏可多次进行。

参考照片

5—6岁（上）

三

亲子游戏

1 保龄球

材料准备

保龄球玩具、字卡“言、许、姜、重、遵、过、反、节、减、伙、伴、级”

游戏玩法

家长为幼儿准备一些保龄球玩具，在保龄球瓶上贴字卡，并整齐排列。

玩法一：

1. 家长说字，幼儿用保龄球瞄准瓶子扔出。
2. 击中后能正确认读瓶子上的汉字则把瓶子拿走。
3. 认读错误则瓶子放回原位。
4. 直至所有的瓶子都被击倒，游戏结束。

玩法二：

1. 幼儿用保龄球瞄准瓶子扔出。
2. 迅速读出被击倒的瓶子上的汉字。
3. 家长帮助记录，瓶子全部击倒则游戏结束。

2 打怪兽

材料准备

海洋球、怪兽玩偶、字卡“虎、坏、更、古、敬、先、饱、礼、貌、语、牢、关”

游戏玩法

家长将字卡贴在家中的怪兽玩具上，再准备一些海洋球。

玩法一：

1. 家长逐个出示贴有字卡的小怪兽。
2. 幼儿能读出怪兽身上的字，怪兽就被打败了。
3. 幼儿和家长一起让小怪兽做摔倒状。

玩法二：

1. 家长将贴有字卡的怪兽有序排列。
2. 幼儿手拿海洋球，家长读字。
3. 幼儿瞄准对应的小怪兽进行投球，投中则获胜。

3 风火轮

材料准备

纸筒、轮滑鞋、字卡“粗、腰、肩、保、功、劳、护、难、简、拉、场、买”2套

游戏玩法

借助幼儿的轮滑鞋玩风火轮游戏，将字卡贴在纸筒上，幼儿穿轮滑鞋玩闯关游戏。

玩法一：

1. 在场地两端设置游戏的起点和终点。

2. 幼儿穿好轮滑鞋站在起点，家长站在终点将贴有字卡的纸筒整齐摆放。

3. 家长举起一张字卡，幼儿滑向终点，找到对应的纸筒字卡并将字卡拿在手中，大声认读纸筒上的汉字。

4. 家长检查是否正确。能正确认读出所有字卡即为获胜。

玩法二：

1. 把所有字卡放在终点处，家长和幼儿都站在起点处。

2. 家长大声读其中一个字卡，幼儿从起点出发滑到终点，并将该字卡取回到起点交给家长。

3. 家长检查幼儿手中的字卡是否正确，如果正确家长和幼儿就握手把字卡收起来，如果不正确就将字卡放回去重新寻找。

4. 所有字卡全部取回，并正确认读，则游戏结束。

4 投篮高手

材料准备

篮球、篮球架、字卡“习、村、动、桌、端、盘、双、桥、刚、狼、息”

游戏玩法

在家里创设打篮球的情境，在篮球上贴字卡进行游戏。

玩法一：

1. 将篮球架摆放在场地上，幼儿站在距离1米外的位置，双手拿球。

2. 家长说一个汉字，幼儿将贴有对应字卡的球投向篮球架。

3. 投中且字卡正确得一分，没投中或者投错的不得分。

4. 一轮游戏后可替换字卡继续进行游戏。

玩法二：

1. 一名家长当裁判，幼儿和另一名家长进行比赛投篮。

2. 裁判说出一个汉字，幼儿和家长轮流找到相应字卡，贴在篮球上并投篮。

3. 游戏中的字卡可以替换，游戏可反复进行。

5 欢乐蹦蹦跳

材料准备

不同图形卡片、字卡“秃、岭、育、化、舒、畅、升、降、始、结、汗、粒”

游戏玩法

家长为幼儿准备一些字卡，摆放成一圈，请幼儿站在中间。

玩法一：

1. 幼儿站在圆圈中心，家长站在圈外。

2. 家长念儿歌：“小兔小兔真聪明，请你找到×字宝宝。”

3. 幼儿根据家长的要求找到相应的字卡，然后跳过去拿起相应的字卡并认读。

4. 游戏可反复进行，直至拿完所有的字卡。

玩法二：

1. 家长准备好字卡。

2. 当一位家长说出一个字时，扮演小兔子的幼儿和另一位家长，跳到对应的字卡上，先到的人得分。

3. 游戏可重复进行。

6 剪羊毛

材料准备

夹子、字卡“举、故、静、乡、低、今、恩、世、永、惜、差、并、总、迎、鲜、招、徐、颗”

游戏玩法

家长准备一些字卡，贴在自己的背上，幼儿伸出两指作“剪刀手”姿势。

玩法一：

1. 家长和幼儿一起进行游戏，家长身上贴满字卡。

2. 家长说字，幼儿模仿“剪刀手”剪家长背上的羊毛字卡。

3. 剪正确的，可以把字卡带走；剪不正确的，则继续留着，并找出正确的读一读。

玩法二：

1. 家长和幼儿一起扮演小羊。

2. 两人轮流去剪对方身上的羊毛字卡，能正确认读则剪下的羊毛字卡归其所有。

3. 认读错误则将字卡放回原位，直到所有羊毛剪完。

4. 最后比一比谁剪的羊毛字卡最多，谁就是获胜者。

7 石头剪刀布

材料准备

地面画上格子当作楼房，准备字卡“嫩、套、服、片、广、父、半、斤、剩、留、抱、晴、座、建、造”

游戏玩法

家长和幼儿在空旷的场地上画上格子当作楼房，并在每个格子里放上字卡，家长和幼儿一起进行认读和互动的游戏。

玩法一：

1. 家长和幼儿一起玩“石头剪刀布”游戏。

2. 谁赢了就大声地读出格子里的字宝宝。

3. 读对了就跳进格子，读错就站在原地。

4. 家长和幼儿谁最先跳到房子的顶楼即获得胜利。

玩法二：

1. 以“石头剪刀布”的形式进行“跳格子读字宝宝”游戏。

2. 如果赢了就能向对方发出指令，如“1楼从前往后的第2格”。对方根据提示找到对应的格子，并读出格子里的字。如果读对了，字卡就归其所有。

3. 游戏反复进行，最后拿到字卡数量多的获胜。

8 跳呼啦圈

材料准备

呼啦圈、字卡“灯、设、计、作、吵、悄、夜、等、醒、咱、想、随、季、奇、妙、岛、盛”

游戏玩法

将呼啦圈有规律地放在地面上，每个圈里放一张字卡。

玩法一：

1. 家长说字，幼儿跳呼啦圈。

2. 家长说一个汉字，幼儿用不同的方式（单脚跳、双脚跳）跳进相应的呼啦圈里。

3. 跳进之后幼儿认读呼啦圈里的字卡。

玩法二：

1. 幼儿与家长进行PK赛。

2. 将圈摆成两排并在每个圈里放上字卡。

3. 家长和幼儿分别站在两排呼啦圈最前方。两人“石头剪刀布”，赢的一方正确认读圈里的字，并向前跳一个圈；读错了则向后退一个圈。

4. 依次进行游戏，先到达终点的获胜。

5—6岁(下)

一 桌面游戏

1 做运动

游戏名称

套套乐

设计意图

幼儿对于体育运动类的游戏十分感兴趣。“套套乐”是套圈游戏，不仅可以练习幼儿的手眼协调能力，还可以通过反复游戏及时巩固所学汉字。

材料准备

蓝色KT板、纸杯、自制字卡、套圈

制作方法

1. 将蓝色KT板裁剪成方形底板。

2. 用16个纸杯做立柱。

3. 将自制字卡裁剪成圆形，并贴到纸杯底部，依次摆放到底板上。

游戏玩法

【单人游戏】幼儿站在规定的界线上，手拿套圈瞄准纸杯进行游戏。套中一个纸杯，就认读该纸杯上的汉字。正确认读后纸杯归其所有，认读错误则将纸杯留在原位。游戏可反复进行，纸杯全部被套完则游戏结束。

参考照片

2 写字的约定

游戏名称

拍蚊子

设计意图

结合幼儿生活中拍蚊子的生活经验设计本次游戏,准备丰富的活动材料,让幼儿在游戏中巩固所学汉字,体验游戏的乐趣。

材料准备

盘子、塑料拍子、蚊子图片、自制字卡、子母贴

制作方法

1. 在塑料拍子上贴好一个底板和母贴。
2. 把打印好的蚊子图片剪下后塑封好,贴上子贴和字卡。

游戏玩法

【单人游戏】幼儿拍到一只蚊子,则认读蚊子上的字卡。认读正确,则将蚊子字卡放在盘子里,表示蚊子被消灭;认读错误,则将蚊子字卡放回原位。所有的蚊子被消灭,则游戏结束。

参考照片

3 帮忙

游戏名称

找房间

设计意图

幼儿对于家里的房间号特别感兴趣。因此在找找玩玩时将汉字加入“找房间”游戏中,让幼儿在玩的过程中加深对汉字的认识,达到复习、巩固已学汉字的效果。

材料准备

纸箱、白色A4纸、橙色A4纸、子母贴、自制字卡

制作方法

1. 用勾线笔在纸箱内侧画上垂直相交的格子。
2. 用白色A4纸和橙色A4纸打印汉字做成字卡。
3. 用白色A4纸打印房间号、楼层号,裁剪并塑封。
4. 将字卡、楼层号、房间号和格子分别贴上子母贴。
5. 将字卡、楼层号放置在格子里。

游戏玩法

【单人游戏】幼儿抽取一张房间号牌。根据房间号找到相对应的格子,并认读该格子中的字卡。正确认读就可将字卡换成房间号牌贴上,认读错误则将字卡留在原位。认读完全部字卡并都换成房间号码牌则游戏结束。

参考照片

4 垃圾分类

游戏名称

趣味蛇棋

设计意图

根据幼儿喜欢棋类游戏的特点，设计带有字卡的蛇棋，幼儿在玩棋的过程中自然巩固汉字。可选择不同的玩法，增加幼儿认读汉字的兴趣。

材料准备

KT板、黑白格自粘纸、海绵纸、塑封纸、毛毛虫图片、彩色A4纸、骰子1个、棋子4颗、自制字卡、图片卡

制作方法

1. 在KT板上贴黑白格自粘纸做成棋盘底板。
2. 将海绵纸剪成长条贴在底板上做成棋子行走分割线。
3. 将白色海绵纸剪成长短相等的线状做成路线的分格。
4. 将自制字卡、图片卡和毛毛虫图片塑封好后贴在路线格子上。
5. 将橙色海绵纸做成梯子的形状贴在棋盘上。
6. 设置好起点和终点。

游戏玩法

【多人游戏】4名幼儿轮流掷骰子。从起点开始，根据骰子显示的点数走到相应的格子上，并认读格子中的字卡或者图片卡。认读正确可继续游戏，认读错误则暂停一次。走到梯子那一格，可直接上升；走到毛毛虫头部格子则下滑。幼儿依次进行游戏，最先走到终点的幼儿获胜。

参考照片

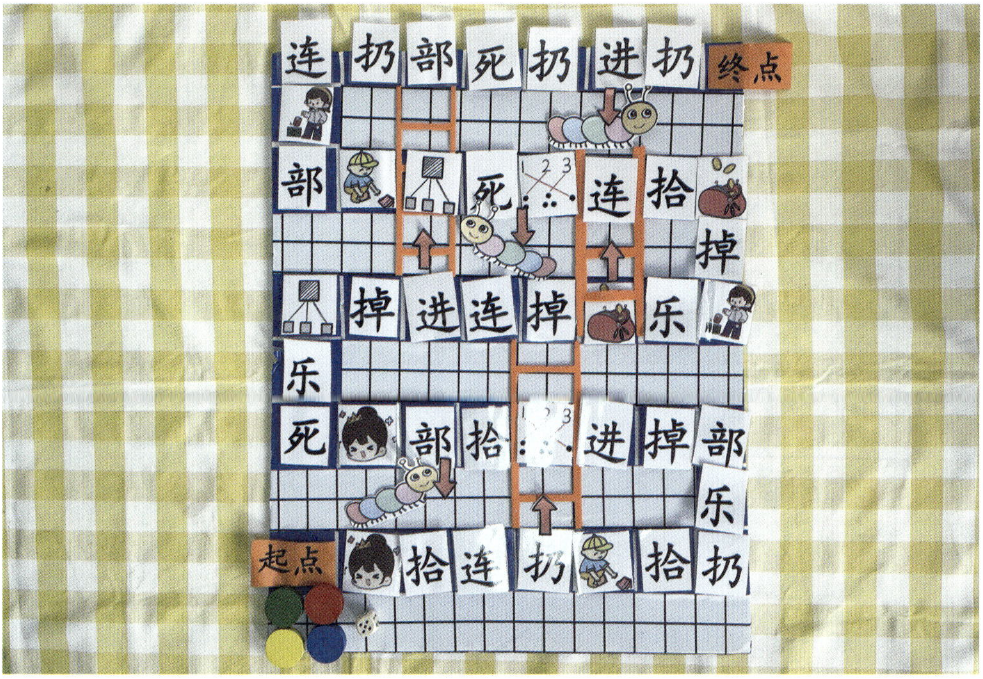
连 扔 部 死 扔 进 扔 终点
部 死 连 拾
掉
掉 进 连 掉 乐
乐
死 部 拾 进 掉 部
乐
起点 拾 连 扔 拾 扔

连 扔 部 死 扔 进 扔 终点
部 死 连
掉
掉 进 掉 乐
乐
死 部 进 掉 部
乐
起点 拾 连 扔 扔

5 铁棒磨成针

游戏名称

种花

设计意图

结合春天的季节特征，幼儿园内的小花正开得旺盛。为了联系实际，让幼儿感受春天的气息，创设“种花”的游戏情境让幼儿感受认读游戏带来的乐趣。

材料准备

纸箱、彩色包书纸、粉色卡纸、塑料吸管、白色A4纸、塑封纸、自制字卡

制作方法

1. 用彩色包书纸将纸箱包裹装饰，在纸箱的上方戳几个小洞用来插小花。

2. 用粉色卡纸剪出小花图片，将汉字打印在白色A4纸上，把字卡剪成圆形塑封并贴在花朵上。

3. 把做好的花朵字卡贴在吸管一端。

游戏玩法

【双人游戏】两名幼儿轮流拿取一张花朵字卡，认读正确则将花朵字卡插在纸箱上，认读错误则将花朵字卡放回原位。两人依次进行游戏，谁插的花朵字卡多谁就为胜。

参考照片

6 小明学数学

游戏名称

躲猫猫

设计意图

幼儿对于字形的观察能力已经有了一定提高，也喜欢具有挑战和探索类的游戏。结合幼儿的兴趣点设计“躲猫猫”桌面游戏，帮助幼儿复习、巩固字词。

材料准备

海绵纸、塑封纸、小猪图片、自制字卡、铃铛

制作方法

1. 将海绵纸剪成大小不同的长方形，将小的长方形对齐大长方形的一边并将边缘贴起来，制作成可翻页的游戏本。

2. 将小猪图片贴在上层海绵纸上。

3. 用塑封纸做成插袋，贴在下层海绵纸上。

4. 将自制字卡插在插袋中。

游戏玩法

【多人游戏】一名幼儿做裁判，铃铛放在两名幼儿中间。裁判宣布游戏开始，两人以抢答的方式按响铃铛，先按铃的幼儿翻开一个猜字本，认读其中的字卡。认读正确则猜字本归其所有，认读错误则放回猜字本。游戏反复进行直至猜字本全部被拿走，拿到的猜字本多的幼儿获胜。

参考照片

7 聪明的司马光

游戏名称

眼疾手快

设计意图

幼儿对于竞争类游戏兴趣浓厚，在认读能力方面也有了一定的经验积累，可以挑战一些稍有难度的游戏。设计牌类认读游戏"眼疾手快"，通过与同伴互动游戏巩固新授汉字，提高认读的兴趣。

材料准备

扑克牌、自制字卡、盘子

制作方法

1. 将自制字卡贴在扑克牌内侧一面，将扑克牌的花色覆盖掉。
2. 盘子摆放一边备用。

游戏玩法

【双人游戏】幼儿将扑克牌字面朝下放置在桌面的中间位置。两名幼儿面对面坐好，轮流从最上一张开始抽取，抽到字卡并认读。认读正确则将该字卡放在自己的盘子中，认读错误则将字卡放回原位。所有字卡抽完后，获得最多字卡的幼儿获胜。

参考照片

8 没有牙齿的老虎

游戏名称

海底捉迷藏

设计意图

以“捉迷藏”的游戏情境为设计背景，带领幼儿进行翻一翻、找一找、藏一藏的游戏认读活动，让幼儿在趣味游戏中达到巩固认读的效果。

材料准备

蓝色KT板、彩纸、勾线笔、塑封纸、自制字卡

制作方法

1. 将KT板切割成适合的大小，用彩色纸剪出小鱼、海草和石头并贴在KT板上，当作海底世界背景。

2. 将海洋生物图片和字卡分别打印后塑封。

3. 将字卡贴在手绘海洋生物图片上，做成动物字卡。

游戏玩法

【单人游戏】幼儿拿取一张动物字卡并认读。认读正确则可将该字卡摆放到海洋世界底板上，帮助海洋动物回家；认读错误则将动物字卡放回原位。所有动物字卡都放在海洋底板上，则游戏结束。

参考照片

9 锻炼身体

游戏名称

汉字十六宫格

设计意图

幼儿喜欢玩棋类游戏，设计时用十六格棋盘进行认读游戏。图字配对游戏让幼儿复习、巩固所学过的汉字，体验游戏中认读的乐趣。

材料准备

海绵纸、图片、彩纸、塑封纸、盘子、自制字卡

制作方法

1. 将海绵纸剪成长方形，在海绵纸上画出十六宫格底板。

2. 将与文字匹配的图片按照十六宫格的样式缩小打印在彩纸上，塑封成任务卡。

3. 根据十六宫格底板上的格子大小，在A4白纸上打印字卡并塑封。

游戏玩法

【单人游戏】幼儿拿取一张汉字十六宫格底板，抽取一张十六宫格任务卡，观察并找出任务卡上图片对应的字卡，摆放在与任务卡一致的正确位置。所有任务卡都摆放完成则游戏结束。

参考照片

10 秋景

游戏名称

小动物过河

设计意图

带有情境的游戏总是深受幼儿喜爱。通过“小动物过河”的情境，幼儿可以巩固新学汉字，从图配字的阶段逐步过渡到熟练掌握汉字的程度。

材料准备

卡纸、酸奶盒、动物图片、鲨鱼图片、塑封纸、A4白纸、自制字卡

制作方法

1. 将卡纸塑封好作为底板，在底板横向两边画上与酸奶盒口同样大小的方框。

2. 打印与汉字匹配的图片并塑封，然后放在底板上方的方框中。

3. 将鲨鱼图片塑封并贴在底板中央位置。

4. 在酸奶盒的底部贴上自制字卡，在酸奶盒的侧边贴上小动物图片。

游戏玩法

【单人游戏】幼儿拿取一个酸奶盒，先认读酸奶盒上的字卡，再找到对应的图片。正确认读后将其放在对应底板下方的方框里，视为小动物已经过河。所有图片都放在底板下面方框中，则游戏结束。

参考照片

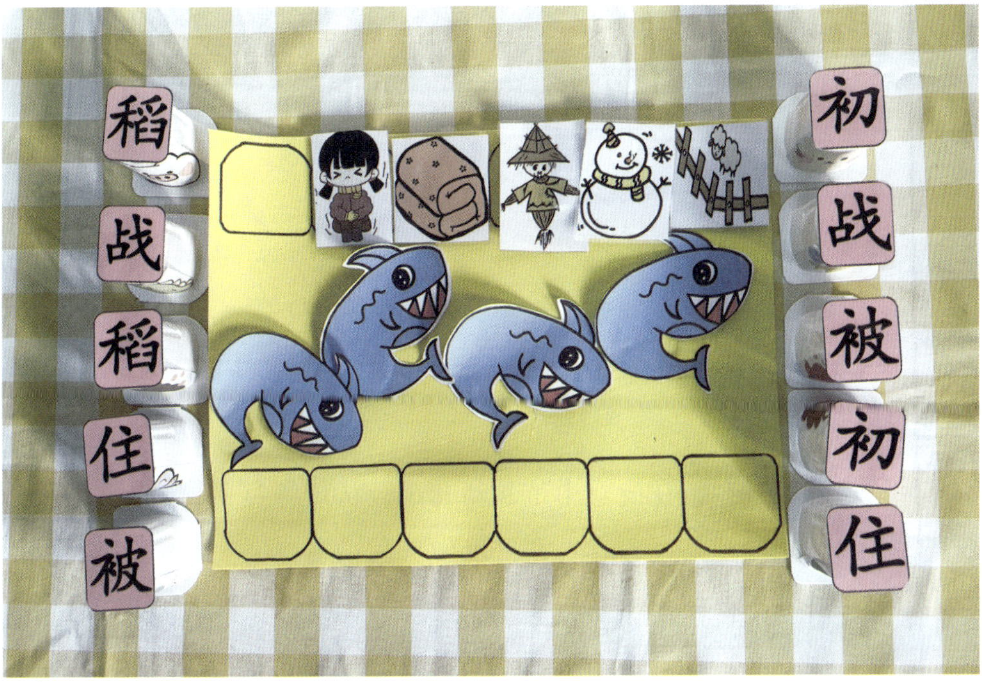

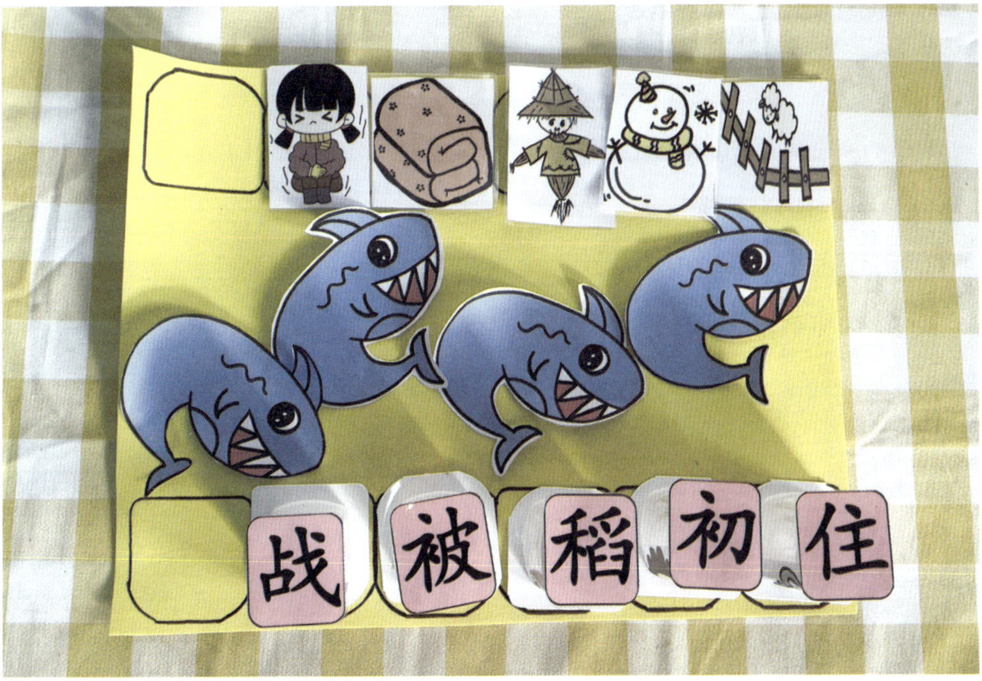

11 杨柳

游戏名称

摘苹果

设计意图

设计“摘苹果”游戏，在游戏中带领幼儿进行认读练习，引导幼儿在愉快的游戏氛围中体验“摘苹果”的乐趣，在情境中巩固汉字。

材料准备

KT板、绿色卡纸、绿色不织布、塑封纸、红色彩纸、铁盒、自制字卡、子母贴

制作方法

1. 将绿色卡纸和绿色不织布贴在KT板上，做成大树底板，用两个铁盒作为大树的底座加以支撑。

2. 用红色彩纸制作成苹果图片，将自制字卡贴在苹果上并塑封。

3. 大树和苹果字卡分别贴上子母贴。

游戏玩法

【双人游戏】两位幼儿同时开始从大树上摘苹果，拿下苹果字卡并认读。认读正确将苹果字卡放进盒子里，认读错误则将苹果字卡放回大树上。最终以先摘完苹果的幼儿为胜。

参考照片

12 我的梦

游戏名称

电视播放员

设计意图

“电视播放员”游戏引导幼儿通过游戏进行认读练习，让幼儿在积极的游戏氛围中体验“电视播放员”的乐趣，在情境中进行巩固练习。

材料准备

KT板、粉色A4纸、自制字卡、塑封纸、白色LED灯、颜色标记卡

制作方法

1. 将黄色KT板作为底板，用粉色彩纸打印数字1—6，从大到小、从上到下排列，贴在底板上。

2. 自制字卡，每排3张字卡，总计18张字卡，随意排列。

3. LED灯放在每排末尾。

游戏玩法

【双人游戏】两名幼儿轮流游戏。一名幼儿先认读一排字卡，如能正确认读所有字卡，就把末尾的LED灯点亮，并把属于自己的颜色标记卡片放在灯旁，认读错误则不能点亮。两人依次进行游戏，最终亮灯数量多的幼儿获胜。

参考照片

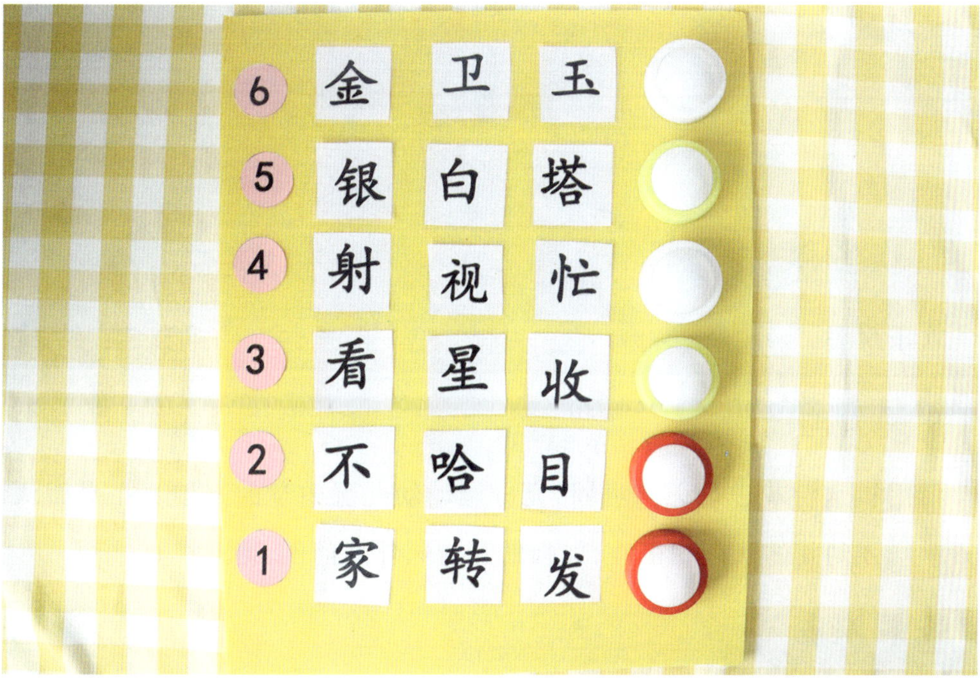

13 未来机器人

游戏名称

欢乐聚餐

设计意图

借用棋盘游戏进行识字巩固，充分调动幼儿玩中学的兴趣。在桌面认读游戏中增强幼儿的认读积极性，加强幼儿与同伴之间的合作意识。

材料准备

泡沫板、一次性纸盘、白色和紫色不织布、纸盒、橘色自粘纸、自制字卡

制作方法

1. 准备好两块大泡沫板，用橘色自粘纸拉线并分成大小均匀的十六宫格。

2. 将白色和紫色不织布裁剪成圆形贴在一次性盘子上。

3. 将自制字卡贴在纸盘上当作菜肴，并把纸盘分别摆放在棋盘上。

游戏玩法

【双人游戏】两名幼儿同时开始游戏。幼儿依次翻自己棋盘上的纸盘，并认读上面的字卡，认读正确就可得到这盘菜，认读错误则扣回纸盘。谁先翻完自己的纸盘则获胜。

参考照片

14 祝寿

游戏名称

影剧院看表演

设计意图

幼儿在平时生活中非常喜欢观看各种角色表演。在游戏中加入“影剧院看表演”的场景，引导幼儿进入情境进行自主游戏，体验认读的乐趣。

材料准备

KT板、黑色海绵纸、红色自粘纸、彩色不织布、自制字卡、子母贴

制作方法

1. 将黑色海绵纸贴于房顶，用剪裁好的粉色、黄色、红色的正方形不织布分三层进行布置，用红色自粘纸进行封边，做成一个三层影剧院的模型。

2. 将自制字卡塑封好用子母贴固定在KT板上。

3. 字卡的位置可以进行自主变动。

游戏玩法

【单人游戏】幼儿依次打开影剧院的幕布，翻开并认读不同楼层上的汉字。游戏反复进行，全部幕布打开并将汉字全部认读，则游戏结束。

参考照片

15 花香

游戏名称

流星球

设计意图

幼儿喜欢具有挑战性的活动，户外活动投掷沙包深受幼儿喜爱。设计“流星球”游戏，让幼儿在主动参与的过程中自然巩固汉字，增加桌面认读游戏的趣味性。

材料准备

绿色卡纸、橘色自粘纸、自制字卡、沙包

制作方法

1. 绿色卡纸裁剪成圆形，用橘色的自粘纸剪成细条将卡纸分成三层八等份。

2. 将自制字卡分别摆放在圆盘格子内外及中间的格子里。

3. 沙包放在旁边备用。

游戏玩法

【双人游戏】两名幼儿合作游戏。一名幼儿做指挥者，大声说出圆盘上的任意一个汉字；另一名幼儿在投掷线上站立，将手中的沙包投向该汉字，投中后将字卡从圆盘上取下，未投中则不能取下。两人交换角色依次轮流游戏，所有字卡都取下则游戏结束。

参考照片

16 和你做朋友

游戏名称

小兔吹泡泡

设计意图

幼儿喜欢进行角色扮演游戏，在游戏中增加小兔子的可爱形象和吹泡泡的趣味性，鼓励幼儿在桌面认读游戏中能自主认读。

材料准备

小兔子图片、粉色海绵纸、彩色不织布、自制字卡

制作方法

1. 将粉色海绵纸作为底板，将蓝色不织布剪成长的粗条布置在四边上。
2. 用蓝色不织布制作一个长方形的泡泡储藏房布置在底板上。
3. 用彩色不织布制作成圆圈泡泡，将自制字卡贴在泡泡上。
4. 在底板的左边放置小兔子图片。

游戏玩法

【单人游戏】幼儿念儿歌："小兔吹泡泡，吹了'×'字泡泡。"并从泡泡储藏房中找到相对应的泡泡字卡。认读正确就可以把泡泡字卡放在底板上面，表示吹起泡泡；认读错误则将泡泡字卡放回原位。游戏反复多次进行，所有泡泡字卡被吹起则游戏结束。

参考照片

17 清晨

游戏名称

萝卜地

设计意图

“小兔拔萝卜”游戏丰富有趣，幼儿愿意参与游戏，进行自主性探索和巩固记忆。在不断重复桌面认读游戏时，幼儿学习汉字的主动性也会增强。

材料准备

彩色不织布、小黄兔图片、小粉兔图片、自制字卡、橘色海绵纸、绿色海绵纸、KT板、骰子

制作方法

1. 裁剪一个橘色正方形的海绵纸贴在KT板上作为底板，在底板中间割出两道口子。将红色不织布剪成长的粗条围在四边。

2. 将红色、黄色不织布制作成一扇窗户，贴在底板右上方。

3. 将绿色不织布剪成长条，在底板下方封三边，做成口袋形状。

4. 用红色、绿色不织布制作胡萝卜，将字卡贴在胡萝卜上做成胡萝卜字卡。

5. 将胡萝卜字卡均匀地插在两条橘色口子里。

6. 把小黄兔和小粉兔图片分别放置在绿色口袋的两侧。

游戏玩法

【双人游戏】两名幼儿分别选一只小兔代表自己玩游戏。一名幼儿先去田

地里拔萝卜，一边拔一边认读胡萝卜上面的汉字。认读正确则获得该胡萝卜并放置在靠近自己的兔子的口袋里，认读错误则将胡萝卜放回原位。游戏依次轮流进行，所有胡萝卜拔完后游戏结束，获得胡萝卜数量更多的幼儿获胜。

参考照片

18 大自然的诗

游戏名称

购物车

设计意图

幼儿喜欢玩购物类的角色扮演游戏，结合幼儿的购物兴趣，创设“购物车”的游戏情境，让幼儿通过选购商品的形式复习、巩固已学过的汉字。

材料准备

购物车图片、自制字卡、儿歌卡片、购物清单、盘子、子母贴、笔

制作方法

1. 打印出购物车图片后塑封好，贴上母贴。
2. 打印出字卡、儿歌卡片和长条的购物清单，完成塑封。
3. 自制字卡贴上子贴。

游戏玩法

【单人游戏】幼儿选择一张购物清单，先在儿歌卡片中用笔圈出清单上的汉字，再把盘子中相应的字卡贴在购物车里。完成全部购物清单后则游戏结束。

参考照片

《太阳画像》
太阳一起床，
就替出门的人画像。
它把人们的全身像，
画在地面上。
中午画的像，
是个小矮人。
早晨和傍晚画的像，
是个大巨人。
《太阳画像》
太阳一起床，
就替出门的人画像。
它把人们的全身像，
画在地面上。
中午画的像，
是个小矮人。
早晨和傍晚画的像，
是个大巨人。
晨 晚 像 傍
晚 傍 晨 早
早 晨 晚 像
像 早 晨 傍
晚

《太阳画像》
太阳一起床，
《太阳画像》
太阳一起床，
就替出门的人画像。
它把人们的全身像，
画在地面上。
中午画的像，
是个小矮人。
早晨和傍晚画的像，
是个大巨人。
晨 晚 像 傍
晚 傍 晨 早
早 晨 晚 像
晚
像 早 晨 傍
像 早
晨 傍

19 美好的一天

游戏名称

收衣服

设计意图

为了培养幼儿的生活自理能力，设计“收衣服”的游戏情境。“收衣服”比较贴近幼儿生活，不仅可以锻炼幼儿的上肢，还可以提升其生活自理能力，该游戏还能巩固认读所学字词。

材料准备

KT板、衣服图片、云朵图片、晾衣绳、夹子、自制字卡、盘子

制作方法

1. 在蓝色KT板上贴上云朵图片，并将晾衣绳固定在KT板上。
2. 将自制字卡贴在衣服图片上并塑封，用夹子夹在晾衣绳上。

游戏玩法

【双人游戏】两名幼儿轮流收衣服。一名幼儿先认读衣服字卡，认读正确字卡则将衣服收起，认读错误则将衣服字卡放回原位。两人依次轮流进行游戏，衣服全部收完即游戏结束，收衣服多的幼儿获胜。

参考照片

20 点点在哪里

游戏名称

时钟转转乐

设计意图

5—6岁幼儿开始学习认识时钟，对时钟充满兴趣。在玩时钟游戏的过程中加入认读元素，让幼儿在玩的过程中加深对汉字的认识，快乐地进行认读游戏。

材料准备

粉色、黄色、蓝色、绿色、黑色不织布，自制字卡

制作方法

1. 用黄色、粉色不织布制作钟表盘的圆盘。
2. 用蓝色、粉色、黑色不织布制作表盘数字和装饰品。
3. 将自制字卡贴在钟表盘周围代替数字。

游戏玩法

【双人游戏】一名幼儿念出钟表上的一个字，另一名幼儿操作钟表盘上的指针，使两个指针指到对应的字卡。两个钟表盘上的字全部认完则游戏结束。两人交换角色继续下一轮游戏。

参考照片

21 小象消防员

游戏名称

魔法卡牌

设计意图

牌类游戏是一种幼儿非常喜欢的桌面游戏。将汉字认读融入牌类游戏中，让幼儿在轻松又富有挑战的情境中，提升竞技类游戏的经验，同时加深对汉字的记忆。

材料准备

扑克牌、自制字卡

制作方法

1. 将自制字卡剪成和扑克牌一样的大小。
2. 将字卡贴在扑克牌上。
3. 将扑克牌字卡均匀地全部摆在桌子上。

游戏玩法

【双人游戏】两名幼儿轮流进行翻牌游戏，一名幼儿翻开扑克牌进行认读，认读正确则可拿走扑克牌，认读错误则不能拿走。两人轮流依次进行游戏，扑克牌全部翻完则游戏结束，获得扑克牌多的幼儿获胜。

参考照片

22 森林干活记

游戏名称

彩蛋拼字

设计意图

“拼彩蛋”具有很强的趣味性，幼儿对此类游戏比较感兴趣。让幼儿将打乱的字形有序地拼接彩蛋，在完成后可以体验到成功感，同时增强认读汉字的兴趣。

材料准备

彩纸、字卡

制作方法

1. 将彩纸剪成蛋的形状。
2. 将字卡贴在彩蛋上。
3. 将贴有字卡的彩蛋剪成两半不同的形状。

游戏玩法

【单人游戏】幼儿从众多彩蛋的碎片中找出相匹配的两部分，拼成一个完整的彩蛋，即一个完整的字。能拼出并准确认读彩蛋上的字即完成一次游戏。反复多次游戏，将全部的彩蛋拼出来并全部认读则游戏结束。

参考照片

23 寻找快乐

游戏名称

贴窗花

设计意图

5—6岁幼儿对词组的理解能力在不断提高，同时也积累了一定的词汇量。除了单个汉字，幼儿还能挑战词语，并且可以比一比谁知道的词语多，在相互较量的同时互相学习，从而丰富词汇量。

材料准备

KT板、自制字卡、彩色海绵纸、盘子

制作方法

1. 用KT板制作一个房子，用海绵纸做窗户和分割线。
2. 将自制字卡贴在窗户中。
3. 用海绵纸剪蓝色和红色小花若干，放在盘子中。

游戏玩法

【多人游戏】一名幼儿做裁判，两名幼儿每人选一个小房子、几朵小花。游戏开始，裁判说出一个字，两名幼儿迅速找到该字，并将一朵小花放在相应的字卡上，找得又快又准确的幼儿可得一分。四轮游戏结束，最后得分多的幼儿获胜。

参考照片

24 渔夫

游戏名称

存钱罐

设计意图

结合幼儿的年龄特点，设计“存钱罐”游戏。存钱游戏可以引导幼儿反复认读汉字，从而达到巩固汉字认读的效果。

材料准备

一次性纸杯、A4纸、塑封纸、钱袋子图片、硬币图片

制作方法

1. 在白纸上打印硬币图案和汉字，并剪下塑封做成硬币字卡。

2. 在纸杯的底部刻上投币孔当作存钱罐，打印钱袋子图片和汉字并贴在纸杯存钱罐的侧面。

游戏玩法

【单人游戏】幼儿根据纸杯存钱罐上的汉字找到相应的硬币字卡，将对应的硬币字卡投入到纸杯存钱罐中，同时认读硬币上的汉字。幼儿能正确认读并将所有硬币字卡投放到对应的存钱罐中，游戏即为成功。

参考照片

失
福
自
福
己
福
都
福
夫
福
去
福
己
自
失
己
夫
去
己
都
失
去
夫
都
失
都
去

失
自
己
都
夫
去
失
福
自
福
己
福
都
福
夫
福
去
福
己
己
去
都
失
夫
都
失
去

25 动物爪印

游戏名称

放风筝

设计意图

设计“放风筝”的游戏情境，在轻松的游戏情境中引导幼儿与同伴一起进行有趣的桌面认读活动。

材料准备

纸盒、彩色海绵纸、人物图片、白色A4纸、自制字卡、塑封纸、子母贴

制作方法

1. 纸盒做玩具的底板，绿色、蓝色海绵纸分别做草地和天空的背景。
2. 在白色A4纸上画小朋友，涂上颜色后剪下并塑封，将人物图片贴在草地上。
3. 用彩色海绵纸做各种各样的风筝，自制字卡贴在风筝上。
4. 子母贴贴在风筝和背景天空底板上。

游戏玩法

【双人游戏】两名幼儿分别选择一个小朋友图片代表自己，轮流进行游戏。一名幼儿拿取一个风筝字卡，正确认读风筝字卡则可以将风筝贴在自己的小朋友图片上方的天空上，认读错误则需将风筝字卡放回原位。两人依次轮流进行游戏，最后风筝放得多的幼儿获胜。

参考照片

26 草原画卷

游戏名称

有趣的七巧板

设计意图

以玩乐“七巧板”为游戏背景，让幼儿在读一读、拼一拼、搭一搭中玩“有趣的七巧板”游戏。通过这样有趣的拼搭游戏进行认读活动，从而提高幼儿认读的兴趣。

材料准备

七巧板、背景图片、自制字卡

制作方法

1. 在七巧板上贴上字卡，制作成七巧板字卡。
2. 在背景图片上印上七巧板轮廓，制作成操作底板。

游戏玩法

【双人游戏】两名幼儿各拿一块操作底板，同时开始游戏。幼儿拿一块七巧板字卡认读，认读正确了就可以将该七巧板字卡拼在操作底板上，认读错误则将其放回。先拼好所有七巧板的幼儿获胜。

参考照片

27 热闹的动物园

游戏名称

动物排队

设计意图

喜欢小动物是幼儿的天性，将小动物字卡按照规律图示进行排列，不仅增加了认读汉字的趣味性，而且还能让幼儿在游戏过程中复习、巩固所学汉字。

材料准备

自制翻盖纸盒、A4纸、两种尺寸的动物图片、动物排队规律图、卡纸

制作方法

1. 将动物排队规律图贴在自制翻盖纸盒的盖子上。

2. 在白纸上打印汉字，将字剪下来贴在小动物的身体上，制作成动物字卡。

3. 将卡纸分割后放置在纸盒中，将制作好的动物字卡分类放在分隔好的格子中。

游戏玩法

【单人游戏】幼儿选择一种动物排队规律图，找到相应数量的动物卡片并进行排列。排列完成后，幼儿进行认读，教师单独进行验证。所有动物排队规律图都排列完成后游戏结束。

参考照片

28 森林里的大合唱

游戏名称

海底世界

设计意图

海底世界神秘又有趣，各种奇特的泡泡吸引着孩子们去探索和发现，引导幼儿在桌面游戏活动中，进行认读和巩固。

材料准备

海底世界图片、深蓝和浅蓝彩纸、A4白纸、子母贴、塑封纸、手电筒

制作方法

1. 将海底世界图片塑封做成背景图。

2. 在彩纸上打印汉字，剪成圆形并塑封，制作成泡泡字卡。

3. 在海底世界背景图和泡泡字卡上分别贴上子贴和母贴，将泡泡贴在背景图上。

游戏玩法

【多人游戏】一名幼儿手持电筒照亮泡泡字卡，两名幼儿轮流认读被照亮的泡泡字卡上的字。认读正确后将该泡泡字卡取走，不能正确认读则不能取走，下一位幼儿进行认读。全部泡泡都被取走，游戏结束，谁得到的泡泡多即获胜。

参考照片

29 小鸟学飞

游戏名称

打地鼠

设计意图

“打地鼠”游戏是孩子平时喜欢玩的体育游戏项目，由此设计一个操作性很强的桌面认读游戏。让幼儿之间互相合作，可以达到复习、巩固字词的效果。

材料准备

一次性纸杯、一次性筷子、纸盒子1个、绿色自粘纸、彩色地鼠图片、A4纸、塑封纸、自制字卡、塑料锤子

制作方法

1. 在纸盒子的底部挖一个直径和纸杯口直径一样大的圆洞，并用自粘纸将纸箱包成绿色。

2. 在一次性纸杯上贴上地鼠的图案并用一根筷子穿过纸杯侧壁，底部贴上相应的字宝宝。

游戏玩法

【双人游戏】一名幼儿做小地鼠，一名幼儿做打地鼠的人。当小地鼠从洞里钻出头的时候，另一位幼儿就大声认读上面的汉字，并用小锤子轻轻敲打汉字。打地鼠的人正确认读全部汉字，则一轮游戏结束。两人交换角色继续进行下一轮。

参考照片

30 小学生

游戏名称

拼拼小恐龙

设计意图

小恐龙是幼儿非常喜欢的动物形象，通过“拼拼小恐龙”游戏，在拼一拼、读一读的游戏中引导幼儿用多种游戏进行有趣的游戏认读活动。

材料准备

KT板、塑封纸、子母贴、A4白纸、恐龙背景图、自制字卡

制作方法

1. KT板作为操作底板，打印恐龙背景图贴在KT板上。

2. 恐龙背景图塑封后将其剪成几块不同形状作为拼图，上面贴上字卡，下面贴上子贴。

3. 在恐龙背景图上用白纸裁剪出拼图的轮廓图，并贴上母贴。

4. 将拼图和轮廓图用子母贴贴合在一起。

游戏玩法

【双人游戏】先出示一幅完整的恐龙图。一名幼儿闭上眼睛，另一名幼儿把其中的一张图片藏起来，问“哪个字宝宝不见了”，幼儿如能说出不见的拼图字卡，则将拼图放在盘子里，没能说出或说错了则将拼图放回背景图上。两人多次游戏直至所有拼图都被拿取完。幼儿可交换角色进行多次游戏。

参考照片

31 老师，我想对您说

游戏名称

打保龄球

设计意图

保龄球是幼儿非常喜欢的一样玩具，极具吸引力。“打保龄球”这个体育游戏可以在轻松的游戏情境中引导幼儿用有趣的桌面游戏认读活动来复习、巩固汉字。

材料准备

自制字卡、硬纸板、KT板、塑料保龄球瓶、大的塑料圆球1个、颜料、彩色自粘纸、A4纸

制作方法

1. 将KT板做成一个长的滑行道并用自粘纸装饰，边上用KT板围住做成保龄球游戏箱。

2. 选取一块硬纸板画一个小丑的头像，把它沿边剪下来贴在游戏箱的一端当作保龄球入口。

3. 在塑料保龄球瓶上贴相应的自制字卡。

游戏玩法

【单人游戏】幼儿把贴有字卡的保龄球瓶排成一排放在小丑前面，手拿大圆球瞄准瓶子打出去，打中哪个保龄球瓶就大声认读上面的汉字。把每一个保龄球瓶都打中并正确认读，游戏结束。

参考照片

5—6岁（下）

二 集体游戏

1 做运动

游戏名称

我是大明星

设计意图

结合幼儿喜欢在舞台上大方自信地展现自我的特点，设计“我是大明星”集体游戏，引导幼儿在与同伴游戏的过程中复习、巩固《做运动》中的字词。

材料准备

字卡、背景音乐

游戏过程

1. 幼儿围坐成U字形，人手一张字卡，自由认读。

2. 教师组织幼儿进行游戏，播放音乐则游戏开始，幼儿跟着音乐在舞台上走动。

3. 教师说：“有请×字宝宝。”拿这个字宝宝的幼儿就站定模仿大明星亮相，其他幼儿边给大明星拍照边大声念出该字宝宝。

4. 教师可调换字卡多次进行游戏，也可请幼儿念口令，游戏反复进行。

参考照片

2 写字的约定

游戏名称

小小维修工

设计意图

结合幼儿喜欢角色扮演的游戏，设计“小小维修工”游戏，引导幼儿在集体游戏过程中复习、巩固《写字的约定》中的字词。

材料准备

字卡、玩具锤

游戏过程

1. 幼儿集体念儿歌《写字的约定》。

2. 幼儿手里拿着字卡扮演小钉子，自由认读字卡。

3. 教师组织幼儿进行游戏。教师当维修工拿着锤子，当教师念到一个字宝宝时，手拿这个字宝宝的小钉子就要迅速蹲下。如小钉子被打到了，则须认读字卡才能继续游戏，认读错误则被淘汰。

4. 教师更换字卡口令，组织幼儿多次进行游戏。

参考照片

3 帮忙

游戏名称

小猴子捡豆豆

设计意图

幼儿对情境性的游戏总是充满兴趣，根据儿歌内容创设“小猴子捡豆豆”游戏，引导幼儿在集体游戏过程中复习、巩固《帮忙》中的字词。

材料准备

大字卡、豆豆字卡、小猴子头饰、呼啦圈、袋子、贴纸

游戏过程

1. 幼儿集体念儿歌《帮忙》，并集体认读字卡。

2. 教师将与幼儿人数相等的呼啦圈平放在地上，豆豆字卡散落在呼啦圈中。

3. 幼儿佩戴小猴子头饰后，选一个豆豆字卡站在呼啦圈后面。

4. 教师组织幼儿进行游戏，教师出示字卡，幼儿捡起相应的豆豆并认读。如认读正确，则将捡起来的豆豆字卡放进袋子里，并获得一枚贴纸以结束游戏；如认读错误则放回呼啦圈继续游戏。

5. 幼儿认读完所有的字卡后游戏结束。

6. 教师可组织幼儿调换自己选择的豆豆字卡多次进行游戏。

参考照片

4 垃圾分类

游戏名称

对字入座

设计意图

通过汉字对应的游戏，引导幼儿关注字形。通过集体游戏“对字入座”提升幼儿观察字形的兴趣，帮助幼儿复习、巩固《垃圾分类》中的汉字。

材料准备

小椅子、2套字卡、游戏音乐

游戏过程

1. 教师将字卡贴在空椅子的椅背上，将贴好字卡的椅子有序摆放，引导幼儿集体认读字卡。

2. 幼儿手拿一张字卡，自由认读。

3. 幼儿跟随教师在教室内随着音乐声律动。音乐声停，教师引导幼儿去找跟自己手中字卡对应的小椅子，请幼儿说一说自己站在哪个字宝宝的后面，鼓励站错队的幼儿重新找到自己的位置。

4. 教师组织幼儿与同伴交换字卡，游戏多次进行。

参考照片

5 铁棒磨成针

游戏名称

小兔一家去散步

设计意图

通过欢快的音乐氛围激发幼儿学习的兴趣，集体游戏“小兔一家去散步”寓教于乐，同时帮助幼儿复习、巩固《铁棒磨成针》中的汉字。

材料准备

彩色呼啦圈、字卡、《兔子舞》音乐、兔妈妈头饰

游戏过程

1. 教师将呼啦圈按顺序排列，字卡贴在圈内。引导幼儿认读圈内的汉字。

2. 教师佩戴兔妈妈头饰，带领幼儿沿着呼啦圈外围排队。

3. 教师组织幼儿随着音乐一起做动作，当音乐唱到“跳跳跳”时，幼儿就跳进自己旁边的圆圈。音乐暂停，教师从队伍的首位开始摸每一位幼儿的头，被摸到头的幼儿念出圈中的字宝宝，如果念错则被淘汰。教师继续播放音乐，游戏重复多次进行。

4. 教师可调换圈内字卡的位置，组织幼儿开展多轮游戏。

参考照片

6 小明学数学

游戏名称

踢来踢去

设计意图

5—6岁幼儿对球类游戏非常感兴趣，结合球类游戏设计集体游戏"踢来踢去"，引导幼儿在传球游戏中复习、巩固《小明学数学》的汉字。

材料准备

滚球、字卡

游戏过程

1. 教师和幼儿一起手拉手围成圆圈。

2. 教师在滚球上贴上字卡，引导幼儿一起念出滚球上的汉字。

3. 教师将球踢给对面幼儿，接到球的幼儿需念出球上的汉字，幼儿正确念出就可以将球踢给另一位幼儿；如果念错，教师提示以后幼儿再将球踢给同伴。

4. 教师组织幼儿多次进行踢滚球游戏，直至所有幼儿都参与到。

参考照片

7 聪明的司马光

游戏名称

嘀嘀运输忙

设计意图

以小组为单位进行竞争游戏，把认读汉字与“嘀嘀运输忙”体育游戏相结合，从幼儿的兴趣出发，在集体游戏中复习、巩固《聪明的司马光》中的汉字。

材料准备

字卡、呼啦圈

游戏过程

1. 教师组织幼儿分组排成两列纵队，每组的前面放字卡若干，并放置两个圈在第一、二张字卡上。

2. 每组第一个幼儿站在起点上，大声念出自己面前的汉字并跳进去，再将圈放至前方间隔一格的字卡上，依次进行跳圈直至终点即可返回，并将两个圈交给下一位幼儿。下一位幼儿重复游戏，每位幼儿都完成运送则游戏结束。

3. 幼儿游戏过程中，如果有幼儿没有念出汉字，教师及时指导并给予鼓励。最先完成的小组获胜。

参考照片

8 没有牙齿的老虎

游戏名称

请你快出来

设计意图

幼儿对字形的观察能力有了一定的提高，结合故事《没有牙齿的马虎》设计游戏“请你快出来”，引导幼儿根据汉字的部分猜整体，提高对字形的关注。

材料准备

泡沫地垫、字卡、贴纸

游戏过程

1. 教师将泡沫地垫竖起变成遮挡板，手拿字卡躲藏在遮挡板后面，幼儿围坐在地垫对面。

2. 教师将字卡面对着幼儿，向上举起，让字卡露出一部分，问：“猜猜我是谁？”

3. 幼儿根据看到的部分字卡猜测，并大声念出汉字。如果猜不出，幼儿集体说：“请你快出来！”教师将字卡举高，露出全部字形。

4. 教师逐一出示字卡，鼓励幼儿大胆猜测，最先猜对的幼儿可获得贴纸。

5. 当所有的字卡都认读完毕则游戏结束。

参考照片

9 锻炼身体

游戏名称

杯子翻翻乐

设计意图

以游戏的方式激发幼儿复习、巩固汉字的兴趣，通过“杯子翻翻乐”游戏，幼儿反复观察《锻炼身体》中的汉字，能有效记住汉字的读音。

材料准备

纸杯、字卡

游戏过程

1. 教师与幼儿一起念读儿歌《锻炼身体》。

2. 教师出示纸杯字卡，与幼儿一起念读纸杯上的汉字。

3. 教师组织幼儿分两队分别站在桌子的两端，教师将贴有字卡的纸杯汉字朝上地有序排列在桌子中间。

4. 教师组织幼儿进行游戏。一名幼儿从桌子的一端出发，念出一个汉字翻转一个纸杯，该幼儿正确认读出所有纸杯上的汉字即可与对面的幼儿击掌，并继续游戏。游戏过程中，教师提醒幼儿遇到不会的汉字可以求助。

5. 所有幼儿全部完成认读即游戏结束，最先完成的小组获胜。

参考照片

10 秋景

游戏名称

小园丁

设计意图

结合幼儿喜欢劳动的特点，设计“小园丁”游戏，以寓教于乐的方式让汉字反复出现在幼儿的集体游戏活动中，有效复习、巩固《秋景》中的汉字。

材料准备

呼啦圈、字卡、游戏儿歌

游戏过程

1. 教师将与幼儿人数等量的呼啦圈摆放在场地中间，圈中放置字卡。

2. 教师引导幼儿念读呼啦圈里的汉字。

3. 教师带领幼儿一边拍手一边念儿歌：“太阳高高来种树，请你快快来长大。”念到最后一句时，幼儿变成小树站在圈内。教师随机问一位幼儿：“种的什么树？”幼儿回答：“种了一棵‘X’字树”。如果幼儿念错了，教师及时提醒纠正。所有幼儿念读完全部字卡则游戏结束。

4. 教师可调换圈内字卡，与幼儿多次进行游戏。

参考照片

11 杨柳

游戏名称

字宝宝贴烧饼

设计意图

结合幼儿喜欢互动游戏的特点，创设"字宝宝贴烧饼"集体游戏，引导幼儿在与同伴游戏的过程中复习、巩固《杨柳》中的字词。

材料准备

字卡、小动物挂饰（小螃蟹、海绵宝宝、小兔、小鱼、小猴、小熊）

游戏过程

1. 教师与幼儿一起念读儿歌《杨柳》，并认读儿歌中的字卡。

2. 教师组织幼儿佩戴小动物挂饰，手拉手围成一个大圆圈。

3. 幼儿围圆圈踏步念儿歌《杨柳》，儿歌念完后，一名男生找一张字卡认读，如不会认读，教师则引导集体帮助他。男生带着自己的字卡去找女生组队组词，两人大声说出所组的词语，集体进行验证。

4. 教师组织男女生交换，多次进行游戏。

参考照片

12 我的梦

游戏名称

梦想传递

设计意图

结合幼儿喜欢情境互动游戏的特点，创设“梦想传递”游戏，引导幼儿在集体游戏过程中复习、巩固《我的梦》中的字词。

材料准备

字卡、贴纸若干、皮球、游戏场景布置

游戏过程

1. 教师组织幼儿把椅子排成圆圈并坐好。

2. 幼儿每人手拿一张字卡，自由进行认读。

3. 教师组织幼儿进行游戏，指定第一个传球的幼儿，幼儿一边传球一边念儿歌《我的梦》。儿歌结束后，幼儿停止传递，拿到皮球的幼儿站起来邀请其他幼儿认读自己的字卡并组词，成功认读和组词的幼儿将获得贴纸奖励。幼儿认读完所有字卡则游戏结束。

4. 教师引导幼儿互相交换字卡，反复进行游戏。

参考照片

13 未来机器人

游戏名称

魔力大圆圈

设计意图

结合幼儿喜欢和同伴互动游戏的特点，创设“魔力大圆圈”游戏，引导幼儿在集体游戏过程中复习、巩固《未来机器人》中的字词。

材料准备

字卡、贴纸、铃鼓

游戏过程

1. 教师组织幼儿把椅子摆成一个大圆圈。

2. 教师与幼儿念读儿歌《未来机器人》。

3. 幼儿每人手拿一张字卡，自由进行认读。

4. 教师带领幼儿拍手念儿歌《未来机器人》，按照顺时针的方向传递字卡，传递持续进行。当儿歌念完时，幼儿全体坐下大声念出手上的字卡，并进行组词游戏，师幼集体进行验证。

5. 教师组织幼儿交换字卡，多次进行游戏。

参考照片

14 祝寿

游戏名称

铃鼓响当当

设计意图

结合幼儿喜欢集体互动游戏的特点，创设“铃鼓响当当”游戏，引导幼儿在集体游戏过程中复习、巩固《祝寿》中的字词。

材料准备

字卡、铃鼓

游戏过程

1. 教师组织幼儿把椅子排成一个圆圈。

2. 幼儿边拍手边集体朗读儿歌《祝寿》。

3. 幼儿每人拿取一张字卡，自由进行认读。

4. 教师摇响铃鼓，幼儿传递字卡。铃鼓声停，拿到字卡的幼儿认读手中字卡并组词，师幼进行集体验证。当幼儿认读完所有字卡后则游戏结束。

5. 教师组织幼儿进行字卡的交换，多次进行游戏。

参考照片

15 花香

游戏名称

齿轮转起来

设计意图

结合幼儿喜欢趣味互动游戏的特点，创设“齿轮转起来”游戏，引导幼儿在与同伴游戏过程中复习、巩固《花香》中的字词。

材料准备

字卡、贴纸、按铃

游戏过程

1. 教师组织幼儿按男女生分成内外两个圆圈，将字卡放在椅子上。

2. 教师在椅子上贴字卡，引导幼儿集体认读。

3. 教师组织幼儿进行游戏，两组幼儿分别按照顺时针和逆时针方向走动。

4. 教师发出停止指令后，幼儿集体坐下并大声念出字卡。师幼集体进行验证，认读全部正确的小组获胜。

5. 教师组织幼儿停在不同的座位上，多次进行游戏。

6. 教师组织幼儿交换内外圈，多次进行游戏。

参考照片

16 和你做朋友

游戏名称

冒险岛

设计意图

结合幼儿喜欢探索游戏的特点，创设“冒险岛”集体游戏，引导幼儿在与同伴游戏过程中复习、巩固《和你做朋友》中的字词。

材料准备

字卡、呼啦圈、贴纸

游戏玩法

1. 幼儿原地踏步念儿歌《和你做朋友》。

2. 教师出示大字卡，幼儿进行集体认读。

3. 教师将幼儿分两组排成两队，并将呼啦圈平放在地上排成两排。在呼啦圈的末尾放置一张字卡。

4. 教师组织幼儿进行游戏，两组幼儿同时跳呼啦圈，到达终点拿取字卡进行认读和组词。师幼集体进行验证，认读、组词正确则闯关成功，给予幼儿贴纸奖励，不正确则没有贴纸。

5. 幼儿依次进行闯关游戏，直至所有幼儿都认读完则游戏结束。

6. 教师可调整终点位置的字卡，组织幼儿多次进行游戏。

参考照片

17 清晨

游戏名称

我念我就跳起来

设计意图

结合幼儿喜欢互动游戏的特点，创设“我念我就跳起来”游戏，引导幼儿在游戏的过程中复习、巩固《清晨》中的字词。

材料准备

字卡、贴纸

游戏过程

1. 幼儿围圆圈踏步念儿歌《清晨》。

2. 教师出示大字卡，幼儿集体认读。

3. 幼儿手拉手围成一个大圆圈站好。

4. 教师出示字卡，组织幼儿轮流进行认读，幼儿在认读的时候念三遍跳三下。如正确，其他幼儿跟读三遍；如错误，该幼儿则被淘汰。最终未被淘汰的幼儿可得到贴纸奖励。

5. 教师可通过调整出示的字卡，组织幼儿反复进行游戏。

6. 教师可通过改变认读时跳的形式和次数，组织幼儿反复进行游戏。

参考照片

18 大自然的诗

游戏名称

沙包抛抛乐

设计意图

幼儿对于体育游戏有着浓厚的兴趣。结合扔沙包的投掷游戏，引导幼儿在与同伴集体游戏过程中复习、巩固《大自然的诗》中的字词。

材料准备

沙包、字卡

游戏过程

1. 教师与幼儿一起念读儿歌《大自然的诗》。

2. 教师与幼儿一起念读大字卡。

3. 幼儿手拉手围成一个大圆圈。教师将字卡放在圆圈中心位置。

4. 教师组织幼儿依次进行游戏，一名幼儿站在原地念儿歌：“小沙包，真正好，拿起沙包往前抛，1、2、3，用力抛，看谁得分真正高！”念完儿歌后，幼儿向前抛出沙包。沙包扔到哪张字卡上就认读该字，正确认读则获得贴纸奖励，不正确则集体帮助其认读。所有幼儿都认读完成则游戏结束。

5. 教师可通过调换字卡位置，组织幼儿多次进行游戏。

参考照片

19 美好的一天

游戏名称

螃蟹对对碰

设计意图

螃蟹是幼儿非常熟悉的一个动物形象。创设“螃蟹对对碰”的游戏情境，引导幼儿在集体游戏过程中复习、巩固《美好的一天》中的字词。

材料准备

字卡、螃蟹脚印

游戏过程

1. 幼儿集体念儿歌《美好的一天》。

2. 教师出示螃蟹脚印字卡，幼儿集体进行认读。

3. 教师在地上随机放置与幼儿人数相同的螃蟹脚印字卡。

4. 教师组织幼儿进行游戏，幼儿跟着教师拍手的节奏围着小螃蟹脚印走。教师喊停止时，幼儿需要踩住一个螃蟹脚印并念出相应的字卡，认读正确的可继续游戏，不正确则淘汰出局。教师根据淘汰的幼儿人数相应减少螃蟹脚印的数量。游戏反复多次进行。

5. 教师可通过螃蟹脚印比幼儿人数少一个或多个的设置来增加游戏难度，组织幼儿多次进行游戏。

参考照片

20 点点在哪里

游戏名称

小松鼠运松果

设计意图

情境互动的搬运游戏形式可以提高幼儿参与游戏的兴趣，引导幼儿在集体游戏过程中复习、巩固《点点在哪里》中的字词。

材料准备

字卡、积木、卡纸、盒子

游戏过程

1. 教师与幼儿一起念读儿歌《点点在哪里》。

2. 教师与幼儿一起认读大字卡。

3. 教师将幼儿分成两组排好队，在起点处将松果放在卡纸上，在终点处的盒子里放字卡。

4. 教师组织幼儿进行游戏，每队的首位幼儿拖行放有松果的卡纸，到达终点处认读盒子里的字卡。正确认读后返回并将卡纸交给下一位幼儿继续游戏；如认读错误则由同伴帮助认读后返回。中途幼儿不能让松果滚掉，如滚掉需将松果拾起放在卡纸上继续进行。最先完成认读的小组获胜。

5. 教师可通过调整终点盒子里的字卡，组织幼儿多次进行游戏。

参考照片

21 小象消防员

游戏名称

动物大作战

设计意图

5—6岁幼儿平时喜欢模仿动物的造型。通过团队竞争的方式，幼儿在集体游戏过程中复习、巩固《小象消防员》中的字词。

材料准备

字卡1套

游戏过程

1. 教师与幼儿一起念读儿歌《小象消防员》。

2. 教师与幼儿一起认读大字卡。

3. 幼儿排成一队站在起点，教师将字卡放置于终点处。

4. 幼儿随意模仿一种动物（例如小鸡、小鸭、螃蟹、大象等）。教师选定动物后，在终点处发出口令：动物大作战，小鸡出发！模仿小鸡的幼儿冲向终点，任意拿取字卡，并大声读出该字。如认读正确则游戏继续，如认读错误则淘汰。

5. 教师引导幼儿变换不同动物，游戏可反复多次进行。

参考照片

22 森林干活记

游戏名称

花式找卡片

设计意图

结合幼儿喜欢互动游戏的特点，创设“花式找卡片”游戏，引导幼儿在集体游戏过程中复习、巩固《森林干活记》中的字词。

材料准备

字卡 1 套、贴纸

游戏过程

1. 教师与幼儿一起念读儿歌《森林干活记》。

2. 教师与幼儿一起认读大字卡。

3. 教师将椅子排成一排，并将字卡放在小椅子上。幼儿站立在椅子对面，相互保持一定距离。

4. 教师组织幼儿进行游戏，教师念：“我们一起找卡片。”幼儿问：“怎么找？”教师说：“转着找。”（口令可以改动，如蹲着蹲、倒着找、跳着找等）幼儿根据教师的口令，做出相应的动作，走向对应的椅子，念出椅子上的字卡并组词。最先到达字卡处并认读组词正确的幼儿获得一枚贴纸，不正确则淘汰。

5. 教师改变字卡位置、改变动作口令，组织幼儿多次游戏。

参考照片

23 寻找快乐

游戏名称

扔飞盘

设计意图

5—6岁幼儿有较强的竞争意识。结合体育游戏“扔飞盘”，引导幼儿在集体游戏过程中复习、巩固《寻找快乐》中的字词。

材料准备

飞盘、筐、字卡

游戏过程

1. 幼儿集体念儿歌《寻找快乐》。

2. 教师与幼儿一起认读大字卡。

3. 教师在起点处放置两个飞盘，在终点处放两个筐，字卡放在筐里。

4. 幼儿分两组站立，人手一个飞盘。幼儿进行接力扔飞盘游戏，幼儿将飞盘扔进筐后可拿取字卡，没有扔进筐中则重新再扔。扔进的幼儿，如念对则拿走字卡并将飞盘交给下一名幼儿，如念错则由小组同伴帮忙认读后拿走字卡并将飞盘交给下一名幼儿。游戏依次进行，小组内的所有字卡全部念完则游戏结束。最先完成字卡认读的小组获胜。

5. 教师可调整筐里的字卡，组织幼儿反复进行游戏。

参考照片

24 渔夫

游戏名称

毛毛虫搬家

设计意图

幼儿对于合作游戏特别感兴趣。结合体育游戏“毛毛虫”，引导幼儿在集体游戏过程中复习、巩固《渔夫》中的字词。

材料准备

字卡、毛毛虫头饰

游戏过程

1. 幼儿集体念儿歌《渔夫》。

2. 教师出示大字卡，幼儿集体认读。

3. 教师组织幼儿游戏，幼儿分成两组，排成两排蹲下，模仿毛毛虫的造型。首位幼儿当毛毛虫的头，选择一张字卡，其余幼儿手扶在前面幼儿的肩膀上，当毛毛虫的身体。教师喊开始后，幼儿蹲着向前行走，最先达到终点并全员正确认读出字卡的队伍获胜。集体帮助纠正认读不正确的幼儿。

4. 教师引导首位幼儿选择不同的字卡，组织幼儿多次进行游戏。

参考照片

25 动物爪印

游戏名称

什么不见了

设计意图

幼儿喜欢玩捉迷藏的游戏，把它结合在集体游戏之中，创设“什么不见了”游戏，引导幼儿在与同伴游戏的过程中复习、巩固《动物爪印》中的字词。

材料准备

字卡、贴纸

游戏过程

1. 教师与幼儿集体念读儿歌《动物爪印》。

2. 幼儿按U字形坐好，教师带领幼儿集体认读字卡。

3. 教师将字卡摆放在架子上。幼儿听教师指令进行游戏，教师说：“1、2、3，请闭眼睛。”幼儿双手捂住眼睛。教师拿掉两张字卡，问幼儿：“1、2、3，什么不见了？”幼儿仔细观察哪两个字卡不见了，先正确认读的幼儿获一张贴纸。

4. 教师更换拿取的两张字卡，组织幼儿反复游戏。

5. 教师让幼儿做小老师抽取字卡，组织幼儿多次游戏。

6. 教师提高游戏难度，可拿掉三四张字卡，组织幼儿多次游戏。

参考照片

26 草原画卷

游戏名称

跷跷板

设计意图

跷跷板是幼儿非常喜欢的游戏器材。设计“跷跷板”这个游戏，是运用合适的动作感受高与低，引导幼儿在游戏中复习、巩固《草原画卷》中的字词。

材料准备

字卡、贴纸

游戏过程

1. 幼儿围成半圆形坐好，集体念儿歌《草原画卷》。

2. 教师与幼儿一起认读大字卡。

3. 教师双手拿字卡并侧平举作跷跷板状上下晃动。幼儿一起有节奏地念口令：“跷跷板、跷跷板，看谁跷得高。”念完后教师停止晃动，幼儿认读教师举高的字卡。第一个认读正确的幼儿奖励一枚贴纸。

4. 教师替换字卡，组织幼儿进行多次游戏。

5. 教师请一名幼儿手拿字卡做跷跷板动作，其余幼儿也有节奏地一高一低地做动作，口令结束后，大声抢读该幼儿举高的字卡。第一个认读正确的幼儿奖励一枚贴纸。游戏反复多次进行。

参考照片

27 热闹的动物园

游戏名称

乘公交车

设计意图

结合幼儿的日常生活经验，创设“乘坐公交车”的游戏情境，让幼儿在集体游戏过程中复习、巩固《热闹的动物园》中的字词。

材料准备

大字卡1套、小字卡1套

游戏过程

1. 幼儿围成一个圆圈坐好，一起念儿歌《热闹的动物园》。

2. 教师出示字卡，幼儿集体认读。

3. 教师手拿大字卡扮演公交车司机，幼儿胸口贴上小字卡扮演乘客。

4. 教师在幼儿围成的圈圈外，随机出示一张字卡并念出口令：“‘×’字宝宝请上车。”贴有相应字卡的幼儿起立大声认读该字卡，认读正确后可跟在教师身后，认读错误则不能上车。游戏反复进行，直到所有幼儿都上车则游戏结束。

5. 教师可调换字卡，组织幼儿多次进行游戏。

6. 教师可请一名幼儿扮演公交车司机，组织幼儿多次进行游戏。

参考照片

28 森林里的大合唱

游戏名称

捡贝壳

设计意图

给幼儿创设有趣的“捡贝壳”游戏，引导幼儿在集体游戏过程中复习、巩固《森林里的大合唱》中的字词。

材料准备

大字卡1套、贴有字卡的贝壳、贴纸

游戏过程

1. 幼儿一起朗读《森林里的大合唱》。

2. 教师出示大字卡，幼儿集体认读。

3. 教师将小椅子排成一排，将贝壳字卡散落在地上。

4. 幼儿站在椅子上一起念儿歌：“我是小小潜水员，练习潜水真勇敢，潜进大海里，来把贝壳捡。”儿歌念完后，教师出示一张大字卡，幼儿从椅子上跳下，捡起相同的贝壳字卡并大声认读。认读正确则可拿走字卡，认读错误则不拿。所有贝壳字卡都拿完后则游戏结束，捡到贝壳数量最多的幼儿获胜，奖励贴纸一枚。

5. 教师可请一名幼儿来做口令员，组织幼儿多次进行游戏。

参考照片

29 小鸟学飞

游戏名称

机器人

设计意图

机器人是幼儿非常喜欢的角色，把它结合在认读游戏中，创设“机器人”集体游戏，引导幼儿在与同伴游戏过程中复习、巩固《小鸟学飞》中的字词。

材料准备

字卡2套、贴纸

游戏过程

1. 教师与幼儿一起念读儿歌《小鸟学飞》。

2. 教师带领幼儿集体认读字卡。

3. 幼儿每人手拿一张字卡扮演机器人围坐成圆圈，学做机器人保持不动。

4. 教师坐在幼儿中间，带领幼儿一起念儿歌：“机器人真能干，一按按钮它就念。”念完儿歌后教师用手点幼儿身上的“按钮”，点到的幼儿站起身念出自己的字卡。如念对则由该幼儿点下一名幼儿身上的“按钮”，如念错则集体纠正后继续游戏。游戏反复进行，所有机器人都被点到则游戏结束。

5. 教师组织幼儿更换字卡，游戏可多次进行。

参考照片

30 小学生

游戏名称

奇妙的口袋

设计意图

为了激发幼儿的求知欲和探索欲望，准备一个“奇妙的口袋”作为游戏工具，引导幼儿在集体游戏过程中复习、巩固《小学生》中的字词。

材料准备

字卡、布袋、贴纸

游戏过程

1. 幼儿围成一个半圆形坐好，集体朗读《小学生》。
2. 教师出示大字卡，幼儿集体认读。
3. 教师拿出一个“奇妙的口袋”，将字卡放在口袋内。
4. 幼儿轮流把手伸进口袋摸一张字卡，并进行认读。认读正确后获得一个贴纸，认读错误则由教师纠正。游戏依次进行。所有幼儿都认读完后可替换口袋中的字卡继续游戏。

参考照片

31 老师，我想对您说

游戏名称

火车出发啦

设计意图

幼儿非常喜欢“火车出发啦”游戏。幼儿边做开火车动作边认读，能够激发幼儿学习的兴趣，在集体游戏中复习、巩固《老师，我想对您说》中的字词。

材料准备

字卡

游戏过程

1. 教师带领幼儿朗读《老师，我想对您说》。

2. 教师与幼儿集体认读字卡。

3. 教师将小椅子排成2排当作火车，幼儿手拿字卡站在椅子边上。

4. 幼儿边做开火车动作边念：“轰隆隆，火车开来啦！”教师说：“‘×’字宝宝请上车！”手拿“×”字的幼儿就坐上火车，师幼进行集体验证。所有幼儿都上车后，游戏结束。

5. 教师组织幼儿交换字卡，多次进行游戏。

参考照片

5—6岁(下)

三

亲子游戏

1 毛毛虫

材料准备

毛毛虫图片、夹子、镊子、收纳篮、字卡“齐、与、平、稍、拳、距、农、提、网、田”

游戏玩法

家长将贴有汉字的毛毛虫图片散落在草丛中，准备夹子和收纳篮。

玩法一：

1. 家长做发号者，幼儿做执行者。

2. 家长说一个汉字，幼儿用手中的镊子夹起相应的毛毛虫字卡。

3. 认读正确，可将毛毛虫放进收纳篮中，认错则放回草丛。

4. 所有的毛毛虫字卡取完，游戏结束。

玩法二：

1. 一位家长做发号者，另一位家长和幼儿比赛捉毛毛虫。

2. 发号者随机说出毛毛虫身上的汉字。

3. 比赛者迅速寻找有相应字卡的毛毛虫，找到并正确认读汉字就可以拿走相应的毛毛虫字卡。

4. 捉完所有毛毛虫游戏结束。

5. 谁捉得多即为胜。

2 母鸡下蛋

材料准备

纸箱、乒乓球、丝带、字卡“铁、野、遇、专、此、感、司、捉、爹、男”

游戏玩法

制作一个有漏洞的纸盒，将乒乓球当作鸡蛋，在乒乓球上贴字卡。

玩法一：

1. 家长手拿纸盒并快速抖动。
2. 幼儿捡起抖落的鸡蛋字卡，并认读。
3. 正确认读后鸡蛋字卡归其所有，认读错误则放回纸盒。
4. 全部鸡蛋字卡认读完成，游戏结束。

玩法二：

1. 幼儿手拿纸盒并快速抖动。
2. 家长捡起抖落的鸡蛋字卡，幼儿认读鸡蛋字卡上的汉字。
3. 认读正确后鸡蛋字卡归其所有，认读错误放回纸盒。
4. 全部鸡蛋字卡认读完成，游戏结束。

3 你抛我接

材料准备

两种颜色的海洋球、塑料筐、字卡“慌、猛、智、断、课、拔、踢、校、初、战、稻、被”

游戏玩法

家长准备一个塑料筐和若干海洋球，在海洋球上贴字卡。

玩法一：

1. 幼儿手拿塑料筐与家长面对面站立。
2. 家长将贴有字卡的海洋球扔向幼儿手中的塑料筐。
3. 幼儿接住家长扔来的海洋球，并认读上面的汉字。
4. 认读正确则海洋球归其所有，认读错误则把海洋球归还家长。
5. 继续游戏，直到读完所有的海洋球字卡。

玩法二：

1. 幼儿与家长各选择一种颜色的海洋球，依次读出海洋球上的汉字。
2. 认读正确则将海洋球抛进筐里，认读错误则将海洋球放在筐外。
3. 游戏结束，筐里哪种颜色的海洋球多谁就获胜。

4 套圈

材料准备

套圈、玩具、字卡“颗、撑、歇、塔、射、播、器、需、臂、搞、献、街”

游戏玩法

家长与幼儿收集家里的玩具，在玩具上贴字卡，将玩具散开摆放在地上玩套圈游戏。

玩法一：

1. 幼儿和家长站在玩具的对面，进行石头剪刀布决定顺序。
2. 赢的一方先读一个汉字，另一方将套圈套到相应的玩具上。
3. 正确认读字卡则玩具归其所有，认读错误则放回原位，依次进行游戏。
4. 所有字卡认读完成，谁的玩具多即为获胜。

玩法二：

1. 家长与幼儿轮流套圈。
2. 套中并正确认读字卡就获得此玩具，认读错误将玩具放回原位。
3. 全部玩具套完，谁得到的玩具多即为获胜。

5 踢球

材料准备

椅子、皮球、字卡“装、满、后、对、生、沙、音、实、从、也、早、晨、傍、晚”

游戏玩法

在家中用椅子布置球门，幼儿和家长一起进行踢球游戏。

玩法一：

1. 家长逐一出示字卡，放在球门上。

2. 幼儿正确认读该字卡，则获得一次射门机会。

3. 字卡进行更换后再进行游戏。

玩法二：

1. 一位家长做裁判，另一位家长和幼儿轮流游戏。

2. 以石头剪刀布决定游戏顺序，赢的一方正确认读裁判出示的字卡即可射门。

3. 依次进行游戏，直到所有字卡都正确认读。

4. 游戏结束，谁射门次数多即获胜。

6 快乐投沙包

材料准备

沙包、字卡“影、土、前、方、加、乌、成、灭、中、间、干、王”

游戏玩法

家长选取空旷的场地，将字卡随机摆放在地面上，创设投沙包的情境。

玩法一：

1. 家长将字卡散放在幼儿面前。

2. 幼儿投沙包，沙包落在哪张字卡上，幼儿就认读该字卡。

3. 认读正确则获得字卡，认读错误则放回字卡。

4. 全部字卡认读完毕，游戏结束。

玩法二：

1. 幼儿和家长一起玩投沙包游戏。

2. 以剪刀石头布的方式决定游戏顺序，赢的一方手拿沙包投向字卡，认读投中的字卡。

3. 认读正确则字卡归其所有，直到字卡全部正确认读。

4. 游戏结束，谁的字卡多即获胜。

7 小猴摘桃

材料准备

自制小树、小猴头饰2个、桃子字卡“头、已、夫、都、读、书、童、爪、完、全、原、她、色、龙、候”

游戏玩法

将桃子字卡装饰在自制小树上，幼儿戴上小猴头饰，扮演小猴玩摘桃的游戏。

玩法一：

1. 幼儿认读摘下的桃子字卡。

2. 认读正确就将该桃子字卡拿走，认读错误则将桃子字卡放回原处。

3. 直至把所有的桃子字卡全部摘完，游戏结束。

玩法二：

1. 家长和幼儿PK摘桃子。

2. 两人轮流摘桃子字卡，并认读摘到的桃子字卡。

3. 认读正确可继续摘桃，认读错误就暂停一次，直至摘完树上所有的桃子。

4. 游戏结束，看谁摘的桃子多即获胜。

8 造房子

材料准备

积木、2套字卡“告、诉、望、这、那、往、张、笔、再、背、学、向、室”

游戏玩法

将字卡贴在积木上，在家中的空地上进行游戏。

玩法一：

1. 家长与幼儿一起造房子。

2. 家长出示字卡，幼儿正确认读并找到有该字卡的积木。

3. 幼儿将找到的积木运送给家长，由家长拼搭房子。

4. 认读完所有字卡并拼搭好房子，游戏结束。

玩法二：

1. 幼儿独立造房子。

2. 家长出示字卡，幼儿正确认读并将贴有对应字卡的积木找出来。

3. 幼儿用找出的积木拼搭房子。

4. 认读完所有字卡并拼搭好房子，游戏结束。

后记

苏州市实验小学校教育集团各民办校(园)在徐天中校长的带领下，自2011年起，以“语言发展”为研究点开展“儿童语言发展小幼衔接的实验研究”。该课题研究的申报单位为苏州明珠学校。课题组由苏州明珠学校、苏州明珠幼儿园等四家单位组成，苏州明珠幼儿园主要承担完成了课题中3—6岁年龄段的实验研究。

徐天中校长是教育部首届骨干校长高级研修班成员，全国29位校长带头人之一，中国教育学会全国实验学校教育科学研究专业委员会副理事长，中国教育学会小学教育专业委员会副会长，全国骨干校长工作研究会副理事长，苏州市专家咨询团成员，教育部小学校长培训中心(北京师范大学校长培训学院)兼职教授，苏州大学兼职教授、硕士生导师，苏州市实验小学校教育集团原总校长。

徐天中校长创造性地提出了“生活认读”“环境认读”“游戏认读”“三步认读”四种模块的学习方式。四种模块的学习，遵循了儿童的生理和心理发展规律，符合汉字、汉语文化的学习特征，将符号辨识和内容体验有机统一。四种模块的学习，建立了小幼衔接语言教学共同体，儿童在活生生的多元动态环境中实现高效地识字、快速地阅读、流利地表达，从而充分开发儿童语言、思维等潜能，促进儿童全面可持续发展，为终身学习打下坚实的基础。

本丛书由徐天中校长担任编委会总主编，他对本丛书的指导思想、框架结构、内容审定、文字撰写等方面做出了具体指导和详细安排。赵洪、丰新娜、丁文群、王莉、王静、过坚、朱月龙、屈雅琴、钱春玲、钱晶莹参与了本丛书各分册的编写与审校工作。谈莉莉、葛建平、宋怡、周莉、周璇、戴莉萍、沈琴、周玉婷、陆丽亚、范兰珍、顾敏娴、吴国英、程浏、杨斐、张雯婷、沈建芳、翁娟芳、潘宏参与了课题的教学研究工作。课题组全体成员在推进课题研究的过程中,展现了对孩子的认真观察、对教法的认真琢磨、对经验的认真提炼。本丛书中的每一篇活动设计、每一件游戏材料、每一个指导要求,都凝聚着教师们对课题研究的独特观点。

课题研究开展期间,课题组得到了幼儿科学认读发起人,原江苏省教育委员会副主任、江苏省教育学会原会长周德藩先生,苏州大学朱月龙教授,以及北京师范大学、中国教育科学研究院、江苏省教育科学研究院等单位有关专家的指导。他们为课题研究提供了科学认读的成果借鉴,为课题推进提供了广阔的研究思路,也在丛书编写过程中提供了许多建设性的修改意见,我们在此表示衷心的感谢!

本丛书在编写过程中得到了很多专家、学者、老师的支持和帮助,在此向各位表示诚挚的谢意!

由于编者水平和时间的限制,本丛书在理论的探索和实践的操作上还有提升的空间,不足之处敬请专家和读者不吝赐教!

编　者

2023 年 8 月

儿童语言发展
小幼衔接的实验研究丛书

三步认读

5—6岁

徐天中 总主编
本书编委会 编

浙江工商大学出版社
ZHEJIANG GONGSHANG UNIVERSITY PRESS
·杭州·

图书在版编目(CIP)数据

儿童语言发展小幼衔接的实验研究丛书．5—6岁 4 三步认读 / 徐天中总主编;本书编委会编．-- 杭州：浙江工商大学出版社，2024．10．-- ISBN 978-7-5178-6121-8

Ⅰ．G613.2

中国国家版本馆CIP数据核字第2024PV6575号

儿童语言发展小幼衔接的实验研究丛书
三步认读(5—6岁)
SAN BU RENDU (5—6 SUI)

徐天中 总主编　本书编委会 编

策划编辑 周敏燕
责任编辑 周敏燕
责任校对 胡辰怡
封面设计 蔡思婕
责任印制 祝希茜
出版发行 浙江工商大学出版社
(杭州市教工路198号　邮政编码310012)
(E-mail:zjgsupress@163.com)
(网址:http://www.zjgsupress.com)
电话:0571-88904980,88831806(传真)
排　　版 杭州朝曦图文设计有限公司
印　　刷 杭州捷派印务有限公司
开　　本 787mm×1092mm　1/16
总 印 张 66.5
总 字 数 913千
版 印 次 2024年10月第1版　2024年10月第1次印刷
书　　号 ISBN 978-7-5178-6121-8
总 定 价 240.00元(共六册)

序

一个人的语文素养根基在于阅读，儿时阅读兴趣的激发和习惯的养成至关重要。孩子是天生的学习者。脑科学研究成果表明，幼儿正处于语言学习的敏感期，充分利用汉字图形表意的优势，在儿童生活和游戏过程中，开展“随风潜入夜”式的认读活动，既能激发孩子的阅读兴趣，又有利于培养孩子的阅读习惯。

为此，我们曾组织几十所幼儿园和小学，以“科学认读”为课题进行早期阅读的实验研究。十数年的坚持，改变了我们汉字难学的认知。其实汉字存有认读和书写的相位差，可先认读不书写，或者后书写。阅读的入门并不难。据此，我们在幼儿园开展科学认读汉字词的活动，这激发了孩子们认读汉字词的热情。做得好的幼儿园，大班的孩子普遍可以认读近千个汉字。有些小学主动对接幼儿园继续实验，到二年级学年末，学生认读可超两千字，从而实现自主阅读。这项研究结题时，教育部原副总督学郭振有说，此项研究切口小、意义大。

结题之后，由于环境的影响，继续参与研究的很少。但是徐天中校长凭借他丰富的教育经历和学识，充分认定这项研究的价值，抓住小切口，依靠教育集团的优势，设计出小幼衔接的大文章，坚持做了十多年。他主持开展的江苏省教育科学“十二五”规划重点课题“儿童语言发展小幼衔接的实验研究”，抓住儿童口头语言发展的关键期，在不增加儿童学习负担的前提下，建立了一套

符合儿童身心发展特征、小幼间无缝对接的科学认读目标、内容、方法、评价体系，让3—6岁儿童语言教学与小学语文教学在展示自身特色基础上实现无缝衔接，建立小幼衔接语言教学共同体，开发儿童语言思维等潜能，促进儿童全面可持续发展，为终身学习打下坚实的基础。

徐天中校长从“字”“人”“环境”这三个方面着手研究，创造性地在3—6岁阶段科学认读研究中提出了“生活认读”“环境认读”“游戏认读”“三步认读”四种模块的学习方式。在这些学习方式的互通与互补过程中，6岁幼儿轻松而高效地达到1000多个常见字的认读目标。正是通过抓住关键期，从3岁开始的有效语言教育，幼儿从3岁起就逐步开始了自主阅读绘本、报纸、书册，到6岁积累了近10万字的阅读量。这充分开发了幼儿的学习潜能，促进了其形象思维、逻辑思维等的快速发展。3—6岁的早期认读和早期阅读成果，让幼儿进入小学一、二年级后语文学习优势明显，轻松完成2500个常用字的学习，课外阅读量超100万字，这也很好地推进和提高了学生学习其他学科的兴趣、速度和质量，从而进一步全面提升了学生的综合素养。

徐天中校长领衔的这项课题成果丰硕，课题组编撰了《小幼衔接语言发展之科学认读》《小幼衔接语言发展之绘本阅读》《小幼衔接语言发展之口语讲述》等共计18册的系列丛书，制作了与之配套的电子课件、挂图卡片、音频视频、游戏盒子等学习辅助材料。这些课题研究成果集聚了严谨规范的教学流程、系统高效的教学方式、生动有趣的教学材料、多元灵活的教学评价，具有极大的实操性和可推广性。我希望这项课题研究能长期进行下去，它的探索和深化必将对基础教育体系改革产生重大意义！

周德藩

（原江苏省教委副主任）

目 录

5—6岁(上)

5—6岁(下)

5—6岁（上）

一

认读活动

1 姓氏歌

姓氏歌

百家姓氏真有趣，

赵钱孙李口口传。

上口下天读作吴，

上羊下女读作姜，

左言右午读作许，

左弓右长读作张。

认一认

李

吴

女

姜

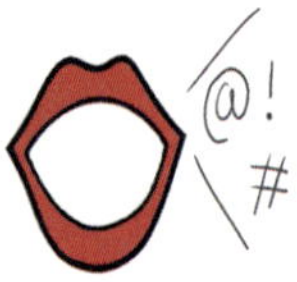

言

许(愿)

弓

念一念

女孩、生姜、语言、弓箭

说一说

妹妹是一个能歌善舞的女孩。

妈妈在超市里买了许多生姜。

我国是一个多语言的国家。

猎人带着弓箭去森林里捕猎。

活动设计

教学目标

1. 正确认读“李、吴、女、姜、言、许、弓”7个生字，读准音，认清形。

2. 能够正确、熟练地朗读、背诵儿歌。

教学准备

字卡、课件

教学过程

一、读一读(10分钟)

师：小朋友，你们知道姓氏是什么吗？今天我们就来学一学关于姓氏的儿歌《姓氏歌》。

1. 初读儿歌。

(1)范读。

——教师带领幼儿指读两遍。

(2)领读。

——教师读一句,幼儿跟着读一句。

(3)随读。

——教师请幼儿做小老师,跟着小老师一起读。

2. 去字留图读。

师:闭上眼睛变魔术,1、2、3,红字宝宝不见啦。

——教师指,幼儿齐读。

3. 去图去字读。

师:闭上眼睛变魔术,1、2、3,图片宝宝不见啦。

——教师指,幼儿分组读。

4. 去图留字读。

师:闭上眼睛变魔术,1、2、3,红字宝宝出来啦。

——教师指,幼儿拍手齐读。

5. 教师提问。

师:你姓什么? 你的姓氏有什么特点?

师:你的好朋友姓什么? 他的姓氏有什么特点?

6. 背诵儿歌。

(1)小组轮流背。

——幼儿一组一组轮流背。

(2)开火车背。

——幼儿一个跟着一个拍手打节奏背诵。

(3)我来开头你来接。

——男生背前半句,女生背后半句。

(4)接龙背。

——幼儿一字排开,一个一个接着背。

二、认一认(8分钟)

1. 看图认字。

(1)回忆认字。

——教师出示字卡,幼儿集体认读“李、吴、女、姜、言、许、弓”。

(2)大小声认字。

——教师把字卡举高,幼儿大声念。教师把字卡放低,幼儿小声念。

2. 去图认字。

(1)抢答认字。

——教师快速拿出字卡,幼儿抢答。

(2)躲藏认字。

——教师把字卡一字排开,幼儿闭上眼睛,教师拿走其中一个字,幼儿猜测哪张字卡不见了。

三、玩一玩(7分钟)

游戏一:找朋友。

师:小朋友,你们认识这些字宝宝吗?和它对应的图片宝宝被藏起来了,谁来念一念,帮它们把好朋友找出来吧。

游戏二:摘桃子。

师:小朋友快看,高大的桃树上,结满了粉红色的桃子。每个桃子上都有一个字宝宝。读对了,就可以摘下树上的桃子,这个桃子就是你的啦。

游戏三:分蛋糕。

师:你们喜欢吃蛋糕吗?谁能发现字宝宝不见的另一半,谁就能得到美味的蛋糕哦。

游戏四:连连看。

师:小朋友,儿歌宝宝藏起来了,你能发现并把它找出来吗?让我们来挑战一下吧。

2 交通规则

交通规则

信号灯，要注意，
红灯停，绿灯行。
排好队，别乱窜，
我们一起过马路。
遵守规则很重要，
交通安全记心间。

认一认

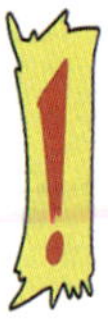

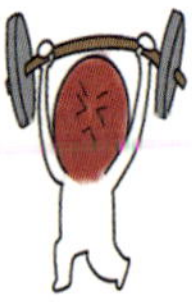

信（号灯） 注（意） 乱窜 过（马路） 遵守规则 重

念一念

自信、专注、过年、举重

说一说

丽丽在舞台上表现得很自信。

上课的时候要认真专注。

过年时大街上张灯结彩。

举重运动员个个都很强壮。

活动设计

教学目标

1. 正确认读“信、注、乱、窜、过、遵、守、规、则、重”，读准音，认清形。

2. 能够正确、熟练地朗读，理解儿歌内容。

教学准备

字卡、课件

教学过程

一、读一读（10分钟）

师：小朋友，你们知道有哪些交通规则吗？今天我们来学一学儿歌《交通规则》。

1. 初读儿歌。

（1）范读。

——教师带领幼儿指读两遍。

(2)领读。

——教师读一句,幼儿跟着读一句。

(3)随读。

——教师大声读,幼儿跟着轻声读。

2. 去字留图读。

师:闭上眼睛变魔术,1、2、3,红字宝宝不见啦。

——教师指,幼儿齐读。

3. 去图去字读。

师:闭上眼睛变魔术,1、2、3,图片宝宝不见啦。

——教师指,幼儿男女生轮流读。

4. 去图留字读。

师:闭上眼睛变魔术,1、2、3,红字宝宝出来啦。

——教师指,请到哪个幼儿,哪个幼儿读。

5. 教师提问。

师:儿歌里讲到了马路上有什么?要注意什么?

师:小朋友要怎样过马路?

6. 背诵儿歌。

(1)开火车读。

——教师当火车头领读,邀请到的幼儿读出生字,即可拉住教师的衣服扮作“车厢”,以此类推。

(2)有趣的跷跷板。

——教师展臂扮作跷跷板,哪边的手翘起来了就由哪边的幼儿背。

(3)我是小组长。

——请一名幼儿做领背,其余幼儿跟着一起背诵。

(4)大小声背。

——教师手举高表示大声背,手放低就表示小声背。

二、认一认(8分钟)

1. 看图认字。

(1)回忆认字。

——教师拿出字卡,幼儿一起认读“信、注、乱、窜、过、遵、守、规、则、重”。

(2)开火车认字。

——教师把图片排成火车,幼儿边看图片边念出相应的字。

2. 去图认字。

(1)拍字认字。

——教师拿字卡,幼儿拍字卡念字。

(2)捉迷藏认字。

——教师把字卡一字排开,幼儿闭上眼睛,教师拿走其中一个字藏在背后,幼儿猜测缺失的字卡。

三、玩一玩(7分钟)

游戏一:坐汽车。

师:小狗开汽车,小动物要坐车。汽车的座位上都有一个字宝宝,小动物上车后念出座位上的字宝宝,才能坐上座位。

游戏二:走石子路。

师:小朋友想去游乐场玩,要经过一条石子马路,每一块石头上都有一个字宝宝。小朋友要读出石头上的字宝宝,读对就可以前进。

游戏三:交通指挥员。

师:老师当交通指挥员,小朋友开汽车,读出交通指挥员手上的字宝宝。读对字宝宝,才能开车通过。

游戏四:过山洞。

师:小朋友读出山洞上的字,小汽车就可以穿过山洞继续前进了。

3 反义词（一）

反义词(一)

反义词，大比拼，

你一言，我一语。

上对下，高对矮，

减对加，粗对细。

表扬对批评，节省对浪费。

认一认

反

减

表扬

批评

节（省）

念一念

反复、减法、手表、节约

说一说

姐姐做事前总是反复思考。

我已经会十以内的减法了。

妈妈给我买了一块新手表。

节约用水,人人有责。

活动设计

教学目标

1. 正确认读“反、减、表、扬、批、评、节”,培养幼儿对汉字的兴趣。

2. 了解反义词的含义,能说说自己知道的反义词。

教学准备

字卡、课件

教学过程

一、读一读(10分钟)

师:小朋友,你们知道什么是反义词吗?今天我们来学一学儿歌《反义词(一)》。

1. 初读儿歌。

(1)范读。

——教师指读两遍。

(2)领读。

——教师读一句,幼儿跟着读一句。

(3)随读。

——教师请幼儿做小老师,跟着小老师一起读。

2. 去字留图读。

师:闭上眼睛变魔术,1、2、3,红字宝宝不见啦。

——教师指,幼儿齐读。

3. 去图去字读。

师:闭上眼睛变魔术,1、2、3,图片宝宝不见啦。

——请幼儿来挑战读。

4. 去图留字读。

师:闭上眼睛变魔术,1、2、3,红字宝宝出来啦。

——幼儿拍腿齐读。

5. 教师提问。

师:儿歌里出现了哪些反义词?

师:你能说说其他的反义词吗?

6. 背诵儿歌。

(1)齐背。

——全体幼儿一起背诵。

(2)接龙背。

——幼儿一字排开,一个一个接着背。

(3)轮流背。

——男生女生分别背。

(4)挑战背。

——想挑战的幼儿独立背诵儿歌。

二、认一认(8分钟)

1. 看图认字。

(1)齐读认字。

——教师拿出图片,让幼儿一起看图齐读"反、减、表、扬、批、评、节 "。

(2)男女生PK认字。

——教师拿图片让男女生分别念字,比赛哪一组认的字宝宝多。

2. 去图认字。

(1)拍字认字。

——教师拿字卡,幼儿拍字卡念字。

(2)翻字卡认字。

——以小组为单位,每个小组翻开字卡,念出字宝宝,请组长检查是否正确。

三、玩一玩(7分钟)

游戏一:打气球。

师:天空中有许多气球,老师出示一个字宝宝,请小朋友找一找这个字宝宝的反义词。如果找对了,气球就会爆炸。

游戏二:左右握握手。

师:字宝宝们排成了两条队伍,请小朋友根据左边的字宝宝去找右边的反义词,让它们握握手。

游戏三:走反道。

师:森林里有一条宽宽的河,只有走在石子路上才能过河,石头上贴着小旗上的反义词,一起来找一找吧。

游戏四:小雨点找云朵。

师:小雨点想回到乌云妈妈的怀抱里,快去找找乌云妈妈身上的反义词吧。

4 游戏时间

游戏时间

操场上真热闹，户外活动开始啦。小伙伴们排队玩游戏，有的骑小车，有的扔沙包，有的滚轮胎，有的大声喊加油！擦擦汗，收玩具，游戏结束回班级。

认一认

					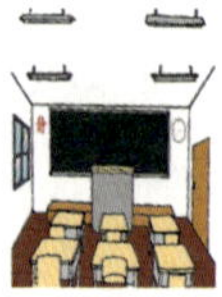
活（动）	伙伴	排（队）	喊	（加）油	（班）级

念一念

生活、排练、呐喊、奶油

说一说

幼儿园里的学习生活丰富多彩。

啦啦队正在操场上排练节目。

我们为班级的运动员们呐喊助威。

妹妹最喜欢吃奶油蛋糕。

活动设计

教学目标

1. 正确认读"活、伙、伴、排、喊、油、级",读准音,认清形。

2. 能够正确、熟练地朗读儿歌,了解儿歌意思。

教学准备

字卡、课件

教学过程

一、读一读(10分钟)

师:快乐的游戏时间到了,小朋友会做什么有趣的游戏呢?一起来听一听《游戏时间》。

1. 初读儿歌。

(1)范读。

——教师指读两遍。

(2)领读。

——教师读一句,幼儿跟着读一句。

(3)随读。

——教师请幼儿做小老师,跟着小老师一起读。

2. 去字留图读。

师:红字宝宝看见这么多小朋友可开心了,和我们玩起捉迷藏的游戏了,谁不见了?

——教师指,幼儿齐读。

3. 去图去字读。

师:看,图片宝宝也想和我们玩捉迷藏了。

——教师指,幼儿分组读。

4. 去图留字读。

师:小朋友们都很厉害,字宝宝已经被我们找到了。

——教师指,幼儿拍手读。

5. 教师提问。

师:这首儿歌讲的是什么时间?

师:儿歌里有哪些户外活动?

6. 背诵儿歌。

(1)我是小组长。

——请一名幼儿领背,其余幼儿跟着一起背诵。

(2)接龙背。

——教师指到哪组就由这组幼儿集体背诵第一句,接下来指到的小组依次背诵第二句、第三句等。

(3)大小声背。

——教师手举高表示大声背,手放低就表示小声背。

(4)我来开头你来接。

——男生背前半句,女生背后半句。

二、认一认(8分钟)

1. 看图认字。

(1)回忆认字。

——教师出示字卡,幼儿认读“活、伙、伴、排、喊、油、级”。

(2)变声认字。

——教师把字卡放左边,幼儿模仿妈妈的声音念,教师把字卡放右边,幼儿模仿爸爸的声音念。

2. 去图认字。

(1)抢答认字。

——教师快速拿出字卡,幼儿抢答。

(2)捉迷藏认字。

——教师把字卡一字排开,幼儿闭上眼睛,教师拿走其中一个字藏在背后,幼儿猜测缺失的字卡。

三、玩一玩(7分钟)

游戏一:升小旗。

师:小猴子要升小旗,可是旗杆上出现了很多字宝宝,只有将所有的字宝宝念出来,小旗才会慢慢地升到顶上。小朋友,我们一起来帮助小猴子吧。

游戏二:捉迷藏。

师:小朋友,你们看,调皮的字宝宝们躲到了幼儿园的大树下,一起来把它们找出来吧。

游戏三:搭积木。

师:小朋友,你们喜欢搭积木吗?谁能念出字宝宝就能搭成一座房子。

游戏四:找气球。

师:小朋友,你们能找出藏有字宝宝的气球吗?找到了就可以得到气球。

5 老虎巡山

老虎巡山

老虎来巡山，吓坏了森林里的小动物。大家纷纷出主意，表示必须赶走大老虎。狐狸说：“可以做个陷阱抓住它。”于是猴子使劲挖大坑，长颈鹿努力摘叶子，山羊负责铺铺平。扑通一声，老虎掉下坑啦。

认一认

虎　　吓坏　　必须　　(使)劲

念一念

壁虎、惊吓、胡须、干劲

说一说

小壁虎正在墙角捉蚊子。

小宝宝受到惊吓后哭了起来。

爷爷的胡须很长。

小朋友们在打扫教室时干劲十足。

活动设计

教学目标

1. 正确认读“虎、吓、坏、必、须、劲”,读准音,认清形。

2. 能够正确、熟练地朗读、背诵故事。

教学准备

字卡、课件

教学过程

一、读一读(10分钟)

师:小朋友,你们害怕老虎吗?今天我们来学一学关于老虎的故事《老虎巡山》。

1. 初读故事。

(1)范读。

——教师带领幼儿指读两遍。

(2)领读。

——教师读一句,幼儿跟着读一句。

(3)随读。

——教师请幼儿做小老师,跟着小老师一起读。

2. 去字留图读。

师:小眼睛,闭起来,1、2、3,睁开看看谁不见啦?

——教师指,幼儿齐读。

3. 去图去字读。

师:小眼睛,闭起来,1、2、3,睁开看看谁不见啦?

——教师指,幼儿分男女生读。

4. 去图留字读。

师:小眼睛,闭起来,1、2、3,字宝宝回来啦。

——教师指,小组轮流读。

5. 教师提问。

师:小动物用什么方式来打败了老虎?

师:老虎有没有中招呢?

6. 背诵故事。

(1)师幼互动背。

——教师背前半句,幼儿接背后半句,然后交换背。

(2)男生女生分句背。

——男生背第一句,女生接背第二句,男生接背第三句,女生接背第四句,依次接背。

(3)小组开火车读。

——幼儿一组一句开火车轮流读,读完整个故事。

(4)我来开头你来接。

——男生背前半句,女生背后半句,然后交换背。

二、认一认(8分钟)

1. 看图认字。

(1)回忆认字。

——教师出示图片,幼儿集体认读"虎、吓、坏、必、须、劲"。

(2)抢答认字。

——教师两手分别拿图藏在身后,快速地轮流出示图片,幼儿看图片抢答。

2. 去图认字。

(1)整体认字。

——幼儿看着字卡读一遍。

(2)高低声认字。

——教师把字卡排成两排,幼儿看着高低不同的字卡用不同的音量来读一读,高的字卡读得响,低的字卡读得轻。

三、玩一玩(7分钟)

游戏一:连一连。

师:小朋友,你们认识这些字宝宝吗?和它对应的图片宝宝在哪里?念一念,并帮它们找到好朋友连一连。

游戏二:采蘑菇。

师:小朋友,你们看,森林里有各种蘑菇,蘑菇上都有一个字宝宝。读对了,就可以采到这个蘑菇了,谁来试一试?

游戏三:小老虎捡彩石。

师:小老虎要捡彩色的石头铺一条七彩路,石头上有字宝宝。必须要读出字宝宝,才能把石头捡起来。

游戏四:蝴蝶找花。

师:蝴蝶在花丛里飞来飞去,它要找一朵和它身上的字宝宝匹配的花朵采蜜,我们来帮蝴蝶们找一找吧。

6 粗心的小熊

粗心的小熊

小熊的钥匙丢失了，请好朋友一起来帮忙。

小熊说："真古怪，钥匙怎么不见了？"

小猪说："是不是放在口袋里了？"

小兔说："是不是放在书包里了？"

小猴说："是不是放在柜子里了？"

大家立刻分头找，还是没找到，小熊更加着急了。

小鸟飞来笑着说："你真是太粗心了，钥匙不就挂在你脖子上嘛！"

认一认

丢

古（怪）

立（刻）

找

更

念一念

古代、独立、寻找、更新

说一说

中国古代有很多神话故事。

老师会培养学生独立思考的能力。

羊群在草原上寻找着水源。

电脑软件需要不断地更新。

活动设计

教学目标

1. 正确认读“丢、古、立、找、更”,读准音,认清形。

2. 能够正确、熟练地朗读、背诵故事。

教学准备

字卡、课件

教学过程

一、读一读(10分钟)

师:小朋友,你做过粗心的事情吗?今天我们就来学一学故事《粗心的小熊》。

1. 初读故事。

(1)范读。

——教师带领幼儿指读两遍。

(2)领读。

——教师读一句,幼儿跟着读一句。

(3)随读。

——教师请幼儿做小老师,跟着小老师一起读。

2. 去字留图读。

师:小眼睛,闭起来,1、2、3,睁开看看谁不见啦?

——教师指,幼儿齐读。

3. 去图去字读。

师:小眼睛,闭起来,1、2、3,睁开看看谁不见啦?

——教师指,男女生轮流读。

4. 去图留字读。

师:小眼睛,闭起来,1、2、3,红字宝宝出来啦。

——教师指,开火车轮流读。

5. 教师提问。

师:粗心的小熊在找什么?

师:大家帮小熊在哪些地方找?

师:最后在哪里找到了钥匙?

6. 背诵故事。

(1)集体背。

——幼儿集体背诵。

(2)轮流背。

——幼儿一组一组轮流背。

(3)小组开火车背。

——幼儿一组一句轮流背,直到完整背诵。

(4)男生女生互动背。

——男生背旁白,女生背对话,然后交换背。

二、认一认(8分钟)

1. 看图认字。

(1)回忆认字。

——教师出示字卡,幼儿集体认读“丢、古、立、找、更”。

(2)捉迷藏认字。

——教师把字卡一字排开,幼儿闭上眼睛,教师拿走其中一张字卡藏在背后,幼儿说出哪个字不见了。

2. 去图认字。

(1)高低认字。

——教师把字卡排成两排,幼儿看着高低不同的字卡用不同的音量来读一读。高的字卡读得响,低的字卡读得轻。

(2)比赛认字。

——教师逐个出示字卡,幼儿抢答认读,看谁每次都读得又对又快,评选出“认字大王”。

三、玩一玩(7分钟)

游戏一:小蝌蚪找妈妈。

师:小蝌蚪身上带有字宝宝,青蛙妈妈身上带有图片,请帮助小蝌蚪找到自己的青蛙妈妈。

游戏二:找相同。

师:青蛙妈妈身上有字宝宝,请小朋友帮忙找有相同字宝宝的小蝌蚪,并读一读。

游戏三:小青蛙找朋友。

师:小青蛙和同伴玩捉迷藏,同伴躲在绿叶下只露出了半个字,念出完整的字宝宝,就能找到藏起来的同伴。

游戏四:青蛙跳荷叶。

师:小青蛙想过河,念对荷叶上的字宝宝,就可以过河了。

7 敬老爱幼

敬老爱幼

中秋团圆来聚餐，
全家围坐话家常。
先给爷爷夹块鱼，
再给奶奶盛碗汤，
美味果汁分弟妹，
饭后水果甜又香，
全家吃饱乐哈哈，
敬老爱幼人人夸。

认一认

敬（礼）

先（吃）

饱

念一念

尊敬、领先、饱满

说一说

王老师是一名受人尊敬的好老师。

哥哥在跑步比赛中领先于其他运动员。

谷粒饱满意味着今年会大丰收。

活动设计

教学目标

1. 正确认读“敬、先、饱”，读准音，认清形。

2. 能够正确、熟练地朗读、背诵儿歌。

教学准备

字卡、课件

教学过程

三、读一读（10分钟）

师：小朋友，你们会怎样尊敬老人呢？一起来学一学儿歌《敬老爱幼》。

1. 初读儿歌。

(1)范读。

——教师带领幼儿指读两遍。

(2)领读。

——教师读一句,幼儿跟着读一句。

(3)随读。

——教师小声读,幼儿大声读。

2. 去字留图读。

师:闭闭眼,变变变,红字宝宝不见啦。

——教师指,幼儿齐读。

3. 去图去字读。

师:闭闭眼,变变变,图片宝宝不见啦。

——教师指,男女生轮流读。

4. 去图留字读。

师:闭闭眼,变变变,红字宝宝出来啦。

——教师指,幼儿拍肩齐读。

5. 教师提问。

师:儿歌中,中秋节大家做了哪些事情?

师:我们吃团圆饭时要注意哪些礼仪呢?

6. 背诵儿歌。

(1)打节奏背。

——幼儿边打节奏边背。

(2)击鼓传花。

——花传到哪名幼儿手里该幼儿就站起来背。

(3)男女生轮流背。

——男生背诵一句,女生背诵一句,轮流背完整首儿歌。

(4)火车火车开起来。

——幼儿一个一个轮流开火车背,其他幼儿拍手打节奏。

二、认一认(8分钟)

1. 看图认字。

(1)回忆认字。

——教师出示字卡,幼儿集体认读“敬、先、饱”。

(2)吹气球认字。

——教师把气球变大,幼儿大声念,教师把气球变小,幼儿小声念。

2. 去图认字。

(1)躲藏认字。

——教师把字卡一字排开,幼儿闭上眼睛,教师拿走其中一个字,让幼儿猜测缺失的字卡。

(2)抢椅子认字。

——教师把字卡放在七张椅子上,请八名幼儿游戏,抢到椅子的幼儿快速念出椅子上的字卡。

三、玩一玩(7分钟)

游戏一:小乌鸦找妈妈。

师:小乌鸦要根据自己身上的字宝宝找到有对应图片的乌鸦妈妈,你们愿意帮助它吗?

游戏二:小乌鸦捉虫子。

师:小乌鸦来找虫子吃了。每条虫子上都有一个字宝宝,读对了,小乌鸦就可以捉下一条虫子啦。

游戏三:小乌鸦找落叶。

师:乌鸦妈妈念出哪个字,小乌鸦就要找出有对应字宝宝的落叶。你能帮小乌鸦把它们找出来吗?

游戏四:小乌鸦填填乐。

师:大树妈妈丢了几片树叶,请你根据树叶上的字宝宝,把它们送回家吧。

8 文明拍手歌

文明拍手歌

你拍一，我拍一，礼貌用语应牢记。
你拍二，我拍二，团结互助讲友爱。
你拍三，我拍三，错了说声对不起。
你拍四，我拍四，原谅说声没关系。
你拍五，我拍五，帮忙说声谢谢您。
你拍六，我拍六，感谢说声不客气。
文明用语不离口，争做礼仪小能手。

认一认

礼貌(用)语

应

牢(固)

记(者)

关系

谢谢

您

客(人)

念一念

成语、记者、关爱、做客

说一说

姐姐会讲很多成语故事。

我长大后想当一名记者。

关爱他人是一种优秀的品质。

我经常去姑姑家里做客。

活动设计

教学目标

1. 正确认读“礼、貌、语、应、牢、记、关、系、谢、您、客”，读准音，认清形。
2. 理解儿歌内容，学会用礼貌用语。

教学准备

字卡、课件

教学过程

一、读一读(10分钟)

师：小朋友，你知道有哪些礼貌用语吗？让我们一起来学一学《文明拍手歌》。

1. 初读儿歌。

(1)范读。

——教师带领幼儿指读两遍。

(2)领读。

——教师读一句,幼儿跟着读一句。

(3)随读。

——教师请幼儿做小老师,跟着小老师一起读。

2. 去字留图读。

师:闭闭眼,变变变,红字宝宝不见啦。

——教师指,幼儿齐读。

3. 去图去字读。

师:闭闭眼,变变变,图片宝宝不见啦。

——教师指,幼儿分组读。

4. 去图留字读。

师:闭闭眼,变变变,红字宝宝出来啦。

——教师指,请到哪个幼儿,哪个幼儿读。

5. 教师提问。

师:儿歌中用到了哪些礼貌用语?

师:除了儿歌中提到的礼貌用语,你们还知道哪些礼貌用语?是在什么时候用的?

6. 背诵儿歌。

(1)齐读儿歌。

——幼儿一起完整背诵儿歌。

(2)开火车背。

——幼儿一个跟着一个背诵。

(3)我来开头你来接。

——男生背前半句,女生背后半句。

(4)接龙背。

——幼儿一字排开,一个一个接着背。

二、认一认(8分钟)

1. 看图认字。

(1)看图认字。

——教师出示字卡,幼儿集体认读"礼、貌、语、应、牢、记、关、系、谢、您、客"。

(2)高低声认字。

——教师把字卡举高,幼儿大声念,教师把字卡放低,幼儿小声念。

2. 去图认字。

(1)指手画脚认字。

——教师将字卡贴在手臂、腿等身体部位,教师摆动哪个部位,幼儿就念出相应部位的字。

(2)抢答认字。

——教师快速拿出字卡,幼儿抢答。

三、玩一玩(7分钟)

游戏一:小小神枪手。

师:小朋友,你们看,这里有许多的气球,念对气球上的字宝宝就能打中气球,想不想试试?

游戏二:美美圣诞树。

师:小朋友的表现都很棒,老师为你们准备了一棵挂满礼物的圣诞树。你们想知道树上有什么礼物吗?读出字宝宝就可以得到礼物啦。

游戏三:亮亮大眼睛。

师:现在老师要来考考你们,看看你们的小眼睛够不够亮,能不能一下子认出老师手中的字宝宝。

游戏四:填填礼貌歌。

师:这首《文明拍手歌》里还缺了好多礼貌用语,我们一起来把它填完整吧。

9 大象伯伯

大象伯伯

大象伯伯鼻子长，
喷水浇花最在行，
身体如同一堵墙，
腰粗如同一棵树，
耳朵如同两把扇，
腿壮如同四根柱，
肩膀宽宽有担当，
运输伐木他最强。

认一认

如同

墙

腰

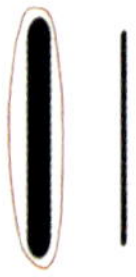
粗

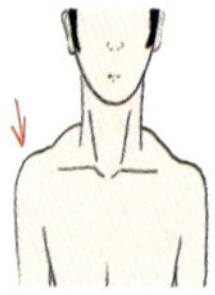
肩

念一念

如果、同意、围墙、粗心

说一说

如果明天下雨，我们就不去秋游了。

妈妈同意星期天带我去公园玩。

我家的围墙大约四米高。

我们要改掉粗心的坏习惯。

活动设计

教学目标

1. 正确认读“如、同、墙、腰、粗、肩”，读准音，认清字形。

2. 能够正确、熟练地朗读、背诵儿歌。

教学准备

字卡、课件

教学过程

一、读一读(10分钟)

师：你们见过大象吗？知道大象的身体像什么吗？我们一起来听听儿歌《大象伯伯》。

1. 初读儿歌。

(1)范读。

——教师带领幼儿指读两遍。

(2)领读。

——教师读一句，幼儿跟着读一句。

(3)随读。

——教师请幼儿做小老师,跟着小老师一起读。

2. 去字留图读。

师:闭上眼睛变魔术,1、2、3,红字宝宝不见啦。

——教师指,幼儿齐读。

3. 去图去字读。

师:闭上眼睛变魔术,1、2、3,图片宝宝不见啦。

——教师指,师生接龙读。

4. 去图留字读。

师:闭上眼睛变魔术,1、2、3,红字宝宝出来啦。

——教师指,幼儿拍膝盖读。

5. 教师提问。

师:读了这首儿歌,你发现大象有什么特点?

师:大象的鼻子怎么样?

6. 背诵儿歌。

(1)男女生接龙背。

——男生背一句,接着女生背一句。

(2)同伴互背。

——请幼儿找一个同伴互相背,你背给我听,我背给你听。

(3)两两合作背。

——男生开头女生背,女生开头男生背。

(4)小组接力背。

——第一组背儿歌后,接着第二组背,以此类推。

二、认一认(8分钟)

1. 看图认字。

(1)回忆认字。

——教师出示字卡,幼儿集体认读“如、同、墙、腰、粗、肩”。

(2)踩地雷认字。

——教师把字卡放在地板上,幼儿踩住一个字卡,读一读。读对了,继续往前走;读错了,其他幼儿发出地雷爆炸的声音。

2. 去图认字。

(1)跷跷板认字。

——教师把字卡放在左手和右手,请幼儿快速认读跷起来的字宝宝。

(2)捉迷藏认字。

——教师把字卡一字排开,幼儿闭上眼睛,教师拿走其中一张字卡藏在背后,幼儿说出哪个字不见了。

三、**玩一玩(7分钟)**

游戏一:快乐碰碰车。

师:小朋友,你们喜欢玩碰碰车吗? 只要你念对碰碰车上的字宝宝,就可以玩游戏啦。

游戏二:眼疾口快。

师:大大的望远镜神奇极了,能看到很多字呢。现在请小朋友和老师一起来发现,找到以后再组一个好听的词语。

游戏三:大象洗澡。

师:大象爱洗澡,只要你们把水滴上的字宝宝念出来,它就能洗澡了,你们愿意帮助大象吗?

游戏四:蜜蜂采蜜。

师:花儿朵朵开,蜜蜂采蜜忙,花朵里藏着很多字宝宝,我们一起来念一念吧。

10 谢谢你

谢谢你

聪明伶俐小燕子，
黑色羽毛白肚皮，
尖尖尾巴似剪刀。
燕子燕子谢谢你，
整天忙碌抓害虫。
燕子燕子谢谢你，
保护庄稼立功劳。

认一认

燕

整（天）

抓（虫）

保护

功劳

念一念

整理、抓紧、爱护、劳动

说一说

哥哥会自己整理房间了。

考试前大家都在抓紧时间复习。

小朋友要爱护校园里的一草一木。

热爱劳动是一种优良美德。

活动设计

教学目标

1. 正确认读“燕、整、抓、保、护、功、劳”，读准音，认清形。
2. 能够正确、熟练地朗读、背诵儿歌。

教学准备

字卡、课件

教学过程

一、读一读(10分钟)

师：小朋友，你们最想感谢谁呢？我们一起来学一学儿歌《谢谢你》。

1. 初读儿歌。

(1)范读。

——教师带领幼儿指读两遍。

(2)领读。

——教师读一句，幼儿跟着读一句。

(3)随读。

——教师请幼儿做小老师,跟着小老师一起读。

2. 去字留图读。

师:闭上眼睛变魔术,1、2、3,红字宝宝不见啦。

——教师指,幼儿齐读。

3. 去图去字读。

师:闭上眼睛变魔术,1、2、3,图片宝宝不见啦。

——教师指,幼儿齐读。

4. 去图留字读。

师:闭上眼睛变魔术,1、2、3,红字宝宝出来啦。

——教师指,幼儿边拍肩膀边读。

5. 教师提问。

师:儿歌中人们想谢谢谁?

师:燕子的尾巴和羽毛有什么特点?

师:燕子有什么本领?

6. 背诵儿歌。

(1)开火车接力背。

——教师当火车头,点到幼儿,幼儿背第一句,背完跟在教师的后面。教师再点下一位幼儿,幼儿背下一句,以此类推。

(2)小组轮流背。

——幼儿分组轮流背。

(3)男女生合作背。

——男生拍手打节奏女生背,女生拍手打节奏男生背。

(4)男女生接龙背。

——男生背一句,女生背一句。

二、认一认(8分钟)

1. 看图认字。

(1)回忆认字。

——教师出示字卡,幼儿集体认读“燕、整、抓、保、护、功、劳”。

(2)高低声认字。

——教师把字卡举高,幼儿大声念;教师把字卡放低,幼儿小声念。

2. 去图认字。

(1)眼疾口快认字。

——教师快速拿出字卡,幼儿进行抢答。

(2)捉迷藏认字。

——教师把字卡一字排开,幼儿闭上眼睛,教师拿走其中一个字,幼儿猜测缺失的字卡。

三、玩一玩(7分钟)

游戏一:小燕子回南方。

师:小燕子很想回南方,念出字宝宝,就能帮它回南方,你们愿意帮助它吗?

游戏二:小燕子护树。

师:小燕子可以保护大树的健康,请你们念出小燕子身上的字宝宝,它们就能保护更多的大树啦。

游戏三:赶虫子。

师:果树上有虫子了,我们一起大声念出虫子上的字宝宝,把它们赶走吧。

游戏四:好吃的甜品。

师:你们喜欢吃甜品吗?谁能把藏起来的字宝宝找出来,并念一念,就能吃到好吃的甜品啦。

11 反义词（二）

反义词（二）

反义词，大比拼，
你一言，我一语。
长对短，宽对窄，
复杂对简单，平安对危险，
谦虚对骄傲，容易对困难。

认一认

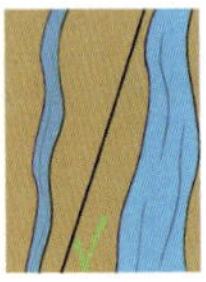

宽　复（杂）　简单　（平）安　（危）险　容易　困难

念一念

宽阔、复苏、安全、冒险

说一说

宽阔的大草原一眼望不到边。

春天到了,大地复苏,一片生机盎然。

出门在外要多注意安全。

叔叔冒险跳入急流中抢救落水儿童。

活动设计

教学目标

1. 正确认读“宽、复、简、单、安、险、容、易、困、难”,读准音,认清形。

2. 了解反义词的含义,能说说自己知道的反义词。

教学准备

字卡、课件

教学过程

一、读一读(10分钟)

师:小朋友,你们还记得哪些反义词呢?今天我们再来学一学《反义词(二)》。

1. 初读儿歌。

(1)范读。

——教师带领幼儿指读两遍。

(2)领读。

——教师读一句,幼儿跟着读一句。

(3)随读。

——幼儿跟着老师分组朗读。

2. 去字留图读。

师:闭闭眼,变变变,图片宝宝不见了。

——教师指,教师读黑字部分,幼儿读红字部分。

3. 去图去字读。

师:闭上眼睛变魔术,1、2、3,图片宝宝不见啦。

——教师指,幼儿齐读。

4. 去图留字读。

师:闭上眼睛变变变,1、2、3,红字宝宝出来啦。

——教师指,幼儿拍手齐读。

5. 教师提问。

师:你们在儿歌里找到几对反义词?

师:你们还知道哪些是反义词?

6. 背诵儿歌。

(1)接龙背。

——幼儿一组一组轮流接龙背。

(2)男生女生比赛背。

——幼儿分成男、女两组轮流背,比一比哪组背得好。

(3)开火车背。

——幼儿一个一个轮流背。

(4)我来开头你来接。

——男生背前半句,女生背后半句。

二、认一认(8分钟)

1. 看图认字。

(1)回忆认字。

——教师出示字卡,幼儿集体认读“宽、复、简、单、安、险、容、易、困、难”。

(2)吹气球认字。

——教师把气球吹大,幼儿大声念;教师把气球变小,幼儿小声念。

2. 去图认字。

(1)摘字卡认字。

——教师把字卡贴在黑板上,幼儿根据教师的口令边摘字卡边念。

(2)萝卜蹲认字。

——教师请若干名幼儿,幼儿人手一张字卡,念到哪个字,手持字卡的幼儿就要边蹲边念字,反应慢的淘汰。

三、玩一玩(7分钟)

游戏一:彩虹桥。

师:小朋友,今天我们来玩一个铺彩虹桥的游戏,念对字宝宝就会出现一块彩虹板,念对的越多,彩虹桥就越美。

游戏二:打保龄球。

师:你们玩过保龄球吗?只要你把保龄球上的字宝宝念出来,就能打倒对面的瓶子了。

游戏三:白云朵朵。

师:小朋友,请你念出白云上的字宝宝,天空中就能出现漂亮的云朵啦。

游戏四:眼疾嘴快。

师:小朋友,花丛中藏着许多字卡,考考你们,能不能快速地找到字卡,并大声地念出来。

12 赶集

赶集

妈妈带宝宝去赶集，市场里的顾客真多呀！有的在买苹果，有的在买香蕉，还有的在买大西瓜。

宝宝看到香梨忍不住放进嘴里吃起来，一口就把香梨咬破了。妈妈连忙拉着宝宝去道歉，并告诉他要等付完钱后才能吃。

认一认

赶集

（市）场

顾（客）

买

咬

破

拉

念一念

菜场、购买、冲破、拉面

说一说

幼儿园附近新建了一个菜场。

妈妈经常去超市购买生活用品。

小草冲破了泥土,探出了小脑袋。

姐姐最喜欢吃兰州拉面。

活动设计

教学目标

1. 正确认读“赶、集、场、顾、买、咬、破、拉”,读准音,认清形。

2. 能够正确、熟练地朗读、背诵故事。

教学准备

字卡、课件

教学过程

一、读一读(10分钟)

师:小朋友,你们知道什么是赶集吗?今天我们来学一个有趣的故事《赶集》。

1. 初读故事。

(1)范读。

——教师带领幼儿指读两遍。

(2)领读。

——教师读一句,幼儿跟着读一句。

(3)随读。

——教师请幼儿做小老师,跟着小老师一起读。

2. 去字留图读。

师:闭上眼睛变魔术,1、2、3,红字宝宝不见啦。

——教师指,幼儿齐读。

3. 去图去字读。

师:闭上眼睛变魔术,1、2、3,图片宝宝不见啦。

——教师指,幼儿分组读。

4. 去图留字读。

师:闭上眼睛变魔术,1、2、3,红字宝宝出来啦。

——教师指,幼儿拍手读。

5. 教师提问。

师:宝宝和妈妈去赶集买了什么?

师:宝宝忍不住干什么了?

师:宝宝的行为对吗?我们应该怎么做?

6. 背诵故事。

(1)你说我接。

——幼儿两人面对面,一人背前半句,一人背后半句,背完后相互交换背诵。

(2)男生女生向前冲。

——男生背一遍,女生背一遍。

(3)拍手背。

——两名幼儿面对面,边拍手边背故事。

(4)火车火车开起来。

——幼儿一个一个开火车背,其他幼儿拍手打节奏。

二、认一认(8分钟)

1. 看图认字。

(1)回忆认字。

——教师出示字卡,幼儿集体认读“赶、集、场、顾、买、咬、破、拉”。

(2)大小声认字。

——教师把字卡举高,幼儿大声念;教师把字卡放低,幼儿小声念。

2. 去图认字。

(1)萝卜蹲认字。

——教师请七名幼儿上前,每人手拿一张字卡,玩萝卜蹲的游戏。

(2)快速认字。

——教师把字卡放在一起,随机抽取字卡,让幼儿快速念出该字。

三、玩一玩(7分钟)

游戏一:打地鼠。

师:我们一起来玩一个好玩的打地鼠游戏吧！谁能念出地鼠举出的字,便能把地鼠打下去。

游戏二:摘果子。

师:小朋友,我们一起来摘果子吧。每个果子上都有一个字宝宝,读对了,就可以摘下果子。

游戏三:开火车。

师:我们一起去坐火车吧。只要念对火车上的字宝宝,我们就可以出发啦。

游戏四:找气球。

师:小朋友,你能找出藏有字宝宝的气球吗?找到了就可以得到气球。

13 我爱劳动

我爱劳动

欢迎来到幸福村，
小朋友们齐上阵。
我擦桌子你扫地，
我搬椅子你端盘，
忙忙碌碌真热闹，
劳动学习乐趣多。

认一认

村(庄)

桌

端盘

(劳)动

(学)习

念一念

村民、课桌、圆盘、运动

说一说

村民会在山坡上种一些果树。

教室里的课桌摆放得很整齐。

十五的月亮就像一个大圆盘。

我最喜欢的运动是跳绳。

活动设计

教学目标

1. 正确认读“村、桌、端、盘、动、习”，读准音，认清形。

2. 能够正确、熟练地朗读、背诵儿歌。

教学准备

字卡、课件

教学过程

一、读一读(10分钟)

师：今天小朋友去了幸福村，他们去干什么？我们一起来学习儿歌《我爱劳动》。

1. 初读儿歌。

(1)范读。

——教师指读两遍。

(2)领读。

——教师读一句，幼儿跟着读一句。

(3)随读。

——教师请幼儿做小老师,跟着小老师一起读。

2. 去字留图读。

师:闭闭眼,变变变,字宝宝不见啦。

——教师指,幼儿齐读。

3. 去图去字读。

师:闭闭眼,变变变,图片宝宝不见。

——教师指,幼儿分男女生读。

4. 去图留字读。

师:闭闭眼,变变变,字宝宝出来啦。

——教师指,幼儿拍手齐读。

5. 教师提问。

师:小朋友们在幸福村做了哪些事情?

师:在劳动学习中获得哪些成长?

6. 背诵儿歌。

(1)集体齐背。

——幼儿集体完整背儿歌。

(2)开火车背。

——幼儿一组一组开火车背。

(3)男女生轮流背。

——男女生一句一句轮流背。

(4)打节奏背。

——教师打节奏,幼儿背诵儿歌。

二、认一认(8分钟)

1. 看图认字。

(1)回忆认字。

——教师出示字卡,幼儿集体认读“村、桌、端、盘、动、习”。

(2)跳一跳认字。

——教师把字卡系在绳子上,幼儿跳起来摘下字宝宝,并念一念。

2. 去图认字。

(1)躲藏认字。

——教师把字卡一字排开,幼儿闭上眼睛,教师拿走其中一个字,幼儿猜测缺失的字卡。

(2)开车认字。

——教师拿字卡,幼儿开着小汽车边走边念出教师手上的字卡,念对就继续“开车”,念错马上“停车”。

三、玩一玩(7分钟)

游戏一:小兔过河。

师:小兔子要踩着河里的石头才能过河,念出石头上的字宝宝就能继续前行。

游戏二:勤劳的小蜜蜂。

师:小蜜蜂去公园采花粉,念出花朵上的字宝宝就能采到花粉。

游戏三:万花筒之旅。

师:小朋友一起来看万花筒,将看到的字宝宝大声地念出来吧。

游戏四:小马运粮。

师:小马要来运粮食,念出粮食上的字宝宝,小马就能运走了。

14 跳绳

跳绳

一二三四排好队，
大家一起来跳绳。
一根细绳两头拿，
双手用力画个圈，
天空汇成一座桥，
鱼贯跳入似波浪。

认一认

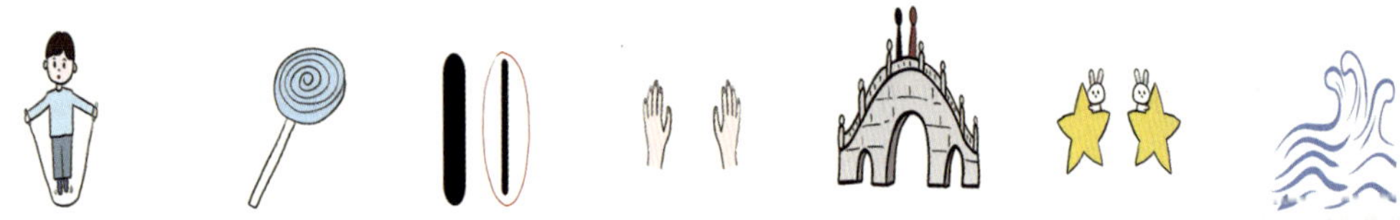

（跳）绳 （一）根 细 双（手） 桥 似 波（浪）

念一念

细心、双臂、好似、波涛

说一说

小朋友们做事情要细心。

让我们一起张开双臂拥抱春天。

彩虹好似一座七色桥挂在天空中。

勇敢的海燕在波涛汹涌的大海上飞翔。

活动设计

教学目标

1. 正确认读“绳、根、细、双、桥、似、波”，读准音，认清形。

2. 能够正确、熟练地朗读、背诵儿歌。

教学准备

字卡、课件

教学过程

一、读一读（10分钟）

师：小朋友，你们喜欢哪些体育运动呢？今天我们就来学习一首关于跳绳的儿歌。

1. 初读儿歌。

（1）范读。

——教师带领幼儿指读两遍。

（2）领读。

——教师读一句，幼儿跟着读一句。

（3）随读。

——教师请幼儿做小老师，跟着小老师一起读。

2. 去字留图读。

师:闭上眼睛变魔术,1、2、3,红字宝宝不见啦。

——教师指,幼儿齐读。

3. 去图去字读。

师:闭上眼睛变魔术,1、2、3,图片宝宝不见啦。

——教师指,幼儿分组读。

4. 去图留字读。

师:闭上眼睛变魔术,1、2、3,红字宝宝出来啦。

——教师指,幼儿拍手读。

5. 教师提问。

师:小朋友,你会跳绳吗?

师:跳绳有哪些方法?

6. 背诵儿歌。

(1)角色扮演背。

——第一句幼儿模仿爸爸的声音背,第二句幼儿模仿妈妈的声音背,以此类推。

(2)男生女生向前冲。

——男生背一句,女生背一句,轮流进行。

(3)拍手背。

——两名幼儿面对面边拍手边背儿歌。

(4)萝卜蹲背。

——教师请四名幼儿站在前面,随机选择一名幼儿,选中的幼儿就背一句,依次背完。

二、认一认(8分钟)

1. 看图认字。

(1)回忆认字。

——教师出示字卡,幼儿集体认读“绳、根、细、双、桥、似、波”。

(2)组词认字。

——教师把字组成词语,让幼儿加深记忆。

2. 去图认字。

(1)抢椅子认字。

——教师把字卡放在七张椅子上,请八名幼儿游戏,抢到椅子的幼儿快速念出椅子上的字卡。

(2)躲藏认字。

——教师把字卡一字排开,幼儿闭上眼睛,教师拿走其中一个字,幼儿猜测缺失的字卡。

三、玩一玩(7分钟)

游戏一:蜜蜂采蜜。

师:小朋友,我们一起来帮助蜜蜂采蜜,念对花朵上的字宝宝,蜜蜂就能采到蜂蜜。

游戏二:你能射中吗?

师:小朋友,请你们一起来玩射击游戏,念出圆盘中的字就能射击成功。

游戏三:小猫钓鱼。

师:小朋友,一起来玩小猫钓鱼的游戏,只要把鱼身上的字宝宝念出来,就能够钓到小鱼。

游戏四:生字小擂台。

师:小朋友,请大家来比一比,谁能把生字最快最准确地念出来,谁就是今天的擂主哦。

15 好饿的大灰狼

好饿的大灰狼

远处走来一只大灰狼，他饿了好久，无力地躺在地上休息。在他即将饿晕的时候，发现了一大块菜地，大灰狼大口大口地吃撑了肚皮。

这时，一只迷路的小兔子经过菜地。大灰狼刚想站起来抓小兔，但是圆滚滚的肚皮让他怎么也站不起来，只能眼睁睁地看着小兔离开了。

认一认

狼

（休）息

（即）将

迷（路）

（金）刚

念一念

野狼、将来、迷人、刚才

说一说

森林里住着一头凶狠的野狼。

将来我想成为一名教师。

深秋的公园里处处都是迷人的景色。

刚才还是阴沉沉的天，一下就放晴了。

活动设计

教学目标

1. 正确认读“狼、息、将、迷、刚”，读准音，认清形。
2. 能够正确、熟练地朗读、背诵故事。

教学准备

字卡、课件

教学过程

一、读一读(10分钟)

师：小朋友，你们见过大灰狼吗？今天我们来学一个关于大灰狼的故事《好饿的大灰狼》。

1. 初读故事。

(1)范读。

——教师带领幼儿指读两遍。

(2)领读。

——教师读一句，幼儿跟着读一句。

(3)随读。

——教师请幼儿做小老师,跟着小老师一起读。

2. 去字留图读。

师:闭闭眼,变变变,睁开看看谁不见啦?

——教师指,幼儿齐读。

3. 去图去字读。

师:闭闭眼,变变变,睁开看看谁不见啦?

——教师指,幼儿分组读。

4. 去图留字读。

师:闭闭眼,变变变,睁开看看谁不见啦?

——教师指,男女生轮流读。

5. 教师提问。

师:大灰狼即将饿晕的时候,它吃了什么?

师:大灰狼又遇到了小兔子,它想怎么做?

师:它吃到小兔子了吗?为什么?

6. 背诵故事。

(1)我来开头你来接。

——男生背前半句,女生背后半句。

(2)开火车背。

——幼儿一个跟着一个轮流背诵。

(3)男生女生分组背。

——男生背一遍,女生再背一遍。

(4)集体完整背。

——幼儿集体将故事背一遍。

二、认一认(8分钟)

1. 看图说字。

(1)回忆认字。

——教师出示字卡,幼儿集体认读“狼、息、将、迷、刚”。

(2)抢答认字。

——教师手拿字卡,幼儿快速抢答。

2. 去图认字。

(1)捉迷藏认字。

——教师把字卡一字排开,幼儿闭上眼睛,教师拿走其中一个字,幼儿猜测缺失的字卡。

(2)高低声认字。

——教师把字卡排成高低两排,幼儿看着不同高低的字卡用不同的音量读。高的字卡读得响,低的字卡读得轻。

三、玩一玩(7分钟)

游戏一:找毛毛虫。

师:毛毛虫藏在了大树上,读对了字宝宝,就能把所有的毛毛虫都找出来。

游戏二:保护苹果。

师:毛毛虫要来吃苹果了,读对苹果上的字宝宝,就能保护好苹果,我们一起来帮助它吧。

游戏三:毛毛虫变蝴蝶。

师:毛毛虫想要变蝴蝶,读对它身上的字宝宝,就能帮助它快速变成蝴蝶了。

游戏四:蝴蝶找花。

师:蝴蝶想找花做好朋友,读对了花上面的字宝宝,就能让它们成为好朋友。

16 植树节（一）

植树节（一）

三月十二植树节，
兄弟姐妹种树忙。
先挖坑，后栽树，
培培土，浇浇水，
来年绿色遍坡岗。

认一认

植

兄弟

妹

挖坑

栽

培

浇

遍（地）

（山）岗

念一念

植物、培育、浇灌、站岗

说一说

植物生长需要阳光、水分和空气。

科学家培育出许多新品种的农作物。

一场春雨浇灌着干渴的大地。

解放军叔叔在天安门广场上站岗。

活动设计

教学目标

1. 正确认读"植、兄、弟、妹、挖、坑、栽、培、浇、遍、岗",读准音,认清形。
2. 能够正确、熟练地朗读、背诵儿歌。

教学准备

字卡、课件

教学过程

一、读一读(10分钟)

师:小朋友,你们种过小树苗吗? 小树苗是怎么长大的呢? 让我们一起来学一学《植树节(一)》。

1. 初读儿歌。

(1)范读。

——教师带领幼儿指读两遍。

(2)领读。

——教师读一句,幼儿跟着读一句。

(3)随读。

——教师请幼儿做小老师,跟着小老师一起读。

2. 去字留图读。

师:闭闭眼,1、2、3,红字宝宝不见啦。

——教师指,幼儿齐读。

3. 去图去字读。

师:闭闭眼,1、2、3,图片宝宝不见啦。

——教师指,幼儿分组读。

4. 去图留字读。

师:闭闭眼,1、2、3,红字宝宝出来啦。

——教师指,幼儿拍肩齐读。

5. 教师提问。

师:儿歌中的小朋友在干什么?

师:植树需要哪些步骤?

6. 背诵儿歌。

(1)男生女生向前冲。

——男生背一遍,女生背一遍。

(2)拍手背。

——两名幼儿面对面边拍手边背儿歌。

(3)你说我接。

——两名幼儿面对面,一人背一句,相互交换背诵前后句子。

(4)我来开头你来接。

——男生背前半句,女生背后半句。

二、认一认(8分钟)

1. 看图认字。

(1)回忆认字。

——教师出示字卡,幼儿集体认读“植、兄、弟、妹、挖、坑、栽、培、浇、遍、岗”。

(2)举棒认字。

——教师把小棒举高,幼儿大声念;教师把小棒放下,幼儿小声念。

2. 去图认字。

(1)打地鼠认字。

——教师把字卡一字排开,敲击每张字卡,幼儿说“1、2、3,停”,停在哪个字卡上就念出字卡上的字。

(2)击鼓认字。

——教师拍打铃鼓,幼儿快速传字卡,铃鼓停,手拿字卡的幼儿大声念出字卡上的字。

三、玩一玩(7分钟)

游戏一:种小树。

师:我们一起来种树,念对小树上的字宝宝,就能种下小树。

游戏二:捉虫子。

师:树上有许多的虫子,我们来捉虫子吧。每条虫子身上都有一个字宝宝,读对了,虫子就消灭了。

游戏三:果树开花。

师:果树开花啦,请你念出花上的字宝宝,它就能结出甜甜的果实啦。

游戏四:找落叶。

师:秋天到了,树叶掉下来了,请你在落叶里找到我们认识的字宝宝。

17 植树节（二）

植树节（二）

春风送暖人舒畅，
兴高采烈望一望。
座座秃岭大变样，
植树育林绿化强。

认一认

舒畅

兴（高采）烈

秃岭

育

（绿）化

念一念

热烈、山岭、体育馆、变化

说一说

教室里响起了一片热烈的掌声。

远处是连绵起伏的山岭。

学校将要建造一座新的体育馆。

我的家乡发生了翻天覆地的变化。

活动设计

教学目标

1. 正确认读“舒、畅、兴、烈、秃、岭、育、化”,读准音,认清形。

2. 能够正确、熟练地朗读、背诵儿歌。

教学准备

字卡、课件

教学过程

一、读一读(10分钟)

师:小朋友,植树能够让我们的环境更加美好! 今天我们再来学一首《植树节(二)》。

1. 初读儿歌。

(1)范读。

——教师指读两遍。

(2)领读。

——教师读一句,幼儿跟着读一句。

(3)随读。

——教师请幼儿做小老师,跟着小老师一起读。

2. 去字留图读。

师：闭闭眼，变变变，红字宝宝不见啦。

——教师指，幼儿齐读。

3. 去图去字读。

师：闭闭眼，变变变，图片宝宝不见啦。

——教师指，男女生轮流读。

4. 去图留字读。

师：闭闭眼，变变变，红字宝宝出来啦。

——教师指，幼儿分组读。

5. 教师提问。

师：儿歌里的山是什么样子的？

师：儿歌里是通过什么方法来改善秃岭的？

6. 背诵儿歌。

(1)击鼓传花。

——教师击鼓，鼓声结束，花传到哪名幼儿手里，则该幼儿站起来背。

(2)打节奏。

——幼儿边打节奏边背。

(3)轮流背。

——幼儿分成男、女生两组轮流背。

(4)我来开头你来接。

——男生背前半句，女生背后半句。

二、认一认(8分钟)

1. 看图认字。

(1)回忆认字。

——教师出示字卡，幼儿集体认读“舒、畅、兴、烈、秃、岭、育、化”。

(2)爬楼梯认字。

——教师往上爬楼梯,幼儿大声念;教师往下爬楼梯,幼儿小声念。

2. 去图认字。

(1)蒙眼认字。

——教师把字卡一字排开,幼儿蒙上眼睛,教师拿走其中一个字,幼儿猜测哪个字不见了。

(2)唱歌认字。

——幼儿边唱歌边快速传字卡,歌曲完,大声念出手中的字卡。

三、**玩一玩(7分钟)**

游戏一:种植小树苗。

师:我们一起来玩种植小树苗的游戏,需要先念出小树苗的名字才能种下小树苗。

游戏二:浇灌小树苗。

师:小树苗要长高需要充足的水分,如果你念对了字宝宝,水壶里的小水滴就会给相应的小树苗浇水哦,让我们一起来浇灌小树苗吧。

游戏三:爱护小树苗。

师:小树苗在长大,我们要保护小树苗赶走毛毛虫,念对毛毛虫身上的字宝宝,它们就会消失。如果念错了,毛毛虫就会变得更大,让我们试试吧。

游戏四:小树苗结果。

师:小树苗在我们的保护下,终于长大结果了,请你念出果子上的字宝宝,帮树妈妈摘下果子。

18 反义词（三）

反义词（三）

反义词，大比拼，

你一言，我一语。

大对小，首对尾，

内对外，升对降，

开始对结束，

正确对错误。

认一认

首　内　外　升降　（开）始　结（束）　错

念一念

境内、外公、结果、认错

说一说

我国境内分布着很多岛屿。

我的外公是一名大学老师。

妈妈种的果树终于开花结果了。

哥哥每次做错事情总能主动认错。

活动设计

教学目标

1. 正确认读“首、内、外、升、降、始、结、错”,读准音,认清形。
2. 能够正确、熟练地朗读、背诵儿歌。

教学准备

字卡、课件

教学过程

一、读一读(10分钟)

师:还记得我们学过的儿歌《反义词》吗?今天我们再来学一学《反义词(三)》。

1. 初读儿歌。

(1)范读。

——教师带领幼儿指读两遍。

(2)领读。

——教师读一句,幼儿跟着读一句。

(3)随读。

——教师小声读一句,幼儿大声跟着读一句。

2. 去字留图读。

师:闭闭眼,变变变,红字宝宝不见啦。

——教师指,幼儿齐读

3. 去图去字读。

师:闭闭眼,变变变,图片宝宝不见啦。

——教师指,幼儿分组读

4. 去图留字读。

师:闭闭眼,变变变,红字宝宝出来啦。

——教师指,幼儿一起边拍手边读

5. 教师提问。

师:儿歌中有几组反义词?

师:你还知道哪些反义词?

6. 背诵儿歌。

(1)你说我接。

——幼儿面对面一人背一句,背完后相互交换。

(2)拍手背。

——两名幼儿面对面边拍手边背儿歌。

(3)火车火车开起来。

——幼儿一个接着一个轮流背,其他幼儿拍手打节奏。

(4)我来开头你来接。

——男生背前半句,女生背后半句。

二、认一认(8分钟)

1. 看图认字。

(1)回忆认字。

——教师出示字卡,幼儿集体认读"首、内、外、升、降、始、结、错"。

(2)传字卡认字。

——教师拍打铃鼓,幼儿快速传字卡;铃鼓停,幼儿大声念出手中的字卡。

2. 去图认字。

(1)拍手认字。

——幼儿边拍手边认字。

(2)跳跃认字。

——教师举起字卡,幼儿跳跃拍字卡,大声念出手中的字卡。

三、玩一玩(7分钟)

游戏一:相反国的字宝宝。

师:小朋友,这是一个有趣的相反国,里面住着许多可爱的字宝宝,我们一起去认识一下吧。

游戏二:找朋友的字宝宝。

师:你们已经认识了那么多字宝宝,现在它们要请你们帮忙找朋友,找到图片对应的字宝宝,你们能找到吗?

游戏三:玩游戏的字宝宝。

师:字宝宝找到好朋友后非常开心,要玩躲猫猫的游戏啦。它们躲在了相反国的各个角落,请你们赶紧把它们找出来吧。

游戏四:造城堡的字宝宝。

师:为了迎接更多的字宝宝,相反国需要更多的城堡,请小朋友一起来帮忙造城堡。念对了砖块上的字宝宝,砖块就会自动垒高,加快建造城堡的速度哦。

19 悯农

悯农

锄禾日当午，

汗滴禾下土。

谁知盘中餐，

粒粒皆辛苦。

认一认

禾（苗）　　午　　汗　　粒

念一念

禾苗、中午、汗水、米粒

说一说

绿油油的禾苗沐浴在温暖的阳光里。

今天中午我要去新开的餐厅吃饭。

农民伯伯汗水淋漓地在田地里劳作。

米粒很小，但是可以做成很多美味的食物。

活动设计

教学目标

1. 正确认读“禾、午、汗、粒”，读准音，认清形。

2. 能够正确、熟练地朗读、背诵古诗。

教学准备

字卡、课件

教学过程

一、读一读（10分钟）

师：小朋友，你们知道我们的粮食是哪里来的吗？今天我们一起来学习一首古诗，名字叫《悯农》。

1. 初读诗歌。

（1）范读。

——教师带领幼儿指读两遍。

（2）领读。

——教师读一句，幼儿跟着读一句。

（3）随读。

——教师请幼儿做小老师，跟着小老师一起读。

2. 去字留图读。

师:变变变,红字宝宝不见啦。

——教师指,幼儿齐读。

3. 去图去字读。

师:变变变,图片宝宝不见啦。

——教师指,幼儿分男女生读。

4. 去图留字读。

师:变变变,红字宝宝出来啦。

——教师指,幼儿拍手读。

5. 教师提问。

师:读了这篇古诗,你们觉得农民伯伯辛苦吗?

师:小朋友要怎么爱惜粮食呢?

6. 背诵古诗。

(1)我们真是好搭档。

——两名幼儿互相轮流背。

(2)分组背。

——幼儿分组轮流背。

(3)角色互背。

——幼儿分成男、女生两组轮流背。

(4)小小指挥家。

——一名幼儿领背,其他幼儿接着后面的背。

二、认一认(8分钟)

1. 看图认字。

(1)回忆认字。

——教师出示字卡,幼儿集体认读“禾、午、汗、粒”。

(2)大小声认字。

——教师把字卡举高,幼儿大声念;教师把字卡放低,幼儿小声念。

2. 去图认字。

(1)抽签认字。

——教师把字卡一字排开,幼儿随机抽一张并念出抽到的字宝宝。

(2)找朋友认字。

——教师念出字,幼儿站起来回答:“X字宝宝在这里。”

三、**玩一玩(7分钟)**

游戏一:除虫。

师:小朋友把虫子身上的字宝宝念出来,虫子就被消灭了。虫子全部被消灭,才能拯救秧苗。

游戏二:插秧。

师:小朋友帮助农民伯伯们插秧,念出一个字宝宝,秧苗就能种下去。

游戏三:小蝌蚪找妈妈。

师:请你帮助小蝌蚪找妈妈吧,谁能念对小蝌蚪身上的字宝宝,就能帮它们找到自己的妈妈。

游戏四:连连看。

师:小朋友,古诗里缺了几个字宝宝,请你把它们找出来念一念,并把它们连到相应的位置。

20 静夜思

静夜思

床前明月光，
疑是地上霜。
举头望明月，
低头思故乡。

认一认

静

举

低(头)

故乡

念一念

安静、举重、高低、家乡

说一说

小朋友在安静地午睡。

举重运动员都很强壮有力。

我们慢慢地走过高低不平的地面。

我的家乡出了很多的名人。

活动设计

教学目标

1. 正确认读“静、举、低、故、乡”,读准音,认清形。

2. 熟练地掌握古诗,学习朗读、背诵古诗。

教学准备

字卡、课件

教学过程

一、读一读(10分钟)

师:小朋友,你们听过关于月亮的故事吗?今天我们来学一学跟月亮有关的古诗《静夜思》。

1. 初读诗歌。

(1)范读。

——教师指读两遍。

(2)领读。

——教师读一句,幼儿跟着读一句。

(3)随读。

——教师请幼儿做小老师,跟着小老师一起读。

2. 去字留图读。

师:变变变,红字宝宝不见啦。

——教师指,幼儿齐读。

3. 去图去字读。

师:变变变,图片宝宝不见啦。

——教师指,幼儿分男女生读。

4. 去图留字读。

师:变变变,红字宝宝出来啦。

——教师指,幼儿拍手读。

5. 教师提问。

师:这首古诗写的是什么时候的事?

师:古诗里说地上的"霜"其实是什么?

6. 背诵古诗。

(1)击鼓传花。

——教师击打铃鼓,幼儿传花;铃鼓停,花传到哪位幼儿手里该幼儿就站起来背。

(2)男女生背。

——男生女生轮流背。

(3)火车火车开起来。

——幼儿一个接着一个轮流背,其他幼儿拍手打节奏。

(4)我来开头你来接。

——男生背前半句,女生背后半句。

二、认一认(8分钟)

1. 看图认字。

(1)回忆认字。

——教师出示字卡,幼儿集体认读“静、举、低、故、乡”。

(2)跳方格认字。

——教师扔骰子,出现数字几,幼儿就跳几格,同时将格子里的字宝宝念一念。

2. 去图认字。

(1)抢答认字。

——教师快速拿出字卡,幼儿抢答。

(2)翻翻乐认字。

——教师给字卡标上数字,请幼儿选择数字翻开字卡,并念出该字宝宝。

三、玩一玩(7分钟)

游戏一:小小侦探。

师:字卡藏在了教室的四周,请你们找到字卡,并大声念出来。

游戏二:一封家书。

师:李白非常想念他的家乡,于是写了一封家书,信上有哪些字宝宝呢?让我们一起来看一看。

游戏三:猴子捞月。

师:小猴子捞月需要同伴来帮忙,念一念小猴身上的字宝宝,念对了就有小猴来帮忙。

游戏四:分月饼。

师:这里有许多月饼,念对月饼上的字宝宝,就能得到一个月饼。

21 中华美德

中华美德

从古至今，华夏子孙，
优良传统，世代传承。
孝敬父母，诚实守信，
仁爱谦和，知恩报恩，
中华美德，永不忘记。

认一认

     永 

（古）今　（子）孙　世（界）　（古）代　（报）恩　忘

念一念

今天、感恩、永远、难忘

说一说

今天是我的生日。

我们要心怀感恩地对待他人。

妈妈永远爱着自己的孩子。
童年是美好而令人难忘的。

活动设计

教学目标

1. 正确认读“今、孙、世、代、恩、永、忘”，读准音，认清形。
2. 能够正确、熟练地朗读、背诵儿歌。

教学准备

字卡、课件

教学过程

一、读一读(10分钟)

师：中国是礼仪之邦，我们需要继承优良的传统，今天我们就一起来学习儿歌《中华美德》。

1. 初读儿歌。

(1)范读。

——教师指读两遍。

(2)领读。

——教师读一句，幼儿跟着读一句。

(3)随读。

——男生和女生跟着教师各读一遍。

2. 去字留图读。

师：闭上眼睛变魔术，1、2、3，红字宝宝不见啦。

——教师指，幼儿齐读。

3. 去图去字读。

师：闭上眼睛变魔术，1、2、3，图片宝宝不见啦。

——教师指，幼儿分组读。

4. 去图留字读。

师：闭上眼睛变魔术，1、2、3，红字宝宝出来啦。

——教师指，幼儿拍手读。

5. 教师提问。

师：你在儿歌里学到了哪些优良的传统？

师：你还知道哪些中华美德？

6. 背诵儿歌。

(1)拍打节奏背。

——幼儿一边拍手打节奏一边背诵。

(2)小老师领背。

——一名幼儿做小老师，指定若干幼儿跟着一起背。

(3)男女生接龙背。

——男生背一句，接着女生背一句。

(4)击鼓传花。

——教师击打铃鼓，幼儿传花；铃鼓停，花传到哪名幼儿手里该幼儿就站起来背。

二、认一认(8分钟)

1. 看图认字。

(1)回忆认字。

——教师出示字卡,幼儿集体认读“今、孙、世、代、恩、永、忘”。

(2)轮流认字。

——教师出示字卡,男生认字;再出示字卡,女生认字。

2. 去图认字。

(1)抢答认字。

——教师快速拿出字卡,幼儿抢答。

(2)躲猫猫认字。

——幼儿闭上眼睛,教师遮掉字卡的一部分,幼儿猜测是哪个字。

三、玩一玩(7分钟)

游戏一:七彩山。

师:山上住着7个字宝宝,每个字宝宝代表一种颜色,请你念一念,把它变成一座七彩山!

游戏二:谁是灌篮高手。

师:我们一起来玩投篮比赛,一个字宝宝就代表一个篮球,看看谁能一下子把七个球都投进去。

游戏三:摩天轮。

师:你们想玩摩天轮吗?念对车厢上的字宝宝就能进入相应的车厢玩游戏啦。

游戏四:你会读吗。

师:这里有四盆花,每盆花里都藏着字宝宝,谁能连起来读一读,完成这首好听的儿歌?

22 爱画画的元元

爱画画的元元

元元是个爱画画的小男孩，他总是喜欢拿着蜡笔画房子、画恐龙、画轮船，从不出差错。

众人纷纷夸奖并询问道：“你为什么每次都画得这么好？”元元回答：“想要画得好，先要认真学习，多听多问，还要仔细观察善于思考，更要珍惜时间每天练习。”

认一认

元　总(是)　差　众　夸　并　(珍)惜

念一念

元旦、观众、并列、爱惜

说一说

幼儿园在元旦举行了一场游园会。

歌唱家的表演赢得了观众的热烈掌声。

明明和点点排队时并列站在一起。

我们要爱惜身边的一草一木。

活动设计

教学目标

1. 正确认读“元、总、差、众、夸、并、惜”，读准音，认清形。

2. 能够正确、熟练地朗读、背诵故事。

教学准备

字卡、课件

教学过程

一、读一读(10分钟)

师：有一个小朋友特别爱画画，让我们一起来学习一下《爱画画的元元》。

1. 初读故事。

(1)范读。

——教师指读两遍。

(2)领读。

——教师领读一遍。

(3)随读。

——教师请幼儿做小老师，跟着小老师一起读。

2. 去字留图读。

师：闭上眼睛变魔术，1、2、3，红字宝宝不见啦。

——教师指，幼儿齐读。

3. 去图去字读。

师：闭上眼睛变魔术，1、2、3，图片宝宝不见啦。

——教师指，幼儿分男女生读。

4. 去图留字读。

师：闭上眼睛变魔术，1、2、3，红字宝宝出来啦。

——教师指，幼儿分组读。

5. 教师提问。

师：为什么元元每次画得都这么好？

师：我们平时画画的时候应该怎么做？

6. 背诵故事。

(1)大小声背。

——男生大声背，女生小声背。

(2)小组接力背。

——第一小组幼儿背儿歌，接着第二组幼儿背，以此接力下去。

(3)男女生接龙背。

——男生背一句，女生接着背一句。

(4)开火车接力背。

——教师当火车头，点到哪位幼儿，该幼儿就背第一句，背完跟在教师后面；接着点到下一位幼儿，该幼儿背下一句，以此类推。

二、认一认(8分钟)

1. 看图认字。

(1)回忆认字。

——教师出示字卡,幼儿集体认读“元、总、差、众、夸、并、惜”。

(2)指名认字。

——教师出示字卡,指定幼儿读。

2. 去图认字。

(1)抢椅子认字。

——教师把七张字卡放在椅子上,请八名幼儿上来围着椅子走。当教师说到哪个字,幼儿就赶紧去抢那把椅子坐下来,并认读字卡上的字。

(2)萝卜蹲认字。

——教师请七名幼儿上前,每人手拿一张字卡,玩萝卜蹲的游戏。

三、玩一玩(7分钟)

游戏一:捉迷藏。

师:小朋友,你们玩过捉迷藏的游戏吗?看,字宝宝们也要跟我们玩一玩,请你把它们找出来念一念吧。

游戏二:眼疾嘴快。

师:小朋友,现在要考考你们的反应力。老师带来了一些画纸,上面都有字宝宝,老师翻画纸,小朋友把画纸上的字宝宝读出来。

游戏三:看小鱼。

师:小朋友,池塘里游来了很多小鱼,这些小鱼身上都有字宝宝,请你们先念一念,说一说谁和谁是好朋友。

游戏四:走迷宫。

师:小朋友,你们喜欢玩走迷宫的游戏吗?迷宫里会遇到很多字宝宝,比比谁能最快读出来,最先走出迷宫呢?我们一起来挑战吧。

23 我的爱国心

我的爱国心

清晨，我来到天安门广场，观看升旗仪式。鲜艳的五星红旗在雄壮的国歌声中徐徐升起，高高地挂在旗杆上迎风招展，显得格外耀眼。庄严肃穆的气氛，激起了我的一颗爱国心。

认一认

鲜艳

徐徐

挂

迎

招展

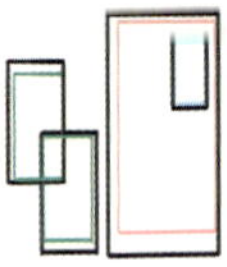
格（子）

（心）灵

（一）颗

念一念

新鲜、艳丽、欢迎、风格

说一说

我们要多亲近大自然，呼吸新鲜空气。

春天的花朵开出了艳丽的颜色。

欢迎你们来我家做客。

苏州园林的建筑风格非常独特。

活动设计

教学目标

1. 正确认读“鲜、艳、徐、挂、迎、招、展、格、灵、颗”，读准音，认清形。

2. 能够正确、熟练地朗读、背诵散文。

教学准备

字卡、课件

教学过程

一、读一读（10分钟）

师：我们每个小朋友都爱自己的祖国，一起来学一学《我的爱国心》。

1. 初读散文。

（1）范读。

——教师指读两遍。

（2）领读。

——教师读一句，幼儿跟着读一句。

(3)随读。

——教师请幼儿做小老师,跟着小老师一起读。

2. 去字留图读。

师:闭闭眼,变变变,红字宝宝不见啦。

——教师指,幼儿齐读。

3. 去图去字读。

师:闭闭眼,变变变,图片宝宝不见啦。

——教师指,幼儿分男女生读。

4. 去图留字读。

师:闭闭眼,变变变,红字宝宝出来啦。

——教师指,幼儿拍手读。

5. 教师提问。

师:鲜艳的五星红旗是怎么升起来的?

师:听到嘹亮的歌声,看到五星红旗升起时,你的心情怎么样?

6. 背诵散文。

(1)分组背。

——幼儿分组轮流背。

(2)男女生背。

——男生女生轮流背。

(3)火车火车开起来。

——幼儿一个接着一个轮流背,其他幼儿拍手打节奏。

(4)我来开头你来接。

——男生背前半句,女生背后半句。

二、认一认(8分钟)

1. 看图认字。

(1)回忆认字。

——教师出示字卡,幼儿集体认读“鲜、艳、徐、挂、迎、招、展、格、灵、颗”。

(2)大小声认字。

——教师把字卡举高,幼儿大声念;教师把字卡放低,幼儿小声念。

2. 去图认字。

(1)躲藏认字。

——教师把字卡一字排开,幼儿闭上眼睛,教师拿走其中一个字,幼儿猜猜哪个字不见了。

(2)摘字卡认字。

——教师把字卡贴在黑板上,幼儿根据教师的要求边摘字卡边念。

三、玩一玩(7分钟)

游戏一:白云朵朵。

师:天空中的白云要和小朋友做游戏了,你们准备好了吗?白云飘过来,你们要快速地、大声地念出字宝宝。

游戏二:星光闪耀。

师:五星红旗飘呀飘,五颗金星闪呀闪,请你认一认,念出这个字宝宝。

游戏三:七巧板。

师:小朋友,你们玩过七巧板吗?把每块图形上的字宝宝念出来就能拼出一个完整的造型。

游戏四:勇夺小红旗。

师:男女生分组进行比赛。老师点击带有字宝宝的小红旗,男生女生来抢答,谁答对就获得小红旗。最后比一比谁的小红旗最多。

24 小菜园

小菜园

小菜园里一片好风光，一年四季各不同。春天有绿油油的菠菜，夏天有鲜嫩嫩的豆角，秋天有白胖胖的萝卜。冬天下雪了，孩子们套上厚厚的衣服，还可以来菜园里堆雪人、打雪仗。

认一认

片

嫩

套

（衣）服

念一念

照片、嫩绿、外套、服装

说一说

爸爸收集了很多老照片。

春天的柳树长出了嫩绿的叶子。

哥哥披了一件外套就跑出了门。

服装店里的衣服琳琅满目。

活动设计

教学目标

1. 正确认读“片、嫩、套、服”，读准音，认清形。

2. 能够正确、熟练地朗读、背诵散文。

教学准备

字卡、课件

教学过程

一、读一读（10分钟）

师：小朋友，猜一猜菜园里有什么蔬菜？今天我们一起来学一学散文《小菜园》。

1. 初读散文。

（1）范读。

——教师指读两遍。

（2）领读。

——教师读一句，幼儿跟着读一句。

（3）随读。

——教师请幼儿做小老师，跟着小老师一起读。

2. 去字留图读。

师：闭上眼睛变魔术，1、2、3，红字宝宝不见啦。

——教师指，幼儿齐读。

3. 去图去字读。

师：闭上眼睛变魔术，1、2、3，图片宝宝不见啦。

——教师指，幼儿分组读。

4. 去图留字读。

师：闭上眼睛变魔术，1、2、3，红字宝宝出来啦。

——教师指，幼儿拍手读。

5. 教师提问。

师：散文描绘了小菜园哪些季节的不同景色？

师：不同的季节里会有哪些不同的蔬菜？

6. 背诵散文。

(1)趣味多米诺。

——全班幼儿起立，以小组为单位，一组背一句，背完一句后坐下。

(2)点兵点将。

——教师轻拍幼儿肩膀，被拍到的幼儿背一句，下一位被拍到的幼儿接着背第二句，以此类推。

(3)火车火车开起来。

——幼儿一个接着一个轮流背，其他幼儿拍手打节奏。

(4)我来开头你来接。

——男生背前半句，女生背后半句。

二、认一认(8分钟)

1. 看图认字。

(1)回忆认字。

——教师出示字卡，幼儿集体认读“片、嫩、套、服”。

(2)大小声认字。

——教师把字卡举高,幼儿大声念;教师把字卡放低,幼儿小声念。

2. 去图认字。

(1)问答认字。

——幼儿闭上眼睛,教师随机把字卡放在幼儿面前,幼儿睁开眼睛,教师问:“……字宝宝在哪里?”拿到字卡的幼儿要举起字卡并大声念出:“……字宝宝在这里。”

(2)抢椅子认字。

——教师把字卡放在七张椅子上,请八名幼儿游戏,抢到椅子的幼儿快速念出椅子上的字卡。

三、**玩一玩(7分钟)**

游戏一:种菜。

师:小朋友,我们也来帮忙种蔬菜吧。每个种子上面都有一个字宝宝,读对了种子就能种到土里,长出蔬菜。

游戏二:蔬菜大丰收。

师:小朋友,我们种下的种子长出了这么多蔬菜。每种蔬菜上面都有一个字宝宝,只要读对就可以把蔬菜装进篮子。

游戏三:字宝宝捉迷藏

师:小朋友,字宝宝想和大家玩捉迷藏。大家闭上眼睛,猜猜哪个字宝宝藏起来了?只要能念对,字宝宝就会出现。

游戏四:好朋友。

师:小朋友,字宝宝们来找朋友了。只要能读对词语,字宝宝和朋友就能手拉手做游戏啦。

25 分果果

分果果

父亲在水果广场，买了半斤苹果、半斤梨，回家考考儿子，请他分水果。儿子想了想，剩下一个最小的留给了自己。妈妈抱起儿子，夸赞他懂礼貌会谦让。

认一认

父

广

半

斤

剩

留

抱

念一念

父母、广播、停留、拥抱

说一说

父母是孩子的第一任老师。

学校的广播里播放着优美的音乐。

小鸟停留在树枝上休息。

妈妈给了我一个大大的拥抱。

活动设计

教学目标

1. 正确认读"父、广、半、斤、剩、留、抱",读准音,认清形。

2. 能够正确、熟练地朗读、背诵故事。

教学准备

字卡、课件

教学过程

一、读一读(10分钟)

师:今天,爸爸买了好吃的水果。一起来学一学故事《分果果》。

1. 初读故事。

(1)范读。

——教师指读两遍。

(2)领读。

——教师读一句,幼儿跟着读一句。

(3)随读。

——教师请幼儿做小老师,跟着小老师一起读。

2. 去字留图读。

师:闭上眼睛变魔术,1、2、3,红字宝宝不见啦。

——教师指,幼儿齐读。

3. 去图去字读。

师:闭上眼睛变魔术,1、2、3,图片宝宝不见啦。

——教师指,幼儿分组读。

4. 去图留字读。

师:闭上眼睛变魔术,1、2、3,红字宝宝出来啦。

——教师指,幼儿拍手读。

5. 教师提问。

师:故事中的孩子是如何分果果的?

师:他为什么要把最小的留给自己呢?

师:妈妈是怎样表扬儿子的?

6. 背诵故事。

(1)男女生背。

——男生女生轮流背。

(2)传递背。

——教师轻拍幼儿肩膀,被拍到肩膀的幼儿背一句;背好后该幼儿随机拍旁边的幼儿,被拍到的幼儿背下一句,以此类推。

(3)突击小战士。

——教师背,幼儿轻声跟读,教师在某一句停止并邀请一名幼儿接下一句。

(4)小组接力背。

——幼儿以小组为单位,每组背一句,接力进行。

二、认一认(8分钟)

1. 看图认字。

(1)回忆认字。

——教师出示字卡,幼儿集体认读“父、广、半、斤、剩、留、抱”。

(2)火车认字。

——教师拿字卡,幼儿一个接一个轮流念。

2. 去图认字。

(1)抢答认字。

——教师快速拿出字卡,幼儿抢答。

(2)躲藏认字。

——教师把字卡一字排开,幼儿闭上眼睛;教师拿走其中一个字,幼儿猜测缺失的字卡。

三、玩一玩(7分钟)

游戏一:买水果。

师:你们认识水果上的字宝宝吗?只要能读对就能顺利买到水果。

游戏二:分水果。

师:小朋友,这里还有一些梨,每个梨上都有一个字宝宝,你能念出梨上的字宝宝吗?念对了就能得到啦。

游戏三:藏头藏尾。

师:害羞的字宝宝们把自己的一部分藏起来了,你们还认识它们吗?只要读对,字宝宝就能完整出现啦。

游戏四:闪电认字。

师:闪电中出现了什么字宝宝,请你快速认一认。

26 彩虹桥

彩虹桥

白云上面一座桥，
太阳雨点来建造。
赤橙黄绿青蓝紫，
雨过天晴就出现。

认一认

（一）座（桥）

建造

晴

念一念

座位、建筑、改造、晴朗

说一说

姐姐主动将自己的座位让给一位老人。

小明最喜欢在建筑角里搭房子。

小朋友自己动手改造班级的植物角。

今天天气晴朗，万里无云。

活动设计

教学目标

1. 正确认读“座、建、造、晴”，读准音，认清形。
2. 能够正确、熟练地朗读、背诵儿歌。

教学准备

字卡、课件

教学过程

一、读一读(10分钟)

师：小朋友，你们见过彩虹吗？今天我们就来学一学儿歌《彩虹桥》。

1. 初读儿歌。

(1)范读。

——教师指读两遍。

(2)领读。

——教师读一句，幼儿跟着读一句。

(3)随读。

——教师请幼儿做小老师，跟着小老师一起读。

2. 去字留图读。

师：闭上眼睛变魔术，1、2、3，红字宝宝不见啦。

——教师指，幼儿齐读。

3. 去图去字读。

师:闭上眼睛变魔术,1、2、3,图片宝宝不见啦。

——教师指,幼儿分组读。

4. 去图留字读。

师:闭上眼睛变魔术,1、2、3,红字宝宝出来啦。

——教师指,男女生轮流读。

5. 教师提问。

师:彩虹桥是什么样子的?

师:彩虹桥有什么颜色?

师:彩虹桥是怎样产生的呢?

6. 背诵儿歌。

(1)抛球背。

——教师将小皮球抛到哪位幼儿手里就请该幼儿背。

(2)小组背。

——幼儿以小组为单位,进行小组轮流背。

(3)火车火车开起来。

——幼儿一个接着一个轮流背,其他幼儿拍手打节奏。

(4)我来开头你来接。

——男生背前半句,女生背后半句。

二、认一认(8分钟)

1. 看图认字。

(1)回忆认字。

——教师出示字卡,幼儿集体认读“座、建、造、晴”。

(2)吹泡泡认字。

——教师出示字卡,用双手比吹泡泡的动作,泡泡越吹越大,幼儿念字的声音也越来越大。

2. 去图认字。

(1)PK认字。

——教师快速拿出字卡,请男女生抢答,比一比谁念得又快又正确。

(2)抢椅子认字。

——教师把字卡放在七张椅子上,请八名幼儿游戏,抢到椅子的幼儿快速念出椅子上的字卡。

三、玩一玩(7分钟)

游戏一:搭彩虹桥。

师:小朋友,你们认识这些字宝宝吗?只要你们念对字卡就能得到相应的颜色,集齐七种颜色就能搭成一座彩虹桥。

游戏二:跳舞毯。

师:小朋友,你们看,跳舞毯上有很多关口,每个关口都有一个字宝宝。读对了,就可以成功闯关一次,获得一张舞会邀请卡。

游戏三:下雨啦。

师:你们喜欢下雨天吗?雨滴中藏着字宝宝,让我们一起找一找吧。

游戏四:眼疾嘴快。

师:小朋友,云朵里藏着许多字卡,考考你们能不能快速地找到字卡,并大声地念出来。

27 设计师

设计师

我的爸爸了不起，
他是船厂设计师。
每日工作真辛苦，
废寝忘食不休息。
有时低头勤思考，
有时灯下忙作图。
巨型航母来建造，
保卫祖国做贡献。

认一认

(船)厂

设计

休(息)

灯

作图

巨型

(航)母

念一念

工厂、灯笼、图片、母爱

说一说

这家工厂是生产玩具的。

红红的柿子像灯笼一样挂在枝头。

故事书上有很多生动的图片。

母爱是世界上最伟大的爱。

活动设计

教学目标

1. 初步认读“厂、设、计、休、灯、作、图、巨、型、母”，读准音，认清形。

2. 能够正确、熟练地朗读、背诵儿歌。

教学准备

字卡、课件

教学过程

一、读一读(10分钟)

师：小朋友，你们知道设计师是做什么的吗？今天我们就来学一学儿歌《设计师》。

1. 初读儿歌。

(1)范读。

——教师指读两遍。

(2)领读。

——教师读一句,幼儿跟着读一句。

(3)随读。

——请幼儿分组朗读。

2. 去字留图读。

师:闭闭眼,变变变,红字宝宝不见了。

——教师指,幼儿齐读。

3. 去图去字读。

师:闭上眼睛变魔术,1、2、3,图片宝宝不见啦。

——教师指,幼儿分男女生读。

4. 去图留字读。

师:闭上眼睛变变变,1、2、3,红字宝宝出来啦。

——教师指,幼儿拍手读。

5. 教师提问。

师:儿歌中的爸爸是什么职业?

师:爸爸设计了什么?你知道航母吗?

6. 背诵儿歌。

(1)我来开头你来接。

——老师背前半句,幼儿背后半句。

(2)谁最棒。

——幼儿分小组轮流背,比一比哪一组背得好。

(3)男生女生背。

——男女生轮流背。

(4)开火车背。

——幼儿一个接一个背,其余幼儿拍手打节奏。

二、认一认(8分钟)

1. 看图认字。

(1)回忆认字。

——教师出示字卡,幼儿集体认读“厂、设、计、休、灯、作、图、巨、型、母”。

(2)大小声认字。

——教师把字卡举高,幼儿大声念;教师把字卡放低,幼儿小声念。

2. 去图认字。

(1)躲藏认字。

——教师把字卡一字排开,幼儿闭上眼睛,教师拿走其中一个字,幼儿猜测缺失的字卡。

(2)萝卜蹲认字。

——教师请七名幼儿上前,每人手拿一张字卡,玩萝卜蹲的游戏。

三、玩一玩(7分钟)

游戏一:眼疾嘴快。

师:小朋友,让我们一起来比一比谁认字的速度最快,谁认字的本领最厉害。

游戏二:点灯。

师:老师点击字卡,小朋友念出字宝宝就能点亮字卡。

游戏三:军人打靶。

师:我们一起来进行射击比赛吧,谁能快速地念出字宝宝,谁就获胜。

游戏四:摘水果。

师:小朋友,水果成熟了,只要你们把水果上的字宝宝念出来,就能摘下水果。

28 小鸟的一天

小鸟的一天

清晨，公鸡吹响了起床的号角，轻轻唤醒树上的小鸟。

午后，小鸟唱起了清脆的歌声，小动物们随着歌声载歌载舞。

夜晚，月亮悄悄地爬上了树梢，等待星星的出现。嘘——咱们不要吵到熟睡的小鸟。

认一认

响

醒

(跟)随

夜

悄

等

咱

吵

念一念

音响、醒目、黑夜、悄悄话

说一说

这家电影院的音响效果非常好。

主题墙上有一行醒目的大字。

黑夜里几颗星星在天空中闪烁。

我和朋友坐在草坪上说悄悄话。

活动设计

教学目标

1. 正确认读“响、醒、随、夜、悄、等、咱、吵”，读准音，认清形。

2. 能够正确、熟练地朗读、背诵散文。

教学准备

字卡、课件

教学过程

一、读一读（10分钟）

师：你们喜欢小鸟吗？我们一起学一学散文《小鸟的一天》。

1. 初读散文。

（1）范读。

——教师指读两遍。

(2)领读。

——教师读一句,幼儿跟着读一句。

(3)随读。

——教师请幼儿做小老师,跟着小老师一起读。

2. 去字留图读。

师:闭闭眼,变变变,睁开眼睛看看谁不见啦?

——教师指,幼儿齐读。

3. 去图去字读。

师:闭闭眼,变变变,睁开眼睛看看谁不见啦?

——教师指,幼儿开火车读。

4. 去图留字读。

师:闭闭眼,变变变,睁开看看谁回来啦?

——教师指,幼儿分男女生接龙读。

5. 教师提问。

师:散文中,小鸟的一天在干什么?

师:天黑了,我们要怎么做才能不打扰熟睡的小鸟?

6. 背诵散文。

(1)小组内轮流背。

——幼儿分组轮流背。

(2)开火车背。

——幼儿一个跟着一个拍手打节奏背诵。

(3)我来开头你来接。

——男生背前半句,女生背后半句。

(4)接龙背。

——幼儿一字排开,一个接着一个背。

二、认一认(8分钟)

1. 看图念字。

(1)回忆认字。

——教师出示字卡,幼儿集体认读“响、醒、随、夜、悄、等、咱、吵”。

(2)PK念字。

——男女生分组比赛念,看谁念得又响又准确。

2. 去图认字。

(1)整体认字。

——幼儿看着字卡读一遍。

(2)高低认字。

——教师把字卡排成高低两排,幼儿看着高低不同的字卡用不同的声音读字。高的字卡读得响,低的字卡读得轻。

三、玩一玩(7分钟)

游戏一:亲一亲。

师:燕子妈妈在树上,小燕子飞来要跟妈妈亲一亲。读对了字宝宝,妈妈就会亲一亲小燕子。

游戏二:吃虫乐。

师:小燕子来帮树妈妈捉虫子,念对虫子上的字,就可以吃掉虫子。

游戏三:关闹钟。

师:闹钟响了,念对钟上的字宝宝才能关掉,我们来认一认吧。

游戏四:大家来跳舞。

师:小朋友,你们喜欢跳舞吗?只要读对音响上的字宝宝,就可以跟着音乐跳起来。

29 云彩魔术师

云彩魔术师

四季云彩变化多，千变万化真奇妙。
有时变猫咪，胡子一翘笑嘻嘻；
有时变乌龟，背着壳儿慢吞吞；
有时变河马，张大嘴巴乐悠悠。

认一认

（四）季	奇妙	胡（子）	慢

念一念

季节、奇怪、胡萝卜、慢慢

说一说

一年有四个季节。

自然界里有很多奇怪的现象。

小白兔最爱吃胡萝卜。

我慢慢地走在回家的路上。

活动设计

教学目标

1. 正确认读“季、奇、妙、胡、慢”，读准音，认清形。

2. 能够正确、熟练地朗读、背诵儿歌。

教学准备

字卡、课件

教学过程

一、读一读（10分钟）

师：小朋友，你们见过哪些形状的云彩？它们像什么？今天我们来学一学关于云彩的儿歌《云彩魔术师》。

1. 初读儿歌。

(1)范读。

——教师指读两遍。

(2)领读。

——教师读一句，幼儿跟着读一句。

(3)随读。

——教师请幼儿做小老师，跟着小老师一起读。

2. 去字留图读。

师:闭上眼睛变魔术,1、2、3,红字宝宝不见啦。

——教师指,幼儿齐读。

3. 去图去字读。

师:闭上眼睛变魔术,1、2、3,图片宝宝不见啦。

——教师指,幼儿分组读。

4. 去图留字读。

师:闭上眼睛变魔术,1、2、3,红字宝宝出来啦。

——教师指,幼儿拍手读。

5. 教师提问。

师:儿歌中云彩魔术师变化了哪些造型?

师:你知道云彩还能变成哪些小动物吗?

6. 背诵儿歌。

(1)接龙背。

——幼儿一人一句接龙背。

(2)抛球背。

——教师将小皮球抛到哪位幼儿手里,就请该幼儿背。

(3)男女生PK赛。

——男生和女生比赛,看哪一组背得最熟练。

(4)今天我是小老师。

——一名幼儿当小老师领背,其余幼儿跟背。

二、认一认(8分钟)

1. 看图认字。

(1)回忆认字。

——教师出示字卡,幼儿认读“季、奇、妙、胡、慢”。

(2)点兵点将认字。

——教师把字卡依次摆放在黑板上,和幼儿边念儿歌边点字卡,点到哪张字卡,就请幼儿大声地念出来。

2. 去图认字。

(1)抢答认字。

——教师快速拿出字卡,幼儿抢答。

(2)开飞机认字。

——教师开飞机,飞机飞到哪张字卡,幼儿就将字卡念出来。

三、玩一玩(7分钟)

游戏一:来信啦。

师:彩云国的信使已经把邀请信送到啦。小朋友正确念出信上的字宝宝,就可以获得邀请卡。

游戏二:魔法变变变。

师:小朋友,神奇的宝瓶撒出了许多小星星。念对小星星上的字宝宝,就可以获得一颗小星星。

游戏三:白云朵朵。

师:小朋友,风儿吹来了朵朵白云,你认识这些字宝宝吗?请你来挑战,快速地把这些字宝宝读一读、认一认吧。

游戏四:乘车。

师:小朋友,字宝宝就藏在座位上,你能把它找出来念一念吗?念对了就可以乘车啦。

30 家乡的小岛

家乡的小岛

我的家乡有一座小岛，岛上飘散着甜美的芳香，岸边四季如画。

春天青草发芽，生机勃勃；夏天鲜花盛开，绚丽多姿；秋天瓜果成熟，硕果累累；冬天雪花纷飞，银装素裹。

小岛安静美丽，令人陶醉。

认一认

岛

飘

岸

芽

盛（开）

念一念

岛屿、飘扬、嫩芽、茂盛

说一说

湖的中央有很多岛屿。

五星红旗在天空中飘扬。

一株嫩芽破土而出。

花园里的植物长得非常茂盛。

活动设计

教学目标

1. 正确认读“岛、飘、岸、芽、盛”，读准音，认清形。

2. 能够正确、熟练地朗读、背诵散文。

教学准备

字卡、课件

教学过程

一、读一读(10分钟)

师：小朋友，你知道哪些岛屿呢？今天和老师一起来学习散文《家乡的小岛》。

1. 初读散文。

(1)范读。

——教师带领幼儿指读两遍。

(2)领读。

——教师读一句，幼儿跟着读一句。

(3)随读。

——教师请幼儿做小老师，跟着小老师一起读。

2. 去字留图读。

师:闭上眼睛变魔术,1、2、3,红字宝宝不见啦。

——教师指,幼儿齐读。

3. 去图去字读。

师:闭上眼睛变魔术,1、2、3,图片宝宝不见啦。

——教师指,幼儿分组读。

4. 去图留字读。

师:闭上眼睛变魔术,1、2、3,红字宝宝出来啦。

——教师指,幼儿拍手读。

5. 教师提问。

师:散文中描绘了小岛的哪些景色?

师:你喜欢家乡的小岛吗? 为什么?

6. 背诵散文。

(1)小组背。

——幼儿分小组轮流背。

(2)你是车头我是车厢。

——教师做火车头,幼儿开火车背,一人一句接着背。

(3)火车火车开起来。

——幼儿一个接着一个轮流背,其他幼儿拍手打节奏。

(4)男女生背。

——男生女生互相背。

二、认一认(8分钟)

1. 看图认字。

(1)回忆认字。

——教师出示字卡,幼儿集体认读"岛、飘、岸、芽、盛"。

(2)吹气球认字。

——教师出示字卡,用双手比作吹气球。气球越吹越大,幼儿念字的声音也越来越大。

2. 去图认字。

(1)躲藏认字。

——教师把字卡一字排开,幼儿闭上眼睛,教师拿走其中一个字,幼儿猜测哪个字不见了。

(2)比赛认字。

——每组派一位幼儿参加比赛,评出冠军。

三、玩一玩(7分钟)

游戏一:望远镜。

师:家乡的小岛真美呀,我们一起用望远镜看一看、找一找你认识哪些字宝宝吧。

游戏二:眼疾口快。

师:我们比一比谁的反应快,老师出示字卡,你们开始抢答。

游戏三:雪花飘飘。

师:下雪了,小雪花和你们玩起了捉迷藏,快把它们找出来读一读上面的字宝宝吧。

游戏四:花瓣填填乐。

师:小花妈妈身上缺了几片叶子宝宝。正确读出上面的字,就能帮助小花妈妈找回叶子宝宝,一起试一试吧。

5—6岁（上）

二 评价表

评价说明

评价工作是注重幼儿认读学习的过程性评价。教师需要每月了解幼儿的认读掌握情况，分析幼儿的学习情况，改进幼儿的学习策略，及时跟踪教学效果。评价工具主要包含月评价内容、每月评价字表、幼儿月评价情况分析表。

月评价内容

按月列出评价内容，识字数量见下表。

单位：个

	3—4岁（上）	3—4岁（下）	4—5岁（上）	4—5岁（下）	5—6岁（上）	5—6岁（下）
第一个月	18	15	29	37	45	54
第二个月	14	18	29	32	55	46
第三个月	16	15	31	31	55	50
第四个月	21	19	30	34	53	53
小计	69	67	119	134	208	203
合计	800					

每月评价字表

按月进行循环评价，以当月新授的字词为主，再累计已学字词，标注出幼儿掌握不好的字词，回顾前几个月的学习情况，从而更好地帮助幼儿完成认读学习的过程。

幼儿月评价情况分析表

每月针对幼儿的评价情况，进行个性化分析，根据认读字量计算认字率，以此了解每个幼儿当月的掌握情况。针对幼儿易错字及遗忘字进行原因分析，制定个性化策略，开展优化提升工作，进一步提升家园合作水平。

月评价内容

9月字表（45个）

李 吴 女 姜 言 许 弓 信 注 乱 窜 过 遵 守 规 则 重 反 减 表 扬 批
评 节 活 伙 伴 排 喊 油 级 虎 吓 坏 必 须 劲 丢 古 立 找 更 敬
先 饱

10月字表（55个）

礼 貌 语 应 牢 记 关 系 谢 您 客 如 同 墙 腰 粗 肩 燕 整 抓 保 护
功 劳 宽 复 简 单 安 险 容 易 困 难 赶 集 场 顾 买 咬 破 拉 村 桌
端 盘 动 习 绳 根 细 双 桥 似 波

11月字表（55个）

狼 息 将 迷 刚 植 兄 弟 妹 挖 坑 栽 培 浇 遍 岗 舒 畅 兴 烈 秃 岭
育 化 首 内 外 升 降 始 结 错 禾 午 汗 粒 静 举 低 故 乡 今 孙 世
代 恩 永 忘 元 总 差 众 夸 并 惜

12月字表（53个）

鲜 艳 徐 挂 迎 招 展 格 灵 颗 片 嫩 套 服 父 广 半 斤 剩 留 抱 座
建 造 晴 厂 设 计 休 灯 作 图 巨 型 母 响 醒 随 夜 悄 等 咱 吵 季
奇 妙 胡 慢 岛 飘 岸 芽 盛

每月评价字表

月份 内容	9	10	11	12
李				
吴				
女				
姜				
言				
许				
弓				
信				
注				
乱				
窜				
过				
遵				
守				
规				
则				
重				
反				
减				
表				
扬				
批				
评				
节				
活				
伙				
伴				
排				
喊				
油				

月份 内容	9	10	11	12
级				
虎				
吓				
坏				
必				
须				
劲				
丢				
古				
立				
找				
更				
敬				
先				
饱				

月份 内容	10	11	12
礼			
貌			
语			
应			
牢			
记			
关			
系			
谢			
您			
客			
如			
同			
墙			
腰			
粗			
肩			
燕			
整			
抓			
保			
护			
功			
劳			
宽			
复			
简			
单			
安			
险			

月份 内容	10	11	12
容			
易			
困			
难			
赶			
集			
场			
顾			
买			
咬			
破			
拉			
村			
桌			
端			
盘			
动			
习			
绳			
根			
细			
双			
桥			
似			
波			

月份 内容	11	12
狼		
息		
将		
迷		
刚		
植		
兄		
弟		
妹		
挖		
坑		
栽		
培		
浇		
遍		
岗		
舒		
畅		
兴		
烈		

月份 内容	11	12
秃		
岭		
育		
化		
首		
内		
外		
升		
降		
始		
结		
错		
禾		
午		
汗		
粒		
静		
举		
低		
故		

月份 内容	11	12
乡		
今		
孙		
世		
代		
恩		
永		
忘		
元		
总		
差		
众		
夸		
并		
惜		

月份 内容	12
鲜	
艳	
徐	
什	
迎	
招	
展	
格	
灵	
颗	
片	
嫩	
套	
服	
父	
广	
半	
斤	
剩	
留	

月份 内容	12
抱	
座	
建	
造	
晴	
厂	
设	
计	
休	
灯	
作	
图	
巨	
型	
母	
响	
醒	
随	
夜	
悄	

月份 内容	12
等	
咱	
吵	
李	
奇	
妙	
胡	
慢	
岛	
飘	
岸	
芽	
盛	

幼儿月评价情况分析表

姓名：	
9月	数据分析：
	原因策略：
10月	数据分析：
	原因策略：
11月	数据分析：
	原因策略：
12月	数据分析：
	原因策略：

5—6岁（上）

三

附录

字表

1 李 吴 女 姜 言 许 弓

2 信 注 乱 窜 过 遵 守 规 则 重

3 反 减 表 扬 批 评 节

4 活 伙 伴 排 喊 油 级

5 虎 吓 坏 必 须 劲

6 丢 古 立 找 更

7 敬 先 饱

8 礼 貌 语 应 牢 记 关 系 谢 您 客

9 如 同 墙 腰 粗 肩

10 燕 整 抓 保 护 功 劳

11 宽 复 简 单 安 险 容 易 困 难

12 赶 集 场 顾 买 咬 破 拉

13 村 桌 端 盘 动 习

14 绳 根 细 双 桥 似 波

15 狼 息 将 迷 刚

16 植 兄 弟 妹 挖 坑 栽 培 浇 遍 岗

17 舒 畅 兴 烈 秃 岭 育 化

18 首 内 外 升 降 始 结 错

19 禾 午 汗 粒

20 静 举 低 故 乡

21 今 孙 世 代 恩 永 忘

22 元 总 差 众 夸 并 惜

23 鲜 艳 徐 挂 迎 招 展 格 灵 颗

24 片 嫩 套 服

25 父 广 半 斤 剩 留 抱

26 座 建 造 晴

27 厂 设 计 休 灯 作 图 巨 型 母

28 响 醒 随 夜 悄 等 咱 吵

29 季 奇 妙 胡 慢

30 岛 飘 岸 芽 盛

词表

1 女孩 生姜 语言 弓箭

2 自信 专注 过年 举重

3 反复 减法 手表 节约

4 生活 排练 呐喊 奶油

5 壁虎 惊吓 胡须 干劲

6 古代 独立 寻找 更新

7 尊敬 领先 饱满

8 成语 记者 关爱 做客

9 如果 同意 围墙 粗心

10 整理 抓紧 爱护 劳动

11 宽阔 复苏 安全 冒险

12 菜场 购买 冲破 拉面

13 村民 课桌 圆盘 运动

14 细心 双臂 好似 波涛

15 野狼 将来 迷人 刚才

16 植物 培育 浇灌 站岗

17 热烈 山岭 体育馆 变化

18 境内 外公 结果 认错

19 禾苗 中午 汗水 米粒

20 安静 举重 高低 家乡

21 今天 感恩 永远 难忘

22 元旦 观众 并列 爱惜

23 新鲜 艳丽 欢迎 风格

24 照片 嫩绿 外套 服装

25 父母 广播 停留 拥抱

26 座位 建筑 改造 晴朗

27 工厂 灯笼 图片 母爱

28 音响 醒目 黑夜 悄悄话

29 季节 奇怪 胡萝卜 慢慢

30 岛屿 飘扬 嫩芽 茂盛

句表

1　妹妹是一个能歌善舞的女孩。

妈妈在超市里买了许多生姜。

我国是一个多语言的国家。

猎人带着弓箭去森林里捕猎。

2　丽丽在舞台上表现得很自信。

上课的时候要认真专注。

过年时大街上张灯结彩。

举重运动员个个都很强壮。

3　姐姐做事前总是反复思考。

我已经会十以内的减法了。

妈妈给我买了一块新手表。

节约用水,人人有责。

4　幼儿园里的学习生活丰富多彩。

啦啦队正在操场上排练节目。

我们为班级的运动员们呐喊助威。

妹妹最喜欢吃奶油蛋糕。

5　小壁虎正在墙角捉蚊子。

小宝宝受到惊吓后哭了起来。

爷爷的胡须很长。

小朋友们在打扫教室时干劲十足。

6 中国古代有很多神话故事。
老师会培养学生独立思考的能力。
羊群在草原上寻找着水源。
电脑软件需要不断地更新。

7 王老师是一名受人尊敬的好老师。
哥哥在跑步比赛中领先于其他运动员。
谷粒饱满意味着今年会大丰收。

8 姐姐会讲很多成语故事。
我长大后想当一名记者。
关爱他人是一种优秀的品质。
我经常去姑姑家里做客。

9 如果明天下雨,我们就不去秋游了。
妈妈同意星期天带我去公园玩。
我家的围墙大约四米高。
我们要改掉粗心的坏习惯。

10 哥哥会自己整理房间了。
考试前大家都在抓紧时间复习。
小朋友要爱护校园里的一草一木。
热爱劳动是一种优良美德。

11 宽阔的大草原一眼望不到边。
春天到了,大地复苏,一片生机盎然。
出门在外要多注意安全。
叔叔冒险跳入急流中抢救落水儿童。

12 幼儿园附近新建了一个菜场。
妈妈经常去超市购买生活用品。
小草冲破了泥土,探出了小脑袋。

姐姐最喜欢吃兰州拉面。

13 村民会在山坡上种一些果树。

教室里的课桌摆放得很整齐。

十五的月亮就像一个大圆盘。

我最喜欢的运动是跳绳。

14 小朋友们做事情要细心。

让我们一起张开双臂拥抱春天。

彩虹好似一座七色桥挂在天空中。

勇敢的海燕在波涛汹涌的大海上飞翔。

15 森林里住着一头凶狠的野狼。

将来我想成为一名教师。

深秋的公园里处处都是迷人的景色。

刚才还是阴沉沉的天，一下就放晴了。

16 植物生长需要阳光、水分和空气。

科学家培育出许多新品种的农作物。

一场春雨浇灌着干渴的大地。

解放军叔叔在天安门广场上站岗。

17 教室里响起了一片热烈的掌声。

远处是连绵起伏的山岭。

学校将要建造一座新的体育馆。

我的家乡发生了翻天覆地的变化。

18 我国境内分布着很多岛屿。

我的外公是一名大学老师。

妈妈种的果树终于开花结果了。

哥哥每次做错事情总能主动认错。

19 绿油油的禾苗沐浴在温暖的阳光里。

今天中午我要去新开的餐厅吃饭。

农民伯伯汗水淋漓地在田地里劳作。

米粒很小,但是可以做成很多美味的食物。

20 小朋友在安静地午睡。

举重运动员都很强壮有力。

我们慢慢地走过高低不平的地面

我的家乡出了很多的名人。

21 今天是我的生日。

我们要心怀感恩地对待他人。

妈妈永远爱着自己的孩子。

童年是美好而令人难忘的。

22 幼儿园在元旦举行了一场游园会。

歌唱家的表演赢得了观众的热烈掌声。

明明和点点排队时并列站在一起。

我们要爱惜身边的一草一木。

23 我们要多亲近大自然,呼吸新鲜空气。

春天的花朵开出了艳丽的颜色。

欢迎你们来我家做客。

苏州园林的建筑风格非常独特。

24 爸爸收集了很多老照片。

春天的柳树长出了嫩绿的叶子。

哥哥披了一件外套就跑出了门。

服装店里的衣服琳琅满目。

25 父母是孩子的第一任老师。

学校的广播里播放着优美的音乐。

小鸟停留在树枝上休息。

妈妈给了我一个大大的拥抱。

26 姐姐主动将自己的座位让给一位老人。

小明最喜欢在建筑角里搭房子。

小朋友自己动手改造班级的植物角。

今天天气晴朗，万里无云。

27 这家工厂是生产玩具的。

红红的柿子像灯笼一样挂在枝头。

故事书上有很多生动的图片。

母爱是世界上最伟大的爱。

28 这家电影院的音响效果非常好。

主题墙上有一行醒目的大字。

黑夜里几颗星星在天空中闪烁。

我和朋友坐在草坪上说悄悄话。

29 一年有四个季节。

自然界里有很多奇怪的现象。

小白兔最爱吃胡萝卜。

我慢慢地走在回家的路上。

30 湖的中央有很多岛屿。

五星红旗在天空中飘扬。

一株嫩芽破土而出。

花园里的植物长得非常茂盛。

5—6岁（下）

一 认读活动

1 做运动

做运动

太阳公公咪咪笑，
小朋友们起得早。
抬头挺胸做运动，
双脚站立与肩平。
不偏不倚对整齐，
稍息立正真神气。

认一认

  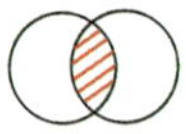    

挺胸　脚　与　平　偏　齐　稍(息)

念一念

脚丫、平安、偏僻、对齐

说一说

我光着脚丫在沙滩上散步。

飞机平安地降落在机场。

外婆家住在偏僻的山村。

做操时我们的队伍要对齐。

活动设计

教学目标

1. 正确认读“挺、胸、脚、与、平、偏、齐、稍”，读准音，认清形。

2. 能够正确、熟练地朗读、背诵儿歌。

教学准备

字卡、课件

教学过程

一、读一读(10分钟)

师：小朋友，你们平时喜欢做运动吗？今天我们学习的儿歌名字叫《做运动》。

1. 初读儿歌。

(1)范读。

——教师指读两遍。

(2)领读。

——教师读一句，幼儿跟着读一句。

(3)大小声读。

——教师小声读，幼儿大声跟读。

2. 去字留图读。

师：闭上眼睛变魔术，1、2、3，红字宝宝不见啦。

——教师指，幼儿齐读。

3. 去图去字读。

师：闭上眼睛变魔术，1、2、3，图片宝宝不见啦。

——教师指，幼儿拍手齐读。

4. 去图留字读。

师：闭上眼睛变魔术，1、2、3，红字宝宝出来啦。

——教师指，男女生轮流读。

5. 教师提问。

师：学习了儿歌，你知道做运动要注意什么吗？

师：做运动时，你可以做哪些动作？

6. 背诵儿歌。

(1)小组连连背。

——幼儿一组一组轮流背。

(2)男生女生搭档背。

——男生背一句，女生背一句。

(3)拍手背。

——幼儿边拍手边背诵。

(4)开火车背。

——幼儿依次轮流开火车背。

二、认一认(8分钟)

1. 看图认字。

(1)回忆认字。

——教师出示字卡,幼儿认读“挺、胸、脚、与、平、偏、齐、稍”。

(2)变声认字。

——教师引导幼儿用“妈妈”“爸爸”“老虎”“小猫”等不同大小的声音来念字卡。

2. 去图认字。

(1)抽牌认字。

——教师抽出一张字卡,幼儿快速念出字卡。

(2)点名认字。

——教师把字卡一字排开,大家一起说:“点名点到谁,点到了×××”被点到名的幼儿念出教师点到的汉字。

三、玩一玩(7分钟)

游戏一:小笔画线。

师:小朋友,找一找这些图片的字宝宝朋友,找到了就用线把它们连起来。

游戏二:眼疾嘴快。

师:小朋友,屏幕上会快速出现字宝宝,谁快速地读出来,谁就获胜。

游戏三:神笔马良。

师:神笔马良用他神奇的笔写出来的字,小朋友都认识吗?我们比一比看谁认识的字多。

游戏四:神笔画花。

师:神笔马良用神笔画出了漂亮的花朵。念一念花上面的字,并组一个好听的词语,花朵才能种到花盆里。我们来挑战一下吧。

2 写字的约定

写字的约定

小朋友们学写字，大家来把口诀念。
胸离桌沿一拳距，两腿平放脚不踮。
手离笔尖一寸长，两指中间留空隙。
眼离书本一尺远，腰背挺直头不偏。
养成这些好习惯，正确姿势记心间。

认一认

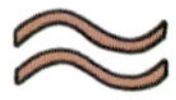
约

沿

拳

距

寸

尺

养(花)

(习)惯

念一念

节约、拳击、直尺、营养

说一说

节约用水是一种美德。

爸爸喜欢看拳击比赛。

今天妈妈给我买了一把直尺。

小朋友要多吃有营养的食物。

活动设计

教学目标

1. 正确认读“约、沿、拳、距、寸、尺、养、惯”，读准音，认清形。
2. 能够正确、熟练地朗读、背诵儿歌。

教学准备

字卡、课件

教学过程

一、读一读（10分钟）

师：你们知道写字的时候需要注意什么吗？今天我们一起学习儿歌《写字的约定》。

1. 初读儿歌。

（1）范读。

——教师指读两遍。

（2）领读。

——教师读一句，幼儿跟着读一句。

(3)男女生读。

——男生读一遍,女生读一遍。

2. 去字留图读。

师:闭上眼睛变魔术,1、2、3,红字宝宝不见啦。

——教师指,小组轮流读。

3. 去图去字读。

师:闭上眼睛变魔术,1、2、3,图片宝宝不见啦。

——教师指,请一名幼儿为小老师,进行领读,其他幼儿跟读。

4. 去图留字读。

师:闭上眼睛变魔术,1、2、3,红字宝宝出来啦。

——教师指,一边拍肩膀一边读。

5. 教师提问。

师:小朋友读了儿歌,你知道写字的口诀吗?

师:正确的写字姿势是怎样的?谁愿意来示范一下。

6. 背诵儿歌。

(1)师幼交替背。

——教师和幼儿交替背。

(2)点名PK背。

——一名幼儿站起来背,其他幼儿拍手打节奏,背完之后该幼儿选一名幼儿继续背。最后比一比谁背得最熟练。

(3)小组轮流背。

——幼儿一组一组轮流背。

(4)男生女生背。

——男生女生轮流背。

二、认一认(8分钟)

1. 看图认字。

(1)回忆认字。

——教师出示字卡,幼儿认读“约、沿、拳、距、寸、尺、养、惯”。

(2)拍卡认字。

——教师把字卡拿到幼儿面前,幼儿边拍字卡边念。

2. 去图认字。

(1)寻找认字。

——教师将字卡给几位小朋友,大家一起说:“×字在哪里?”手拿相应字卡的幼儿站起来说:“×字在这里。”

(2)躲藏认字。

——教师把字卡一字排开,幼儿闭上眼睛,教师拿走其中一个字,幼儿猜猜哪个字不见了。

三、玩一玩(7分钟)

游戏一:小笔圈字。

师:小笔圈出哪个字宝宝,就请小朋友大声念出这个字宝宝。

游戏二:快翻图书。

师:老师一页一页翻书,请小朋友快速说出书页上的字宝宝。

游戏三:铅笔回家。

师:请小朋友说出铅笔上不同的字宝宝,念对了,这支铅笔就能回到文具盒中。

游戏四:火眼金睛。

师:找出图片中的字宝宝,念一念,并组成词语,我们一起来挑战一下吧。

3 帮忙

帮忙

小明骑着自行车，带着足球去玩耍。他经过一块农田，看到农民伯伯正在抓紧时间干活，他也尽力去帮忙。他们提着网兜捡到了大量的土豆。

认一认

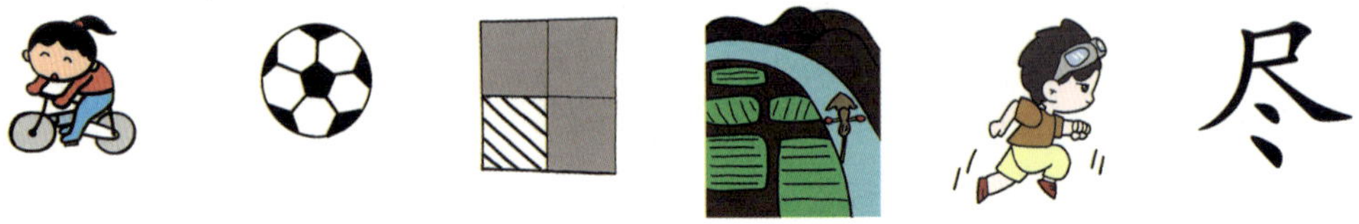

骑　足（球）　块　农田　（赶）紧

提　网　捡　（能）量　豆

念一念

骑马、提醒、渔网、豆浆

说一说

哥哥在草原上练习骑马。

老师提醒我们明天要带玩具。

渔夫在海上用渔网捕鱼。

今天早上我喝了一杯豆浆。

活动设计

教学目标

1. 正确认读“骑、足、块、农、田、紧、尽、提、网、捡、量、豆”，读准音，认清形。

2. 能够正确、熟练地朗读故事。

教学准备

字卡、课件

教学过程

一、读一读（10分钟）

师：帮助别人是一件开心的事，今天让我们一起学习故事《帮忙》。

1. 初读故事。

（1）范读。

——教师指读两遍。

（2）领读。

——教师读一句，幼儿跟着读一句。

(3)变声读。

——教师引导幼儿用老虎、小鸟等动物的声音读故事。

2. 去字留图读。

师:闭上眼睛变魔术,1、2、3,红字宝宝不见啦。

——教师指,幼儿齐读。

3. 去图去字读。

师:闭上眼睛变魔术,1、2、3,图片宝宝不见啦。

——教师指,一组一组轮流读。

4. 去图留字读。

师:闭上眼睛变魔术,1、2、3,红字宝宝出来啦。

——教师指,一边拍腿一边读。

5. 教师提问。

师:故事中小明帮助了谁?

师:他是怎样帮忙的?

6. 朗读故事。

(1)男生女生轮流读。

——男生读一句,女生读一句。

(2)开火车读。

——幼儿依次开火车读。

(3)师幼合作读。

——教师读第一句,幼儿接着读。

(4)小组PK读。

——幼儿分小组轮流读,评出冠军。

二、认一认(8分钟)

1. 看图认字。

(1)回忆认字。

——教师出示字卡,认读“骑、足、块、农、田、紧、尽、提、网、捡、量、豆”。

(2)复读机认字。

——教师拿出字卡点三下,小朋友大声念字宝宝三遍。

2. 去图认字。

(1)反应认字。

——教师快速出示字卡,幼儿快速抢答。

(2)排队认字。

——教师把字卡一字排开,请幼儿一个接着一个快速念出字卡。

三、玩一玩(7分钟)

游戏一:捡豆豆。

师:小猴子邀请你们帮助它一起捡豆豆。只要把豆豆上的字宝宝大声读出来就能把豆子给小猴子。

游戏二:摘香蕉。

师:小朋友你们看,香蕉树上有好多香蕉呀,每根香蕉上都有一个字宝宝。读对了,就可以摘下树上的香蕉喂猴子。

游戏三:找朋友。

师:图片宝宝找朋友,找到对应的字宝宝大声读出来,就能连线成功啦。

游戏四:我会认。

师:小朋友,哪一个字宝宝有红圈,就大声地读出来,看谁反应快!

4 垃圾分类

垃圾分类

认清四色垃圾桶，
一字连排放整齐。
掉落垃圾分类拾，
卫生死角不放过。
全部垃圾扔进桶，
垃圾分类不再难，
环境卫生乐开怀。

认一认

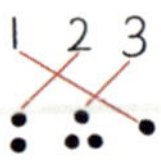

死

连　掉　拾　（全）部　扔进　乐

念一念

连接、丢掉、部分、欢乐

说一说

这条高速公路把相邻的城市连接了起来。

妈妈丢掉了家里的旧玩具。

部分小朋友参加了植树活动。

六一儿童节是个欢乐的节日。

活动设计

教学目标

1. 正确认读“连、掉、拾、死、部、扔、进、乐”，读准音，认清形。
2. 能够正确、熟练地朗读、背诵儿歌。

教学准备

字卡、课件

教学过程

一、读一读(10分钟)

师：小朋友，你们会垃圾分类吗？今天我们一起学习儿歌《垃圾分类》。

1. 初读儿歌。

(1)范读。

——教师指读两遍。

(2)领读。

——教师读一句，幼儿跟着读一句。

(3)拍手读。

——幼儿一边拍手打节奏,一边读儿歌。

2. 去字留图读。

师:闭上眼睛变魔术,1、2、3,红字宝宝不见啦。

——教师指,幼儿齐读。

3. 去图去字读。

师:闭上眼睛变魔术,1、2、3,图片宝宝不见啦。

——教师指,男女生轮流读。

4. 去图留字读。

师:闭上眼睛变魔术,1、2、3,红字宝宝出来啦。

——教师指,幼儿分组读。

5. 教师提问。

师:学了这首儿歌,你知道垃圾可以分成几类?

师:我们在扔垃圾时需要注意什么?

6. 背诵儿歌。

(1)接龙背。

——教师开头,幼儿接着往下背。

(2)开火车背。

——幼儿一个接着一个轮流背,其他幼儿拍手打节奏。

(3)男生女生背。

——男生背一句,女生背一句。

(4)点兵点将背。

——教师点兵点将,点到谁,谁就站起来背。

二、认一认(8分钟)

1. 看图认字。

(1)图片认字。

——教师出示字卡,认读“连、掉、拾、死、部、扔、进、乐”。

(2)快速认字。

——教师快速地出示字卡,幼儿快速大声念出字卡。

2. 去图认字。

(1)找朋友认字。

——教师把字卡排好,幼儿闭上眼睛,教师拿走其中一个字,请幼儿找朋友:“×字宝宝,快出来!”

(2)拍卡认字。

——教师把字卡拿到幼儿面前,幼儿拍拍字卡,并大声读出字卡。

三、玩一玩(7分钟)

游戏一:好朋友。

师:小朋友,你们认识这些字宝宝吗?它们对应的图片宝宝走失了,请你们找一找,念一念。

游戏二:翻翻乐。

师:小朋友,字宝宝都藏在卡片背面,请你翻出来念一念。

游戏三:砸金蛋。

师:我这里有好多金蛋,里面藏着许多字宝宝,请你砸开金蛋念一念,念对了里面的宝贝就是你的。

游戏四:勤劳的小蜜蜂。

师:小朋友,小蜜蜂想摘花朵,只有大声念出字宝宝,小蜜蜂才能拿到花。谁来帮一帮小蜜蜂?

5 铁棒磨成针

铁棒磨成针

有个孩子叫李白，做事磨蹭不专心。
野外散步遇村妇，要将铁棒磨成针。
上前询问其原因，羞愧自己缺钻劲。
从此认真学本领，常常获得第一名。

认一认

铁棒　磨（盘）　针　野（外）　散（心）　遇

常

（村）妇　缺　钻　认（真）

念一念

指针、遇见、认识、经常

说一说

手表上的指针在一圈圈地转动。

我遇见了一只可爱的小狗。

最近我认识了好多新朋友。

妹妹经常去书店买书。

活动设计

教学目标

1. 正确认读"铁、棒、磨、针、野、散、遇、妇、缺、钻、认、常",读准音,认清形。

2. 能够正确、熟练地朗读、背诵儿歌。

教学准备

字卡、课件

教学过程

一、读一读(10分钟)

师:小朋友,你们觉得铁棒可以变成一根针吗?今天我们来学一学儿歌《铁棒磨成针》。

1. 初读儿歌。

(1)范读。

——教师指读两遍。

(2)领读。

——教师读一句,幼儿跟着读一句。

(3)大声小声读。

——教师小声读,幼儿大声读。

2. 去字留图读。

师:闭上眼睛变魔术,1、2、3,红字宝宝不见啦。

——教师指,幼儿齐读。

3. 去图去字读。

师:闭上眼睛变魔术,1、2、3,图片宝宝不见啦。

——教师指,幼儿分组读。

4. 去图留字读。

师:闭上眼睛变魔术,1、2、3,红字宝宝出来啦。

——教师指,一边拍肩膀一边读。

5. 教师提问。

师:这首儿歌讲了一个什么故事?

师:这个故事让我们明白了什么道理?

6. 背诵儿歌。

(1)接龙背。

——教师说上一句,幼儿接下一句。

(2)男生女生背。

——男生女生轮流背。

(3)变声背。

——教师带领幼儿模仿小鸟、老虎、机器人等各种声音背诵儿歌。

(4)齐拍肩膀背。

——幼儿一边拍肩膀打节奏一边背。

二、认一认(8分钟)

1. 看图认字。

(1)回忆认字。

——教师出示字卡,幼儿认读"铁、棒、磨、针、野、散、遇、妇、缺、钻、认、常"。

(2)拍字卡认字。

——教师把字卡拿到幼儿面前,幼儿边拍字卡边念。

2. 去图认字。

(1)抢答认字。

——教师出示字卡,幼儿抢答。

(2)躲藏认字。

——幼儿闭上眼睛,教师遮住字卡的一部分,幼儿猜猜是哪个字宝宝。

三、玩一玩(7分钟)

游戏一:找朋友。

师:你认识这些字宝宝吗?找出与字宝宝相对应的图片,让它们成为好朋友吧。

游戏二:摘桃子。

师:高大的桃树上,结满了粉红色的桃子,每个桃子上都有一个字宝宝。读对了,就可以摘下树上的桃子。

游戏三:眼疾口快。

师:我们一起比一比谁的眼睛最厉害!屏幕上会快速出现许多字词,谁先读出来,谁就获胜。

游戏四:看小鱼。

师:请小朋友大声念出小鱼身上的字宝宝,比一比谁认识得最多。

6 小明学数学

小明学数学

小明数学看不懂，心里难受找原因。

大家一起采商量，热心给出好建议。

上课内容专心听，课堂笔记细心写。

从此认真又好学，感动老师和爸妈。

认一认

（不）懂　（难）受　（原）因　专（心）　（从）此　感（动）

念一念

懂事、因为、专注、感人

说一说

妹妹是个特别聪明懂事的孩子。

因为我今天生日，所以特别开心。

小朋友十分专注地看图书。

这是一个催人泪下的感人故事。

活动设计

教学目标

1. 正确认读"懂、受、因、专、此、感",读准音,认清形。

2. 能够正确、熟练地朗读、背诵儿歌。

教学准备

字卡、课件

教学过程

一、读一读(10分钟)

师:小朋友,你们喜欢学数学吗?今天我们一起来学一首儿歌《小明学数学》。

1. 初读儿歌。

(1)范读。

——教师指读两遍。

(2)领读。

——教师读一句,幼儿跟着读一句。

(3)高低声读。

——教师小声读,幼儿大声读。

2. 去字留图读。

师:闭上眼睛变魔术,1、2、3,红字宝宝不见啦。

——教师指,幼儿齐读。

3. 去图去字读。

师:闭上眼睛变魔术,1、2、3,图片宝宝不见啦。

——教师指,幼儿分组读。

4. 去图留字读。

师:闭上眼睛变魔术,1、2、3,红字宝宝出来啦。

——教师指,幼儿拍手读。

5. 教师提问。

师:儿歌里,小明为什么心里难受呢?

师:我们上课时应该怎样学?

6. 背诵儿歌。

(1)接龙背。

——教师背上一句,幼儿接下一句。

(2)点名PK背。

——一名幼儿站起来背,其他幼儿拍手打节奏;背完之后该幼儿再选一名幼儿继续背,比比谁背得熟练。

(3)小组接力背。

——幼儿分小组接力背。

(4)师幼合作背。

——教师开头背,幼儿接着往下背。

二、认一认(8分钟)

1. 看图认字。

(1)回忆认字。

——教师出示字卡,认读“懂、受、因、专、此、感”。

(2)点兵点将认字。

——教师点兵点将,点到哪个字宝宝,幼儿就大声念出来。

2. 去图认字。

(1)闪卡认字。

——教师快速拿出字卡,幼儿抢答。

(2)大小声认字。

——教师把字卡举高,幼儿大声念字卡;字卡举低,幼儿小声念字卡。

三、玩一玩(7分钟)

游戏一:摘苹果。

师:高大的苹果树上,结满了红色的大苹果,每个苹果上都有一个字宝宝。读对了,就可以摘下树上的苹果。

游戏二:气球变变变。

师:小朋友买了很多五颜六色的气球,想请你们找出气球上的字宝宝,看看谁能找到并快速地念出来。

游戏三:打字游戏。

师:爸爸最喜欢玩打字游戏了,小朋友你们也来帮爸爸打字好吗?看看爸爸都打了哪些字宝宝呢?

游戏四:考考你。

师:小朋友,我的魔法棒会把字宝宝一个一个变出来。请你们大声告诉我,它是什么字宝宝。

7 聪明的司马光

聪明的司马光

司马光跟小伙伴们在院子里玩捉迷藏。突然，一个小男孩掉进水缸里，小伙伴们都吓坏了，有的用手捞，有的大声叫，有的去喊人。

这时，司马光灵机一动，马上搬来一块大石头，用力砸向大水缸。水缸破了，缸里的水哗哗流出来，小男孩获救了。

小男孩的爹爹闻声赶来，向聪明的司马光表示了感谢。

认一认

司(马光)

捉(迷)藏

男

爹

念一念

公司、捉虫、躲藏、男生

说一说

爸爸的公司离家非常近。

小青蛙是捉虫的高手。

冬天很多动物躲藏在洞穴中。

哥哥是一个彬彬有礼的男生。

活动设计

教学目标

1. 正确认读“司、捉、藏、男、爹”,读准音,认清形。
2. 理解故事内容,能正确、流利地朗读故事。

教学准备

字卡、课件

教学过程

一、读一读(10分钟)

师:古代有一个非常聪明的小孩叫司马光。司马光非常爱动脑筋,今天,我们就来学习一个关于他的故事《聪明的司马光》。

1. 初读故事。

(1)范读。

——教师指读两遍。

(2)领读。

——教师读一句,幼儿跟着读一句。

(3)分读。

——男生女生分别读。

2. 去字留图读。

师:眼睛睁大,仔细瞧,红字宝宝不见啦。

教师指,幼儿齐读。

3. 去图去字读。

师:眼睛睁大,仔细瞧,图片宝宝不见啦。

——教师指,男女生轮流读。

4. 去图留字读。

师:眼睛睁大,仔细瞧,红字宝宝出来啦。

——教师指,幼儿拍手读。

5. 教师提问。

师:司马光和小朋友在一起玩什么游戏?

师:玩游戏时发生了什么事情?

师:发生意外时,司马光是怎么做的?

6. 朗读故事。

(1)点兵点将读。

——教师点兵点将,点到哪位幼儿的名字,就由该幼儿来读。

(2)自读。

——幼儿自己轻声读。

(3)打节奏读。

——幼儿边拍手,边有节奏地读。

(4)轮流读。

——幼儿分小组轮流读。

二、认一认(8分钟)

1. 看图认字。

(1)传卡认字。

——教师分别出示字卡,认读"司、捉、藏、男、爹"。

(2)快速抢答认字。

——教师快速出示字卡,幼儿及时抢答。

2. 去图认字。

(1)变声认字。

——教师把字卡举高,幼儿大声念;教师把字卡放低,幼儿小声念。

(2)转身认字。

——教师把字卡贴在身上,数到三转身,幼儿正确念出字宝宝。

三、玩一玩(7分钟)

游戏一:捉迷藏。

师:字宝宝想和我们玩捉迷藏的游戏。它们都藏了起来,你有信心把它们找出来吗?那就需要大声地念出来哦。

游戏二:猜猜猜。

师:小朋友将藏在图片后面的字宝宝都找出来了,现在这些调皮的字宝宝又藏到了缸的后面,一起来找一找,念一念吧。

游戏三:下雨啦。

师:小树苗需要雨水的滋润,请你们把雨滴上的字宝宝念出来,它们就会滴下来啦。

游戏四:花儿朵朵开。

师:有了雨水的滋润,小花也都盛开了,谁能把花朵上的词语念出来,就可以把花带走。

8 没有牙齿的老虎

没有牙齿的老虎

有一天，凶猛的老虎捂着脸，慌慌张张地去敲牛大夫家的门，却见门上刻着“老虎免进”四个大字。老虎苦苦哀求：“牛大夫，救救我，我牙疼，快帮我看看吧。”

牛大夫还未看见老虎就想撒腿逃跑，但他想：老虎最厉害的是牙齿，我要让他成为没牙齿的老虎，那我们都不用怕他了。

于是，机智的牛大夫打开了门让老虎进来，手里拿着大榔头，敲断了老虎所有的牙。

终于，大家不再害怕没有牙齿的老虎了。

认一认

			但		未		
猛(兽)	慌	刻		救		(机)智	断

念一念

慌乱、刻苦、未来、拉断

说一说

姐姐在慌乱中扭伤了脚。

运动员的好成绩是他们刻苦训练的结果。

少年儿童是祖国的未来和希望。

哥哥用力地拉断了绳子。

活动设计

教学目标

1. 正确认读“猛、慌、刻、但、救、未、智、断”，读准音，认清形。

2. 理解故事内容，能正确地朗读故事。

教学准备

字卡、课件

教学过程

一、读一读(10分钟)

师：有一只凶猛的老虎想拔牙，没有牙齿的老虎是什么样的呢？让我们一起学一学这个故事《没有牙齿的老虎》。

1. 初读故事。

(1)范读。

——教师指读两遍。

(2)领读。

——教师读一句,幼儿跟着读一句。

(3)随读。

——教师大声读,幼儿小声读。

2. 去字留图读。

师:眼睛睁大,仔细瞧,红字宝宝不见啦。

——教师指,幼儿齐读。

3. 去图去字读。

师:眼睛睁大,仔细瞧,图片宝宝不见啦。

——教师指,男女生轮流读。

4. 去图留字读。

师:眼睛睁大,仔细瞧,红字宝宝出来啦。

——教师指,幼儿拍手读。

5. 教师提问。

师:老虎牙齿疼,它去找了谁?

师:牛大夫看到老虎后怎么样?

6. 朗读故事。

(1)按顺序读。

——幼儿按照顺序一个一个轮流读。

(2)指名读。

——教师请到谁,该幼儿当小老师领读。

(3)拍腿读。

——幼儿拍腿有节奏地读。

(4)男女生读。

——男生读一句,女生接着读一句。

二、认一认(8分钟)

1. 看图认字。

(1)传字卡认字。

——教师将字卡递给第一个人,请他读出字宝宝后,将字卡依次往后传。

(2)复读机认字。

——教师拿出字卡点三下,幼儿大声念字宝宝三遍。

2. 去图认字。

(1)抽签认字。

——教师将字卡都放在一起,幼儿随机抽取字卡认读。

(2)按序认字。

——将字卡一字排开,幼儿从左到右读或从右到左读。

三、玩一玩(7分钟)

游戏一:躲猫猫。

师:字宝宝和我们玩起了躲猫猫的游戏,它们都悄悄地躲在了图片的背后,我们一起大声地把它们喊出来吧。

游戏二:鱼儿吐泡泡。

师:字宝宝和小鱼在玩吐泡泡的游戏,看看泡泡上有哪些字宝宝,请你念一念。

游戏三:解救字宝宝。

师:字宝宝不小心掉到了缸里,请你们念出它们的名字解救它们吧。

游戏四:看看谁最棒。

师:请你念一念屏幕上出现的词语,比比谁认得最多。

9 锻炼身体

锻炼身体

小朋友们请听好，安静排队不吵闹。
伸伸手儿踢踢腿，精神抖擞做早操。
拍球前进脚步稳，站立起跳把球投。
膝盖弯曲往后拉，拔河重心需放低。
校园课间真热闹，锻炼身体最重要。

认一认

踢

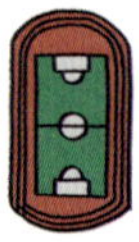
操（场）

拍

投

拔

校（园）

（上）课

（热）闹

念一念

拍照、投篮、挺拔、学校

说一说

拍照时要保持微笑。

哥哥是一个投篮高手。

挺拔的松柏在冰雪中站岗。

我们的学校里有一片大操场。

活动设计

教学目标

1. 正确认读“踢、操、拍、投、拔、校、课、闹”，读准音，认清形。

2. 能够正确、熟练地朗读、背诵儿歌。

教学准备

字卡、课件

教学过程

一、读一读(10分钟)

师：小朋友，你们平时是怎样锻炼身体的呢？今天我们一起学习儿歌《锻炼身体》。

1. 初读儿歌。

(1)范读。

——教师指读两遍。

(2)领读。

——教师读一句，幼儿跟着读一句。

(3)分角色读。

——女生先读一遍,接着男生读。

2. 去字留图读。

师:魔法棒变变变,谁不见了?红字宝宝不见啦。

——教师指,幼儿齐读。

3. 去图去字读。

师:魔法棒变变变,谁不见了?图片宝宝不见啦。

——教师指,男女生轮流读。

4. 去图留字读。

师:魔法棒变变变,红字宝宝出来啦。

——教师指,幼儿拍手读。

5. 教师提问。

师:小朋友排队时要注意什么?

师:你们喜欢儿歌中的哪个游戏呢?

6. 背诵儿歌。

(1)猜拳背。

——两名幼儿猜拳,谁赢谁先背。

(2)小舞台背。

——教师邀请举手的幼儿上小舞台来表演背。

(3)搭档背。

——幼儿找个朋友互相背。

(4)男女生背。

——男生女生轮流背。

二、认一认(8分钟)

1. 看图认字。

(1)回忆认字。

——教师出示字卡,认读“踢、操、拍、投、拔、校、课、闹”。

(2)爬高楼认字。

——教师用字卡爬高楼,爬得低幼儿小声念,爬得高幼儿大声念。

2. 去图认字。

(1)复读机认字。

——教师拿出字卡点三下,幼儿大声念字宝宝三遍。

(2)跳圈认字。

——教师念到哪个字宝宝,幼儿就跳到相应的圈圈里,并大声读出来。

三、玩一玩(7分钟)

游戏一:翻翻乐。

师:小朋友,字宝宝都藏在了图片背面,请你翻出来念一念。

游戏二:小猴投篮。

师:小猴子要投篮了,快来帮助他,读出字宝宝,篮球就能投进去。

游戏三:小猫钓鱼。

师:小猫在河边钓鱼,我们一起帮助它吧。读对字宝宝,就能把鱼钓上来了。

游戏四:蝴蝶和花。

师:漂亮的蝴蝶都飞来了,找出有相同字宝宝的蝴蝶和花,让它们成为好朋友。

10 秋景

秋景

初秋微风轻起，田里的稻穗已开始变得金黄，远看就像一群身穿铠甲的战士。住在附近的村民被这美景吸引，不由发出了感叹：秋天真好啊，不仅带来美景也带来了丰收的希望！

认一认

初（冬）

稻（草）

（冷）战

（围）住

被

念一念

初中、水稻、居住、棉被

说一说

我的哥哥今年上初中。

我看到一片金灿灿的水稻。

我们居住在一个美丽的村庄里。

大雪给草地披上了一床松软的棉被。

活动设计

教学目标

1. 正确认读“初、稻、战、住、被”，读准音，认清形。

2. 能够正确、熟练地朗读散文。

教学准备

字卡、课件

教学过程

一、读一读(10分钟)

师：你们喜欢秋天吗？今天我们来学一篇散文《秋景》。

1. 初读散文。

(1)范读。

——教师指读两遍。

(2)领读。

——教师读一句，幼儿跟着读一句。

(3)随读。

——幼儿伸出手指跟着教师读。

2. 去字留图读。

师：魔法棒变变变，谁不见了？红字宝宝不见啦。

——教师指，幼儿齐读。

3. 去图去字读。

师:魔法棒变变变,谁不见了?图片宝宝不见啦。

——教师指,幼儿分组读。

4. 去图留字读。

师:魔法棒变变变,红字宝宝出来啦。

——教师指,幼儿拍手读。

5. 教师提问。

师:秋天到了,农田里会有什么变化?

师:散文中,什么看上去像是战士?

6. 朗读散文。

(1)好朋友读。

——幼儿找个朋友互相读。

(2)男女生读。

——男生女生轮流读。

(3)小组接力读。

——幼儿分小组一个一个接力读。

(4)师幼合作读。

——教师读开头,幼儿接着往下读。

二、认一认(8分钟)

1. 看图认字。

(1)回忆认字。

——教师出示字卡,认读"初、稻、战、住、被"。

(2)男女生认字。

——教师拿出字卡,请到女生则女生念,请到男生则男生念。

2. 去图认字。

(1)抢答认字。

——教师快速出示字卡,幼儿抢答。

(2)个人认读。

——教师点名幼儿认读。

三、**玩一玩(7分钟)**

游戏一:大树的朋友。

师:燕子飞回来了,它们为大树带来了礼物。读出字宝宝,就能拿到礼物啦。

游戏二:阿拉丁神灯。

师:这是一盏阿拉丁神灯,听说只要念对神灯里的字宝宝,神灯就会亮哦。

游戏三:猴子捞月。

师:月亮掉进水里啦,小朋友快去帮助小猴子一起捞月亮吧。读出月亮上的字宝宝,月亮就能捞上来了。

游戏四:我是神枪手。

师:我们一起来做神枪手,读出字宝宝就能够击中目标,一起来试一试吧。

11 杨柳

杨柳

夏日河畔，在炙热的温度下，一棵棵杨柳，如士兵般自豪地屹立着。远远望去，那弯弯低垂的枝条，如一把把撑起的绿伞，为路人提供了一片阴凉的歇息地。

认一认

（温）度　棵　杨柳　（自）豪　（树）枝

撑　供　阴　歇

念一念

度过、杨树、枝头、支撑

说一说

我们度过了一个快乐的儿童节。

路边有一排高高的杨树。

小鸟在枝头上叽叽喳喳地叫。

粗大的横梁支撑着上面的楼面。

活动设计

教学目标

1. 正确认读“度、棵、杨、柳、豪、枝、撑、供、阴、歇”，读准音，认清形。
2. 能够正确、熟练地朗读散文。

教学准备

字卡、课件

教学过程

一、读一读(10分钟)

师:上节课我们学习了一篇关于秋天的散文，今天我们学习一篇关于夏天的散文《杨柳》。

1. 初读散文。

(1)范读。

——教师指读两遍。

(2)领读。

——教师读一句,幼儿跟着读一句。

(3)默读。

幼儿在心里练习默读。

2. 去字留图读。

师:眼睛睁大,仔细瞧,红字宝宝不见啦。

——教师指,幼儿齐读。

3. 去图去字读。

师:眼睛睁大,仔细瞧,图片宝宝不见啦。

——教师指,幼儿拍手读。

4. 去图留字读。

师:眼睛睁大,仔细瞧,红字宝宝出来啦。

——教师指,幼儿分组读。

5. 教师提问。

师:夏天的天气怎样呢?

师:是谁在夏日中像士兵一样?

6. 背诵散文。

(1)好朋友背。

——幼儿与好朋友搭档,背给好朋友听。

(2)男女生背。

——男生女生轮流背。

(3)变声背。

——幼儿模仿老虎、恐龙、狐狸等声音趣味背诵。

(4)默背。

——幼儿不发出声音,在心里默背。

二、认一认(8分钟)

1. 看图认字。

(1)回忆认字。

——教师出示字卡,认读“度、棵、杨、柳、豪、枝、撑、供、阴、歇”。

(2)大小声认字。

——教师把字卡举高,幼儿大声念;教师把字卡放低,幼儿小声念。

2. 去图认字。

(1)抢答认字。

——教师快速拿出字卡,幼儿抢答。

(2)躲猫猫认字。

——教师把字卡全部藏起来,请幼儿找出来并念一念。

三、玩一玩(7分钟)

游戏一:七彩摩天轮。

师:你们坐过摩天轮吗?字宝宝也想去坐摩天轮,读出字宝宝,字宝宝就能够坐上摩天轮啦。

游戏二:捉毛毛虫。

师:树上的毛毛虫可真多呀,我们要保护小树,读出字宝宝就能够抓住毛毛虫。

游戏三:字宝宝树。

师:老师这边有一棵神奇的树,读出上面字宝宝,这棵树就会变得更漂亮。快来试一下吧。

游戏四:水果树。

师:小朋友,一起来种水果树吧。读出树上的字宝宝,就可以为小树苗浇水。

12 我的梦

我的梦

深蓝的天空，圆圆的月亮似银色的玉盘，远处星光点点，高高的发射塔接收着来自卫星的信号。

电视机里播放着各种有趣的节目，我津津有味地看马戏团的小猴踩着独轮车，滑稽的动作真好玩……

“丁零零——”，原来是个有趣的梦！

认一认

 银

 玉

 （发）射塔

 收（看）

 卫（星）

 （电）视（机）

 播

各

 （节）目（单）

念一念

玉盘、收获、视力、直播

说一说

天空中的明月像一个圆圆的玉盘。

秋天是个收获的季节。

我们要从小保护好视力。

电视台现场直播了这场精彩的球赛。

活动设计

教学目标

1. 正确认读“银、玉、射、塔、收、卫、视、播、各、目”，读准音，认清形。

2. 能够正确、熟练地朗读散文。

教学准备

字卡、课件

教学过程

一、读一读(10分钟)

师：有位小朋友做了一个有趣的梦，让我们一起学一学散文《我的梦》。

1. 初读散文。

(1)范读。

——教师指读两遍。

(2)领读。

——教师读一句，幼儿跟着读一句。

(3)分组读。

——幼儿分组轮流读。

2. 去字留图读。

师:1、2、3,闭眼睛,红字宝宝不见啦。

——教师指,幼儿齐读。

3. 去图去字读。

师:1、2、3,闭眼睛,图片宝宝不见啦。

——教师指,幼儿分组读。

4. 去图留字读。

师:小眼睛,快睁开,红字宝宝出来啦。

——教师指,幼儿拍手读。

5. 教师提问。

师:这位小朋友做了一个怎样的梦?他梦见了什么?

师:你喜欢看什么电视节目?

6. 背诵散文。

(1)接龙背。

——幼儿一个接着一个背。

(2)好朋友背。

——幼儿找一个好朋友,和好朋友互相背。

(3)闭眼齐背。

——幼儿闭上眼睛一起大声背。

(4)分组轮流背。

——幼儿按小组顺序轮流背诵。

二、认一认(8分钟)

1. 看图认字。

(1)回忆认字。

——教师出示字卡,认读“银、玉、射、塔、收、卫、视、播、各、目”。

(2)爬台阶认字。

——教师把字卡举高,幼儿大声念;教师把字卡放低,幼儿小声念。

2. 去图认字。

(1)字卡认字。

——教师拿字卡,幼儿看到字卡上的字大声念出来。

(2)抽牌认字。

——教师准备字卡,请幼儿随机抽卡认字。

三、玩一玩(7分钟)

游戏一:握握手。

师:小朋友,字宝宝都藏在了卡片背面,请你翻出来念一念。

游戏二:吹泡泡。

师:小朋友你们看,泡泡上有字宝宝,读出字宝宝,泡泡就会变大哦。

游戏三:摘苹果。

师:苹果树上有许多的苹果,正确读出字宝宝,苹果就归你啦。

游戏四:小青蛙跳荷叶。

师:小青蛙要跳荷叶啦。找一找哪张荷叶上的字宝宝和青蛙相匹配,小青蛙就可以跳上去了。

13 未来机器人

未来机器人

未来世界机器人，需要它来就招手。

变成家务小能手，美味饭菜摆上桌。

变成汽车修理工，曲腿维修真能干。

变成小小消防员，冲锋抢险登楼顶。

变成贴心小伙伴，展开双臂欢迎你！

认一认

(机)器(人)

需

摆

汽(车)

修

曲腿

冲

抢(险)

登楼

臂

念一念

摆动、汽水、维修、冲向

说一说

细细的柳条在风中轻轻地摆动。

我们在树荫下喝着冰镇汽水。

我爸爸很擅长维修各种电器。

运动员快速地冲向终点。

活动设计

教学目标

1. 正确认读“器、需、摆、汽、修、曲、腿、冲、抢、登、楼、臂”，读准音，认清形。

2. 能够正确、熟练地朗读、背诵儿歌。

教学准备

字卡、课件

教学过程

一、读一读(10分钟)

师:你们见过机器人吗？今天我们一起来学一首儿歌《未来机器人》。

1. 初读儿歌。

(1)范读。

——教师指读两遍。

(2)领读。

——教师读一句,幼儿跟着读一句。

(3)拍手读儿歌。

——幼儿一边拍手一边念儿歌。

2. 去字留图读。

师:闭上眼睛变魔术,1、2、3,红字宝宝不见啦。

——教师指,幼儿齐读。

3. 去图去字读。

师:闭上眼睛变魔术,1、2、3,图片宝宝不见啦。

——教师指,男女生轮流读。

4. 去图留字读。

师:闭上眼睛变魔术,1、2、3,红字宝宝出来啦。

——教师指,幼儿拍手读。

5. 教师提问。

师:未来世界的机器人能变身成什么?

师:请你说说机器人有哪些功能。

6. 背诵儿歌。

(1)小组比赛背。

——幼儿分小组轮流背,看哪一组小朋友背得最熟练。

(2)接力背。

——男生女生接力背。

(3)小老师背。

——教师指定一名幼儿当小老师领背,其余幼儿跟背。

(4)集体背。

——幼儿拍手一起背。

二、认一认(8分钟)

1. 看图认字。

(1)传卡认字。

——教师出示字卡,认读"器、需、摆、汽、修、曲、腿、冲、抢、登、楼、臂"。

(2)快速抢答认字。

——教师快速拿出字卡,幼儿及时抢答。

2. 去图认字。

(1)躲藏认字。

——教师把字卡一字排开,幼儿闭上眼睛,教师拿走其中一个字,幼儿猜猜哪个字不见了。

(2)闪卡游戏。

——教师出示字卡,幼儿快速认读。

三、玩一玩(7分钟)

游戏一:点炮仗。

师:我们一起来点炮仗,找到炮仗上的字宝宝,并大声读出来。

游戏二:遨游太空。

师:太空中有火箭、飞碟、星球……读对这些字宝宝,就能够去太空遨游啦,大家快来试一试吧。

游戏三:捡贝壳。

师:哇,沙滩上有好多的贝壳呀。读出贝壳上的字宝宝,贝壳就是你的了。

游戏四:爱心树。

师:看,这是一棵爱心树,只有念对了爱心上的字宝宝,这颗爱心树才可以开出美丽的花。

14 祝寿

祝寿

文良街道托老院，
百岁老人祝寿忙。
演民歌来练经典，
搞起文艺胜青年。
青葱岁月做奉献，
祖国期盼寿星康。

认一认

文良

街(道)

托(老)院

百

演

民(乐)

练(舞)

搞(卫生)

献

(假)期

念一念

表演、民族、练习、期待

说一说

小朋友们非常喜欢表演节目。

敬老爱幼是中华民族的传统美德。

我在公园里练习轮滑。

我很期待妈妈送给我的生日礼物。

活动设计

教学目标

1. 正确认读“文、良、街、托、院、百、演、民、练、搞、献、期”，读准音，认清形。

2. 能够正确、熟练地朗读、背诵儿歌。

教学准备

字卡、课件

教学过程

一、读一读(10分钟)

师：你们是怎么给爷爷奶奶祝寿的？我们一起来学一首儿歌《祝寿》。

1. 初读儿歌。

(1)范读。

——教师指读两遍。

(2)领读。

——教师读一句，幼儿跟着读一句。

(3)随读。

——教师大声读,幼儿小声读。

2. 去字留图读。

师:闭上眼睛变魔术,1、2、3,红字宝宝不见啦。

——教师指,幼儿一组一组开火车读。

3. 去图去字读。

师:闭上眼睛变魔术,1、2、3,图片宝宝不见啦。

——教师指,同伴两两相互读。

4. 去图留字读。

师:闭上眼睛变魔术,1、2、3,红字宝宝出来啦。

——教师指,幼儿一边拍手一边齐读。

5. 教师提问。

师:你们知道什么是“托老院”吗?

师:祝寿时,大家会表演些什么节目?

6. 背诵儿歌。

(1)接龙背。

——教师背一句,小朋友接着背后面一句。

(2)我是小老师。

——教师指定一名幼儿为小老师领背,其余幼儿跟背。

(3)拍手背。

——幼儿有节奏地拍手背。

(4)点兵点将背。

——教师点兵点将,点到谁的名字,谁来背。

二、认一认(8分钟)

1. 看图认字。

(1)回忆认字。

——教师出示字卡,认读“文、良、街、托、院、百、演、民、练、搞、献、期”。

(2)快速抢答认字。

——教师快速拿出字卡,幼儿及时抢答。

2. 去图认字。

(1)大小声认字。

——教师把字卡举高,幼儿大声念;教师把字卡放低,幼儿小声念。

(2)拍卡认字。

——教师把字卡拿到幼儿面前,幼儿边拍字卡边念。

三、玩一玩(7分钟)

游戏一:青蛙跳荷叶。

师:小青蛙想要到达对岸,需要小朋友的帮忙。读对荷叶上的字宝宝,它就可以跳上荷叶到对岸了。

游戏二:海底探险。

师:贝壳吐出了一颗颗小珍珠,字宝宝都躲在了珍珠上。念出珍珠上的字宝宝,这颗珍珠就是你的了。

游戏三:小猫钓鱼。

师:小猫今天要去钓鱼,我们一起来帮它吧。念对了小鱼上面的字宝宝,就能钓起小鱼。

游戏四:小鸡散步。

师:今天母鸡妈妈想带鸡宝宝去散步。只有念对了字宝宝,小鸡才能和妈妈一起出发去散步。

15 花香

花香

我有一株小小花，雨后装满小水珠。

微风吹来一阵阵，带起花香一片片。

蝴蝶成对飞舞忙，分分秒秒争春光。

让我轻轻把你闻，于你于我留清香。

认一认

于

（门）后　装满　（鞋）带　对　分　让

念一念

后面、带领、分享、谦让

说一说

学校后面有一大片草地。

老师带领我们学习了一套新体操。

我喜欢和好朋友分享快乐的事情。

叔叔是个谦让的人。

活动设计

教学目标

1. 正确认读“后、装、满、带、对、分、让、于”，读准音，认清形。
2. 能够正确、熟练地朗读、背诵儿歌。

教学准备

字卡、课件

教学过程

一、读一读(10分钟)

师：小朋友，你喜欢什么花？一起来学一学和花有关的儿歌《花香》。

1. 初读儿歌。

(1)范读。

——教师指读两遍。

(2)领读。

——教师读一句，幼儿跟着读一句。

(3)随读。

——教师指定一位幼儿做小老师，大家跟着小老师一起读。

2. 去字留图读。

师：闭上眼睛变魔术，1、2、3，红字宝宝不见啦。

——教师指，幼儿齐读。

3. 去图去字读。

师：闭上眼睛变魔术，1、2、3，图片宝宝不见啦。

——教师指，男女生轮流读。

4. 去图留字读。

师：闭上眼睛变魔术，1、2、3，红字宝宝出来啦。

——教师指，幼儿拍腿读。

5. 教师提问。

师：儿歌中，我有一朵什么样的花？

师：花香引来了谁？它来干什么？

6. 背诵儿歌。

(1)接龙背。

——幼儿一个接着一个背。

(2)击鼓传花背。

——教师击打铃鼓，幼儿传花。铃鼓停，花传到哪位幼儿手里该幼儿就站起来背。

(3)小组轮流背。

——幼儿分组，一组一组轮流背。

(4)男女PK背。

——幼儿分男、女生两组背，比比哪组背得熟练。

二、认一认(8分钟)

1. 看图认字。

(1)回忆认字。

——教师出示字卡，认读“后、装、满、带、对、分、让、于”。

(2)接龙认字。

——教师把字卡围圈摆放，幼儿一个接一个认读。

2. 去图认字。

(1)拍字卡认字。

——教师把字卡拿到幼儿面前,幼儿边拍字卡边念。

(2)跳格子认字。

——教师把字卡放在地面上画好的格子里,念到哪个字,幼儿就跳到哪个字上。

三、玩一玩(7分钟)

游戏一:会跳舞的字宝宝。

师:小朋友,你们想看字宝宝跳舞吗?大声读出字宝宝,就可以看到舞动的字宝宝啦。

游戏二:爬高梯。

师:我们一起帮助小朋友爬高梯,读出字宝宝,就能上一个台阶。

游戏三:摘星星。

师:天上到处都是亮闪闪的星星,念对字宝宝就能摘到星星啦。

游戏四:妈妈的吻。

师:念对图片上的字宝宝并组词,就能得到妈妈的吻。

16 和你做朋友

和你做朋友

美丽的春天里，到处是沙沙的音乐声。蒲公英飞呀飞，飞到桃林里，跟角落里的桃花做了好朋友；飞到农田里，跟泥土里的花生做了好朋友；飞到果园里，跟结出果实的大树做了好朋友。

认一认

美丽

沙

音

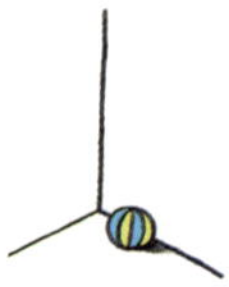
角（落）

（花）生

（果）实

念一念

沙滩、收音机、三角形、生活

说一说

我在沙滩上用沙子堆出了一座城堡。

妈妈很喜欢听收音机里播放的音乐。

三角形是一种常见的形状。

小松鼠生活在森林里。

活动设计

教学目标

1. 正确认读“美、丽、沙、音、角、生、实”，读准音，认清形。
2. 能够正确、熟练地朗读散文。

教学准备

字卡、课件

教学过程

一、读一读(10分钟)

师：春天到啦！蒲公英到处飞呀飞，它会飞去哪里呢？一起来学习散文《和你做朋友》。

1. 初读散文。

(1)范读。

——教师指读两遍。

(2)领读。

——教师读一句，幼儿跟着读一句。

(3)随读。

——教师小声读，幼儿大声读。

2. 去字留图读。

师:闭上眼睛变魔术,1、2、3,红字宝宝不见啦。

——教师指,幼儿齐读。

3. 去图去字读。

师:闭上眼睛变魔术,1、2、3,图片宝宝不见啦。

——教师指,幼儿分组读。

4. 去图留字读。

师:闭上眼睛变魔术,1、2、3,红字宝宝出来啦。

——教师指,幼儿拍手读。

5. 教师提问。

师:蒲公英飞去哪里了?

师:它和谁做了好朋友?

6. 背诵散文。

(1)搭档背。

——同伴之间两两交替背,你背一句,我背一句。

(2)男生女生背。

——男生背一句,女生背一句。

(3)开火车背。

——教师开头,其他幼儿依次开火车一组接一组背。

(4)抛球背。

——教师将小皮球抛到哪位幼儿手里,就请该幼儿背。

二、认一认(8分钟)

1. 看图认字。

(1)回忆认字。

——教师出示字卡,认读“美、丽、沙、音、角、生、实”。

(2)大小声认字。

——教师把字卡举高,幼儿大声念;教师把字卡放低,幼儿小声念。

2. 去图认字。

(1)抢答认字。

——教师快速拿出字卡,幼儿抢答。

(2)躲藏认字。

——教师把字卡一字排开,幼儿闭上眼睛,教师拿走其中一个字,幼儿猜猜哪个字不见了。

三、玩一玩(7分钟)

游戏一:找种子。

师:小朋友,种子在和我们玩捉迷藏的游戏。找出字宝宝并念一念,小种子就会出现了。

游戏二:种子发芽。

师:小小的种子要发芽,大声地念出字宝宝,为种子宝宝浇浇水,让它快快长大吧。

游戏三:种子开花。

师:瞧,小小的种子慢慢长大了,读出字宝宝,让它开出美丽的花朵吧。

游戏四:蝴蝶找花。

师:春天到了,花儿都开了,蝴蝶都飞来啦!读出花朵上的字宝宝,蝴蝶就可以采花蜜了。

17 清晨

清晨

早晨，太阳从山坡爬上来，阳光洒在地面上，大地温暖极了。

小鸭们跟着妈妈摇摇摆摆地走出来。一会儿去游泳，一会儿去嬉戏，一会儿又去捉迷藏。

远处的小鸡们看到后，也跟着妈妈出来玩耍啦！叽叽喳喳，好不热闹！

认一认

从

光

跟

也

念一念

从前、星光、跟随、也许

说一说

从前这里是一片农田。

夏日的夜空星光灿烂。

小朋友排队跟随老师去操场上做操。

这家店也许有你想买的东西。

活动设计

教学目标

1. 正确认读“从、光、跟、也”,读准音,认清形。

2. 能够正确、熟练地朗读故事。

教学准备

字卡、课件

教学过程

一、读一读(10分钟)

师:清晨,太阳从山坡上爬上来,它会看到什么有趣的景象呢?一起来学习故事《清晨》。

1. 初读故事。

(1)范读。

——教师指读两遍。

(2)领读。

——教师读一句,幼儿跟着读一句。

(3)随读。

——一名幼儿扮演小老师,其他幼儿跟着读。

2. 去字留图读。

师:变变变,红字宝宝不见啦。

教师指,个别幼儿读。

3. 去图去字读。

师:变变变,图片宝宝不见啦。

——教师指,幼儿齐读。

4. 去图留字读。

师:变变变,红字宝宝出来啦。

——教师指,幼儿拍手读。

5. 教师提问。

师:清晨,小鸭子跟着妈妈去干什么?

师:小鸡们在干什么呢?

6. 背诵故事。

(1)大小声背。

——幼儿一句大声一句小声交替背。

(2)拍手背。

——幼儿一边拍手一边背。

(3)接龙背。

——幼儿一个接一个背。

(4)师幼合作背。

——教师和幼儿交替背。

二、认一认(8分钟)

1. 看图认字。

(1)回忆认字。

——教师出示字卡,认读“从、光、跟、也”。

(2)吹泡泡认字。

——教师出示字卡,用双手比作吹泡泡,泡泡吹得越大,幼儿念字的声音也越大。

2. 去图认字。

(1)开火车认字。

——教师出示字卡,幼儿开火车一个接一个认读。

(2)字卡认字。

——教师把字卡分发到幼儿手上,教师念字卡,拿到这张字卡的幼儿站起来举字卡认读。

三、玩一玩(7分钟)

游戏一:猜一猜。

师:小朋友,我们一起来玩猜影子的游戏,念对一个字宝宝,就会出现一个影子。猜一猜这是谁的影子。

游戏二:影子游戏。

师:请小朋友念出字宝宝,念对了就能帮小动物找到自己的影子。

游戏三:眼疾口快。

师:字宝宝会快速闪现,请小朋友快速认读,看谁的反应快。

游戏四:探照灯。

师:让我们在黑暗中寻找光源并快速念出被照亮的字宝宝,比一比谁的反应快。

18 大自然的诗

大自然的诗

早晨，露珠从绿叶上滑落，
像珍珠，滋润万物，给大地带来了希望。
午后，阳光从树枝间穿过，
像金子，洒遍田野，给庄稼带来了温暖。
傍晚，晚霞从天空中飘落，
像红绸，缤纷舞动，给人们带来了美好。

认一认

早晨

像

傍晚

念一念

早饭、晨间、好像、晚会

说一说

我喜欢吃的早饭是牛奶和面包。

晨间游戏里我最喜欢美工区的游戏。

孩子们的笑脸好像绽放的花朵。

幼儿园将要举办一次晚会。

活动设计

教学目标

1. 正确认读“早、晨、像、傍、晚”，读准音，认清形。
2. 能够正确、熟练地朗读散文诗。

教学准备

字卡、课件

教学过程

一、读一读（10分钟）

师：大自然有哪些美丽的景色？我们一起来学一篇散文《大自然的诗》。

1. 初读散文。

（1）范读。

——教师指读两遍。

（2）领读。

——教师读一句，幼儿跟着读一句。

（3）随读。

——幼儿做小老师，其余幼儿跟着小老师一起读。

2. 去字留图读。

师:魔术变变变,红字宝宝不见啦。

——教师指,男女生轮流读。

3. 去图去字读。

师:魔术变变变,图片宝宝不见啦。

——教师指,幼儿齐读。

4. 去图留字读。

师:魔术变变变,红字宝宝出来啦。

——教师指,幼儿拍手读。

5. 教师提问。

师:小朋友,大自然写了一首什么样的诗?

师:如果让你写首诗,早晨、午后、傍晚会有什么样的景象呢?

6. 朗读散文。

(1)开火车读。

——幼儿轮流朗读散文,每位幼儿读一句,一个接一个直至读完。

(2)拍手读。

——幼儿两两分组,边拍手边朗读。

(3)大小声读。

——幼儿一句大声,一句小声地读。

(4)指名领读。

——教师请一名幼儿来领读,其余幼儿跟读。

二、认一认(8分钟)

1. 看图认字。

(1)回忆认字。

——教师出示字卡,认读“早、晨、傍、晚、像”。

(2)拍字卡认字。

——教师把字卡拿到幼儿面前,幼儿边拍字卡边念。

2. 去图认字。

(1)打地鼠认字。

——教师把字卡一字摆放在地上,敲到哪个字幼儿念出这个字。

(2)快速认字。

——教师快速出示字卡,幼儿抢答。

三、玩一玩(7分钟)

游戏一:太阳花开。

师:草地上开出了一朵朵漂亮的太阳花,找到和图片对应的字宝宝,帮助它们成为好朋友吧。

游戏二:整理照片。

师:摄影师不小心弄乱了客人要的照片,请你帮他一起整理,将字宝宝和照片进行配对。

游戏三:浇花。

师:请你们来给花园里的花浇浇水。读出花朵上的字宝宝,小花就可以喝到水了。

游戏四:眼疾口快。

师:屏幕上的字宝宝会快速闪现,看谁认读得又快又准确。

19 美好的一天

美好的一天

春天，芬芳的泥土长出了嫩芽。小朋友们出来郊游啦！

他们有的在画画，有的在放风筝，还有的在玩踩影子的游戏。

真是美好的一天！

认一认

土

影

念一念

土豆、电影

说一说

土豆是生长在泥土里的。

我和妈妈去看了一场电影。

活动设计

教学目标

1. 正确认读生字“土、影”，读准音，认清形。

2. 能够正确、熟练地朗读散文。

教学准备

字卡、课件

教学过程

一、读一读(10分钟)

师：小朋友，谁来介绍一下你在幼儿园的一天？今天我们来学一篇散文《美好的一天》。

1. 初读散文。

(1)范读。

——教师指读两遍。

(2)领读。

——教师读一句，幼儿跟着读一句。

(3)男女比赛读。

——男生和女生比赛，看谁能更快地读完。

2. 去字留图读。

师：闭上眼睛变魔术，1、2、3，红字宝宝不见啦。

——教师指，幼儿齐读。

3. 去图去字读。

师:闭上眼睛变魔术,1、2、3,图片宝宝不见啦。

——教师指,点名读。

4. 去图留字读。

师:闭上眼睛变魔术,1、2、3,红字宝宝出来啦。

——教师指,幼儿拍肩读。

5. 教师提问。

师:散文的题目叫什么?

师:小朋友,郊游时做了哪些事?

6. 背诵散文。

(1)师幼接龙背。

——教师和幼儿接龙背,教师背一句,幼儿背下一句。

(2)男女生轮流背。

——男生和女生轮流背。

(3)小组连连背。

——幼儿一组一组轮流背。

(4)点名PK背。

——一名幼儿站起来背,背完之后该幼儿再选一名幼儿继续背,比比谁背得最熟练。

二、认一认(8分钟)

1. 看图认字。

(1)回忆认字。

——教师出示字卡,认读“土、影”。

(2)拍字卡认字。

——教师把字卡拿到幼儿面前,幼儿边拍字卡边念。

2. 去图认字。

(1)抢答认字。

——教师快速拿出字卡,幼儿抢答。

(2)变声认字。

——教师把字卡举高,幼儿大声念;教师把字卡放低,幼儿小声念。

三、玩一玩(7分钟)

游戏一:圈影子。

师:小狗熊圈到哪个影子,就请小朋友大声读出影子上的字宝宝。

游戏二:找影子。

师:影子上的字宝宝在和我们玩捉迷藏的游戏呢,找到它并大声地念出来吧!

游戏三:踩影子。

师:小山羊在和影子做游戏呢,看看谁能追到影子踩到它,然后大声地念出来!

游戏四:影子回家。

师:请幼儿说出森林里不同动物身上的字宝宝,说对了,影子就会消失。

20 点点在哪里

点点在哪里

小点点，捉迷藏，藏在哪？找一找。

前方瞧一瞧，后方望一望。

乌鸦说："没看着。"

鸟儿说："在我这。"

"乌"加一点就是"鸟"。

认一认

前方

乌（鸦）

加

念一念

前面、方向、乌黑、加油

说一说

前面是一片茂密的树林。

指南针是一种用于指明方向的工具。

妈妈的头发乌黑亮丽。

观众们一起为场上的运动员加油。

活动设计

教学目标

1. 正确认读“前、方、乌、加”，读准音，认清形。

2. 能够正确、熟练地朗读、背诵儿歌。

教学准备

字卡、课件

教学过程

一、读一读（10分钟）

师：你知道哪些带点点的字宝宝呢？今天我们来学一首儿歌《点点在哪里》。

1. 初读儿歌。

（1）范读。

——教师指读两遍。

（2）领读。

——教师读一句，幼儿跟着读一句。

（3）男女比赛读。

——男生和女生比一比，看谁能快速读出来。

2. 去字留图读。

师:闭上眼睛变魔术,1、2、3,红字宝宝不见啦。

——教师指,幼儿齐读。

3. 去图去字读。

师:闭上眼睛变魔术,1、2、3,图片宝宝不见啦。

——教师指,小组轮流读。

4. 去图留字读。

师:闭上眼睛变魔术,1、2、3,红字宝宝出来啦。

——教师指,幼儿用老虎、小鸟等有趣的声音读一读。

5. 教师提问。

师:儿歌里谁在玩捉迷藏?

师:"乌"字加一点变成了什么字?

6. 背诵儿歌。

(1)好朋友背。

——幼儿与好朋友轮流背。

(2)小组背。

——幼儿分小组轮流背。

(3)师幼接龙背。

——教师与幼儿一句接一句地背。

(4)抛球背。

——教师将小皮球抛到哪位幼儿手里,就请该幼儿背。

二、认一认(8分钟)

1. 看图认字。

(1)回忆认字。

——教师出示字卡,认读"前、方、乌、加"。

(2)复读机认字。

——教师拿出字卡点三下,幼儿大声念字宝宝三遍。

2. 去图认字。

(1)反应认字。

——教师快速拿出字卡,幼儿抢答。

(2)排队认字。

——教师把字卡一字排开,请幼儿一个跟着一个快速念出字卡。

三、玩一玩(7分钟)

游戏一:好朋友手拉手。

师:小朋友,你们认识这些字宝宝吗?找到和字宝宝对应的图片,让好朋友手拉手吧。

游戏二:送气球。

师:你们喜欢气球吗?读出气球上的字宝宝,气球就是你的啦。

游戏三:吃草莓。

师:你们喜欢吃草莓吗?读出草莓上的字宝宝,就可以吃到草莓了。

游戏四:翻翻乐。

师:老师把字宝宝翻出来,你们看到就大声地读出来,比一比谁的反应快。

21 小象消防员

小象消防员

小火苗，真得意，
张牙舞爪四处窜。
小象变成消防员，
快速穿起防火服，
迅速拿好灭火器，
义无反顾向前冲，
及时处理把火灭。

认一认

(变)成

灭

念一念

成功、浇灭

说一说

只要你肯努力就一定会成功。

消防员叔叔终于把火浇灭了。

活动设计

教学目标

1. 正确认读生字“成、灭”，读准音，认清形。
2. 能够正确、熟练地朗读、背诵儿歌。

教学准备

字卡、课件

教学过程

一、读一读(10分钟)

师：小象有什么本领？今天我们一起来学一学这首新儿歌《小象消防员》。

1. 初读儿歌。

(1)范读。

——教师指读两遍。

(2)领读。

——教师读一句，幼儿跟着读一句。

(3)男女比赛读。

——男女生比赛，看看谁能快速读完。

2. 去字留图读。

师:魔法变变变,1、2、3,红字宝宝不见啦。

——教师指,幼儿齐读。

3. 去图去字读。

师:魔法变变变,1、2、3,图片宝宝不见啦。

——教师指,小组PK读。

4. 去图留字读。

师:魔法变变变,1、2、3,红字宝宝出来啦。

——教师指,幼儿边拍腿边读。

5. 教师提问。

师:小象消防员怎样灭火?

师:小朋友,遇到火灾应该怎么做?

6. 背诵儿歌。

(1)好朋友背。

——幼儿与好朋友轮流背。

(2)接龙背。

——幼儿一个接着一个背。

(3)点名PK背。

——教师点名背,一名幼儿站起来背,再点下一名幼儿来挑战。

(4)拍手背。

——幼儿一边拍手一边背诵。

二、认一认(8分钟)

1. 看图认字。

(1)回忆认字。

——教师出示字卡,认读“成、灭”。

(2)拍卡认字。

——教师把字卡举高,幼儿跳起来拍一下字卡,大声念出字宝宝。

2. 去图认字。

(1)快速抢答认字。

——教师快速拿出字卡,幼儿抢答。

(2)接龙认字。

——教师把字卡一字排开,请幼儿一个跟着一个快速念出字卡。

三、玩一玩(7分钟)

游戏一:小猫钓鱼。

师:小猫钓鱼啦! 谁愿意帮助小猫一起钓鱼,念对了就可以把小鱼收到篮子里。

游戏二:小鱼找朋友。

师:小鱼的好朋友藏在了水草中,请你们帮助小鱼找到藏起来的字宝宝,并大声念出来。

游戏三:火眼金睛。

师:请小朋友找出词语中认识的字宝宝,并念一念,让我们一起来挑战一下吧。

游戏四:打地鼠。

师:小朋友快速认读地鼠身上的字宝宝就可以成功打到地鼠,并获得小星星一颗。

22 森林干活记

森林干活记

森林大王中间坐，
发号施令显威风。
小动物们齐呼应，
纷纷卖力来干活。
搬砖推土伐木忙，
大王夸赞干得好！

认一认

(大)王

中间

干(活)

念一念

国王、中文、时间、干净

说一说

国王住在大大的城堡里。

我们都在努力地学习中文。

游戏时间马上就要到了。

点点是个爱干净的小朋友。

活动设计

教学目标

1. 正确认读“王、中、间、干”，读准音，认清形。

2. 能够正确、熟练地朗读、背诵儿歌。

教学准备

字卡、课件

教学过程

一、读一读(10分钟)

师：你知道森林里面有哪些小动物吗？今天我们学一首新儿歌，儿歌的名字叫《森林干活记》。

1. 初读儿歌。

(1)范读。

——教师指读两遍。

(2)领读。

——教师读一句，幼儿跟着读一句。

(3)小老师领读。

——教师请一名幼儿做小老师,大家跟着小老师一起读。

2. 去字留图读。

师:闭上眼睛变魔术,1、2、3,红字宝宝不见啦。

教师指,幼儿齐读。

3. 去图去字读。

师:闭上眼睛变魔术,1、2、3,图片宝宝不见啦。

——教师指,幼儿分组读。

4. 去图留字读。

师:闭上眼睛变魔术,1、2、3,红字宝宝出来啦。

——教师指,幼儿拍肩读。

5. 教师提问。

师:你觉得森林大王是谁?

师:大王要小动物们去干什么?

6. 背诵儿歌。

(1)接龙背。

——幼儿一个接着一个轮流背诵。

(2)我来开头你来接。

——男生背前半句,女生背后半句。

(3)变声背。

——幼儿用机器人、大灰狼、小猫等的声音背诵儿歌。

(4)点名PK背。

——教师请到的幼儿进行背诵,比比谁背得快。

二、认一认(8分钟)

1. 看图认字。

(1)回忆认字。

——教师出示字卡,认读“王、中、间、干”。

(2)拍字卡认字。

——教师把字卡拿到幼儿面前,幼儿边拍字卡边念。

2. 去图认字。

(1)抢答认字。

——教师快速出示字卡,幼儿抢答。

(2)躲藏认字。

——教师把字卡一字排开,幼儿闭上眼睛,教师拿走其中一个字,幼儿猜猜哪个字不见了。

三、玩一玩(7分钟)

游戏一:躲猫猫。

师:字宝宝和我们玩躲猫猫的游戏,念出图片上的字宝宝,和它们一起玩游戏吧。

游戏二:阿拉丁的神灯。

师:这里有一盏阿拉丁的神灯,听说只要读出神灯里的字宝宝,就会变出宝物,让我们一起来试一试吧。

游戏三:我是神枪手。

师:我是神枪手,你们相信吗?我们来试一试吧。你们说出来的字宝宝,我都能把它打中。

游戏四:吃披萨。

师:我们一起来吃披萨吧,读出披萨上的字宝宝并组词,就可以吃一块披萨并得到表扬。

23 寻找快乐

寻找快乐

花儿离开阳光，
就会失去光彩。
蚯蚓离开泥土，
就会失去活力。
鱼儿来到池塘，
就会找到欢乐。
鸟儿来到天空，
就会找到自由。
我们来到幼儿园，
就会找到自己的快乐。

认一认

失去

自己

念一念

失败、去处、自然、知己

说一说

失败乃成功之母。

公园是人们饭后散步的好去处。

小动物最喜欢生活在大自然中。

我和点点是无话不谈的知己。

活动设计

教学目标

1. 正确认读“失、去、自、己”，读准音，认清形。
2. 能够正确、熟练地朗读、背诵儿歌。

教学准备

字卡、课件

教学过程

一、读一读（10分钟）

师：今天，你快乐吗？我们一起来学一学这首新儿歌《寻找快乐》。

1. 初读儿歌。

（1）范读。

——教师指读两遍。

(2)领读。

——教师读一句,幼儿跟着读一句。

(3)随读。

——教师指定一名幼儿做小老师,跟着小老师一起读。

2. 去字留图读。

师:闭上眼睛变魔术,1、2、3,红字宝宝不见啦。

——教师指,幼儿齐读。

3. 去图去字读。

师:闭上眼睛变魔术,1、2、3,图片宝宝不见啦。

——教师指,幼儿分组读。

4. 去图留字读。

师:闭上眼睛变魔术,1、2、3,红字宝宝出来啦。

——教师指,幼儿打节奏读。

5. 教师提问。

师:小朋友,你们知道花儿、蚯蚓、鱼儿、鸟儿需要什么吗?

师:小朋友,在哪里能找到快乐呢?

6. 背诵儿歌。

(1)点兵点将背。

——教师念“点兵点将,谁来背”,点到谁,谁来背儿歌。

(2)魔法仙女背。

——教师手持“仙女棒”点到哪一组,哪一组幼儿齐背儿歌。

(3)接龙背。

——幼儿接龙背,其他幼儿拍手打节奏。

(4)师幼合作背。

——教师背一句,幼儿接着背下一句。

二、认一认(8分钟)

1. 看图认字。

(1)回忆认字。

——教师出示字卡,认读“失、去、自、己”。

(2)大小声认字。

——教师把字卡举高,幼儿大声念;教师把字卡放低,幼儿小声念。

2. 去图认字。

(1)闪电认字。

——教师出示字卡然后快速藏起来,幼儿抢答。

(2)躲藏认字。

——教师把字卡一字排开,幼儿闭上眼睛,教师拿走其中一个字,幼儿猜猜哪个字不见了。

三、玩一玩(7分钟)

游戏一:趣味快闪。

师:小朋友,这些调皮的字宝宝来和我们玩游戏了,它们突然出现又突然消失,你们能说出它们是谁吗?

游戏二:看谁反应快。

师:字宝宝们来排队啦,它们会突然变暗,请你快速认读,看谁的反应最快。

游戏三:捉迷藏。

师:小朋友,调皮的字宝宝玩起了捉迷藏,它们身体的一部分藏起来了,只要能念出它们,字宝宝就会出来啦。

游戏四:兄弟联盟。

师:小朋友,两个字宝宝可以组成一个词语,它们是好兄弟,你们能找出哪些是好兄弟吗?把它们用线连起来。

24 渔夫

渔夫

渔夫勤劳本领强，
不怕苦来不怕累。
捕鱼撒网都在行，
满载而归心欢喜。

认一认

(渔)夫

都

念一念

农夫、都有

说一说

我听过农夫与蛇的故事。

我们都有一双灵巧的手。

活动设计

教学目标

1. 正确认读生字“夫、都”，读准音，认清形。

2. 能够正确、熟练地朗读、背诵儿歌。

教学准备

字卡、课件

教学过程

一、读一读（10分钟）

师：小朋友，你们知道渔夫是干什么的吗？今天我们就来学一首新儿歌《渔夫》。

1. 初读儿歌。

（1）范读。

——教师指读两遍。

（2）领读。

——教师读一句，幼儿跟着读一句。

（3）大声小声读。

——教师小声读，幼儿大声读。

2. 去字留图读。

师：闭上眼睛变魔术，1、2、3，红字宝宝不见啦。

——教师指，幼儿齐读。

3. 去图去字读。

师:闭上眼睛变魔术,1、2、3,图片宝宝不见啦。

——教师指,幼儿拍手读。

4. 去图留字读。

师:闭上眼睛变魔术,1、2、3,红字宝宝出来啦。

——教师指,男女生轮流读。

5. 教师提问。

师:渔夫有什么本领?

师:渔夫是怎么捕鱼的呢?

6. 背诵儿歌。

(1)击掌接龙背。

——一名幼儿背第一句,然后旁边的幼儿与其击掌并背诵下一句,以此类推。

(2)开火车背。

——幼儿依次背诵儿歌,背诵完的幼儿搭着肩膀开火车。

(3)男女生背。

——男生女生轮流背诵。

(4)点名背。

——教师点名,幼儿独立背。

二、认一认(8分钟)

1. 看图认字。

(1)回忆认字。

——教师出示字卡,认读“夫、都”。

(2)打地鼠认字。

——教师把字卡摆放在地上,敲到哪个字,幼儿马上念出这个字。

2. 去图认字。

(1)拍字卡认字。

——教师把字卡拿到幼儿面前,幼儿边拍字卡边念。

(2)藏字卡认字。

——教师把字卡一字排开,幼儿闭上眼睛,教师拿走其中一个字,幼儿猜猜哪个字不见了。

三、玩一玩(7分钟)

游戏一:小仙女做蛋糕。

师:我们和小仙女一起做蛋糕吧!请根据蛋糕上的图片,找出与它对应的字宝宝,并大声念出来吧。

游戏二:分蛋糕。

师:蛋糕做好了,只要你们能将所有的字宝宝读出来,就可以分到一块蛋糕哦。快来试一试吧。

游戏三:淘气的小仙女。

师:一群淘气的小仙女躲在白云里,你们快来找一找她们躲在哪里。只要读出白云上的字宝宝,就能找到她们哦。

游戏四:看看谁最棒。

师:小朋友,谁能把词语念出来,就能得到大拇指,比比谁得到的大拇指最多。

25 动物爪印

动物爪印

阳光明媚的早晨，小朋友来到读书角，他们安静地听老师讲童话故事。

故事里有很多小动物，它们的爪印各不相同：小猫的爪印像桃花，小狗的爪印像梅花，小鸡的爪印像竹叶……它们的爪印真有趣啊！

认一认

读书

他们

童（话）

爪

念一念

朗读、书写、吉他、童年

说一说

早晨，姐姐常在花园里朗读课文。

养成良好的书写习惯是非常重要的。

哥哥在晚会上弹奏了吉他。

孩子们的童年充满了欢声笑语。

活动设计

教学目标

1. 正确认读"读、书、他、们、童、爪",读准音,认清形。

2. 能够正确、熟练地朗读故事。

教学准备

字卡、课件

教学过程

一、读一读(10分钟)

1. 初读故事。

师:小动物们都有自己独特的爪印,我们一起来学一学故事《动物爪印》。

(1)范读。

——教师指读两遍。

(2)领读。

——教师读一句,幼儿跟着读一句。

(3)开火车读。

——教师读一句,幼儿接下一句。

2. 去字留图读。

师:闭上眼睛变魔术,1、2、3,红字宝宝不见啦。

——教师指,幼儿齐读。

3. 去图去字读。

师:闭上眼睛变魔术,1、2、3,图片宝宝不见啦。

——教师指,男女生轮流读。

4. 去图留字读。

师:闭上眼睛变魔术,1、2、3,红字宝宝出来啦。

——教师指,幼儿边拍手齐读。

5. 教师提问。

师:故事中有哪些小动物的爪印?

师:它们的爪印分别像什么?

6. 背诵故事。

(1)搭档接龙背。

——幼儿同伴之间你一句我一句接龙背。

(2)小组PK背。

——幼儿两组相互轮流背,比比哪组背得更熟练。

(3)指挥棒背。

——教师手持指挥棒,点名幼儿单独背。

(4)我来开头你来接。

——男生背前半句,女生背后半句。

二、认一认(8分钟)

1. 看图认字。

(1)回忆认字。

——教师出示字卡,认读“读、书、他、们、童、爪”。

(2)大小声认字。

——教师把字卡举高,幼儿大声念;教师把字卡放低,幼儿小声念。

2. 去图认字。

(1)抢答认字。

——教师快速拿出字卡,幼儿抢答。

(2)躲藏认字。

——教师把字卡一字排开,幼儿闭上眼睛,教师拿走其中一个字,幼儿猜猜哪个字不见了。

三、玩一玩(7分钟)

游戏一:分书本。

师:小朋友,这些书本上的图片和哪些字宝宝对应呢?请你们把它们找出来连一连。

游戏二:翻翻乐。

师:小朋友,这本书里有我们学过的字宝宝。只要你能正确认读字宝宝,书本就会自动翻页。我们比一比谁翻得快。

游戏三:闪电字卡。

师:小朋友,这里有一些闪电字卡,这些字卡出现后会快速消失。只要你能正确念出消失的字卡,闪电就会再次出现。

游戏四:捉迷藏。

师:小朋友,字宝宝想和大家玩游戏。他们躲在书本里,调皮的字宝宝只露出身体的一部分,你们还能认出它们吗?

26 草原画卷

草原画卷

蓝蓝的天上飘着朵朵白云，成群的马儿在白云下奔跑，一个个蒙古包错落有致地排列在草原上。小丽完全被眼前的美景所吸引，她歪着头说：“这就是我最喜欢的大草原啊！”

认一认

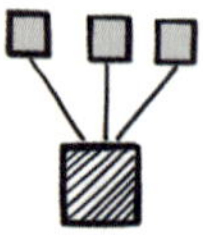

（草）原　　完　　全（部）　　她　　歪　　喜欢

念一念

原因、完成、喜庆、欢乐

说一说

我们要寻找错误产生的原因。

弟弟每天都能按时完成作业。

过年时大街小巷充满了喜庆的氛围。

小朋友们在草地上欢乐地奔跑着。

活动设计

教学目标

1. 正确认读“原、完、全、她、歪、喜、欢”,读准音,认清形。

2. 能够正确、熟练地朗读散文。

教学准备

字卡、课件

教学过程

一、读一读(10分钟)

师:小朋友,你们去过美丽的大草原吗?今天我们来学一篇新的散文《草原画卷》。

1. 初读散文。

(1)范读。

——教师指读两遍。

(2)领读。

——教师读一句,幼儿跟着读一句。

(3)小组读。

——幼儿按照组别轮流读。

2. 去字留图读。

师:闭上眼睛变魔术,1、2、3,红字宝宝不见啦。

——教师指,幼儿齐读。

3. 去图去字读。

师:闭上眼睛变魔术,1、2、3,图片宝宝不见啦。

——教师指,男女生轮流读。

4. 去图留字读。

师:闭上眼睛变魔术,1、2、3,红字宝宝出来啦。

——教师指,幼儿拍手齐读。

5. 教师提问。

师:草原上有哪些美丽的景象?

师:你最喜欢草原上的什么?

6. 背诵散文。

(1)好朋友背。

——幼儿和好朋友相互背。

(2)小组接龙背。

——幼儿按照组别,一组背一句。

(3)男生女生背。

——男生背一句,女生背一句。

(4)抛球背。

——教师将小皮球抛到哪位幼儿手里,就请该幼儿背。

二、认一认(8分钟)

1. 看图认字。

(1)回忆认字。

——教师出示字卡,认读“原、完、全、她、歪、喜、欢”。

(2)大小声认字。

——教师把字卡举高,幼儿大声念;教师把字卡放低,幼儿小声念。

2. 去图认字。

(1)跳格子认字。

——教师将字卡摆在格子里,幼儿跳到有字卡的地方就大声地读出来。

(2)抢椅子认字。

——教师把字卡放在七张椅子上,请八名幼儿游戏,抢到椅子的幼儿快速念出椅子上的字卡。

三、玩一玩(7分钟)

游戏一:快乐小鸟。

师:小鸟站在高高的树上唱着歌,请你根据小鸟身上的字宝宝,找到与字宝宝相符的图片,并连起来。

游戏二:魔法音乐盒。

师:神奇的魔法音乐盒真奇妙,能唱出美妙的声音。每个音符上都有一个字宝宝,请你大声把它念出来吧。

游戏三:火眼金睛。

师:森林里飞来蓝色、红色和黄色的小鸟,请你根据出示的字卡快速地找到有相同字的小鸟,看看谁是火眼金睛。

游戏四:小小神枪手。

师:我是神枪手,只要你们念出字宝宝,我都能把对应的气球打中。让我们来试一试吧。

27 热闹的动物园

热闹的动物园

星期天，小朋友们来到动物园，讲解员说：“现在请大家排好队跟着我一起出发吧！”

这时候，机灵的小猴正在山坡上吃香蕉，慵懒的小蛇正在树枝上休息，调皮的变色龙和小朋友们玩起了捉迷藏。

动物园里真热闹啊！

认一认

讲　现（金）　（时）候　正（方形）　蛇　（变）色龙

念一念

讲话、表现、青蛇、彩色

说一说

李老师讲话非常风趣。

姐姐在这次比赛中表现优异。

河里游来了一条小青蛇。

这种花布是用彩色棉花纺织的。

活动设计

教学目标

1. 正确认读“讲、现、候、正、蛇、色、龙”，读准音，认清形。

2. 能够正确、熟练地朗读故事。

教学准备

字卡、课件

教学过程

一、读一读(10分钟)

师：你们去过动物园吗？今天我们来学一个故事《热闹的动物园》。

1. 初读故事。

(1)范读。

——教师指读两遍。

(2)领读。

——教师读一句，幼儿跟着读一句。

(3)高低声读。

——教师小声读，幼儿大声读。

2. 去字留图读。

师：闭上眼睛变魔术，1、2、3，红字宝宝不见啦。

教师指，幼儿齐读。

3. 去图去字读。

师：闭上眼睛变魔术，1、2、3，图片宝宝不见啦。

——教师指，男女生轮流读。

4. 去图留字读。

师：闭上眼睛变魔术，1、2、3，红字宝宝出来啦。

——教师指，小组接龙读。

5. 教师提问。

师：动物园里有哪些小动物？

师：你认为故事里谁最调皮呢？

6. 背诵故事。

(1)搭档背。

——幼儿同伴之间相互背。

(2)小组接力背。

——幼儿分小组接力背。

(3)师幼合作背。

——教师背开头，幼儿接着往下背。

(4)点名PK背。

——一名幼儿站起来背，背完之后该幼儿再选一名幼儿继续背，比比谁背得最熟练。

二、认一认(8分钟)

1. 看图认字。

(1)回忆认字。

——教师出示字卡,认读“讲、现、候、正、蛇、色、龙”。

(2)大小声认字。

——教师把字卡举高,幼儿大声念;教师把字卡放低,幼儿小声念。

2. 去图认字。

(1)抢答认字。

——教师快速拿出字卡,幼儿抢答。

(2)点兵点将认字。

——教师点兵点将,点到哪个字宝宝,幼儿大声念出来。

三、玩一玩(7分钟)

游戏一:找朋友。

师:小朋友你们认识这些字宝宝吗?它们对应的图片宝宝走失了,请你找一找、念一念。

游戏二:翻翻乐。

师:小朋友,字宝宝都藏在卡片背面,请你翻出来念一念。

游戏三:小螃蟹吹泡泡。

师:调皮的小螃蟹吐出了许多泡泡,念一念这些泡泡上的字宝宝,看谁念得快又多。

游戏四:贪吃的小蛇。

师:小花蛇真贪吃,请小朋友帮助它找一找新鲜的食物。你们只要能正确念出这些字宝宝,小花蛇就会获得食物哦。

28 森林里的大合唱

森林里的大合唱

夏天来了，小猴子告诉小动物们，森林里要举办大合唱，邀请大家来参加。小动物们纷纷来报名。

青蛙打着领带，呱呱呱；小鸟穿着裙子，喳喳喳；小鸭戴着礼帽，嘎嘎嘎；小羊挂着铃铛，咩咩咩……

森林里的大合唱真美妙！

认一认

告诉

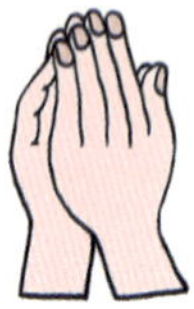

合

念一念

告别、诉说、合作

说一说

我即将告别幼儿园，进入小学。

妈妈在诉说一件有趣的事情。

我和妹妹合作完成了一幅画。

活动设计

教学目标

1. 正确认读“告、诉、合”,读准音,认清形。

2. 能够正确、熟练地朗读散文诗。

教学准备

字卡、课件

教学过程

一、读一读(10分钟)

师:森林里哪些动物会唱歌?今天我们来学一首散文《森林里的大合唱》。

1. 初读散文。

(1)范读。

——教师指读两遍。

(2)领读。

——教师读一句,幼儿跟着读一句。

(3)分角色读。

——女生先读一遍,接着男生读。

2. 去字留图读。

师:闭上眼睛变魔术,1、2、3,红字宝宝不见啦。

——教师指,男女生分组读。

3. 去图去字读。

师:闭上眼睛变魔术,1、2、3,图片宝宝不见啦。

——教师指，幼儿开火车读。

4. 去图留字读。

师：闭上眼睛变魔术，1、2、3，红字宝宝出来啦。

——教师指，幼儿拍手齐读。

5. 教师提问。

师：谁报名了森林里的大合唱？

师：它们分别是怎么演唱的呢？

6. 背诵散文。

(1)剪刀石头布。

——两名幼儿互相猜拳，谁赢了谁背。

(2)小组背。

——幼儿分组轮流背。

(3)开火车背。

——幼儿一人一句，开火车背。

(4)接龙背。

——教师开头，其他幼儿接龙背。

二、认一认(8分钟)

1. 看图认字。

(1)回忆认字。

——教师出示字卡，认读“告、诉、合”。

(2)站字认字。

——教师把字卡平铺在地上，小朋友听到哪个字就快速地站到相应的字卡上。

2. 去图认字。

(1)闪卡认字。

——教师快速出示字卡,幼儿快速念出来。

(2)抢答认字。

——教师出示字卡,幼儿抢答。

三、玩一玩(7分钟)

游戏一:小蝌蚪找妈妈。

师:小蝌蚪找不到自己的妈妈了,你能帮帮它吗?大声地念出小蝌蚪身上的字宝宝,让它的妈妈听到吧。

游戏二:小青蛙跳荷叶。

师:请小朋友大声念出荷叶上的字宝宝,让小青蛙跳起来吧。

游戏三:小青蛙抓虫。

师:小青蛙肚子饿要抓虫吃,请你大声念出字宝宝,念对了小青蛙就可以吃到小虫啦。

游戏四:荷花盛开。

师:池塘里的荷花都盛开啦,大声念出字宝宝,让荷花再多开一些吧。

29 小鸟学飞

小鸟学飞

美丽的森林里，住着小鸟一家，鸟妈妈和鸟爸爸希望小鸟学会飞翔，他们告诉小鸟：“你要张开翅膀，使劲地拍打，勇敢地往高处飞。”

小鸟尝试了一遍又一遍，一会儿飞到这儿，一会儿飞到那儿，终于学会了飞翔。

认一认

(希)望

张

往(前)

这

那

念一念

张望、向往、这里、那么

说一说

狐狸在大树底下四处张望。

姐姐终于考上了自己向往已久的学校。

这里有一只可爱的小兔子。

夏天是那么炎热。

活动设计

教学目标

1. 正确认读“望、张、往、这、那”,读准音,认清形。

2. 理解故事内容,熟练地朗读故事。

教学准备

字卡、课件

教学过程

一、读一读(10分钟)

师:有一只小鸟在学本领呢。今天我们就来学这个故事《小鸟学飞》。

1. 初读故事。

(1)范读。

——教师指读两遍。

(2)领读。

——教师读一句,幼儿跟着读一句。

(3)随读。

——教师小声读,幼儿大声读。

2. 去字留图读。

师：闭上眼睛变魔术，1、2、3，红字宝宝不见啦。

——教师指，幼儿齐读。

3. 去图去字读。

师：闭上眼睛变魔术，1、2、3，图片宝宝不见啦。

——教师指，男女生轮流读。

4. 去图留字读。

师：闭上眼睛变魔术，1、2、3，红字宝宝出来啦。

——教师指，幼儿拍手读。

5. 教师提问。

师：小鸟在学什么本领？

师：小鸟有没有学会飞翔呢？要怎么样才能飞起来？

6. 背诵故事。

(1)搭档背。

——幼儿找个朋友互相背。

(2)男女生背。

——男生女生轮流背。

(3)魔法棒背。

——教师手持“魔法棒”，指到谁，谁就背。

(4)开火车背。

——幼儿一个接一个开火车背。

二、认一认(8分钟)

1. 看图认字。

(1)回忆认字。

——教师出示字卡，认读“望、张、往、这、那”。

(2)大小声认字。

——教师把字卡举高,幼儿大声念;教师把字卡放低,幼儿小声念。

2. 去图认字。

(1)抢答认字。

——教师快速拿出字卡,幼儿抢答。

(2)躲藏认字。

——教师把字卡一字排开,幼儿闭上眼睛,教师拿走其中一个字,幼儿猜猜哪个字不见了。

三、玩一玩(7分钟)

游戏一:小鸟学飞。

师:你们认识这些字宝宝吗?字宝宝在小鸟的身上,只要你们能正确念出来就可以帮助小鸟飞到树上去。

游戏二:大树医生。

师:你们看,树上长了好多虫子,啄木鸟医生来了。只要你们能正确念出虫子身上的字宝宝,啄木鸟就能消灭这些虫子。

游戏三:字宝宝捉迷藏。

师:字宝宝真调皮,你们看,它们都藏在树叶后面,你们能找出它们吗?

游戏四:小鸟找朋友。

师:小朋友,每只小鸟身上都有一个字宝宝,两只小鸟身上的字如果可以组成词语就能成为好朋友。请你帮忙找一找哪些小鸟能成为好朋友。

30 小学生

小学生

我想成为一名小学生，背上心爱的小书包，装好书本、铅笔、橡皮和尺子。

早晨，我迎着朝阳抬头挺胸地走进学校，和同学老师说："早上好！"傍晚，迎着晚霞向老师、同学说："再见！"

认一认

背（包）

心

笔

再（见）

念一念

背心、开心、蜡笔、再次

说一说

我有一件红色的小背心。

妹妹每天都很开心地上幼儿园。

点点用蜡笔画了一幅风景画。

我们不能让失误再次发生。

活动设计

教学目标

1. 正确认读“背、心、笔、再”,读准音,认清形。

2. 能够正确、熟练地朗读散文诗。

教学准备

字卡、课件

教学过程

一、读一读(10分钟)

师:小学的哥哥姐姐背着书包去上学,真神气!今天我们就一起学一首名叫《小学生》的散文。

1. 初读散文。

(1)范读。

——教师指读两遍。

(2)领读。

——教师读一句,幼儿跟着读一句。

(3)随读。

——教师小声读,幼儿大声读。

2. 去字留图读。

师:闭上眼睛变魔术,1、2、3,红字宝宝不见啦。

——教师指,幼儿齐读。

3. 去图去字读。

师:闭上眼睛变魔术,1、2、3,图片宝宝不见啦。

——教师指,男女生轮流读。

4. 去图留字读。

师:闭上眼睛变魔术,1、2、3,红字宝宝出来啦。

——教师指,幼儿分组读。

5. 教师提问。

师:散文中,小书包里装了些什么呀?

师:早晨和傍晚,小学生要向老师、同学说什么呢?

6. 背诵散文。

(1)接龙背。

——幼儿一个接一个站起来背。

(2)开火车背。

——幼儿一个接一个开火车背。

(3)小组PK背。

——幼儿两组轮流背,比比哪组背得熟。

(4)男生女生背。

——男生背前半句,女生背后半句。

二、认一认(8分钟)

1. 看图认字。

(1)回忆认字。

——教师出示字卡,认读“背、心、笔、再”。

(2)快闪认字。

——教师出示一张字卡然后快速藏在背后,幼儿回忆刚才出现的是什么字。

2. 去图认字。

(1)抢答认字。

——教师快速拿出字卡,幼儿抢答。

(2)躲藏认字。

——教师把字卡一字排开,幼儿闭上眼睛,教师拿走其中一个字,幼儿猜猜哪个字不见了。

三、玩一玩(7分钟)

游戏一:找书包。

师:小朋友,找到和字宝宝相匹配的图片,就能拿到属于自己的新书包啦。

游戏二:整理书包。

师:你们看,这里有一些文具都没有装进书包,只要能正确念出字宝宝就可以把这些文具装进书包里。

游戏三:捉迷藏。

师:这些字宝宝都藏在了书包的后面,只露出了一部分,你们能猜出它们是谁吗?

游戏四:连连看。

师:小朋友,请你们帮字宝宝找朋友,能够组成词语的就是好朋友哦。

31 老师，我想对您说

老师，我想对您说

亲爱的老师：

九月，我即将成为一名小学生。那时候，我会坐在宽敞的教室里，站在广阔的操场上，学习更多的新本领。

此刻，我想对您说：“感谢您三年来的辛勤付出和幸福陪伴，让我向着朝阳，茁壮成长。我将要离开幼儿园，去往新的学堂，等我戴上红领巾，我会再次来看您，向您敬个礼！”

认一认

(小)学(生)

(教)室

站(台)

(方)向

(一)次

念一念

放学、室内、车站、向来

说一说

大家都在排队等待着放学。

下雨天孩子们在室内做操。

我们的火车准点开进了车站。

哥哥向来喜欢读课外书。

活动设计

教学目标

1. 正确认读“学、室、站、向、次”，读准音，认清形。
2. 能够正确、熟练地朗读散文诗。

教学准备

字卡、课件

教学过程

一、读一读(10分钟)

师：这里有一封写给老师的信，它的名字叫《老师，我想对您说》。

1. 初读散文诗。

(1)范读。

——教师指读两遍。

(2)领读。

——教师读一句,幼儿跟着读一句。

(3)随读。

——教师邀请幼儿来做小老师,大家跟着小老师一起读。

2. 去字留图读。

师:闭上眼睛变魔术,1、2、3,红字宝宝不见啦。

——教师指,幼儿齐读。

3. 去图去字读。

师:闭上眼睛变魔术,1、2、3,图片宝宝不见啦。

——教师指,男女生轮流读。

4. 去图留字读。

师:闭上眼睛变魔术,1、2、3,红字宝宝出来啦。

——教师指,幼儿拍手读。

5. 教师提问。

师:小朋友,这封信是谁写的?他写给谁?

师:请你说说即将成为小学生的心情如何?有什么想说的话?

6. 背诵散文诗。

(1)搭档背。

——幼儿找个朋友互相背。

(2)男女生背。

——男生女生轮流背。

(3)拍手背。

——幼儿一边拍手一边背。

(4)接龙背。

——幼儿一组一组接龙背。

二、认一认(8分钟)

1. 看图认字。

(1)回忆认字。

——教师出示字卡，认读“学、室、站、向、次”。

(2)大小声认字。

——教师把字卡举高，幼儿大声念；教师把字卡放低，幼儿小声念。

2. 去图认字。

(1)抢答认字。

——教师快速拿出字卡，幼儿抢答。

(2)躲藏认字。

——教师把字卡一字排开，幼儿闭上眼睛，教师拿走其中一个字，幼儿猜猜哪个字不见了。

三、玩一玩(7分钟)

游戏一：看图猜字。

师：小朋友，你能根据图片猜出是哪个字宝宝吗？说对了，字宝宝就会出现哦。

游戏二：摘星星。

师：小朋友，每颗星星上都有字宝宝，只要念对字宝宝就可以把星星摘下来哦。

游戏三：拯救字宝宝。

师：小朋友，字宝宝被关在小泡泡里面了，你能念出字宝宝解救它们吗？

游戏四：花儿朵朵开。

师：小朋友，只要能念对字宝宝，花朵就会出现哦。

5—6岁（下）

二

评价表

评价说明

评价工作是注重幼儿认读学习的过程性评价。教师需要每月了解幼儿的认读掌握情况，分析幼儿的学习情况，改进幼儿的学习策略，及时跟踪教学效果。评价工具主要包含月评价内容、每月评价字表、幼儿月评价情况分析表。

月评价内容

按月列出评价内容，识字数量见下表。

单位：个

	3—4岁（上）	3—4岁（下）	4—5岁（上）	4—5岁（下）	5—6岁（上）	5—6岁（下）
第一个月	18	15	29	37	45	54
第二个月	14	18	29	32	55	46
第三个月	16	15	31	31	55	50
第四个月	21	19	30	34	53	53
小计	69	67	119	134	208	203
合计	800					

每月评价字表

按月进行循环评价，以当月新授的字词为主，再累计已学字词，标注出幼儿掌握不好的字词，回顾前几个月的学习情况，从而更好地帮助幼儿完成认读学习的过程。

幼儿月评价情况分析表

每月针对幼儿的评价情况，进行个性化分析，根据认读字量计算认字率，以此了解每个幼儿当月的掌握情况。针对幼儿易错字及遗忘字进行原因分析，制定个性化策略，开展优化提升工作，进一步提升家园合作水平。

月评价内容

3月字表(54个)

挺 胸 脚 与 平 偏 齐 稍 约 沿 拳 距 寸 尺 养 惯 骑 足 块 农 田 紧
尽 提 网 捡 量 豆 连 掉 拾 死 部 扔 进 乐 铁 棒 磨 针 野 散 遇 妇
缺 钻 认 常 懂 受 因 专 此 感

4月字表(46个)

司 捉 藏 男 爹 猛 慌 刻 但 救 未 智 断 踢 操 拍 投 拔 校 课 闹 初
稻 战 住 被 度 棵 杨 柳 豪 枝 撑 供 阴 歇 银 玉 射 塔 收 卫 视 播
各 目

5月字表(50个)

器 需 摆 汽 修 曲 腿 冲 抢 登 楼 臂 文 良 街 托 院 百 演 民 练 搞
献 期 后 装 满 带 对 分 让 于 美 丽 沙 音 角 生 实 从 光 跟 也 早
晨 像 傍 晚 土 影

6月字表(53个)

前 方 乌 加 成 灭 王 中 间 干 失 去 自 己 夫 都 读 书 他 们 童 爪
原 完 全 她 歪 喜 欢 讲 现 候 正 蛇 色 龙 告 诉 合 望 张 往 这 那
背 心 笔 再 学 室 站 向 次

每月评价字表

内容＼月份	3	4	5	6
挺				
胸				
脚				
与				
平				
偏				
齐				
稍				
约				
沿				
拳				
距				
寸				
尺				
养				
惯				
骑				
足				
块				
农				
田				
紧				
尽				
提				
网				

内容＼月份	3	4	5	6
拾				
死				
部				
扔				
进				
乐				
铁				
棒				
磨				
针				
野				
散				
遇				
妇				
缺				
钻				
认				
常				
懂				
受				
因				
专				
此				
感				

内容＼月份	4	5	6
司			
捉			
藏			
男			
爹			
猛			
慌			
刻			
但			
救			
未			
智			
断			
踢			
操			
拍			
投			
拔			
校			
课			
闹			
初			
稻			
战			
住			

内容＼月份	4	5	6
豪			
枝			
撑			
供			
阴			
歇			
银			
玉			
射			
塔			
收			
卫			
视			
播			
各			
目			

月份 内容	3	4	5	6
捡				
量				
豆				
许				
掉				

月份 内容	3	4	5	6

月份 内容	4	5	6
被			
度			
棵			
杨			
柳			

月份 内容	4	5	6

月份 内容	5	6
器		
需		
摆		
汽		
修		
曲		
腿		
冲		
抢		
登		
楼		
臂		
文		
良		
街		
托		
院		
百		
演		
民		

月份 内容	5	6
练		
搞		
献		
期		
后		
装		
满		
带		
对		
分		
让		
于		
美		
丽		
沙		
音		
角		
生		
实		
从		

月份 内容	5	6
光		
跟		
也		
早		
晨		
像		
傍		
晚		
土		
影		

月份 内容	6
前	
方	
乌	
加	
成	
灭	
王	
中	
间	
干	
失	
去	
自	
己	
夫	
都	
读	
书	
他	
们	

月份 内容	6
童	
爪	
原	
完	
全	
她	
歪	
喜	
欢	
讲	
现	
候	
正	
蛇	
色	
龙	
告	
诉	
合	
望	

月份 内容	6
张	
往	
这	
那	
背	
心	
笔	
再	
学	
室	
站	
向	
次	

幼儿月评价情况分析表

姓名：	
3月	数据分析：
	原因策略：
4月	数据分析：
	原因策略：
5月	数据分析：
	原因策略：
6月	数据分析：
	原因策略：

附录三

5—6岁（下）

字表

1 挺 胸 脚 与 平 偏 齐 梢
2 约 沿 拳 距 寸 尺 养 惯
3 骑 足 块 农 田 紧 尽 提 网 捡 量 豆
4 连 掉 拾 死 部 扔 进 乐
5 铁 棒 磨 针 野 散 遇 妇 缺 钻 认 常
6 懂 受 因 专 此 感
7 司 捉 藏 男 爹
8 猛 慌 刻 但 救 未 智 断
9 踢 操 拍 投 拔 校 课 闹
10 初 稻 战 住 被
11 度 棵 杨 柳 豪 枝 撑 供 阴 歇
12 银 玉 射 塔 收 卫 视 播 各 目
13 器 需 摆 汽 修 曲 腿 冲 抢 登 楼 臂
14 文 良 街 托 院 百 演 民 练 搞 献 期
15 后 装 满 带 对 分 让 于
16 美 丽 沙 音 角 生 实
17 从 光 跟 也
18 早 晨 像 傍 晚
19 土 影
20 前 方 乌 加

21 成 灭

22 王 中 间 干

23 失 去 自 己

24 夫 都

25 读 书 他 们 童 爪

26 原 完 全 她 歪 喜 欢

27 讲 现 候 正 蛇 色 龙

28 告 诉 合

29 望 张 往 这 那

30 背 心 笔 再

31 学 室 站 向 次

词表

1 脚丫 平安 偏僻 对齐

2 节约 拳击 直尺 营养

3 骑马 提醒 渔网 豆浆

4 连接 丢掉 部分 欢乐

5 指针 遇见 认识 经常

6 懂事 因为 专注 感人

7 公司 捉虫 躲藏 男生

8 慌乱 刻苦 未来 拉断

9 拍照 投篮 挺拔 学校

10 初中 水稻 居住 棉被

11 度过 杨树 枝头 支撑

12 玉盘 收获 视力 直播

13 摆动 汽水 维修 冲向

14 表演 民族 练习 期待

15 后面 带领 分享 谦让

16 沙滩 收音机 三角形 生活

17 从前 星光 跟随 也许

18 早饭 晨间 好像 晚会

19 土豆 电影

20 前面 方向 乌黑 加油

21 成功 浇灭

22 国王 中文 时间 干净

23 失败 去处 自然 知己

24 农夫 都有

25 朗读 书写 吉他 童年

26 原因 完成 喜庆 欢乐

27 讲话 表现 青蛇 彩色

28 告别 诉说 合作

29 张望 向往 这里 那么

30 背心 开心 蜡笔 再次

31 放学 室内 车站 向来

句表

1　我光着脚丫在沙滩上散步。

飞机平安地降落在机场。

外婆家住在偏僻的山村。

做操时我们的队伍要对齐。

2　节约用水是一种美德。

爸爸喜欢看拳击比赛。

今天妈妈给我买了一把直尺。

小朋友要多吃有营养的食物。

3　哥哥在草原上练习骑马。

老师提醒我们明天要带玩具。

渔夫在海上用渔网捕鱼。

今天早上我喝了一杯豆浆。

4　这条高速公路把相邻的城市连接了起来。

妈妈丢掉了家里的旧玩具。

部分小朋友参加了植树活动。

六一儿童节是个欢乐的节日。

5　手表上的指针在一圈圈地转动。

我遇见了一只可爱的小狗。

最近我认识了好多新朋友。

妹妹经常去书店买书。

6 妹妹是个特别聪明懂事的孩子。

因为我今天生日,所以特别开心。

小朋友十分专注地看图书。

这是一个催人泪下的感人故事。

7 爸爸的公司离家非常近。

小青蛙是捉虫的高手。

冬天很多动物躲藏在洞穴中。

哥哥是一个彬彬有礼的男生。

8 姐姐在慌乱中扭伤了脚。

运动员的好成绩是他们刻苦训练的结果。

少年儿童是祖国的未来和希望。

哥哥用力地拉断了绳子。

9 拍照时要保持微笑。

哥哥是一个投篮高手。

挺拔的松柏在冰雪中站岗。

我们的学校里有一片大操场。

10 我的哥哥今年上初中。

我看到一片金灿灿的水稻。

我们居住在一个美丽的村庄里。

大雪给草地披上了一床松软的棉被。

11 我们度过了一个快乐的儿童节。

路边有一排高高的杨树。

小鸟在枝头上叽叽喳喳地叫。

粗大的横梁支撑着上面的楼面。

12 天空中的明月像一个圆圆的玉盘。

秋天是个收获的季节。

我们要从小保护好视力。

电视台现场直播了这场精彩的球赛。

13 细细的柳条在风中轻轻地摆动。

我们在树荫下喝着冰镇汽水。

我爸爸很擅长维修各种电器。

运动员快速地冲向终点。

14 小朋友们非常喜欢表演节目。

敬老爱幼是中华民族的传统美德。

我在公园里练习轮滑。

我很期待妈妈送给我的生日礼物。

15 学校后面有一大片草地。

老师带领我们学习了一套新体操。

我喜欢和好朋友分享快乐的事情。

叔叔是个谦让的人。

16 我在沙滩上用沙子堆出了一座城堡。

妈妈很喜欢听收音机里播放的音乐。

三角形是一种常见的形状。

小松鼠生活在森林里。

17 从前这里是一片农田。

夏日的夜空星光灿烂。

小朋友排队跟随老师去操场上做操。

这家店也许有你想买的东西。

18 我喜欢吃的早饭是牛奶和面包。

晨间游戏里我最喜欢美工区的游戏。

孩子们的笑脸好像绽放的花朵。

幼儿园将要举办一次晚会。

19 土豆是生长在泥土里的。

我和妈妈去看了一场电影。

20 前面是一片茂密的树林。

指南针是一种用于指明方向的工具。

妈妈的头发乌黑亮丽。

观众们一起为场上的运动员加油。

21 只要你肯努力就一定会成功。

消防员叔叔终于把火浇灭了。

22 国王住在大大的城堡里。

我们都在努力地学习中文。

游戏时间马上就要到了。

点点是个爱干净的小朋友。

23 失败乃成功之母。

公园是人们饭后散步的好去处。

小动物最喜欢生活在大自然中。

我和点点是无话不谈的知己。

24 我听过农夫与蛇的故事。

我们都有一双灵巧的手。

25 早晨,姐姐常在花园里朗读课文。

养成良好的书写习惯是非常重要的。

哥哥在晚会上弹奏了吉他。

孩子们的童年充满了欢声笑语。

26 我们要寻找错误产生的原因。

弟弟每天都能按时完成作业。

过年时大街小巷充满了喜庆的氛围。

小朋友们在草地上欢乐地奔跑着。

27 李老师讲话非常风趣。

姐姐在这次比赛中表现优异。

河里游来了一条小青蛇。

这种花布是用彩色棉花纺织的。

28 我即将告别幼儿园,进入小学。

妈妈在诉说一件有趣的事情。

我和妹妹合作完成了一幅画。

29 狐狸在大树底下四处张望。

姐姐终于考上了自己向往已久的学校。

这里有一只可爱的小兔子。

夏天是那么炎热。

30 我有一件红色的小背心。

妹妹每天都很开心地上幼儿园。

点点用蜡笔画了一幅风景画。

我们不能让失误再次发生。

31 大家都在排队等待着放学。

下雨天孩子们在室内做操。

我们的火车准点开进了车站。

哥哥向来喜欢读课外书。

后记

苏州市实验小学校教育集团各民办校(园)在徐天中校长的带领下,自2011年起,以"语言发展"为研究点开展"儿童语言发展小幼衔接的实验研究"。该课题研究的申报单位为苏州明珠学校。课题组由苏州明珠学校、苏州明珠幼儿园等四家单位组成,苏州明珠幼儿园主要承担完成了课题中3—6岁年龄段的实验研究。

徐天中校长是教育部首届骨干校长高级研修班成员,全国29位校长带头人之一,中国教育学会全国实验学校教育科学研究专业委员会副理事长,中国教育学会小学教育专业委员会副会长,全国骨干校长工作研究会副理事长,苏州市专家咨询团成员,教育部小学校长培训中心(北京师范大学校长培训学院)兼职教授,苏州大学兼职教授、硕士生导师,苏州市实验小学校教育集团原总校长。

徐天中校长创造性地提出了"生活认读""环境认读""游戏认读""三步认读"四种模块的学习方式。四种模块的学习,遵循了儿童的生理和心理发展规律,符合汉字、汉语文化的学习特征,将符号辨识和内容体验有机统一。四种模块的学习,建立了小幼衔接语言教学共同体,儿童在活生生的多元动态环境中实现高效地识字、快速地阅读、流利地表达,从而充分开发儿童语言、思维等潜能,促进儿童全面可持续发展,为终身学习打下坚实的基础。

本丛书由徐天中校长担任编委会总主编,他对本丛书的指导思想、框架结

构、内容审定、文字撰写等方面做出了具体指导和详细安排。赵洪、丰新娜、丁文群、王莉、王静、过坚、朱月龙、屈雅琴、钱春玲、钱晶莹参与了本丛书各分册的编写与审校工作。谈莉莉、葛建平、宋怡、周莉、周璇、戴莉萍、沈琴、周玉婷、陆丽亚、范兰珍、顾敏娴、吴国英、程浏、杨斐、张雯婷、沈建芳、翁娟芳、潘宏参与了课题的教学研究工作。课题组全体成员在推进课题研究的过程中,展现了对孩子的认真观察、对教法的认真琢磨、对经验的认真提炼。本丛书中的每一篇活动设计、每一件游戏材料、每一个指导要求,都凝聚着教师们对课题研究的独特观点。

课题研究开展期间,课题组得到了幼儿科学认读发起人,原江苏省教育委员会副主任、江苏省教育学会原会长周德藩先生,苏州大学朱月龙教授,以及北京师范大学、中国教育科学研究院、江苏省教育科学研究院等单位有关专家的指导。他们为课题研究提供了科学认读的成果借鉴,为课题推进提供了广阔的研究思路,也在丛书编写过程中提供了许多建设性的修改意见,我们在此表示衷心的感谢!

本丛书在编写过程中得到了很多专家、学者、老师的支持和帮助,在此向各位表示诚挚的谢意!

由于编者水平和时间的限制,本丛书在理论的探索和实践的操作上还有提升的空间,不足之处敬请专家和读者不吝赐教!

编　者

2023年8月